David Friedrich Strauss

Voltaire

Sechs Vorträge

David Friedrich Strauss

Voltaire
Sechs Vorträge

ISBN/EAN: 9783743371095

Hergestellt in Europa, USA, Kanada, Australien, Japan

Cover: Foto ©ninafisch / pixelio.de

Manufactured and distributed by brebook publishing software (www.brebook.com)

David Friedrich Strauss

Voltaire

Voltaire.

Sechs Vorträge

von

David Friedrich Strauß.

Leipzig
Verlag von S. Hirzel.
1870.

Ihrer Königlichen Hoheit

Alice

Prinzessin Ludwig von Hessen,

Prinzessin von Großbritannien und Irland

für Die sie geschrieben

von Der sie freundlich angehört wurden

widmet nun die gedruckten Vorträge

ehrfurchtsvoll und treuergeben

der Verfasser.

I.

Wer etwa den Einfall hätte, eine Lobrede auf Voltaire zu halten, der wäre wenigstens nicht durch die lakonische Frage in die Enge zu treiben, wer ihn denn table. Denn getadelt — was sage ich: getadelt? — geschmäht, verdammt, verflucht, ist vielleicht kein Mensch in dem Maße worden, wie Voltaire. Schon zur Abwehr also hätte, wer Voltaire loben wollte, auch auf das einzugehen, was man an ihm getadelt hat; wären nicht beide, Lobrede wie Apologie, gerade die ungeeignetsten Wege, dem Wesen eines Menschen auf den Grund zu kommen und seinen Werth zu bestimmen. Der einzig rechte Weg dazu ist der, Lob und Tadel vorerst ganz aus dem Spiele zu lassen, dagegen dem Lebens- und Entwicklungsgange desjenigen, den man sich zur Betrachtung und Darstellung ausersehen hat, Schritt für Schritt nachzugehen, sein Werden aus und in seiner Zeit wie sein Wirken auf dieselbe zu beobachten, seine Werke, wenn es ein Schriftsteller ist, zu studiren, aus den Handlungen seine Triebfedern und Ge-

sinnungen, aus den Schriften seine Fähigkeiten und An=
sichten zu ermitteln, im Lichte den Schatten, aber auch im
Schatten das Licht aufzusuchen, und so zuletzt ein Ge=
sammtbild vor sich und Andern aufzustellen, dessen Er=
gebniß man um so weniger versucht sein wird in einem
kurzen Schlagwort auszusprechen, je sorgfältiger die
Beobachtung war, und je bedeutender der Mann ist, dem
sie gegolten hat.

Bei keinem merkwürdigen Manne sind diese Schlag=
wörter, das Abthun der ganzen Persönlichkeit mit einem
allgemeinen Prädicat, gewöhnlicher als bei Voltaire. Und
bei keinem ist doch diese Art ungeeigneter, ja sinnloser,
als gerade bei ihm. Sie ist es bei jedem wirklich be=
deutenden Menschen; aber es gibt unter diesen doch, so zu
sagen, monarchische Seelen, deren reiche und mannigfaltige
Gaben, deren verschiedene Triebe und Neigungen unter
einem höchsten und alle andere beherrschenden Streben
zusammengehalten sind. Bei einem solchen Menschen wird
es zwar immer kahl und seicht, doch aber nicht geradezu
widersinnig sein, sich mit ihm durch Prädicate, wie edel
oder gemein, aufopfernd oder egoistisch, ernst oder frivol,
abzufinden. Eine monarchische Seele in diesem Sinne
war aber Voltaire nicht. Wenn auch die Wirkungen,
die er hervorbrachte, so ziemlich in Einer Richtung lagen,
so war doch jede von ihnen das Ergebniß des Zusammen=
spiels gar verschiedener Kräfte, die in ihm durcheinander=
gingen, reiner und unreiner Triebfedern, die ihn gleicher=
maßen bewegten. Mein Name ist Legion! konnte Voltaire's

Dämon mit jenem des Gergeseners sprechen; in der Legion waren aber neben den bösen auch zahlreiche gute Geister, und selbst von den ersteren eigneten sich nur wenige, in Schweine, wohl aber manche, in Katzen oder Affen zu fahren.

Goethe, in der letzten jener Anmerkungen, durch welche er den Werth seiner Uebersetzung von Diderot's geistvollem Gespräche: Rameau's Neffe, noch erhöht hat, nimmt bekanntlich, um Voltaire's geschichtliche Bedeutung anschaulich zu machen, die Wendung: wie bisweilen in Familien, die sich lange erhalten, die Natur endlich ein Individuum hervorbringe, das die Eigenschaften seiner sämmtlichen Ahnherren in sich begreife, alle bisher in der Familie vereinzelt und nur andeutungsweise vorgekommenen Anlagen vereinigt und vollkommen in sich darstelle, ebenso gehe es auch mit Nationen, deren sämmtliche Verdienste (und Untugenden) sich wohl einmal, wenn es glücke, in einem Individuum zusammenfassen. So sei in Ludwig XIV. ein französischer König im höchsten Sinn entstanden, und ebenso in Voltaire der höchste unter den Franzosen denk= bare, der Nation gemäßeste Schriftsteller. Wir können diese Betrachtung von einer andern Seite her ergänzen, wenn wir statt der Nation auf das Zeitalter sehen, dem Voltaire's Wirksamkeit angehörte. Es war das achtzehnte Jahrhundert; und von diesem Gesichtspunkt aus können wir Voltaire ebenso den Schriftsteller des achtzehnten Jahr= hunderts im höchsten Sinne nennen, wie ihn Goethe den höchsten französischen Schriftsteller nennt. Auch geht beides

1 *

recht gut zusammen; wir dürfen nur auf den Antheil
sehen, der an den Leistungen der letzten drei Jahrhunderte
den einzelnen europäischen Culturvölkern zukommt. Die
große Arbeit des 16. Jahrhunderts, die Reformation,
haben vorzugsweise die Deutschen gethan; in der Ueber=
gangszeit des 17. Jahrhunderts wurden, während Deutsch=
land in innern Kämpfen sich selbst zerfleischte, in Holland
und England die Grundsteine moderner Staats= und
Denkweisen gelegt; aus England brachten, zu Anfang des
18. Jahrhunderts, nach Frankreich versprengte Briten, wie
Lord Bolingbroke, und England besuchende Franzosen, wie
Montesquieu und Voltaire, die Funken des neuen Lichts,
das bald hernach ganz besonders durch Voltaire's Be=
mühungen von Frankreich aus als das Licht des Jahr=
hunderts der Aufklärung die Welt erhellen sollte. Waren
die Franzosen, die Pariser insbesondere, das auserwählte
Volk dieses neuen Vernunftdienstes, so war Voltaire un=
zweifelhaft dessen Oberpriester, und es läuft auf dasselbe
hinaus, ob wir sagen: nur in Frankreich konnte das
18. Jahrhundert seinen literarischen Hauptvertreter, oder:
nur im 18. Jahrhundert konnte Frankreich den Schrift=
steller hervorbringen, der alle seine Nationaleigenschaften
in sich zur Darstellung brachte.

Um eine so hohe, ein Jahrhundert beherrschende
Stellung zu gewinnen und zu behaupten, dazu ist aber,
neben der innern Begabung und der Gunst äußerer Ver=
hältnisse, insbesondere auch ein langes Leben erforderlich.
Weder Ludwig XIV. in Frankreich noch Friedrich der

Große in Deutschland wären im Stande gewesen, ihrem Zeitalter so den Stempel ihrer Eigenthümlichkeit aufzu= drücken, wenn der erstere um die Zeit des Nymwegener Friedens gestorben, der andere bei Kollin oder Hochkirch gefallen wäre. Ebensowenig hätte Goethe der deutsche Dichterfürst werden können, wenn er nach dem Götz und Werther schon wäre abgerufen worden, wenn er nicht, durch drei Menschenalter hindurch, mit der deutschen Dichtung selbst jung gewesen, reif und endlich alt gewor= den wäre. Voltaire war, was die französische Poesie be= trifft, ein Epigone ihrer classischen Periode; aber das Jahrhundert der Aufklärungsliteratur hat er mit herauf= geführt und bis dahin begleitet, wo es seine Errungen= schaft auf der Schwelle des Revolutionszeitalters niederlegte. Seine Kindheit und erste Jugend fällt in die letzten Zeiten Ludwigs XIV.; der Rest seiner Jünglings= und seine ersten Mannesjahre verflossen unter der Regentschaft Philipps von Orleans; über die Mitte und Neige seines Lebens dehnte sich die lange Herrschaft Ludwigs XV. aus; und als Achtzigjähriger durfte er noch die Morgenröthe Ludwigs XVI. begrüßen, die, was damals die Wenigsten ahnten, einen so stürmischen Tag verkündigte. Und wie ein Fluß von den Gebirgs= und Erdarten, die er auf seinem Wege durchströmt, gewisse Bestandtheile bis zum Ende seines Laufes mit sich führt: so waren bei Voltaire von den Eindrücken, die er in den verschiedenen Perioden seiner wechselvollen Laufbahn, in den frühesten besonders, in sich aufgenommen, die Spuren lebenslänglich zu erkennen.

Doch nicht äußerlich nach diesen politischen Abschnitten, den vier Regierungen, unter denen es verlief, sondern aus sich selbst heraus theilt sich Voltaire's Leben gleichfalls in vier Perioden. Die erste ist die der Jugend, während deren sich sein Talent, sein Naturell und seine Lebens=führung entwickeln, bis ihr im Jahr 1726, seinem zwei=undbreißigsten Lebensjahre, eine gesellige Katastrophe, die ihn nach England treibt, ein Ende macht. Der beinahe dreijährige englische Aufenthalt sodann, mit dem seine zweite Lebensperiode beginnt, ist von der eingreifendsten Bedeutung, indem er Voltaire's Geist mit den gediegenen Stoffen der englischen Bildung bereichert, die er nach seiner Rückkehr in die Heimath in den verschiedensten Formen und mit immer steigendem Erfolge zu verwerthen sucht. In seinem weitern Verlaufe ist der Charakter dieses Lebensabschnittes vornehmlich durch Voltaire's Verhältniß zu seiner geistvollen Freundin, der Marquise du Châtelet, und das gelehrte Stillleben auf deren Schlosse Cirey be=stimmt; wie auch der Tod der Marquise im Jahre 1749 es ist, der dieser Periode ein unerwartetes Ziel setzt. Nun erst gibt der Fünfundfunfzigjährige den schon seit zehn Jahren wiederholten Einladungen seines gekrönten Verehrers, Friedrichs von Preußen, nach, und der Aufent=halt in Berlin und Potsdam eröffnet eine dritte Periode, die, nach einem glänzenden Anfang, die unruhigste und unbehaglichste, zum Glück auch nur kurze Uebergangs=periode in Voltaire's Leben bildet. Von Deutschland ab=gestoßen, von den Regierenden in Frankreich nicht wie er es wünschte willkommen geheißen, läßt sich Voltaire nach allerlei Irrfahrten erst in der französischen Schweiz, dann in einem Grenzstrich seines Heimathlandes nieder, und von dem Erwerb und bald der bleibenden Ansiedlung in Ferney um 1758 und 1760 datirt sich die letzte zwanzigjährige Periode seines Lebens, die in jeder Hinsicht, wir mögen auf die Stellung und Haltung des Mannes, die Zahl und das Gewicht seiner Arbeiten, oder auf den Umfang seines Wirkens und die Höhe seines Ruhmes sehen, als die bedeutendste und schönste seines langen und reichen Lebens zu betrachten ist.

Gemäß dem literarischen Charakter des Zeitalters, worin er lebte, und seiner eigenen Mittheilsamkeit, fließen die Quellen für Voltaire's Leben fast überreichlich. Außer seinen Werken, die ja bei einem Schriftsteller Thaten und Urkunden zugleich sind, und unter denen bei Voltaire, neben zahllosen gelegentlichen Bezügen auf sein Leben, auch eine geradezu autobiographische Aufzeichnung sich findet, und außer den tausenden seiner Briefe spielt in den verschiedenen Denkwürdigkeiten und Briefwechseln seiner Zeit- und Lebensgenossen der merkwürdige Mann begreiflicherweise eine hervorragende Rolle. Dazu kommt noch, daß drei der Männer, welche nacheinander als Secretäre in Voltaire's Diensten standen, sich aufgelegt gefunden haben, was sie während der Jahre ihres Zusammenseins mit ihm erlebt und beobachtet hatten, in ausführlichen Denkschriften aufzuzeichnen. Und zwar umfassen diese Aufzeichnungen gerade die fruchtbarsten und thaten-

reichsten, mithin geschichtlich wichtigsten Abschnitte seines
Lebens, und sind, obwohl ungleich an literarischem Werthe
wie ihre Verfasser an geistigem und moralischem, doch in
allem Wesentlichen von unangefochtener Glaubwürdigkeit.
Der erste dieser Secretäre, Longchamp, trat im Jahre
1745 aus den Diensten der Marquise du Châtelet als
Kammerdiener in die Voltaire's über, wo ihn seine schöne
Handschrift bald zum Schreiber, und seine Gewandtheit
zu einer Art von Haushofmeister erhob. Er schrieb seine
Denkwürdigkeiten im spätern Alter, nach langjähriger Entfernung von Voltaire, und zu den Irrthümern des Ge-
dächtnisses und den Umstellungen aus Eitelkeit kommen
am Schlusse noch allerhand Winkelzüge, um die Schuld
der Veruntreuung von Manuscripten, die ihn aus Voltaire's Diensten brachte, zu verstecken; aber der Verfasser
hat offene Augen zur Beobachtung, und selbst in der
fremden Redaction, worin seine Aufzeichnungen vor uns
liegen, fühlt man noch das Treffende mancher ursprünglichen Wendung und Ausdrucksweise durch. Von Hause
aus gebildeter erscheint der zweite Secretär, der Floren-
tiner Collini, der in Berlin in Voltaire's Dienste trat
und uns über die Lösung seines Verhältnisses zu Friedrich,
über seine Verhaftung in Frankfurt und seine Reisen bis
zur Ansiedlung am Genfersee werthvolle Mittheilungen
macht, die nur, was das Verhältniß zu Friedrich betrifft,
durch die Befangenheit des Verfassers in dem Standpunkte seines Helden mitunter einseitig und daher der
Berichtigung aus unmittelbareren Quellen, wie Briefe und

Archivalakten, bedürftig sind. Uebrigens spricht es sehr
für Voltaire, daß diese drei Secretäre, die ja volle Gelegenheit hatten, ihn aus nächster Nähe und mit allen
seinen persönlichen Schwächen zu beobachten, doch, neben
der selbstverständlichen Bewunderung für seinen Geist,
auch in warmer Anhänglichkeit an seine Person zusam-
menstimmen. Am wärmsten und treuesten erscheint diese
bei dem dritten derselben, dem Schweizer Wagnière, der,
von Voltaire schon vom vierzehnten Jahre an aus unter-
geordneter Stellung herangezogen, während der letzten
vierundzwanzig Jahre seines Lebens in seinem täglichen
Umgange war und uns über seine Lebensweise in Ferney,
besonders auch noch über seine letzte Reise nach Paris,
unschätzbare Nachrichten hinterlassen hat. Zu allem
diesem ist nun aber seit der Zeit von Voltaire's Ableben
bis auf die neueste eine Reihe theils vollständiger Bio-
graphien theils eingehender Monographien über einzelne
Abschnitte oder Verhältnisse seines Lebens gekommen.
Sie beginnt mit den bekannten Arbeiten von Duvernet
und Condorcet, die für ihre Zeit höchst schätzbar waren,
und geht bis zu Gustav Desnoiresterres' Voltaire et la
société française au XVIIIᵉ siècle herunter, einem
Werke, das in seinen bis jetzt erschienenen drei Bänden
durch Aufspürung selbst der verborgensten Quellen, voll-
ständige Zusammenstellung, geschickte Gruppirung und geistvolle Beleuchtung des geschichtlichen Stoffes allen Forderungen unserer Zeit Genüge thut.

An Quellen und Hülfsmitteln für Voltaire's Leben

fehlt es demnach nicht; aber aus ihnen dieses Leben nach
dem ganzen Reichthum seines Inhalts, der Breite seiner
Beziehungen, der Tragweite seiner Wirkungen ausführlich
zu beschreiben, hieße die Culturgeschichte Frankreichs, ja
Europa's während des vorigen Jahrhunderts schreiben,
hieße ein Meer ausschöpfen; wozu ganz andere Werkzeuge
und mehr Muth gehören würden, als worüber der
Sprecher dermalen zu verfügen hat. Aber angethan hat
es diesem der wunderbare Mann nun einmal, ohne
eine Spende für sein Andenken läßt er ihn nicht los;
und so wird denn zuzusehen sein, wie man sich aus der
Sache zieht. Zum Glücke kommt mir hier ein äußerer
Umstand maßgebend zu Hülfe. Ich darf meine Ermitt-
lungen und Ansichten über Voltaire einem erlesenen Zu-
hörerkreise mittheilen, dem es unschicklich wäre, durch all-
zuvielen Ballast, von dem der Forscher als Darsteller so
schwer sich losmacht, zur Last zu fallen. Ein auswählen-
des, übersichtliches Verfahren wird daher zur geselligen
Pflicht. So gedenke ich es denn in folgender Art zu
versuchen. Jede der namhaft gemachten Perioden in
Voltaire's Leben werde ich nach ihrem Gesammtcharakter
und ihren merkwürdigsten Ereignissen kurz darstellen; die
bedeutendsten Persönlichkeiten, mit denen er während der
einzelnen Perioden in Berührung trat, vorführen und
seine Beziehungen zu ihnen entwickeln; von seinen jedes-
maligen Hauptwerken eine Vorstellung geben, und daraus
schließlich ein annäherndes Urtheil über den außerordent-
lichen Mann zu gewinnen trachten. Dabei werde ich mich

auf dem deutschen Standpunkte halten. Was Voltaire
für Frankreich war und ist, mag ein Franzose den Franzosen in Erinnerung bringen; ich, als Deutscher zu
Deutschen redend, gedenke ihn darzustellen, wie er, in
seiner Zeit und unter seinem Volk erwachsen, als Mensch
gewesen ist, auf alle gebildeten Völker, das deutsche mit
inbegriffen, gewirkt hat, und für alle Zeiten von Bedeutung bleibt.

Franz Maria Arouet, wie Voltaire's Name eigentlich
lautete, war in demselben Jahre 1694 geboren wie unser
deutscher Hermann Samuel Reimarus, der in Betreff seiner Stellung zum Christenthum und zur positiven Religion
überhaupt so viele Aehnlichkeit mit ihm hatte. Ueber Tag
und Ort seiner Geburt ist viel gestritten worden; doch scheinen neuerdings höchst sorgfältige Forschungen gegen den
20. Februar und Châtenah, wo sein Vater ein Landhaus
besaß, für den 21. November und Paris entschieden zu
haben. Der Vater, erst eine Reihe von Jahren Notar
am Châtelet, vertauschte später diese Stelle mit der eines
Sportelcassiers an der Rechnungskammer zu Paris. Er
erscheint als ein ehrenfester Geschäftsmann, den in seiner
früheren Stellung als Notar die ersten Familien des Landes, die Sully, St. Simon, Praslin, mit ihrem Vertrauen
beehrt hatten. Die Mutter, Maria Margaretha Daumart,
war eine Frau von Geist und geselliger Bildung, bei welcher

der Dichter Rochebrune und der galante Abbé de Châteauneuf als Hausfreunde aus- und eingingen, deren letz-
terer auch Pathe von Franz Maria und auf dessen erste
Ausbildung und Richtung von bestimmendem Einflusse gewesen ist. Unter fünf Kindern, davon nur drei zu Jahren
kamen, war Franz Maria das jüngste und so schwach geboren, daß man während der ersten Wochen täglich sein
Ende erwartete.   Der Bruder Armand war neun Jahre
älter und entwickelte sich in ganz entgegengesetzter Richtung
als der jüngste, mit dem er niemals in nähere Beziehung
kam; die Schwester Marie stand ihm näher, sie heirathete
in der Folge einen gewissen Mignot, Revisor bei der Rechnungskammer, und hinterließ einen Sohn und zwei Töchter,
die uns in der späteren Lebensgeschichte des Oheims begegnen werden.

Nach dem frühen Tode der Mutter im Jahr 1701
behielt der Vater den erst siebenjährigen Knaben noch bei
sich, um ihn 1704, mit zehn Jahren, dem Jesuitencollège
Louis le Grand anzuvertrauen.   Dieß war ein Convict,
wo von den hochadeligen Zöglingen zwar jeder sein eigenes
Zimmer hatte, von den bürgerlichen aber je fünf, unter
der Aufsicht eines Präfecten, zusammen ein Zimmer be-
wohnten. Voltaire's Präfect war ein Pater Thoulié, der,
später als Abbé d' Olivet bekannt geworden, wie die beiden
Professoren Porée und Tournemine, mit dem ehemaligen
Schüler auch später in freundlichen Beziehungen geblieben
ist. Die Anstalt war nicht schlecht, aber auch nicht besser,
als diese Jesuitenanstalten eben waren. Voltaire's spätere

Aeußerungen darüber lauten, je nach den Umständen und Absichten, verschieden. Das einemal fließt er über von Lob
und Dankbarkeit, aber da will er die Jesuiten für sich gewinnen; seine wahre Meinung müssen wir an solchen
Orten suchen, wo er ohne Nebenabsicht redet. In seinem
philosophischen Wörterbuch, einem Werke seiner späteren
Jahre, läßt er unter dem Artikel: Education, einen Rath
mit einem Jesuiten sprechen. Dieser rühmt die Erziehung,
die der andere bei ihnen erhalten; der aber erwiedert, es
sei eine saubere Erziehung gewesen. Als er hinaus in die
Welt getreten, habe er wohl im Horaz und dem „christlichen Pädagogen" Bescheid gewußt; aber er habe nicht gewußt, daß Franz I. bei Pavia gefangen genommen worden,
noch wo Pavia liege; sein eigenes Vaterland, dessen Gesetze und Einrichtungen, seien ihm unbekannt, Mathematik
und vernünftige Philosophie fremd gewesen; „ich wußte
Latein und dummes Zeug." Dabei waren indeß die rhe-
torischen und poetischen Uebungen im Collège den Fähigkeiten gerade dieses Zöglings besonders angemessen, und
die dramatischen Aufführungen, die überall in den Jesuitenanstalten blühten, gaben seiner Neigung zum Schauspiel
die erste Nahrung. Auch hatte Pater Porée, nicht ohne
Kopfschütteln mancher Väter der alten Schule, neben den
lateinischen die französischen Verse im Collège eingeführt.
Stegreifgedichte wurden den Zöglingen aufgegeben; ein
solches, um eine mit Beschlag belegte Schnupftabaksdose
wiederzuerhalten, war eine der frühesten Leistungen des
jungen Dichters.

Dieſer war, trotz aller muthwilligen Streiche, die mit-
unterliefen, doch ein ausgezeichneter Schüler, und zahlreiche
Preiſe wurden ihm zu Theil. Er hielt ſich gerne zu den
Lehrern, denen ſein unerſättliches Fragen bisweilen läſtig
fiel. Daneben indeß knüpften ſich in dieſen Jahren zwiſchen
ihm und einzelnen ſeiner Mitzöglinge jene Jugendfreund-
ſchaften, die auch bei ihm, wie bei jedem beſſeren Menſchen,
fürs Leben nachhielten. Einige dieſer Bekanntſchaften, wie
die mit den beiden Brüdern d'Argenſon, ſind ihm ſpäter,
vermöge des hohen Ranges der alten Bekannten, ſehr för-
derlich geworden; aber auch die Verbindungen mit ſolchen,
die ihm in beſcheidener Stellung wenig helfen konnten,
wie Cibeville und Formont, hat er als Quellen gemüth-
licher Erquickung ſo lange wie möglich im Fluß erhalten.
Das Bedürfniß nach freundſchaftlicher Ergießung, ſei es
in unmittelbarem Umgang oder in Briefen; das treue
Feſthalten an den Freunden; der rührige Eifer, ihnen zu
dienen; die langmüthige Nachſicht mit ihren Fehlern, gehören zu denjenigen Zügen in Voltaire's Weſen, die oft ver-
kannt werden, weil ſie freilich im Laufe ſeines Lebens durch
andere entgegengeſetzter Art nur allzuſehr verdeckt und ver-
dunkelt ſind.

Ueber die Mauern des Collegs hinaus drang der
Dichterruf des Knaben zuerſt aus folgender Veranlaſſung.
Ein bedürftiger Invalide bat eines Tages den Vorſteher
der Anſtalt um eine poetiſche Bittſchrift für den Dauphin,
in deſſen Regiment er gedient hatte; der Vorſteher, beſchäf-
tigt, weiſt ihn an den reimfertigen Zögling, und dieſer

macht ihm ein paar Verse, die dem Invaliden ein hübsches
Almosen, dem jungen Poeten aber für ein paar Tage die
Aufmerksamkeit der Stadt und des Hofes verschaffen. Damals sei es auch gewesen, erzählte Voltaire später, daß sein
Pathe der Abbé ihn zu seiner alten Freundin, der bekannten Ninon de l'Enclos, geführt habe, die, eine französische
Aspasia, von den letzten Zeiten des Cardinals Richelieu
bis in die Tage der Frau von Maintenon durch die Bildung ihres Geistes und die Anmuth ihrer Sitten nicht
minder als durch ihre körperlichen Reize die Männerwelt
bezaubert und schließlich auch bei den Frauen sich in Achtung
gesetzt hatte. Jetzt habe die mehr als achtzigjährige kluge
Frau Wohlgefallen an dem aufgeweckten Knaben gefunden
und ihn mit 2000 Francs „zur Anschaffung von Büchern"
in ihr Testament gesetzt. Wenn Voltaire, als er jene In-
validenverse machte, 13, oder, wie er ein andermal sagt,
12 Jahre alt war, so lag damals Ninon bereits zwei oder
doch ein Jahr unter dem Boden; aber sein Vater war ja
ihr Notar, seine Mutter mit ihr bekannt gewesen, und so
kann sie gar wohl dem hoffnungsvollen Jungen, den sein
Pathe ihr zuführte, ein kleines Legat ausgesetzt haben.
Voltaire jedenfalls hat lebenslänglich mit Vorliebe davon
gesprochen, Legatar der Ninon gewesen zu sein, und hat ihr Andenken in den verschiedensten Formen, einem Dialog zwischen
ihr und der Frau von Maintenon, einer Komödie („der Depositär"), die einen edeln Zug aus ihrem Leben zum Gegenstande hat, und einem Brief über sie gefeiert, wovon der letztere
besonders ein kleines biographisches Meisterstück zu nennen ist.

Mit sechszehn Jahren trat der junge Arouet aus dem Collège, und nun sollte ein Beruf ergriffen werden. Dem Wunsche des Sohnes, die literarische Laufbahn zu wählen, trat der Vater mit der Aeußerung entgegen, das sei der Stand eines Menschen, der der Gesellschaft unnütz, seiner Familie zur Last werden und Hungers sterben wolle. Also trat er 1710 in die Rechtschule ein. Aber der Wille des strengen Vaters war durch den Einfluß des Pathen, des Abbé de Châteauneuf, gekreuzt. Wie er schon dem Kinde die Fabeln Lafontaine's vorgesagt, dann den Knaben mit der Ninon bekannt gemacht hatte, so hatte er den Jüngling noch als Zögling des Collegs in die sogenannte Gesellschaft des Tempels mitgenommen, wo Prinzen und Herzoge mit poetischen Abbés sich für den heuchlerischen Geistesdruck der letzten Zeiten Ludwigs XIV durch witzige Ausfälle auf die herrschenden Personen, aber auch durch Spott über Religion und Sitte, bei schwelgerischen Gelagen schadlos hielten. Eine solche Gesellschaft, die der Student zu besuchen fortfuhr, würde es bei seiner Geistesart über sein Rechtstudium auch dann davongetragen haben, wenn die Unterweisung hierin weniger pedantisch gewesen wäre, als er später sie zu schildern liebte; und wenn er von seinem Vater sagt, derselbe habe ihn verloren gegeben, weil er gute Gesellschaft besucht und Verse gemacht habe, so ist eben die Frage, ob der wackere Mann die Gesellschaft, die der Sohn besuchte, als eine gute anerkannt haben wird. Wohlhabend wie er war suchte er den Studiereifer des Sohnes durch die Aussicht zu spornen, ihm

demnächst ein Amt zu kaufen; aber nun mußte er von dem
Sohne die Antwort hören, er gedenke sich Bedeutung und
Achtung nicht zu erkaufen, sondern zu erwerben.

Als der Weg dazu erschien ihm die Dichtkunst, und
um sich darin durch eine Leistung bemerklich zu machen,
bewarb er sich im Jahr 1712 um einen poetischen Preis.
Der Bau des Chors der Nôtre-Dame-Kirche durch Ludwig
XIV., der damit ein Gelübbe seines Vaters zu erfüllen
gedachte, sollte durch eine Ode gefeiert werden, und eine
solche, wie schon im Collège eine auf die h. Genovefa,
dichtete jetzt unbedenklich der Jüngling, der sich bereits bewußt war, „zum Heil'gensänger nicht gemacht zu sein."

Mittlerweile jedoch fand sich der Vater durch den un-
ordentlichen Wandel des Sohnes immer mehr beunruhigt;
sein spätes Heimkommen in der Nacht führte Scenen herbei,
auch sein Aufwand stand außer Verhältniß mit seinen
Mitteln: vielleicht ließ sich durch eine Ortsveränderung
helfen. Der Abbé de Châteauneuf war schon einige Jahre
todt, aber mit seinem Bruder, dem Marquis, stand der
ehemalige Notar gleichfalls in Verbindung, und so war
es leicht eingeleitet, daß der Marquis, der im Jahr 1713
als Gesandter nach dem Haag abging, den Studenten als
Pagen mit sich nahm. Im Haag fand dieser eine ganze
Colonie von Landsleuten, die um der Religion willen aus-
gewandert waren; zum Unglück auch eine literarische Aben-
teurerin, eine Madame Dunoyer, die ihre ältere Tochter
schon übel genug verheirathet, die jüngere aber noch bei
sich hatte. Auch sie war bereits Braut, und zwar eines

Strauß, Voltaire.   2

merkwürdigen Mannes, gewesen: der ehemalige Camisar-
denführer Cavalier, der Held des Cevennenaufstandes, war
nach seiner Flucht aus Frankreich im Jahr 1708 als
Oberst in englischen Diensten nach dem Haag gekommen
und hatte sich mit Olympia Dunoyer verlobt, das Verhältniß jedoch später, aus unbekannten Gründen, wieder
aufgelöst. Ihn machte jetzt der junge Arouet sich anheischig
zu ersetzen; allein die Mutter sah in dem neunzehnjährigen
Pagen und Poeten keinen Ersatz für einen englischen Obersten und wandte sich an dessen Chef, den französischen
Gesandten, mit dem Ersuchen, dem Handel ein Ende zu
machen. Was das eine Verzweiflung war, als Herr von
Châteauneuf dem jugendlichen Liebhaber unverzügliche
Rückkehr nach Frankreich ankündigte! Einige Tage waren
ihm noch Frist gegönnt, während deren den in's Gesandt-
schaftshôtel confinirten die entschlossene Pimpette einmal
in Mannskleidern besuchte. Kühne Pläne wurden entworfen:
man wollte die katholische Kirchengewalt in Frankreich in
Bewegung setzen, um durch sie die Tochter der ketzerischen
Mutter abnehmen und zu dem katholischen Vater nach
Frankreich zurückbringen zu lassen. In den Briefen und
Billeten, die das Paar sich während dieser Tage und später nach der Trennung schrieb, erscheint der junge Dichter
als der naive, er droht, sich umzubringen, wenn sie ihm
nicht in die Heimath nachkommen will: sie, obwohl gleichfalls ernstlich verliebt, ist doch schon gewitzigter; die Anrede:
mein liebenswürdiges Kind, die sie an ihn richtet, bezeichnet treffend das ganze Verhältniß. Eine Zeit lang dauerte

auch nach der Heimkehr des Liebhabers der Briefwechsel noch fort; bald jedoch mußte die Mutter die jüngere Tochter zu einer Verbindung mit einem Herrn von Winterfeld zu bereden, die ebenso unglücklich ausfiel wie die der älteren. Das Beste war am Ende, daß 1719 die zweideutige Mutter starb, worauf Olympia, schon vorher von ihrem Manne getrennt, nach Frankreich zurückkehrte, wo sie anfangs in kümmerlichen Verhältnissen lebte, bis sie einige Jahre später durch den Tod eines Oheims in bessere Umstände und eine geachtete Stellung kam. Voltaire, der bald nach ihrer Heimkehr einen Versuch zu ihrer Unterstützung gemacht hatte, gab ihr noch später Beweise seiner dauernden Anhänglichkeit; auch dieß ein Zug, der, bei ähnlichen Verhältnissen durch sein ganzes Leben hindurch sich wiederholend, ein Zeugniß für sein Gemüth ablegt, das wir nicht außer Acht lassen dürfen.

Der Marquis de Châteauneuf hatte nicht die Nachsicht seines verstorbenen Bruders, denn er sandte dem heimkehrenden Pagen ein Schreiben an dessen Vater voraus, das kein Belobungsschreiben war. Der Alte dachte an Enterbung, an einen Verhaftsbefehl gegen den ungerathenen Sohn, von Verbringung nach den Inseln war die Rede. Da war es hohe Zeit, sich auf's Bitten zu legen und dem Willen des Vaters gemäß in die Schreibstube eines Procurators einzutreten. In den Bestrebungen des Jünglings brachte dieß keine Aenderung hervor; doch wie wir von seinem Besuch der Rechtsschule voraussetzen dürfen, daß er dort, leichtfassend wie er war, im Fluge manche

2*

der Kenntnisse mitgenommen habe, die ihm später bei seinen
Bemühungen für die Calas und Sirven zu Statten kamen,
so mag uns, wenn wir ihn in der Folge eigene und fremde
Angelegenheiten mit so merkwürdiger Geschäftsgewandtheit
betreiben sehen, die Kanzlei des Herrn Alain und die Vermuthung in den Sinn kommen, daß auch die dort zuge-
brachte Zeit nicht ganz ohne Frucht für ihn geblieben sei.
Im Uebrigen lenkte seine Lebensweise bald wieder in das
Geleise ein, woraus die Entfernung nach dem Haag sie
geworfen hatte.   Die Verbindung mit der Tempelgesellschaft erneuerte sich, und auf der Schreibstube selbst fand
er in dem zwei Jahre jüngeren Thieriot einen Gesellen
von dem gleichen Geschmack für die schöne Literatur auf
der einen, für die Vergnügungen der Hauptstadt auf der
andern Seite, dem aber mit der Productivität auch die
Willenskraft fehlte, die seinen Freund aus diesem Zerstreuungsleben bei Zeiten wieder herausführte, ja die selbst
während desselben ihn Zeit zu ernster und angestrengter
Arbeit finden ließ. Mit Thieriot besuchte er jetzt die Theater und die Kaffeehäuser, ihn machte er zum Vertrauten
seiner poetischen Versuche und Entwürfe. Mit seiner
Preisode auf das Gelübbe Ludwigs XIII. war er durch-
gefallen; glücklicher war er in der satirischen und in der
schlüpfrigen Gattung; aber durch jene macht man sich keine
Freunde und durch diese keinen guten Ruf. Schon im
Collège übrigens hatte sich der junge Arouet auch mit dramatischen Entwürfen getragen: jetzt entstand nach und nach
der Plan und die erste Ausführung des Oedipe.

Der Vater war von diesen Beschäftigungen, dieser Gesellschaft und Lebensweise ebensowenig erbaut, wie der Sohn
von der Schreibstube; ein neuer Bruch stand bevor, wenn
nicht diesmal ein freundlicher Gönner in's Mittel getreten
wäre. Der Marquis von Caumartin, ein hochangesehener
Ehrenmann, hatte an dem Jüngling Gefallen gefunden
und erbat sich von dem Vater die Erlaubniß, ihn auf sein
Gut St. Ange unweit Fontainebleau mitnehmen zu dürfen.
Caumartin war eine lebendige Chronik der Regierung Ludwigs XIV., unter der er hohe Staatsämter verwaltet und
die bestimmenden Persönlichkeiten alle gekannt hatte; außerdem begeistert für Heinrich IV. und seinen trefflichen Sully.
Im Schlosse hingen die Bilder all dieser Personen, der
alte Schloßherr machte sie durch seine Erzählungen lebendig, und in seinem jungen Gaste hatte er sich den dank-
barsten Zuhörer gewählt. Der Aufenthalt in St. Ange
legte in Voltaire's Geist die Keime von zweien seiner Haupt-
werke: der Henriade und dem Siècle de Louis XIV.

Unterdessen war im September 1715 Ludwig XIV. gestorben und für seinen minderjährigen Nachfolger der Herzog
Philipp von Orleans Regent geworden. Damit war das
Eis der Frömmelei und Heuchelei gebrochen; aber was
unter dieser Decke zum Vorschein kam, war ein fauler Pfuhl
sittlicher Verdorbenheit. Der Regent selbst, der Sohn
unserer trefflichen pfälzischen Elisabeth Charlotte, die sich
freilich in ihren Briefen schwer beklagt, daß ihr jeder Einfluß auf seine Erziehung abgeschnitten gewesen, zeigte sich
wenigstens von Einem Erbfehler der Bourbonen frei, von

der Bigotterie. Da jedoch kein sittlicher Halt an die
Stelle gesetzt worden war, so ließ er sich in alle die Laster
fallen, die während der letzten Regierungszeit seines Oheims
unter dem Deckmantel der Frömmigkeit gewuchert hatten,
und fand am Ende noch etwas darin, wenigstens die Heuch=
lermaske zu verschmähen. Seine Tochter, die Herzogin
von Berry, stand hinter dem Vater nicht zurück, und so=
gar das Verhältniß zwischen Vater und Tochter blieb von
dem greuelhaftesten Verdachte nicht frei. Da zugleich die
Furcht, die unter dem greisen Despoten die Geister im Bann
gehalten hatte, unter dem läßlichen Regenten wegfiel, so
machte wer nur reimen konnte seine Spottverse: warum
der junge Arouet, der das besser konnte als sie alle, nicht
auch? Philipp von Orleans war so gutmüthig auf der
einen, so stumpf gegen sittliche Schmach auf der andern
Seite, daß ihn persönlich diese Dinge wenig anfochten;
aber als Regent durfte er sie doch nicht so hingehen lassen;
also wurde der junge Pasquillant aus der Hauptstadt ver=
wiesen. Die Weisung lautete erst auf Tulle, das jedoch
auf Fürbitte des Vaters mit Sully=sur=Loire vertauscht
wurde. Hier hatten die Arouets Verwandte; bald aber
fand sich der verbannte Pasquillendichter in die Kreise des
dort residirenden Herzogs von Sully und seine lustigen
Feste hineingezogen. Unter anderen heiteren Poesien dich=
tete er hier eine Epistel an den Regenten, worin er mit
einer lebenslänglich beibehaltenen Taktik sich beklagte, daß
man ihm so elende Reimereien zuschreibe; und wirklich wurde
zu Anfang des Jahres 1717 nach achtmonatlicher Dauer

ſeine Verbannung aufgehoben. Der Regent empfing ihn
in freundlicher Audienz; aber der Begnadigte wurde nur
gar zu bald rückfällig. Ein Gedicht gegen den Hof und
die Regierung Ludwigs XIV. zwar, das ſchon länger in
Umlauf war, ſchrieb man ihm mit Unrecht zu; aber ein
lateiniſches Pasquill im Lapidarſtil auf die jetzigen Ver=
hältniſſe, das bekannte Puero regnante etc., war in der
That von ihm. Er verſuchte es abzuleugnen, aber dieß=
mal vergebens; man hatte zu ſichere Beweiſe. Ein Offi=
cier, Namens Beauregard, der ſich als Spion gebrauchen
ließ, hatte ſich in ſein Vertrauen einzuſchleichen gewußt
und ſeiner Eitelkeit das Bekenntniß der Urheberſchaft ab=
gelockt. Pfingſten 1717 wurde er in die Baſtille gebracht,
wo er bis zum April des folgenden Jahres, beinahe eilf
Monate, übrigens in ſehr gelinder Haft, ſitzen mußte.
Hier waren Virgil und Homer ſein Studium, ſeine Ar=
beit die Fortſetzung des epiſchen Gedichts über Heinrich IV.,
das er ſchon in St. Ange begonnen hatte. An die Ba=
ſtille ſchloß ſich herkömmlich noch für einige Zeit Verwei=
ſung an: dießmal war's nach Châtenay in das väterliche
Landhaus, von dem wir wiſſen. Und bald durfte der
Verbannte auf Stunden, Tage, im Herbſt endlich wieder
ganz nach Paris kommen.

Der Hauptzweck dieſer Beſuche war, die Aufführung
des Oedipe vorzubereiten, der, nach jahrelangen Be=
mühungen, demſelben in der hohen Geſellſchaft Gönner
zu erwerben und bei dem Schauſpielerperſonal des théâtre
français Eingang zu verſchaffen, endlich von dieſem ange=

nommen worden war. Der junge Dichter hatte den Plan
und einzelne Theile der Ausführung den Freunden der
Tempelgesellschaft vorgelegt, später das Stück in Sceaux
im Kreise der Herzogin von Maine vorgelesen, und den
Ausstellungen und Rathschlägen, die ihm hier zu Theil
wurden, wie auch den Wünschen der Schauspieler, alle
mögliche Rücksicht geschenkt. Diese Gefügigkeit, die auch
von der Aufführung und deren Wirkung auf das Publikum
noch willig Lehren für die Verbesserung seiner Arbeit annahm, war und blieb so sehr Voltaire's Art, daß Witzige
in der Folge von ihm sagten, er mache seine Stücke zwischen den Vorstellungen. Eine Eigenthümlichkeit, die ebenso
mit dem raschen Hinwurf und leichten Gefüge seiner Arbeiten zusammenhing, als sie auf der andern Seite doch,
bei einem Manne von so lebhafter Eitelkeit, als Zeichen
williger Selbstverleugnung bei erkannten Fehlern Lob
verdient. Freilich war es nicht immer dieß, sondern
bisweilen auch nur die Stimme des Publikums, der
er sich wider seine eigene bessere Einsicht fügte, und
dann war es nur eine Eitelkeit, die die andere im Schach
hielt. Am 18. November 1718 kam nach solchen Vorbereitungen der Oedipe zum erstenmale zur Aufführung.
Bezeichnend für den vierundzwanzigjährigen Dichter ist der
Muthwille, daß er dabei selbst als Schleppträger des Ober-
priesters auftrat; eine Posse, die, da ihn doch ein großer
Theil des Publikums kannte, leicht dem Eindrucke des
Stücks Eintrag thun konnte. Aber es erhielt ungeheuren
Beifall, erlebte 45 Vorstellungen hintereinander und machte

den jungen Arouet auf einmal zum Lieblingsdichter des Tages. Der Herzog von Orleans bewilligte ihm ein Geschenk und eine goldene Medaille, und Madame, seine Mutter, nahm, als im nächsten Jahre das Stück im Druck erschien, die Zueignung desselben an.

Unter dieser Zueignung erscheint zum erstenmale der Name Arouet de Voltaire, den der Dichter eine Zeit lang so fortführte, bis er zuletzt den Arouet wegfallen ließ und sich nur noch de Voltaire nannte. Dergleichen Namensänderungen, bei Schriftstellern insbesondere, waren in jener Zeit nicht ohne Beispiel; besonders nahe lag der unsrigen das von Moliere. Als Beweggrund gibt Voltaire den Wunsch an, nicht länger mit dem Poeten Roy verwechselt zu werden, mit dem er verfeindet war; eine Verwechslung, die in der damaligen Aussprache seines Namens einen Anlaß gehabt zu haben scheint, den wir von minder Kundigen auch Arroy geschrieben finden. Aber wenn ihm der alte nicht mehr gefiel, woher nahm er dann den neuen Namen? Von einem Familiengütchen seiner Mutter, sagt man wohl; aber dieses Gütchen ist unerfindlich. Dagegen findet sich, daß die Buchstaben des Namens Arouet l (e) j (eune), versetzt, den Namen Voltaire geben; und daß diese Art, sich einen Namen zurechtzumachen, damals nicht ungewöhnlich war, sehen wir an dem ehemaligen Studienaufseher des jungen Arouet im Collége, der sich aus einem Pater Thoulié, mit alleiniger Weglassung des überflüssigen h, anagrammatisch in einen Abbé d'Olivet verwandelte.

Doch während der Dichter mit dem neuen Namen
in der vornehmen Welt Mode und in die Wirbel der
Gesellschaft hineingezogen wurde, traf ihn eine neue Ungnade von Seiten des Regenten, der ihm so gerne gnädig
gewesen wäre, und dem sein Gedicht auf die Bastille
vielen Spaß gemacht hatte. Jetzt aber erschien unter dem
Titel Philippiques ein juvenalischen Geist athmendes Gedicht gegen den Regenten, und Voltaire galt als der Verfasser. Eine neue Verbannung, wenn auch nur in der
Form eines guten Rathes, gegen Ende Mai 1719 war
die Folge, die aber noch lustiger für den Dichter ausfiel
als die früheren. Bald in Vaux-Villars bei der Marschallin Villars, die sich seit der Vorstellung des Oedipe
für ihn interessirte, bald in Sully bei dem Herzog dieses
Namens, zog er, wie er sich selbst ausdrückt, von Schloß
zu Schloß, überall als neuaufgegangener Dichterstern mit
Auszeichnung aufgenommen, wegen seiner geselligen Talente
eifrig festgehalten; bis der Regent, nachdem er den wirklichen Verfasser der Satire in Erfahrung gebracht, ihm
zu Anfang des Winters die Rückkehr gestattete. Ein neues
Drama, das er im Februar des folgenden Jahres zur
Aufführung brachte, Artemire, fand keinen Beifall und
wurde von dem immer schnell gefaßten Dichter zurückgezogen, der seine Trümmer in der Folge für ein anderes
Stück verwendete. Unterdessen war aber auch das epische
Gedicht in seiner ersten Gestalt fertig geworden und wurde
von Voltaire und seinem Adjutanten Thieriot einzelnen Ken-
nern und Kennerkreisen mit dem besten Erfolge vorgelesen.

Am 1. Januar 1722 starb der alte Arouet, nachdem
er an seinen beiden Söhnen wenig Freude erlebt hatte.
Er war selbst Jansenist gewesen, aber mit Maß und Besonnenheit, nicht wie sein älterer Sohn Armand, der ein
finsterer Fanatiker war und alle Ausschreitungen der
Partei, die später in dem Wunderunfug am Grabe des
Diaconus Paris auf dem Medarduskirchhofe gipfelten,
mitmachte. Den jüngern hatte der Vater zwar noch von
den ersten Strahlen des Ruhmes beschienen gesehen, und
die Sage geht, daß er insbesondere für die Wirkung und
den Erfolg des Oedipe nicht unempfindlich geblieben sei;
aber das Schwankende in der Lage, das Unvorsichtige
und Gefährliche im Benehmen des Sohnes konnte ihm
unmöglich gefallen. Das Wort ist ganz den Verhältnissen
gemäß, das ihm in den Mund gelegt wird: er habe zwei
Narren zu Söhnen, einen in Prosa, den andern in
Versen. Dem in Prosa übrigens hatte er noch im letzten
Lebensjahre sein Amt abgetreten, und daß die sehr beträchtliche Caution, die er dafür hatte hinterlegen müssen,
zu Gunsten des Nachfolgers liegen bleiben sollte, veranlaßte zwischen den beiden Brüdern, die ohnehin nicht gut
zusammen standen, einen mehrjährigen Proceß. Voltaire's
väterliches Erbtheil war so zunächst nicht bedeutend;
doch hatte er aus den Erträgnissen seines Drama's,
dem Geschenk des Herzogs von Orleans, wozu auf
dessen Antrag bald auch eine kleine Pension vom König
kam, sich bereits ein eigenes Vermögen zu sammeln
angefangen, das sich in der nächsten Zeit durch Liefe-

rungen, die des Regenten Gunst ihm zuwandte, noch ver=
mehrte.

Doch der unruhig aufstrebende junge Mann ver=
langte nicht blos nach Dichterruhm, nicht blos nach Reich=
thum, sondern auch nach einer glänzenden Stellung in
der Gesellschaft. Er wollte den großen Herren, mit denen
er umging, nicht blos durch seinen Geist das Gleichge=
wicht halten, sondern auch äußerlich gleichgestellt sein. Und
dazu glaubte er unter den mannigfaltigen Talenten, deren
er sich bewußt war, neben dem poetischen und finanziellen,
auch das staatsmännische, das diplomatische zu entdecken.
In der Wahl der Mittel aber, wenn er sich einmal einen
Zweck vorgesetzt hatte, war er niemals bedenklich, und zu
Ehren und Würden im Staate war im damaligen Frank=
reich durch reine Kanäle nicht wohl zu gelangen. Als
allmächtiger Minister stand an der Seite des Regenten
der Cardinal Dubois, einer der verdorbensten Menschen,
die jemals einen Staat gelenkt haben; ihm galt es zu
schmeicheln, und so schmeichelte ihm Voltaire. Auch dem
Kriegsminister Le Blanc machte er den Hof. Aber ein
Diplomat war er noch lange nicht; wie wäre er sonst an
der Tafel dieses Ministers in Versailles so losgebrochen?
Hier traf er im Sommer 1722 den ehrenwerthen Officier,
der vor fünf Jahren durch seine Denunciation ihn in die
Bastille gebracht hatte, und „daß man Spione hält",
fuhr er heraus, „wußte ich wohl, aber nicht, daß man
sie zur Belohnung an Ministertafeln speisen läßt." Daß
ein Spion ebensogut auch den Wegelagerer machen kann,

sollte er sofort erfahren. An der Brücke von Sevres
paßte Hauptmann Beauregard ihm auf, prügelte ihn durch
und zeichnete ihn sogar im Gesicht. Er hatte die Sache
zuvor mit dem Minister abgesprochen, und dieser ihm nur
auferlegt, es so zu machen, daß es Niemand sehe. Voltaire
klagte auf der Stelle bei'm Maire von Sevres, und
dieser erließ auch einen Verhaftsbefehl gegen Beauregard,
der aber bereits wieder bei seinem Regimente war. Der
Beschimpfte ist Feuer und Flamme, er will sich selbst
Recht schaffen, und zugleich macht er einen Criminal-
proceß anhängig. Dieser zog sich um so mehr in die
Länge, als der Kriegsminister für den Beklagten thätig
war; nach dem Sturze des Ministers im folgenden
Sommer wurde Beauregard eine Zeit lang festgesetzt,
ohne daß jedoch Voltaire völlige Satisfaction erhalten zu
haben scheint.

Unter solchen Umständen ist nichts besser als eine
Reise, und dazu bot sich dem Dichter jetzt eben die schönste
Gelegenheit. Madame de Rupelmonde, die junge Wittwe
eines reichen Herrn in Flandern, eine galante, doch zugleich philosophische Dame, hatte an Voltaire Geschmack
gefunden und lud ihn ein, sie auf einer Reise nach Holland zu begleiten. Im Juli 1722 wurde die Reise an-
getreten, erst in Cambray, dann in Brüssel, Halt gemacht,
wo der lyrische Dichter J. B. Rousseau als Verbannter
lebte. Mit ihm stand Voltaire bis dahin durch Briefe
in der freundlichsten Beziehung; jetzt legte er ihm sein
Epos vor, das Rousseau's vollen Beifall erhielt; aber der

Name Rousseau war für Voltaire von keiner guten Vor=
bedeutung. Wie später Jean Jacques, so wurde damals,
oder vielmehr bei einem zweiten Besuch auf dem Rückweg
aus Holland, Jean Baptiste mit einem male sein erbitterter
Gegner. Der Anlaß wird von beiden Seiten verschieden
erzählt. Nach Rousseau wäre es der Anstoß gewesen, den
seine Frömmigkeit an Voltaire's freigeisterischem Gedicht
an Julie, d. h. eben an seine Reisegefährtin, genommen;
allein mit dieser angenommenen Frömmigkeit des alten
Epigrammendichters war es nicht so gefährlich. Voltaire
seinerseits will, als Rousseau ihm und seiner Begleiterin
seine Ode an die Nachwelt vorgelesen, geäußert haben, er
zweifle, daß dieselbe an ihre Adresse gelangen werde; ein
Wort offenbar, das man keinem, mit dem man nicht
schon zerfallen ist, in's Gesicht sagt. Wie dem sei, es war
hier der Grund zu einer jener literarischen Feindschaften
gelegt, die in Voltaire's Leben eine so große und wider=
wärtige Rolle spielten, indem er, obwohl in der Regel
nicht der angreifende Theil, doch, einmal gereizt, sich immer
mehr in die Leidenschaft hineinhetzte, und dann, wie frei=
lich seine Gegner auch, sich ohne Unterschied aller Waffen
bediente, durch die er dem andern wehe thun, ihn als
Schriftsteller und Menschen vernichten zu können glaubte.
Wenn ich erwähne, daß er in der Folge Rousseau gerne
daran erinnerte, wie dessen Vater der Schuhmacher des
seinigen gewesen, so wird man schon mehr als genug
haben; obwohl es noch lange nicht die häßlichste Wendung
in diesem Kampfe ist. Von Brüssel ging die Reise weiter

nach dem Haag und Amsterdam, wo das Leben und
Treiben eines freien, nur auf sich selbst und seinem Ge-
werbfleiße stehenden Volkes ohne Hof und Adel einen
tiefen Eindruck auf Voltaire machte. Zugleich suchte und
fand er aber auch im Haag einen Verleger für sein
episches Gedicht, das er auf Subscription herauszugeben
und dem jungen König Ludwig XV., dem Abkömmling des
Helden, den es feierte, zu widmen gedachte.

Im Herbst kehrte Voltaire nach Paris zurück und
theilte nun wieder sein Leben zwischen dieser Hauptstadt
und den Schlössern und Landhäusern seiner vornehmen
Freunde, zu denen in der letzten Zeit auch ein ausgezeichneter Engländer gekommen war. Lord Bolingbroke
hatte wegen jakobitischer Umtriebe nach der Thronbesteigung
Georgs I. aus England fliehen müssen, hatte sich dann in
einer reizenden Gegend der Touraine einen Landsitz, La
Source, eingerichtet, wo er mit einer Französin, einer
Frau von Villette, die er geheirathet hatte, ein müßig
geschäftiges Stillleben führte. Die Bekanntschaft eines
Mannes, der, wie Voltaire von ihm sagt, mit den Kennt-
nissen des Engländers alle Feinheit eines Franzosen verband, eines Staats- und Weltmannes, der zugleich Philosoph,
ein Hauptträger des englischen Deismus und Sensualismus
war, mußte für Voltaire gerade auf dem damaligen Punkte
seiner Entwicklung vom höchsten Werthe sein. Bei dem
Interesse des Lords für die französische Literatur war die
Bekanntschaft leicht gemacht, und die Aufnahme des noch
ungedruckten Epos über Heinrich IV. bei dem hochgebil-

deten Paare gereichte dem Dichter zu besonderer Er-
muthigung.

Unter den Bekanntschaften, die Voltaire in jenen
Jahren pflegte, nehmen die mit geistreichen und liebenswürdigen Frauen eine hervorragende Stelle ein. Da ihm
eine eigene Häuslichkeit fehlte und er zur Ehe wenig Lust
empfand, so war es ihm Bedürfniß, in einem befreundeten Hause, bei einer Frau, die ihn zu schätzen und warm
zu halten wußte, daheim zu sein. Dabei lief das einemal
Liebe mit unter, das anderemal nicht; die Dame mochte
Wittwe sein oder auch nicht; denn selbst wenn Liebe dabei
war, machten die Ehemänner in damaliger Zeit kein Hinderniß. So fand Voltaire in jenen Jahren erst bei einer
Marquise de Mimeure, die Wittwe war, dann bei einer
Präsidentin de Bernieres, die noch einen Mann hatte
und ihn auch als Miethsmann in ihr Haus nahm, eine
behagliche Heimath; leidenschaftlich verliebt war er längere
Zeit in die Marschallin Villars, die ihn jedoch mit kalter
Koketterie ebenso in Athem als fern zu halten wußte.
Von anderer Art waren die Beziehungen, worein den
dramatischen Dichter der Verkehr mit der Bretterwelt zu
jungen Schauspielerinnen brachte. Zu der Zeit als sein
Oedipe im Werben war, machte er der Duclos den Hof;
später war Adrienne Lecouvreur einmal seine Geliebte und
blieb bis zu ihrem nur allzufrühen Tode seine Freundin;
ein besonders anmuthiges Verhältniß aber entspann sich
um die Zeit seiner Verbannung nach Sully mit einer
jungen Dilettantin, die er daselbst kennen lernte. Susanne

Livry war die Tochter eines Finanzbeamten in Paris, hatte aber einen Oheim in Sully und wurde hier zu den dramatischen Vorstellungen herangezogen, die zu den lieb= sten Unterhaltungen des Herzogs und seiner hohen Ge= sellschaft gehörten. Den Beifall, der hiebei einem hübschen Mädchen mit angenehmen Manieren niemals fehlt, nahm Susanne als Bürgschaft für ein dramatisches Talent, zu dessen Ausbildung ihr der jugendliche Theaterdichter be= hülflich sein sollte. Sie nahm bei ihm Unterricht in der Declamation, und er brachte es in der nächsten Zeit auch dahin, daß sie auf dem théatro français, unter Anderem als Jokaste in seinem Oedipe, auftreten durfte. Aber sie hatte wenig Erfolg: offenbar war die Lust größer als die Kraft. Um so mehr Erfolg hatte sie bei ihrem Lehrer, und er nicht minderen bei der Schülerin. Man liebte sich herzlich und schwur sich ewige Treue; man führte bei aller Knappheit der äußeren Verhältnisse ein Leben wie im Paradiese. Aber man hat außer der Geliebten auch einen Freund, und der wurde zur Schlange des Paradieses. Voltaire führte den Freund bei der Geliebten ein, und der Freund stach ihn bei der Geliebten aus. Er war auch gar zu liebenswürdig, dieser junge Genonville, das hatte Voltaire selbst empfunden; darum ja keinen Bruch. Vol= taire überwindet den Verdruß und bleibt mit beiden Theilen im besten Einvernehmen. Das war so seine Art; denn wir werden seiner Zeit einen viel ernsteren Fall antreffen, wo sich das Gleiche wiederholte. Der Freund starb einige Jahre hernach, von ihm in einem

dichterifchen Nachrufe fchmerzlich beklagt; die Geliebte ging
mit einer Schaufpielergefellfchaft nach London, um da ihr
Glück zu verfuchen. Aber die Gefellfchaft machte Bankrott,
und Fräulein Livry mußte fich glücklich fchätzen, bei einem
Landsmann, der in der englifchen Hauptftadt ein Kaffee=
haus hielt, eine Zuflucht zu finden. So zurückgezogen
fie hier lebte (fo zurückgezogen wie Lindane in Voltaire's
viel fpäter, aber offenbar mit diefer Erinnerung gedichteter
„Schottländerin"), fo entging fie doch den Blicken eines
jungen französifchen Marquis nicht, der, von ihren Reizen
angezogen und feftgehalten, ihr feine Hand anbot. Sie
aber, verftändig, gibt ihm die allzugroße Ungleichheit ihrer
beiderfeitigen Glücksumftände zu bedenken und verfagt ihm
ihre Hand. Doch was thut der mufterhafte Liebhaber?
Er macht der Geliebten ein paar Lotterieloofe zum Ge=
fchenk, und nach einiger Zeit bringt er ihr eine Ver=
lofungslifte, derzufolge fie gewonnen hat. Der anfehn=
liche Gewinnft wird ihr ausbezahlt, natürlich aus den
Mitteln des Liebhabers, der nur ihr Bedenken wegen der
Ungleichheit der Glücksgüter hatte heben wollen, und dem
fie nun wirklich ihre Hand nicht länger verweigert. Jetzt,
als Marquife de Gouvernet in Paris eingerichtet, erhält
fie eines Tages in ihrem glänzenden Hotel die Anmel=
dung ihres ehemaligen Lehrers zum Befuch. Man kann
ihr kaum verdenken, daß fie diefen Befuch unter den ver=
änderten Umftänden nicht für angemeffen hielt; begreift
aber auch, daß Voltaire durch die Zurückweifung fich tief
gekränkt fühlte. Doch diefer Kränkung verdanken wir

eines seiner schönsten, empfundensten Gedichte, das um
des Wechsels in der Anrede willen zwischen dem Du, wo
es von der dürftigen, aber glücklichen Vergangenheit der
Liebenswürdigen, und dem Sie, wo es von ihrer glänzenden Gegenwart handelt, den Titel: Les Vous et les
Tu, erhalten hat. Philis — beginnt das Gedicht —

> Philis, gedenkst du noch der Zeit,
> Da du im nächsten besten Wagen,
> Und dienerlos, im schlichten Kleid,
> Zu einem armen Mahl getragen,
> — Durch dich ward es Ambrosia —
> Wie du im Jugendmuthe da
> Dem Liebenden dich hingegeben,
> Der dir, getäuscht, du weißt es ja,
> Und selig doch, geweiht sein Leben?
> Damals verlieh dir das Geschick,
> Statt goldner Schätze, Glanz und Glück,
> Nur deiner Jahre frische Blüthe,
> Ein zärtlich Herz, ein leicht Geblüte,
> Des Busens Schnee, des Blicks Azur.
> So reich geschmückt von der Natur,
> Wer fiele nicht auf Schelmereien?
> Du thatst es, holde Creatur,
> Und, mag's die Liebe mir verzeihen,
> Ich liebte desto mehr dich nur.

Nun wendet sich das Gedicht zur Beschreibung des
Glanzes und Ueberflusses, worin jetzt die Marquise lebt,
um schließlich zu dem Ergebniß zu kommen, daß all diese
Pracht nicht so viel werth sei, als einer der Küsse, den sie
damals dem Begünstigten gegeben. Doch für immer
sollte dem Dichter die stolze Pforte nicht verschlossen

bleiben. Wie er nach vieljähriger Abwesenheit von Paris
als Greis von 83 Jahren wieder dahin kam, um da zu
sterben, lebte die Marquise, längst Wittwe und überdieß
fromm geworden, noch ebendaselbst. Jetzt fährt der alte,
mittlerweile weltberühmt gewordene Freund wieder bei ihr
vor, und jetzt wird er nicht mehr abgewiesen. Ein Bild
von ihm, das er in der glücklichen Jugendzeit für sie
hatte malen lassen, schenkt sie ihm für seine Nichte, und
— o Freunde, sagte er, als er von dem Besuche nach Hause
kam, ich habe eine Fahrt von dem einen Ufer des Cocytus
zum andern gemacht.

Wir kehren zurück von diesen Ufern, wohin eine anziehende Frauengestalt uns vorausgelockt hat, zu dem
Schriftsteller, der, noch weit davon, im frischen Morgen
seines Lebens steht. Doch eben sehen wir dieses in Gefahr; Voltaire erkrankt in Maisons, dem Schlosse seines
Freundes, des jungen Präsidenten de Maisons, an den
Blattern, die gerade — es war im November 1723 —
in dem benachbarten Paris arg hausen. Erst war Adrienne
Lecouvreur, die sich zufällig am Orte befand, seine Pflegerin,
bis Thieriot eintraf, ihre Stelle einzunehmen; vierzehn
Tage lang war man um das Leben des Kranken besorgt,
der dem Arzte Gervasi seine Rettung zu verdanken glaubte.
Doch kaum hatte er sich am 1. December von seinen
gütigen Wirthen verabschiedet, als ein Schrecken eigener
Art ihn bald von Neuem krank gemacht hätte. Es brach
nämlich im Schlosse Feuer aus, und zwar gerade in dem
Zimmer, das Voltaire bewohnt hatte; freilich ohne seine

Schuld, wie er überzeugt sein durfte, aber doch äußerst peinlich; wenn auch die schwer beschädigten Besitzer, wie er selbst erzählt, sich so benahmen, wie wenn ihm, nicht ihnen, ein Schloß abgebrannt wäre.

Voltaire's episches Gedicht, „Heinrich IV. oder die Ligue" betitelt, sollte, wie wir uns erinnern, im Haag gedruckt und Ludwig XV. gewidmet, mit einem Privilegium der französischen Regierung erscheinen. Aber was von dem Gedicht verlautete und was man von dem Verfasser wußte, machte die geistlichen und weltlichen Machthaber in Frankreich nicht geneigt, dem Werk ihre Genehmigung zu ertheilen. Schwierigkeiten hatte Voltaire vorausgesehen, sonst hätte er nicht den auswärtigen Druckort gewählt. „Ich habe", schrieb er, „in meinem Gedicht allzusehr den Geist des Friedens und der Duldung in Sachen der Religion empfohlen, ich habe dem römischen Hofe zu viele Wahrheiten gesagt, ich habe zu wenig Galle gegen die Reformirten gespritzt, um hoffen zu können, daß man mir erlauben würde, in meinem Vaterlande ein Gedicht zum Lobe des größten Königs drucken zu lassen, den dieses Vaterland jemals gehabt hat." Jetzt, da sogar die Genehmigung zum Verkaufe des Gedichts versagt wurde, machte Voltaire die holländische Ausgabe sammt der Subscription rückgängig und leitete einen geheimen Druck in Frankreich selber, nämlich in Rouen, ein, wo die Freunde, der Parlamentsrath Cideville und der Präsident de Bernieres, ihm behülflich sein und zugleich seinem eigenen Aufenthalt am Druckorte zum Vorwande dienen konnten. So wurde

im Winter 1723 auf 24 das Gedicht in Rouen gedruckt,
sofort in Paris eingeschwärzt und insgeheim verkauft. Es
hatte den Reiz der verbotenen Waare nicht nöthig, um allgemein gelesen zu werden und großes Aufsehen zu machen.
Es füllte eine Lücke in der französischen Literatur, der ein
classisches Epos bis dahin gefehlt hatte. Das goldene Zeitalter Ludwigs XIV. hatte das classische Drama geschaffen,
auch im Fache der Lyrik, besonders nach der bidaktischen
und satirischen Seite, Muster aufgestellt; aber die epischen
Versuche, deren einem wir bald selbst noch begegnen werden, waren sehr unvollkommen geblieben und hatten sich
bei weitem nicht zu der Höhe eines Racine oder Des-
préaux erhoben.   Doch neben dem literarischen hatte das
Voltaire'sche Gedicht zugleich ein patriotisches Verdienst.
Es war aus der vaterländischen Geschichte, und zwar aus
deren nächster lebendiger Vergangenheit genommen, und
verherrlichte in seinem Helden, dem Friedensstifter nach
den langen Religions- und Bürgerkriegen, die religiöse Toleranz, die seine Enkel und Nachfolger, zum unberechen-
baren Schaden des gemeinen Wesens, nur gar zu sehr
außer Acht gelassen hatten.   Der moderne Charakter des
Stoffes wie der Behandlung schloß das Wunderbare, und
damit freilich eine reiche Quelle der Poesie, die dem Epos
bis dahin geflossen war, aus, wofür die hölzerne Maschinerie,
die der Dichter an die Stelle setzte, die ausgestopften Figuren
der Zwietracht, der Politik, wie andererseits der Liebe und
Religion, die von Kopf bis zu Füßen beschrieben werden und
zum Theil lange Reden halten, keinen Ersatz gewähren

können; doch so sehr derlei allegorisches Unwesen wider
unsern Geschmack ist, so wenig verstieß es gegen den da=
maligen. Das Versmaß endlich, der todte eintönige Alexan=
driner, fällt zwar traurig ab nicht allein gegen den lebens=
vollen Hexameter des griechisch=römischen, sondern auch ge=
gen die, bei aller Gleichförmigkeit des Rahmens, doch im
Innern vieler Abwechselung fähige Stanze des italienischen
Epos; indeß für französische Ohren, die dabei hergekommen
waren, konnte dieser Mangel nicht empfindbar sein.

Doch kaum hatte er den epischen Lorbeer gepflückt, so
griff Voltaire von Neuem nach dem tragischen. Er hatte,
zum Theil aus Trümmern der verunglückten Artemire,
ein neues Trauerspiel, Mariamne, aus der Geschichte He=
rodes des Großen zusammengefügt, das, im März 1724
aufgeführt, beinahe ausgezischt wurde. Doch mit gewohnter
Raschheit begriff der gelehrige Dichter, worin er gegen den
Geschmack seines Publikums verstoßen hatte, und arbeitete
sein Stück so rüstig um, daß es fünf Wochen nach der
verunglückten ersten Aufführung wiederholt werden konnte
und nun allgemeinen Beifall fand.

Unterdessen war das Jahr zuvor Ludwig XV. mün=
dig geworden, für den jedoch nach dem bald darauf er=
folgten Tode des Herzogs von Orleans der Herzog von
Bourbon als erster Minister die Regierung führte. Es
war ein Fund für Voltaire, daß er in den Bädern von
Forges, wo er sich mit dem ihm befreundeten Herzog von
Richelieu aufhielt, die Mätresse des Premierministers, Ma=
dame de Prie, kennen lernte; es mit diesen Damen zu

halten, blieb lebenslänglich seine Politik. Unter ihrer Protection wohnte er im September 1725 der Vermählung
des jungen Königs mit Maria Lescinska bei, sah seine
Dramen vor dem Hofe mit Beifall aufgeführt, wurde der
neuen Königin vorgestellt und von ihr, wie schon früher
vom König, mit einer Pension aus ihrer Cassette bedacht.
Auch ihren Vater, den Exkönig von Polen, lernte er bei
dieser Veranlassung kennen, mit dem er in späteren Jahren
in Luneville in noch genauere Beziehung treten sollte. Durch
solche Hofgunst glaubte sich Voltaire, mit 31 Jahren in
der Fülle seiner Kraft, zugleich auf der Leiter, um den
Gipfel seiner Wünsche zu erklimmen; aber es war auch
hier dafür gesorgt, daß die Bäume nicht in den Himmel
wuchsen.

Es galt um diese Zeit in Frankreich, wie etwas später
in Deutschland, den Kampf des Talents, des Dichters insbesondere, um seine Stellung in der Gesellschaft. Dabei
sind zwei Seiten zu unterscheiden: die der materiellen Existenz und die der moralischen Geltung, und es ist merkwürdig, zu beobachten, wie verschieden der Kampf bei den
beiden Nachbarvölkern aufgenommen und geführt worden
ist. Wenn wir als die Träger dieses Kampfes, nicht die
einzigen, versteht sich, aber die hervorragendsten, in Frankreich Voltaire und Jean Jacques Rousseau finden, so dürfen wir für Deutschland als solche erst Klopstock, dann
Goethe und Schiller bezeichnen.

Was die ökonomische Seite betrifft, so war im vorigen Jahrhundert am wenigsten in Deutschland schon die

Zeit gekommen, wo der Dichter sich auf den Ertrag seiner Arbeiten als eine hinlänglich breite und sichere Grundlage stellen konnte: Klopstock konnte die Gnadengehalte des Königs von Dänemark und des Markgrafen von Baden, Goethe seine Weimarische Ministerbesoldung, Schiller, nach dem Geschenk des Herzogs von Augustenburg und des Grafen Schimmelmann, die Pension des Herzogs Carl August nicht entbehren. Und auch so bedurften diese Männer all ihrer Einfachheit und Genügsamkeit, um mit dem auch nach Hinzurechnung des Ertrags ihrer Schriften immer noch schmalen Einkommen anständig auszureichen. Auf solche Genügsamkeit nun war Voltaire durchaus nicht eingerichtet. Er hielt das Genie des gleichen Maßes nicht blos von Achtung, sondern auch von Genuß werth, wie die Geburt, und suchte etwas darin, sich auch in Bezug auf die Mittel des Genusses den Großen und Vornehmen gleichzustellen. Aber diese Mittel sich zu verschaffen, reichte auch ihm als Werkzeug sein Genie nicht aus; seine Schriften allein hätten ihn nie zu dem reichen Manne gemacht, der er werden wollte; dazu bedurfte er neben den kleinen Gnadengehalten noch Finanzspeculationen, und zu diesen konnte er ohne die Protection mächtiger Gönner nicht gelangen. Das gab bereits seinen Verhältnissen zu diesen Mächtigen einen ganz andern Charakter, als wir auf deutscher Seite finden. Aber auch die größere Vertraulichkeit mit diesen der Mehrzahl nach keineswegs würdigen Herren zog den französischen Dichter herab, statt ihn zu heben. Voltaire konnte sich einem Cardinal Dubois, einem

Herzog von Richelieu oder Sully nicht mit der sittlichen Würde gegenüberstellen, wie Klopstock dem Grafen Bernstorff, wie Goethe und Schiller dem Herzog von Weimar. Weil ihm solche Entwürdigung zuwider war, gedachte Rousseau sich mit der Achtung zu begnügen und sich auf ein Mindestes von Genuß und Genußmitteln zu beschränken; er stellte sich der nach Glanz und Wohlleben jagenden Gesellschaft mit dem Stolze der spröbesten Selbstgenügsamkeit entgegen. Dort Aristipp, hier Diogenes; zwischen beiden Aeußersten suchten unsere deutschen Dichter durch genügsame Würde auf der einen, anständige Fügsamkeit auf der andern Seite einen bescheidenen Mittelweg zu finden. Vor 12 Jahren ist in Paris eine Schrift über „die Rolle der Stockschläge in der Literargeschichte" erschienen; auch in der deutschen haben sie ihre Rolle gespielt, doch mehr nur auf der Seite, wo die Literatur an Politik und Publicistik grenzt; in dem heiligen Raum unserer eigentlich classischen Literatur findet sich zu Scenen, wie wir sie theils schon erzählt haben, theils zu erzählen im Begriffe sind, kein Seitenstück.

Eines Abends im December 1725 traf im Opernhause der Chevalier de Rohan-Chabot, der Sprosse eines hohen Hauses und Feldmarschall ohne im Felde gewesen zu sein, mit Voltaire zusammen. Eine Rede von diesem mochte ihm mißfallen haben, genug, er fragte höhnisch: Herr Voltaire, Herr Arouet, wie heißen Sie? Voltaire antwortete für dießmal noch gemäßigt, und die Sache kam nicht weiter. Zwei Tage darauf begegnen sich beide wieder in der Komödie, in Gegenwart der Schauspielerin Lecou-

dreut; und vielleicht um vor dieser seinen Witz leuchten
zu lassen, wiederholte der Chevalier seine Frage.　Jetzt
lautete Voltaire's Antwort dahin, daß er zwar keinen gro=
ßen Namen mit sich schleppe, aber dem Ehre zu machen
wisse, den er führe; worauf der Chevalier seinen Stock
aufhob, Voltaire an seinen Degen griff, die Schauspielerin
aber mit einer wohlangebrachten Ohnmacht der Scene ein
Ende machte.　Nach einigen Tagen saß der Dichter, wie
öfter, als Gast des Herzogs von Sully beim Diner. Er=
scheint ein Bedienter, Herr von Voltaire möchte hinaus=
kommen, es erwarte ihn jemand am Thore des Hotels.
Unten findet er einen Fiacre mit zwei Männern, die ihn
ersuchen, auf den Kutschenschlag zu treten, dann ihn am
Kleide packen und einen Hagel von Stockschlägen auf seine
Schultern niederfallen lassen; während der Chevalier, in
einem zweiten Wagen, wie er selbst sich nachher rühmte,
„die Arbeiter commandirte", ihnen übrigens doch empfahl,
den Kopf nicht zu treffen. Der Geschlagene rannte in das
Hotel zurück und forderte den Herzog auf, mit ihm zum
Commissar zu gehen und die Sache protokollarisch aufneh=
men zu lassen; aber der Herzog verweigerte es. Offenbar
traf ihn die Beschimpfung mit, da ein Gast von seiner
Tafel weggeholt und vor seiner Pforte mißhandelt worden
war, und ein Gast, mit dem er seit zehn Jahren auf dem
Fuße der Freundschaft verkehrt, und der ihm seine Gast=
freundschaft durch die dichterische Verherrlichung seines Ahn=
herrn glänzend vergolten hatte. Aber die Rohan's waren
ein mächtiges, weitverzweigtes Adelsgeschlecht, und der Dich=

ter doch nur ein Bürgerlicher. Daß ein solcher, wenn er
zu vorlaut werde, eine derartige Züchtigung hinzunehmen
habe, zeigte sich noch als allgemeine Vorstellung. Der Prinz
von Conti, von dem uns noch · lobpreisende Verse auf
Voltaire's erste Tragödie erhalten sind, urtheilte, die
Schläge seien schlecht gegeben, aber wohl empfangen; der
Bischof von Blois, ein Angehöriger der Voltaire so befreundeten Familie Caumartin, ließ die Aeußerung hören:
Wir wären übel daran, wenn die Poeten keine Schultern
hätten. Ein Tagebuchschreiber der Zeit berichtet: „Der
arme Geschlagene zeigt sich so oft als möglich bei Hof
und in der Stadt, aber Niemand bedauert ihn, und die
er für seine Freunde hielt, haben ihm den Rücken gewendet." Insbesondere rief er vergebens Madame de
Prie und durch sie den Herzog von Bourbon an: wenn
er sich nicht selbst half, war ihm nicht zu helfen.

Niemand wird erwarten, daß Voltaire ein Held gewesen sei. Selbst seine Freunde trauten ihm wohl moralischen, aber wenig physischen Muth zu. Doch reizbar
war er im höchsten Grade, und so dürfen wir nicht zweifeln, daß es ihm mit den Schritten, seine Ehre durch ein
Duell herzustellen, zunächst völliger Ernst gewesen ist. Er
übte sich im Fechten. Er ging mit Gardisten und Raufbolden
um. Die Familie Rohan wurde besorgt, die Polizei aufmerksam; man hielt ihn für fähig, einen tollen Streich
zu machen. Das Beste war, man nahm ihn fest. Das
geschah denn auch auf Anbringen der hohen Familie in
der Nacht des 17. April 1726. Die Bastille kannte Voltaire

schon, und wurde da auch jetzt mit aller möglichen Rücksicht
behandelt. Er speiste an der Tafel des Gouverneurs und
durfte Besuche empfangen. Man wollte ihn auch nicht
lange da behalten; freilich auch im Lande nicht. Er sollte
bis auf Weiteres einen Ausflug über den Canal machen,
wozu er selbst sich erboten hatte. Aus dem Lande der
geheimen Verhaftsbefehle und der Willkür verlangte es ihn,
in das Land des Gesetzes und der Freiheit zu kommen.
Am 2. Mai lief das Decret seiner Freilassung ein; aber
man wollte Gewißheit haben, daß er den französischen Boden räumte. Er durfte von seinen Freunden in Paris
Abschied nehmen, aber der Kerkermeister begleitete ihn bis
zu seiner Einschiffung in Calais.

Was Voltaire hernach an Thieriot von einer Reise
schrieb, die er, kaum in England angekommen, im tiefsten
Geheimniß wieder nach Paris gemacht, halte ich für eine
Mystification. Wenn er dabei gerathen fand, sich so ver=
steckt zu halten, daß selbst seine vertrautesten Freunde von
seiner Anwesenheit nichts erfuhren, konnte er unmöglich
hoffen, seinen Feind zu treffen; die Reise wäre eine bloße
Komödie gewesen. Diese spielte er aber, leichter durch
Thieriot: der sollte in Paris aussprengen, Voltaire sei da-
gewesen, d. h. er habe zur Rettung seiner Ehre alles Mögliche und selbst das Unmögliche gethan.

II.

Um die Mitte des Mai 1726 landete Voltaire in England, und obwohl er bereits im zweiundbreißigsten Lebensjahre stand, so sind es doch die nahezu drei Jahre seines englischen Aufenthalts, die den Jüngling erst vollends zum Manne reiften. In gewissem Sinne freilich hat Voltaire diese Reise nie erreicht; selbst noch im Greisenalter überrascht er uns nicht blos durch leidenschaftliche Ausbrüche, sondern auch durch possenhafte Sprünge, die wir kaum der Jugend verzeihen können; stillen Ernst, ruhige Würde hat er nie gekannt. Für jetzt aber trat ihm doch in England eine neue Welt entgegen, von so gediegenen Stoffen in so großartigen Verhältnissen aufgeführt, daß er sich ihr gegenüber zusammennehmen, daß er alle seine Geisteskraft aufbieten mußte, um das Gegebene erst aufzufassen und dann zu verarbeiten.

In Staat und Kirche, Gesellschaft und Wissenschaft fand er Alles anders, Vieles besser als daheim. Beschämend und doch wieder erhebend war für ihn, im frischen

Gefühle der schnöden Mißhandlung, die ihn aus der
Heimath getrieben hatte, das hohe Ansehen, dessen er in
England bedeutende Schriftsteller genießen sah. Der
wenige Jahre vorher verstorbene Addison hatte sich vom
Herausgeber einer Zeitschrift zum Minister emporge=
schwungen; der Satiriker Swift, der englische Rabelais,
wie ihn Voltaire nannte, war, außer seiner kirchlichen
Stellung, auch als politischer Parteimann hoch angesehen;
und Pope, der correcteste der Dichter und bestbelohnte
der Homerübersetzer, lebte in seinem Landhause Twickenham
mit seinen hochabligen Gutsnachbarn auf gleichem Fuße.
Schon ein Menschenalter früher war Locke, der Philosoph,
der, mit Bekämpfung der Lehre von angeborenen Ideen,
alle menschliche Erkenntniß auf äußere und innere Er=
fahrung zurückgeführt hatte, neben allerhand hohen Staats=
ämtern, die er bekleidete, auch Urheber der Verfassung
für die Provinz Carolina in Amerika geworden. Eben
während Voltaire's Aufenthalt in England aber starb
Isaak Newton, und die dankbare Nation bereitete dem
Entdecker des Weltgesetzes der Gravitation ein Grab in
der Westminsterabtei. Seine und Locke's Schriften bil=
deten denn auch einen Hauptgegenstand von Voltaire's
Studium während dieser Zeit, und er ist von da an der
eifrigste Verkündiger der Newton'schen Naturlehre wie der
Locke'schen Erkenntnißlehre geblieben.

Im Fache der Theologie war, als Voltaire nach
England kam, der durch Collins angeregte Streit über
die Weissagungen des Alten Testaments noch in vollem

Gange, und eben während jener Jahre erschienen nach
einander des wunderlichen Woolston sechs Flugschriften
über die Wunder des Erlösers, von denen, wie Voltaire
erzählt, in kürzester Zeit drei Auflagen in England verkauft und ganze Ballen nach Amerika versandt wurden.
Hatte Collins die Beweiskraft der alttestamentlichen Weissagungen für die Wahrheit des Christenthums geleugnet,
so suchte Woolston zu beweisen, daß sämmtliche Wunder-
geschichten des Neuen Testaments, die Erzählungen von
der Auferstehung Jesu mit eingerechnet, weil sie, als wirkliche Geschichten gefaßt, nur Widersprüche, Unmöglichkeiten
und Ungereimtheiten enthielten, nothwendig allegorisch erklärt werden müßten; d. h. diese Geschichten seien nie
wirklich so vorgefallen, sondern von den Evangelisten nur
erzählt, um geistliche Wahrheiten damit vorzubilden. Auf
dem Felde des religiösen Lebens waren die verschiedenen Secten, die in England ruhig neben einander bestanden, der thatsächliche Beweis für die Verkehrtheit der
französischen Regierungsmaxime, neben der Staatsreligion
keine andere dulden zu wollen.

Wie fleißig Voltaire die Schriften der englischen
Dichter, die philosophischen Lehrgedichte Pope's, die satirisch-
phantastischen Erzählungen Swift's, auch die englischen
Dramen jener Zeit damals studirte, erhellt daraus, daß
er sie später verschiedentlich nachgeahmt hat. Aber auch
den in Frankreich noch beinahe unbekannten Shakespeare
machte er zum Gegenstande seines Studiums. Indeß, wie
er einerseits zu viel offenen Sinn für Poesie besaß, um

sich dem Großen und Gewaltigen in dem englischen Dramatiker ganz zu verschließen, so war er andererseits zu
fest in die nationalen Schranken des französischen Dramas
gebannt, um sich nicht zuletzt doch von ihm als einem
fremdartigen Wesen abgestoßen zu fühlen.

Wie immer übrigens, so war auch jetzt Voltaire's Thätigkeit nicht auf Bücher beschränkt. Er suchte die Nation
kennen zu lernen, und das konnte er nur in der Gesellschaft. Dabei kam es ihm zu Statten, daß Lord Bolingbroke, der einst in Frankreich, wie jetzt Voltaire in England,
als Verbannter gelebt hatte, seit drei Jahren wieder in
seiner Heimath war und den Bekannten von la Source
sowohl in seinem Hotel in London als auf seinem Land-
sitze in Dawley freundlich aufnahm. Voltaire machte gleicherweise mit Whigs und Tories, mit Dichtern und Philosophen, Parlamentsrednern und Quäkern Bekanntschaft.
Dabei hielt er sich wie daheim abwechselnd in der Hauptstadt und auf dem Lande auf. Sein Lieblingssitz war
Wandsworth, das Gut eines reichen und gebildeten Kauf-
manns, Falkener mit Namen, dessen Bekanntschaft er gemacht hatte, und dem er später seine Zaire widmete.
Hier hielt er sich insbesondere bald nach seiner Ankunft
in England so lange auf, bis er des Englischen vollkommen mächtig war, das er fortan mit Leichtigkeit sowohl sprach als schrieb. Es ist eine echt Voltaire'sche
Scene, wie ihn einmal auf der Straße das Volk als
Franzosen erkennt und zu verhöhnen anfängt, wie er sich
da auf einen Eckstein schwingt und die Leute im besten

Englisch mit den Worten besänftigt, die ihm in gewissem
Sinne sogar Ernst waren: „Brave Engländer, bin ich
nicht schon unglücklich genug, daß ich nicht unter euch geboren bin?"

Neben seinen englischen Studien vergaß jedoch Voltaire seine eigenen Arbeiten nicht. Wie ihm eben die Be-
obachtungen, die er in dem fremden Lande machte, zu einer
solchen den Stoff gaben, werden wir später finden. Sein
episches Gedicht über Heinrich IV. hatte er noch in Frankreich mit einem zehnten Gesange vermehrt; jetzt gedachte
er sein Vaterland, wo dieses vaterländische Gedicht nur
insgeheim hatte gedruckt und verkauft werden können, dadurch zu beschämen, daß er es in der Fremde öffentlich
und mit Glanz erscheinen ließ. Er eröffnete für die
Henriade, wie er das Gedicht nun betitelte, eine Subscription, bei der die königliche Familie von England sich
an die Spitze stellte, die sämmtliche Aristokratie sich betheiligte, und die fremde Königin nahm die Zueignung an,
die daheim, bei dem Abkömmling Heinrichs IV., nicht an-
zubringen gewesen war. Doch auch in dem Gedichte selbst
hatte der Dichter, außer der schon erwähnten Vermehrung
und vielen einzelnen Verbesserungen, eine eingreifende
Aenderung vorgenommen. Neben Aeneas Heinrich stand
in dem ursprünglichen Gedichte, wie es in Frankreich gedruckt war, als treuer Achates, der Geschichte wie der
Volkssage gemäß, Sully; aber dessen Abkömmling schien
durch sein pflichtvergessenes Benehmen gegen den Dichter
auch für seinen Ahnherrn jeden Anspruch auf eine solche

Verherrlichung verwirkt zu haben. Alſo wurde dieſer aus
ſeiner Stelle geworfen und ſtatt ſeiner Dupleſſis=Mornay
als Vertrauter des Helden eingeſetzt. Ob es in höherem
Sinne recht war, die geſchichtliche Wahrheit und den Dank
für ein hohes Verdienſt einer augenblicklichen Mißhellig=
keit zum Opfer zu bringen, mag bezweifelt werden; aber
in dem Kampfe des Dichters um ſeine geſellige Stel=
lung war es ein gewaltiger Schlag, den das Genie dem
hochmüthigen Geburtsadel verſetzte.

Doch während Voltaire die Abtrünnigkeit eines hoch=
ſtehenden Bekannten ſo ſchonungslos beſtrafte, übte er
gegen die Untreue eines von ihm abhängigen Freundes
eine Milde, die wir nicht unbemerkt laſſen dürfen. Die
neue engliſche Ausgabe der Henriade hatte auch in Frank=
reich Subſcribenten, d. h. Pränumeranten gefunden, und
mit dem Einzuge dieſer Gelder war Thieriot beauftragt.
Dieſer Freund von der Schreibſtube her war ein Mann
von allerlei Talenten, angenehm und bequem im Umgang,
aber auch bequem für ſich ſelbſt. Wiederholt ſuchte ihm
Voltaire Anſtellungen zu verſchaffen; aber er ſelbſt mußte
immer wieder die Verſorgung zu hintertreiben, die ihn zur
Thätigkeit genöthigt haben würde, und die liebte er nicht.
Sein Element war das literariſche Paraſitenleben, wie es
im damaligen Paris im Schwange war, und wie es uns
Diderot in ſeinem Neffen Rameau's in ſo unvergleichlicher
Weiſe geſchildert hat. Thieriot war ein höherer Rameau's
Neffe, etwas anſtändiger, aber auch lange nicht ſo genia=
liſch wie dieſer. Für Voltaire war er allerdings in mehr

4*

als Einem Betrachte sehr bequem. Er war sein Commissionär, seine Lobtrompete, sein Sprachrohr, kurz, was
man haben wollte. Galt es, ein Witzwort, ein neues
Gedicht von Voltaire unter die Leute zu bringen: Thieriot
hatte ein fabelhaftes Gedächtniß und sagte es in allen Gesellschaften her. Sollte ein Gerücht in Umlauf gesetzt
werden, wahr oder falsch, gleichviel: Thieriot colportirte es
in der ganzen Stadt. Dafür war denn auch die Börse
des Freundes für ihn jederzeit offen. Nur zu seinem Cassier
hätte dieser ihn nicht machen sollen. Denn Thieriot ging
in die Messe, wenigstens an Pfingsten. Und so wurden
ihm denn wirklich während der Pfingstmesse die 80 oder
100 Louisd'or Pränumerationsgelder für die Henriade aus
dem Schranke heraus gestohlen. Voltaire wußte gar wohl,
woran er war; aber er begnügte sich, dem Sünder auf
seine Anzeige zu erwiedern: „Dieser Zufall, mein Freund,
kann Ihnen den Besuch der Messe verleiden; aber mich
darf er nicht verhindern, Sie immer zu lieben und Ihnen
für Ihre Bemühungen zu danken.“

Neben der Vollendung seines epischen Gedichtes und
den Aufzeichnungen über England selbst fallen in Voltaire's
englischen Aufenthalt auch noch die Anfänge eines Ge-
schichtswerkes und eines Dramas. Das letztere: Brutus,
der ältere dieses Namens, war ihm unter den Eindrücken
eines freien Staatslebens auf der einen und dem Studium
von Shakespeare's Julius Cäsar und Addison's Cato auf
der andern Seite entstanden; das historische Werk ist die
Geschichte Carls XII. von Schweden. Es ist bezeichnend

für das Poetische in Voltaire's Natur, daß es immer
wieder lebensvolle mündliche Erzählungen von merkwürdigen Personen waren, die ihn anregten, sie zu Gegen-
ständen poetischer oder historischer Darstellungen zu machen;
so früher die Anekdoten des Herrn von Caumartin in
St. Ange von Heinrich IV. und Ludwig XIV., so jetzt das,
was ein gewisser Fabrice, den er in England kennen lernte,
und der mehrere Jahre in der Nähe Carls XII. während
seines Aufenthalts in der Türkei gewesen war, ihm von
dem merkwürdigen Schwedenkönig erzählte. Der Mann
und seine Abenteuer waren ganz geeignet, zur Darstellung
zu reizen, und so wurde seine Geschichte, während die
Arbeit über Ludwig XIV. und sein Zeitalter von
längerem Athem war, der Erstling der historischen Schriften
Voltaire's.

Doch kam sie in England nicht mehr zum Abschluß,
von wo sich nach beinahe dreijähriger Abwesenheit Voltaire doch endlich wieder in die Heimath zurücksehnte. Im
März 1729 erhielt er die Erlaubniß zur Rückkehr, doch
mit der Weisung, sich vorerst in St. Germain aufzuhalten;
wovon jedoch nach einigen Wochen abgesehen wurde.
Während seiner Landesabwesenheit war seine Schwester,
Madame Mignot, gestorben, zu seinem lebhaften Schmerze;
denn je ferner ihm der fanatische Bruder stand, desto
mehr hatte er der einzigen Schwester seine Neigung zugewendet, die er, wie wir finden werden, auch auf ihre
hinterlassenen Kinder übertrug. Der Erbschaftsproceß mit
dem Bruder scheint um diese Zeit zu Ende gewesen zu

sein, und da Voltaire aus England den Ertrag der Subscription auf die Henriade mitbrachte, so suchte er nun
eine Gelegenheit, diese Gelder gewinnbringend anzulegen.
Erst war es eine Lotterie, die der Generalcontroleur der
Finanzen eröffnete; in der Folge Armeelieferungen, Korn-
aufkäufe und Seehandel, wobei er sich betheiligte, und in
der Regel mit Glück. Ueber seine Denkart in diesen
Dingen hat er sich später in einer autobiographischen
Aufzeichnung offen ausgesprochen. „Man fragt mich,"
sagt er hier, „durch welche Kunst ich dahin gelangt sei,
wie ein Generalpächter zu leben; es mag gut sein, es zu
sagen, damit mein Beispiel Andern biene. Ich habe so
viele Männer der Literatur arm und verachtet gesehen,
daß ich seit Langem beschlossen hatte, ihre Zahl nicht zu
vermehren. Man muß in Frankreich Amboß oder Ham-
mer sein; ich war als Amboß geboren. Ein schmales
Erbtheil wird täglich schmäler, weil Alles mit der Zeit
theurer wird, und weil oft auch die Regierung Renten
und Gelder antastet. Man muß aufmerksam sein auf
alle Operationen, die ein stets verschuldetes und schwankendes Ministerium in den Staatsfinanzen macht. Es ist
immer eine, aus der ein Privatmann Vortheil ziehen
kann, ohne Jemanden dafür verbindlich zu werden; und
nichts ist so angenehm, als seinen Wohlstand selbst zu
gründen. Der erste Schritt kostet einige Mühe, die weiteren sind leicht. Man muß in der Jugend haushälterisch
sein, so findet sich im Alter ein Fonds, über den man
sich selbst verwundert. Das ist die Zeit, wo man des

Vermögens am meisten bedarf, wo ich mich desselben erfreue; und nachdem ich bei Königen gelebt, habe ich mich
selbst daheim zum Könige gemacht, trotz ungeheurer
Verluste." So Voltaire in viel späterer Zeit.

Mittlerweile indeß war er auch beschäftigt, die
aus England mitgebrachten Arbeiten zu vollenden und an's
Licht zu bringen. Die Tragödie Brutus wollte nicht ziehen; mit der Geschichte Carls XII. verursachte ihm die
Schwäche der französischen Regierung unnöthigen Verdruß.
Die bereits ertheilte Druckerlaubniß wurde zurückgezogen,
weil in dem Buche der Gegner des Schwedenkönigs,
der Kurfürst und König August von Sachsen und Polen,
dem man Rücksichten schuldig zu sein glaubte, in
Schatten gestellt war. Voltaire mußte die Geschichte
Carls XII., wie einst die Henriade, heimlich drucken und
in Paris einschwärzen lassen. Auch dießmal übrigens
schadete das Verbot der Verbreitung und dem Erfolge des
Werkes nicht. Es fesselte zunächst durch seine Form. Die
Einwendungen gegen manche Stücke des Inhalts kamen
nach. Die gelehrte Geschichtschreibung schüttelte den Kopf.
Unser Schlosser urtheilt, Voltaire's Geschichte Carls XII.
sei nicht viel besser als ein Roman. Und trotz dem Zeugniß, das sich der Verfasser später von dem Exkönig Stanislas, dem Schützling seines Helden, ausstellen ließ, daß
in dem Buche Alles wahr und in Ordnung sei, wird gegen jenes Urtheil nicht wohl aufzukommen sein. Aber ebensowenig dagegen, wenn ein französischer Kritiker (Villemain)
das Werk ein Meisterstück der Erzählungskunst nennt.

Das aber war es gerade, was man damals brauchte.
Gelehrte, gründliche Geschichtswerke, ehrwürdige Folianten und Quartanten, hatte man genug; nur Schade, daß sie
nicht zu lesen waren.   Und nicht allein der Geschmack,
auch das Denken kam bei dieser pedantischen Geschichtschreibung zu kurz: das Urtheil über Menschen und Dinge
wurde unter dem Ballast des Stoffes, unter Genealogien
und Deductionen erstickt.   In dem Büchlein von Voltaire
war nun umgekehrt Alles Darstellung, Alles Urtheil; wogegen allerdings die Forschung in Absicht auf Gründlichkeit — die Ereignisse waren auch noch allzu neu —
Manches zu wünschen übrig ließ.   Immerhin; einstweilen
mochte man von ihm erzählen lernen: mit der Zeit kamen
schon Andere nach, die mit der lebendigen Darstellung die
gründliche Forschung vereinigten.

Um Voltaire's Verdienst vollständig zu würdigen,
darf man nicht außer Acht lassen, wie ihm, einige Theater-
erfolge abgerechnet, in seinem Vaterlande jeder Schritt
schwer gemacht worden ist.   Und keineswegs nur solche
Schritte, die auch wir als Ausschreitungen betrachten; sondern auch das Gute und Löbliche gedieh ihm, in Folge
des Blöd- und Knechtssinns, womit er es zu thun hatte,
zum Verdruß.   Eben ein Jahr nach seiner Rückkehr aus
England war seine Freundin Adrienne Lecouvreur, nachdem sie noch wenige Tage zuvor als Jokaste in seinem
Oedipe aufgetreten war, plötzlich gestorben, und er hatte
das Empörende erleben müssen, daß der im Leben allgefeier-
ten Schauspielerin das Begräbniß an geweihter Stätte

verfagt und fie ohne Sang und Klang auf freiem Felde
verfcharrt wurde. Diefe fcheinheilige Barbarei züchtigte
Voltaire, wie fie es verdiente, in einem beredten Gedichte,
das, als es bekannt wurde, viel böfes Blut machte. Ernft=
licher wurde die Sache, als er im Jahr 1732 das, wie
wir uns erinnern, fchon viel früher verfaßte Gedicht an
Julie, d. h. an Frau von Rupelmonde, unter dem Titel:
Epiftel an Uranie, drucken ließ. Es enthielt fein religiöfes
Glaubensbekenntniß, und wir kommen darauf zurück; die
Wirkung, befonders auf die geiftlichen Kreife, war fo, daß
auf Anftehen des Erzbifchofs von Paris der Dichter ge=
richtlich vernommen wurde. Er machte es wie früher und
fpäter fo oft, er verleugnete das Gedicht und behauptete,
es rühre von dem verftorbenen Abbé Chaulieu, dem Ana=
kreon der Tempelgefellfchaft, her, den er es habe vorlefen
hören. Man glaubte ihm nicht, doch ließ man fich die
Ausrede gefallen. Um nun aber auch noch diejenigen zu
ärgern, die fich an den zwei genannten Gedichten nicht
geftoßen hatten, ließ Voltaire wenige Monate nach der
Epiftel an Uranie feinen „Gefchmackstempel" erfcheinen,
ein Schriftftück aus Profa und Verfen gemifcht, wie unfer
Wieland auch uns noch dergleichen Dichtungen gegeben hat.
Am Faden einer Wanderung nach dem Tempel des Ge=
fchmacks, die der Dichter unternimmt, werden hier gefchmack=
lofe Mäcenaten und pedantifche Philologen, literarifche
Pfufcher und Libellenfchreiber gezüchtigt, Dichter und Mu=
fiker, Maler und Baumeifter der nächftvergangenen Zeit
befprochen, und felbft an den gefeiertften Autoren frei=

müthig Manches ausgesetzt. Die Beschreibung der ein-
fachen Schönheit des Tempels ist wirklich schön, und der
Einfall, daß im Innersten dieses Heiligthums die besten
Schriftsteller selbst ihre Werke hauptsächlich auch durch
Streichen verbessern, in der That sinnreich. Aber es ging
ein Schrei der Entrüstung durch alle Kreise der gebildeten
Gesellschaft, weil alle Welt sich getroffen fühlte; das kleine
Werk, worin zwar, nach des Verfassers Art, persönliche
Seitenhiebe nicht fehlen, das sich aber im Ganzen einer
löblichen Unparteilichkeit befleißigt, hieß ein abscheuliches
Libell; auf dem Marionettentheater erschien der Geschmackstempel als ein unsauberes Gefäß; während die Italiener
in einer Parodie des Gedichts Voltaire selbst als eingebildeten Narren auf die Bühne brachten. So gingen diese
Dinge, wenn auch nicht ohne Unlust und Aerger für den
nur allzu reizbaren Dichter, doch ohne Schaden für ihn
vorüber; allein er hatte bereits das Werk im Pulte, das,
verdienstlicher als alle die zuletzt genannten, ihm um so
ernstlichere Gefahr bringen, ihn zur Flucht über die Grenze
nöthigen sollte.

Doch ehe dieser Sturm zum Ausbruche kam, erlebte
Voltaire noch auf den Brettern einen Triumph, der uns
als Anlaß dienen soll, was überhaupt über ihn als
Dramatiker zu sagen ist, hier übersichtlich zusammenzufassen.
Seit seinem Erstling, dem Oedipe, hatte eigentlich keines
seiner Stücke mehr durchgeschlagen. Bekanntlich war das
damalige Frankreich ungemein galant, und in diesem Punkte
namentlich that Voltaire seinen Landsleuten nicht genug.

Besonders auch an seinem letzten Stücke, dem Brutus, hatten sie die Schwäche der Liebesintrigue getadelt. Nun fand sich der Dichter einmal aufgelegt, ihnen hierin den Willen zu thun, und dichtete in drei Wochen, wie er behauptete, die Zaire, die sich ganz um Liebe und Eifer- sucht drehte. So war denn auch, als sie im August 1732 zur Aufführung kam, nach einigem anfänglichen Wider- spruch, und nach mancherlei Verbesserungen von Seiten des gutwilligen Dichters, der Erfolg entschieden und dauernd. Mit der Zaire, können wir sagen, erstieg Voltaire die Höhe seines dramatischen Dichterruhmes. Nahe an dreißig Jahre hat er sich auf dieser Höhe gehalten; eines seiner besten Trauerspiele, das an Feuer und hinreißender Wirkung der Zaire wenig nachgibt, Tancred, ist 28 Jahre nach der- selben, in Voltaire's fünfundsechszigstem Jahre gedichtet; aber noch im dreiundachtzigsten brachte er eine neue Tra- gödie zur Aufführung, die freilich nur noch einen Achtungs- erfolg haben konnte, und ist unter Entwürfen eines wei- teren Stücks gestorben. Die dramatische Dichtkunst war Voltaire's Lieblingsfach; unter den vielerlei Kränzen, die er sich zu erobern wußte, machte ihm keiner so viel Freude, als der Lorbeer, den ein Theatererfolg ihm brachte. Auch waren diese Erfolge die Schwingen, die ihn zuerst empor- trugen und ihm die Stellung gaben, worin er den wei- testen Kreisen bemerkbar werden, auf die weitesten Kreise wirken konnte. Aber der Schwerpunkt dieser Wirksamkeit lag auf einem ganz andern Felde; oder wenn auch seine Dramen dabei in Betracht kommen, so ist es doch nicht

durch das, was sie als dramatische Kunstwerke auszeichnet,
sondern durch die Gesinnungen und Grundsätze, die darin
gelegentlich vorgetragen werden.

In der Gruppe der großen Tragiker seiner Nation
ist Voltaire bekanntlich der Dritte, gleichsam der Euripides
des französischen Dreigestirns, und diesem in der That
nicht nur darin ähnlich, daß er seine Dramen mehr als
seine Vorgänger zu Gefäßen seiner philosophisch=religiös=
politischen Denkart macht, sondern auch darin, daß er diese
Vorgänger, von denen er Racine in mancher Beziehung
für unübertrefflich hielt, in anderen Punkten zu überbieten
sucht. Auch Corneille und Racine hatten die Alten zu
Vorbildern gehabt; aber Voltaire brachte zum Studium
der Alten theils ein anderes Naturell mit, theils kam zu
dieser Einwirkung bei ihm die der Engländer, insbesondere
Shakespeare's, hinzu. Von den Griechen hatte er sich
vor Allem das gemerkt, daß in ihrer Tragödie das Motiv
der Liebe bei weitem nicht die herrschende Rolle spielte,
wie in der französischen. Er erklärte sich dieß zum Theil
zwar aus vorübergehenden Zeitumständen: daß die Frauen
bei den Griechen zurückgezogener lebten, die weiblichen Rollen
auf ihrem Theater durch Männer vorgestellt wurden.
Aber unter allen Umständen erschien es ihm unpassend,
wenn z. B. Corneille in seinem Oedipe eine Liebesneigung
des Theseus zu Dirce, einer Tochter der Jokaste aus erster
Ehe, zur Hauptsache gemacht hatte; wenn vollends in der
Elektra von Crebillon diese Rachehelden in einen Sohn,
Orest in eine Tochter Aegisth's verliebt vorgestellt war.

Für das Ungehörige solcher Liebesepisoden hatte Voltaire
ein gesundes und starkes Gefühl, das nur von Anfang
sich entweder noch nicht recht klar, oder nicht kühn genug
war, um gegen den herrschenden Geschmack sich durchzu-
setzen. Die Hauptpersonen einer Tragödie, äußert er
in der um 1719 geschriebenen Einleitung zu seinem
Oedipe, müssen nothwendig Passionen haben; welche in-
sipide Rolle würde Jokaste spielen, wenn sie nicht wenigstens
die Erinnerung an eine wirkliche Liebesneigung hätte!
So wird denn eine frühere Neigung derselben zu Philo-
ktet fingirt, und dieser in die drei ersten Acte des
Stücks in einer nicht minder lächerlichen Art, als von
Corneille der verliebte Theseus, hereingezogen. Später hat
Voltaire dieß selbst eingesehen, und in der Vorrede zu seinem Orest, vom Jahre 1750, als sein Streben ausgesprochen,
so viel in seinen Kräften stehe, das französische Theater
aus der Weichlichkeit und Ziererei emporzuheben, worein
es durch die ungebührliche Herrschaft der Galanterie auch
in der Tragödie versunken sei. Die Liebe, sagt er in
der Zueignung seiner Merope, muß entweder die Seele eines
Stücks oder ganz daraus verbannt sein. Sie muß der
nothwendige Knoten des Stücks, nicht blos ein Lückenbüßer,
und sie muß eine wirklich tragische Leidenschaft, d. h. eine solche
sein, die entweder zum Unglück und Verbrechen führt, oder
durch Tugend überwunden wird. Demgemäß hat Voltaire aus
mehreren seiner späteren Tragödien, wie Orest, Merope, in
gewissem Sinn auch aus dem geretteten Rom, die Liebe gänzlich, aus Cäsars Tod sogar jede weibliche Rolle ausgeschlossen.

In diesen Anschauungen wurde Voltaire, außer seiner richtigeren Auffassung der antiken Tragödie, auch durch Shakespeare's Vorgang bestärkt, der, wie überhaupt die Bekanntschaft mit dem englischen Theater während seines Aufenthalts in London, von so nachhaltiger Wirkung auf ihn gewesen ist. „Mit welchem Vergnügen," sagt er in der Zuschrift seines Brutus an Lord Bolingbroke, „habe ich in London Ihre Tragödie Julius Cäsar gesehen, die seit 150 Jahren das Entzücken Ihrer Nation ist! Es fällt mir wahrhaftig nicht ein, die barbarischen Unregelmäßigkeiten gut zu heißen, deren sie voll ist; erstaunen muß man nur, daß ihrer nicht mehrere sind in einem Werke, das in einem Jahrhundert der Unwissenheit von einem Manne verfaßt ist, der nicht einmal Latein verstand und keinen Lehrer hatte als sein Genie. Aber mitten unter so vielen groben Fehlern, wie war ich hingerissen von dem Anblick des Brutus, der, den von Cäsars Blut gefärbten Dolch in der Hand, das römische Volk versammelt und von der Rednerbühne herab anredet: Römer, Mitbürger, Freunde u. s. f. Nach dieser Scene kommt Antonius und bringt durch eine kunstvolle Rede diese stolzen Geister wieder zur Besinnung; dann, als er sie besänftigt sieht, zeigt er ihnen den Leichnam Cäsars, und mit den leidenschaftlichsten Redebildern stachelt er sie zur Empörung und zur Rache auf. Schwerlich würden die Franzosen sich gefallen lassen, daß man auf ihrem Theater einen Chor von römischen Handwerkern auftreten ließe, daß der blutige Leichnam Cäsars vor dem Volk ausgestellt, und dieses von der

Rednerbühne herab zum Aufruhr ermahnt würde — das ist die Gewohnheit, die Königin der Welt."

Nach solchen Eindrücken in die Heimath zurückgekehrt, mußte Voltaire zunächst die Schranken schmerzlich fühlen, denen er den dramatischen Dichter jenseits des Canals enthoben, diesseits unterworfen sah. Als scharfsichtiger Kopf jedoch lernte er bald unter diesen Beschränkungen diejenigen, die in der Natur der Sache, von denjenigen, die in bloßer Gewohnheit und Einbildung lagen, unterscheiden. Zu den letzteren rechnete er vor Allem die übergroße Delicatesse des französischen Publikums, welche den Dichter nöthigte, manches hinter der Scene vorgehen und auf dieser nur erzählen zu lassen, was, zum Zwecke der vollen Wirkung, nothwendig vor den Augen des Zuschauers vorgehen mußte. Und darin fand er den französischen Geschmack noch überdieß höchst inconsequent. Die Scene soll nicht mit Blut befleckt werden: folglich darf der Held auf der Scene keinen andern tödten; wohl aber herkömmlich sich selbst; als ob das nicht auch die Scene mit Blut beflecken hieße. Zu dieser falschen Delicatesse gehörte es auch, daß im französischen Trauerspiel keine Personen und Namen aus der neueren Geschichte vorkommen durften. Ein Sujet aus der Geschichte von Venedig hatte ein französischer Dichter der Zeit, um nicht gegen den Gebrauch zu verstoßen, in eine alt-römische Verschwörungsgeschichte verwandeln müssen. Dagegen hatte Voltaire, wie er in der Einleitung zur Zaire sagt, bei den Engländern die Kühnheit gelernt, die Namen der eigenen Könige und der alten Familien des Königreichs

auf das Theater zu bringen, und war der Meinung, diese
Neuerung könnte in Frankreich eine ganz neue Art von
Tragödie schaffen, die man da sehr gut brauchen könnte. So
hat er denn, eben in der Zaire, in der Adelaide du
Guesclin, im Tancred, französische Namen und Geschichten,
obwohl nur sehr entlegene und ziemlich schüchtern, zu berühren gewagt; sich in den vollen Strom der vaterländischen Geschichte zu werfen, wie Shakespeare in den der englischen, dazu war in Frankreich die Zeit noch nicht gekommen. Auch nach anderer Seite suchte Voltaire das Stoff-
gebiet des französischen Trauerspiels zu erweitern. Die
Bretter, äußert er in der Einleitung zu einem seiner spätern
Trauerspiele, den Guebern, haben nun lange genug wie-
dergehallt von den Abenteuern, die sich nur unter fürst-
lichen Personen ereignen können und für die übrigen Menschen von wenig Nutzen seien; er glaube mehr zu wirken,
wenn er Personen aufführe, die der Natur näher stehen,
und habe daher in diesem Stücke (das freilich auch unauf-
geführt blieb) einen Gärtner, ein Landmädchen, zwei Sub-
alternoffiziere und gar einen gemeinen Soldaten riskirt.
Dazu kam die geographische Erweiterung des Schauplatzes,
indem er seine Dramen in allen Ländern und Welttheilen,
von China bis Peru, von England bis zur Berberei,
spielen ließ. Aber auch in Betreff des bretternen Schauplatzes für die Aufführung fand Voltaire das französische
Drama ungebührlich beengt. Das Pariser Schauspielhaus
war ein altes Ballhaus mit einer schmalen schlecht decorirten
Bühne an dem einen Ende, und diese Bühne wurde durch

die hergebrachte Unsitte, daß eine Anzahl bevorzugter Zuschauer auf der Bühne theils auf Bänken saß, theils auch
stand und die Spielenden bedrängte, noch enger gemacht.
Dadurch wurde jede Täuschung aufgehoben, jede bewegtere
Handlung so viel wie unmöglich. „Wie könnte man wagen," fragt Voltaire, „den Schatten des Pompejus oder den
Geist des Brutus erscheinen zu lassen inmitten so vieler
junger Leute, die von den ernsthaftesten Dingen nur Anlaß nehmen, ein bon-mot zu sagen?" Da dieser Mißbrauch ganz besonders auch der Wirkung der Geistererer-
scheinung in seiner Semiramis, die im Jahr 1748 zuerst
aufgeführt wurde, im Wege stand, so mußte er es durch
sein Anbringen und seinen Einfluß dahin zu bringen, daß
die Zuschauer allmählich von der Bühne entfernt, und
dadurch für freiere Bewegung, nach Umständen auch für
die Entfaltung von Pomp und Pracht auf der Bühne Raum
geschafft wurde.

Von diesen ungebührlichen oder doch unnöthigen, nur
auf Gewohnheit und Vorurtheil beruhenden Schranken
nun aber, von denen er das französische Theater im Hin-
blick auf die griechischen und englischen Vorbilder zu befreien
strebte, unterschied Voltaire eine andere Classe von Beschränkungen, die ihm theils im Wesen des Drama's, theils
in der Natur der französischen Sprache begründet zu sein
schienen. Die Engländer hatten als dramatischen Vers
den reimlosen Jambus; aber ein solcher wäre, nach Voltaire's Urtheil, im Französischen, vermöge des Mangels
an Längen und Kürzen in dieser Sprache, von der Prosa

nicht wohl zu unterscheiden. Dramen in Prosa aber, nach=
dem einmal die classischen Musterstücke eines Corneille und
Racine in Reimen abgefaßt sind, wären, nach seinem tref=
fenden Gleichniß, farblose Zeichnungen, die einer inmitten
von Rubens' und Paul Veronese's ausstellen wollte. Unter
dem Reimverse für die Tragödie versteht Voltaire so ohne
Weiteres den Alexandriner, daß die Blankverse, worin er
einen Theil von Shakespeare's Julius Cäsar übersetzt hat,
nichts anderes als reimlose Alexandriner sind. Was das
für das Drama auf sich hat, ist bei Gelegenheit von
Goethe's Uebersetzung des Voltaire'schen Mahomet von
Schiller so ausgesprochen worden, daß es sich nicht besser
sagen läßt. „Die Eigenschaft des Alexandriners," schreibt
er an Goethe, „sich in zwei gleiche Hälften zu trennen,
und die Natur des Reims, aus zwei Alexandrinern ein
Couplet zu machen, bestimmen nicht blos die ganze Sprache,
sondern auch den ganzen innern Geist dieser Stücke. Die
Charaktere, die Gesinnungen, das Betragen der Personen,
alles stellt sich dadurch unter die Regel des Gegensatzes, und
wie die Geige des Musikanten die Bewegungen der Tänzer
leitet, so auch die zweischenklige Natur des Alexandriners
die Bewegungen des Gemüths und die Gedanken. Der
Verstand wird ununterbrochen aufgefordert, und jedes Ge=
fühl, jeder Gedanke in diese Form wie in das Bette des
Prokrustes gezwängt." Es zerfällt also beim Alexandriner
erstlich jede einzelne Verszeile, vermöge der Cäsur in der
Mitte, in zwei Hälften, und zweitens sind jedesmal zwei
aufeinanderfolgende ganze Alexandriner, vermöge des ge=

meinſamen Reimes, unter ein Doppeljoch gelegt. Der
letzteren Beengung hat ſich Voltaire in ſeinem „Tancred"
durch die Wahl gekreuzter Reime zu entledigen geſucht,
nicht ohne Beſorgniß, indem er die Einförmigkeit des
gekoppelten Reimes vermied, ſich allzuſehr der Proſa zu
nähern. Auch wir können den Verſuch, bei allem Lobe
des Beſtrebens, doch nicht als gelungen erkennen. Das
ſo feſt gebundene Maß des Alexandriners verlangt auch
die engſte Reimfolge; die frei ſich verſchlingenden Alexan=
drinerreime des Tancred machen den Eindruck einer
ſchlangenförmig angelegten Pappelallee. Im Luſtſpiel, wie
in dem „verſchwenderiſchen Sohn", dem „Herrenrecht",
der „Prüden", hat Voltaire einigemale gereimte fünffüßige
Jamben angewendet, die nun aber wieder für das Trauer=
ſpiel zu leicht erſcheinen. Daß es dem Genius der fran=
zöſiſchen Sprache nicht zur rechten Zeit gelungen iſt, ein
ſo häßliches Versmaß zu ſprengen, daß der Alexandriner
die dramatiſche Uniform geblieben iſt, worein der Dichter
ſeine Reden zwängen muß, wenn ſie nicht proſaiſch wild
laufen ſollen, kann man ein franzöſiſches Nationalunglück
nennen, und wird Engländer und Deutſche glücklich
preiſen, daß ſie ſich in dem reimloſen fünffüßigen Jam=
bus ein dramatiſches Versmaß gebildet haben, das mit
dem Schwunge des Rhythmus die Freiheit der Bewegung
verbindet.

War dieſer Zwang des Reimes, den der franzöſiſche
Dramatiker ſich aufzulegen hat, in dem beſonderen Weſen
ſeiner Sprache begründet, ſo glaubte Voltaire von einem

andern beschränkenden Gesetze den Grund im allgemeinen
Wesen das Drama's selbst zu erkennen. Es sind dieß die
bekannten drei Einheiten: der Handlung, der Zeit und
des Ortes, welche die französischen Kunstrichter in der Poetik
des Aristoteles zu finden meinten; während uns Deutsche
Lessing gelehrt hat, daß bei den Griechen theoretisch wie
praktisch nur die Einheit der Handlung als unverbrüch-
liches Erforderniß erscheine, die beiden andern aber nur
so weit in Betracht kommen, als sie aus jener folgen,
oder soweit die stetige Anwesenheit des Chors (der bei uns
wegfällt) sie nöthig machte. Dagegen bleibt nun Voltaire
dabei, die Wahrscheinlichkeit verlange, die Handlung eines
Drama's in die Zeit von 3 Stunden, d. h. in die Zeit-
dauer seiner Aufführung, und in den Umfang eines
Palastes einzuschließen, und spottet über Shakespeare, der
seine Personen von einem Schiff auf hoher See mit einem
Male 500 Meilen weit in's Land hinein, aus einer
Hütte in einen Palast, von Europa nach Asien versetze,
und am liebsten eine Handlung oder mehrere Handlungen
zugleich darstelle, die ein halbes Jahrhundert dauern.
Allein wenn auch Shakespeare hierin unstreitig zu weit
geht, wenn sein rascher Scenenwechsel auf der einen und
die beträchtlichen Zeitklüfte zwischen den Theilen mehrerer
seiner Dramen auf der andern Seite, von der Schwierig-
keit für die Darstellung noch abgesehen, der Stetigkeit,
mithin der Einheit der Handlung zu nahe treten: so ist
doch dagegen, daß z. B. in Wallensteins Tod die drei
ersten Aufzüge in Pilsen, die zwei letzten in Eger spielen;

oder daß im Egmont zwischen dem Anfang und dem Ende
des Stücks Berichte von den Niederlanden nach Spanien
laufen und ein Heer aus Spanien in die Niederlande
marschirt; daß selbst innerhalb der einzelnen Acte z. B.
in Kabale und Liebe die Scene zwischen den Prunkzimmern
des Präsidenten und der Favoritin und der Stube des
Musikus wechselt — dagegen ist aus dem wohlverstan=
denen Wesen der dramatischen Kunst kein begründeter
Einwand zu erheben. Im Gegentheil, nachdem Voltaire
einmal die einfache dramatische Handlung seiner beiden
Vorgänger mit einer zusammengesetzteren vertauscht hatte,
werden durch die Künste und Gewaltsamkeiten, deren
er sich bedienen muß, um dieselbe in die kurze Zeit und den
gleichen Raum einzuzwängen, jene Gesetze viel gefährlicher
verletzt.

Steift sich aber Voltaire in diesem Punkt auf den
Hauptgrundsatz des classischen Jahrhunderts der französi=
schen Dramatik, so kommt er auch in andern Punkten,
worin er erst Miene gemacht hatte, zwischen Griechen und
Briten auf der einen und den Franzosen auf der andern
Seite Vorzüge und Mängel gerecht abwägen zu wollen,
unvermerkt in das Fahrwasser nationalen Vorurtheils
zurück. In der ersten Zeit nach seiner Rückkehr aus
England hieß es, der Fehler des griechischen wie des eng=
lischen Theaters sei allzugroße Kühnheit gewesen, die das
Gräßliche für das Furchtbare nahm, der Fehler des fran=
zösischen zu große Aengstlichkeit; die Griechen und Eng=
länder haben das tragische Ziel oft übersprungen, die

Franzosen, aus Furcht vor Uebertreibung, es nicht erreicht; die Bühne solle zwar kein Schauplatz des Würgens
und Schlachtens sein, wie bei Shakespeare und seinen
Nachfolgern, aber ebensowenig das Drama eine bloße
Conversation, wie so manche französische Stücke; bei aller
Unregelmäßigkeit ihres Baues, aller Unschicklichkeit ihrer
Sprache, haben die englischen Dramen doch einen Vorzug, der viele Mängel zudecke: sie haben Handlung. Mit
der Zeit jedoch wird Voltaire immer empfindlicher gegen
die Fehler des englischen, immer eingenommener für die
Vorzüge des französischen Theaters. Die schulgerechte
Verbindung der Scenen, daß die Bühne nie leer werde
und dergleichen Aeußerlichkeiten werden ihm immer wich-
tiger. Die Eleganz des Ausdruckes, die geistreichen Sentenzen, womit das französische Drama wie mit Edelsteinen
oder auch Flittern sich putzt, geben demselben in Voltaire's
Urtheil einen Vorzug vor jedem andern. Der französische,
insbesondere der Pariser Geschmack, so manches er auch
an demselben auszusetzen hat, ist ihm doch schließlich der
normale, und namentlich dem griechischen um so viel
überlegen, als Paris der attischen Hauptstadt an Zahl
der Einwohner und der dramatischen Aufführungen. Es
mag sein, daß das französische Theater von dem Motiv
der Liebe einen zu häufigen Gebrauch gemacht und diese
Leidenschaft selbst nicht selten zur bloßen Galanterie abge-
schwächt hat: darum bleiben aber doch in der dramatischen
Darstellung der Liebe die Franzosen die ersten Meister
aller Zeiten. Auf dem französischen Theater erscheint

die Liebe mit einer Schicklichkeit, Zartheit und Wahrheit,
die man anderswo nicht findet. „Unsere Liebenden", sagt
Voltaire in der Zueignung seiner Zaire an den Freund
in England, „sprechen als Liebende, die euren bis jetzt
nur als Poeten." Und während es früher schien, als
hätten auch in Absicht auf das Drama beide Nationen
sich zu ergänzen, eine von der andern zu lernen, ist schon
mit der Zaire, um 1732, ihrem Dichter der nationale
Dünkel so weit gestiegen, daß er geradezu erklärt: „Die
Engländer haben sich den Regeln unseres Theaters zu
unterwerfen, wie wir ihre Philosophie annehmen müssen.
Wir Franzosen haben ebenso gute Experimente mit dem
menschlichen Herzen gemacht, als sie mit der Natur. Die
Kunst zu denken scheint den Engländern zu gehören, die
zu gefallen den Franzosen."

Und gegen diese glückliche Selbstzufriedenheit des
französischen Dramatikers kam man immer wieder mit
Shakespeare angezogen; ja in seinen alten Tagen mußte
er noch die Erscheinung einer französischen Shakespeare=
übersetzung erleben, deren Urheber, ein gewisser Letourneur,
neben dem Briten die französischen Tragiker kaum als
Dichter gelten lassen wollte. Er selbst hatte den Geist
Shakespeare's zuerst in Frankreich heraufbeschworen: jetzt
wußte er ihn nicht mehr loszuwerden. Shakespeare's Julius
Cäsar hatte ihn ergriffen, zur Uebersetzung, zur Nachbil=
dung gereizt; die Geistererscheinung im Hamlet nannte er
einen der wirksamsten Theaterstreiche, und dem Monolog
des Hamlet konnte er seine Bewunderung nicht versagen.

„Ich bin gewiß weit entfernt", sagt er in der Einleitung
zu seiner Semiramis, „die Tragödie Hamlet in Allem zu
rechtfertigen; sie ist ein grobes barbarisches Stück, das in
Frankreich und Italien nicht von dem niedrigsten Pöbel
geduldet werden würde. Hamlet wird verrückt im zweiten
Act, und seine Geliebte im dritten; der Prinz ersticht
ihren Vater unter dem Vorwand, eine Ratte umzubringen,
und die Heldin springt in's Wasser. Man bereitet ihr
Grab auf dem Theater; die Todtengräber machen Späße
in ihrer Art, indem sie Todtenschädel in der Hand
halten; der Prinz antwortet auf ihre abscheulichen Plump-
heiten durch Thorheiten, die nicht weniger widerwärtig
sind. Unterdessen macht eine der handelnden Personen
die Eroberung von Polen. Hamlet, seine Mutter und
sein Stiefvater trinken zusammen auf dem Theater; man
singt bei Tafel, man zankt sich, schlägt sich und bringt
sich um. Man möchte glauben, dieses Werk sei die Frucht
der Einbildungskraft eines betrunkenen Wilden. Aber
unter diesen groben Unregelmäßigkeiten, die das englische
Theater noch heute so abgeschmackt und barbarisch machen,
finden sich im Hamlet seltsamer Weise erhabene, des
größten Genies würdige Züge. Es ist, als hätte sich die
Natur darin gefallen, in dem Kopfe dieses Dichters das
Stärkste und Größte mit dem Niedrigsten und Abscheu=
lichsten zu verbinden." Daß man nun ein so ungeläu-
tertes Talent, oder, wie er jetzt unverblümt an d'Alembert
schrieb, einen solchen Dorfhanswurst, der keine zwei
ordentlichen Zeilen geschrieben, in Frankreich selbst den

Classikern des französischen Drama's gegenüberzustellen,
ja vorzuziehen wagte, das empörte gleicherweise seinen
Kunstgeschmack, sein patriotisches und sein Selbstgefühl.
Noch zwei Jahre vor seinem Ende erließ er ein Sendschreiben dagegen an die französische Akademie. „Stellen
Sie sich vor, meine Herren", ruft er am Schlusse dieses
Sendschreibens aus, „stellen Sie sich vor Ludwig XIV.
in seiner Galerie zu Versailles, umgeben von seinem glänzenden Hofstaate; ein Hanswurst in Lumpen gehüllt" (der
ist aber dießmal nicht Shakespeare selbst, sondern sein
Uebersetzer und Lobredner) „dringt durch die Reihen der
Helden, der großen Männer und der Schönheiten, die
diesen Hof bilden, und stellt an sie das Ansinnen, Corneille, Racine, Moliere zu verlassen um einen Seiltänzer,
der glückliche Einfälle hat und Grimassen macht. Wie
glauben Sie, daß ein solches Ansinnen aufgenommen
worden wäre?" Ein englischer Kritiker hatte es gewagt,
die erste Scene des Hamlet mit der ersten Scene der
Racine'schen Iphigenie zu vergleichen und mit Bezug auf
die Rede des Arcas in der letzteren:

Habt ihr in dieser Nacht kein Rauschen wahrgenommen?
Die Winde, wollen sie einmal zu Hülf' uns kommen?
Doch Alles schweigt: das Heer, der Wind und auch Neptun —

mit Bezug auf diese classische Musterstelle zu sagen, da
sei die Antwort der Schildwache im Hamlet: „Keine
Maus hab' ich rascheln hören", doch viel natürlicher. „Ja,
mein Herr", erwiedert ihm Voltaire gereizt, „so mag ein

Soldat antworten auf der Wachstube, aber nicht auf dem
Theater, vor den höchsten Personen der Nation, die sich
nobel ausdrücken und vor denen man sich ebenso ausdrücken muß." Hier hat uns Voltaire das Geheimniß
dieser classischen Dramaturgie der Franzosen verrathen.
Das Drama ist Hofbelustigung; die Personen desselben
haben zu sprechen nicht wie es ihnen um's Herz, wie es
ihrem Charakter und der Situation gemäß, sondern wie
es dem König und dem Hofe gegenüber schicklich ist; nicht
Wahrheit, Natur und Schönheit, sondern die Etikette ist
das höchste Gesetz der dramatischen Kunst.

Hiernach begreift man nur gar zu gut, warum bei
dem löblichen Anlaufe Voltaire's, die Schranken des dramatischen Herkommens der Franzosen zu durchbrechen,
schließlich nichts herausgekommen ist, daß seine Stücke,
obwohl unter sich nach Form und Werth sehr verschieden,
doch im Ganzen die „gallische Art", wie sich Goethe einmal ausdrückt, seiner Vorgänger nicht verleugnen. Dieselben im Einzelnen zu würdigen, würde uns hier zu
weit führen; denn Voltaire hat nicht weniger als 27 oder
28 Tragödien und 15 Komödien, Opern, Fest- und gesellige Spiele hinterlassen. Ueber drei seiner Tragödien,
nämlich Zaire, Merope und Semiramis, hat Lessing in
der Hamburgischen Dramaturgie Ausführungen gegeben,
bei denen wir alle in die Schule gegangen sind. Zwei
andere, Mahomet und Tancred, sind durch Goethe's
Uebersetzungen den Lesern seiner Werke vertraut. Er
übersetzte sie, wie Schiller im Einverständniß mit ihm in

den berühmten Stanzen ausführte, nicht als Muster im höchsten Sinne, sondern nur um dem platten Realismus und Naturalismus, wie er in den Iffland'schen und anderen Stücken der Zeit sich breit machte, kunst- und stilgerechte, auch schon durch den strengen Rhythmus der Sprache von der gemeinen Wirklichkeit sich abhebende Stücke entgegenzustellen. Daß Goethe die beiden französischen Dramen in reimlosen Jamben übersetzte, damit war Schiller begreiflich einverstanden; nur fürchtete er, da er den Takt des Alexandriners so tief in den Bau derselben eingreifen sah, es möchte nach Auflösung desselben zu wenig allgemein Menschliches übrig bleiben. Auch Goethe selbst klagte über die Nüchternheit dieser Stücke und empfand die Nothwendigkeit, ihnen da und dort noch „etwas Belebendes anzudichten", um ihnen „mehr Fülle als im Original zu geben." So ist seine Uebersetzung, wunderbar treu wo er nicht absichtlich abweicht, doch vielmehr eine Bearbeitung, die bald das Gefühl freier und wärmer sprechen läßt, bald Ueberlegungen und innere Kämpfe feiner ausführt, bald prosaisch-tendenziöse Spitzen abbricht, bald allzuwidrige Enthüllungen, wie insbesondere eine Schlußrede Mahomet's von 20 Zeilen, geradezu tilgt.

Daß das Drama, wie die Dichtung überhaupt, eine Tendenz nicht nur haben dürfe, sondern haben solle, daß der Zweck der Kunst sei, die Menschen zu bessern und zu belehren, dieser Gesichtspunkt, über welchen die echte Kunstübung thatsächlich zu allen Zeiten hinaus war, wenn

sie auch bewußter und begriffsmäßiger Weise erst durch
die neuere Kunstwissenschaft darüber hinausgekommen ist,
das war auch Voltaire's wie seiner ganzen Zeit oft aus-
gesprochene Ueberzeugung. In einem besonderen Falle
hatte auch Lessing die Bretter seine Kanzel genannt: Voltaire betrachtete und gebrauchte dieselben immer so. Daß
es unter anderen Tugenden ganz besonders religiöse Duldung und Abscheu gegen Aberglauben und Fanatismus
war, was er von den Brettern herab predigte, versteht
sich von selbst. Von der Aeußerung der Jokaste in seiner
ersten Tragödie:

> Die Priester sind nicht, was ein blinder Pöbel meint,
> Nur unsre Thorheit ist's, was ihre Weisheit scheint —

bis zu dem Spruche des Kaisers in den Guebern:

> In seinem Glauben mag ein jeder friedlich leben,
> Doch dem Gesetz des Staats zuerst die Ehre geben —

gehen diese Lehren durch alle seine Dramen hindurch.
Doch während sie in anderen Stücken nur in einge-
streuten Sentenzen oder einzelnen Charakteren sich kund-
geben, spricht bei der ersten der von Goethe bearbeiteten
Tragödien schon der Titel: „Der Fanatismus, oder Mahomet der Prophet“ (wovon übrigens Goethe den Fanatismus aus dem Titel seiner Bearbeitung weggelassen
hat) es aus, daß sie ganz von dieser Tendenz erfüllt,
nur um ihretwillen da ist. Mahomet, sagt Voltaire in
einem vorausgeschickten Briefe, ist hier nichts anderes als
Tartüffe mit den Waffen in der Hand, und wie der

Tartüffe viel Gutes gewirkt hat, so ist dieß auch von dem
Mahomet zu hoffen, da die Zeit für dergleichen Verbrechen im Kleinen und Großen noch lange nicht vorüber
ist. Daß der historischen Person des arabischen Propheten
mit einer solchen Darstellung Unrecht geschehe, räumt
Voltaire nur in dem engen Sinne ein, daß derselbe nicht
gerade dasjenige Verbrechen begangen habe, das ihm im
Stücke zugeschrieben werde; „aber wer seine Heimath mit
Krieg überzieht und dieß im Namen Gottes thut," fragt
er höchst bezeichnend, „ist der nicht zu Allem fähig?"
Unter der Herrschaft dieser Tendenz ist Voltaire's Mahomet ein hartes zurückstoßendes Stück geworden, dem
auch die mildernde Hand und der erwärmende Hauch des
deutschen Dichters keine bessere Seele hat verleihen können.
Der Haß gegen den Fanatismus und die positive Religion
als dessen Quelle hat Voltaire hier wie noch öfters gegen
die Einsicht verblendet, die ihm nicht fehlte, daß bei der
Entstehung und Ausbildung der Religionen immer Begeisterung das Erste, Berechnung erst das Zweite gewesen
sei. Sein Mahomet ist zwar kein gemeiner, d. h. kein
ideenloser, aber ein kalter und bewußter Betrüger, eine
Figur, die uns an Goethe's Großkophta, d. h. an Cagli-
ostro, erinnert, so plump und hölzern, daß der Zauber,
die Gewalt über die Menschen unbegreiflich bleibt, die
ihm im Stücke zugeschrieben wird. Insofern hatte Na-
poleon mit seinem gegen Goethe ausgesprochenen Tadel
des Stückes ganz Recht, nicht blos für sich, weil es ihn
unangenehm berührte, daß der Welteroberer darin so aus

der Schule schwatzte, sondern auch ganz objectiv, sofern
ein Mensch dieser Art niemals die Welt erobern könnte.
Daß der Dichter ein solches Stück, dessen Zielpunkte
keineswegs blos in der Türkei lagen, dem Pabste wid=
mete, „dem Oberhaupte der wahren Religion eine Schrift
gegen den Stifter einer falschen und barbarischen", wie
er in der Zueignung sich ausdrückte, ist ebenso bezeichnend
für Voltaire, als es für die Zeit bezeichnend ist, daß es
damals einen Pabst gab (Benedict XIV., le bonhomme
Lambertini, wie er dafür bei Voltaire hieß), der für
die Widmung in einem freundlichen Schreiben sich be=
dankte.

Um indeß wenigstens von einigen der bekannteren
Dramen Voltaire's hier noch ein paar flüchtige Worte zu
sagen, so habe ich unter denen, die an griechische Muster
erinnern, seines Oedipe bereits als eines verfehlten
Jugendversuchs gedacht. Der Orest ist reifer; doch das
Thema dieses Stückes ist so innig mit der antiken
Schicksalsidee verwachsen, daß es für einen Modernen
keine günstige Aufgabe sein kann. Anders verhält es sich
mit der Iphigenie, die das letzte Ausklingen der Tan=
talidenfabel ist und eine vergeistigende Behandlung, wie
Goethe sie ihr angedeihen ließ, wohl verträgt; während
das Thema des Orest, d. h. der Elektra, gerade das derbe
Mittelstück jener Fabel bildet, das man besser thut, liegen
zu lassen, als es, wie Voltaire gethan hat, zu verfälschen.
Denn wenn man, wie er, die Erinnyen nicht nach, son=
dern schon vor dem Muttermord eintreten läßt und

diesen selbst zum bloßen Zufall macht, was bleibt dann
noch von der ursprünglichen Idee des Stückes übrig?

Unter den Römertragödien, worin Voltaire sich mit
den Dichtern des Cinna und des Britannicus messen
wollte, ist „das gerettete Rom", das seinem Urheber be=
sonders um der Rolle des Cicero willen lieb war, doch
weiter nichts als ein Schuldrama, d. h., wenn wir die
Beredtsamkeit und Sprachgewalt abrechnen, so möchte
etwa ein tüchtiger Regent eines Collegiums seine Lese=
früchte aus Sallust und Cicero's Catilinarien in eine
solche Form gebracht haben. Die Römer des Voltaire'=
schen „Brutus" erinnern uns an die auf den Gemälden
von David: es ist mehr Parade und Declamation als
Natur und wirkliche Größe darin. „Das Triumvirat"
hat Voltaire, seiner eigenen Erklärung zufolge, der
Anmerkungen wegen geschrieben, um mittelst des römischen
Beispieles alle Proscriptionen, besonders auch die aus
religiösem Fanatismus entsprungenen, und ihre Urheber
zu brandmarken. Die Einwirkung des englischen Theaters,
die schon im Brutus zu Tage tritt, ist noch entschiedener
in der Tragödie „Cäsars Tod", die sich damit in eine
andere Reihe stellt.

„Cäsars Tod" gehört zu den Stücken, die Voltaire
unter der bestimmten Einwirkung Shakespeare's gedichtet
hat. Hier schwebte ihm dessen Julius Cäsar vor, wie
ihm bei „Semiramis" der Hamlet, bei „Zaire" Othello,
bei „Tancred" Romeo und Julia vorgeschwebt haben.
Wie sich Zaire und Semiramis zu ihren Vorbildern

verhalten, hat schon vor mehr als hundert Jahren Lessing
in's Klare gesetzt, und ich will es hier nicht wiederholen.
Nicht weniger merkwürdig aber ist die Vergleichung bei
„Cäsars Tod." Wie schon das letztere Wort andeutet,
umfaßt das Voltaire'sche Stück nur die Hälfte des
Shakespeare'schen, das auch noch den Tod von Brutus
und Cassius in sich begreift. Aber zwischen der Ermordung Cäsar's und der Schlacht bei Philippi liegen zwei
Jahre, und Voltaire konnte nur eine Handlung brauchen,
die drei Stunden, d. h. so lange als die Aufführung des
Stückes, gedauert hatte oder gedauert haben konnte. Also
mußte er das Shakespeare'sche Stück in der Mitte ab-
brechen; und hätte er es nur da gethan, so möchte es
noch gehen; man hat ja oft gesagt, daß Shakespeare's
Julius Cäsar eigentlich zwei Tragödien in sich fasse.
Aber was in dem englischen Stücke auf Voltaire den
tiefsten Eindruck gemacht hatte, war ja die Scene zwischen Brutus und Antonius an Cäsar's Leiche gewesen,
und diese bildet schon den Uebergang zum zweiten Stück.
Indem Voltaire mit dieser Scene und der Volkserregung
durch die Rede des Antonius schließt, gleicht sein Drama
einem Vordersatze, dem der Nachsatz fehlt. Aber auch
schon der Vordersatz ist theils schwach, theils verkünstelt
im Verhältniß zu dem Original. Während Voltaire die
Possen aus der Rede des Casca entfernt, bringt er durch
die Aufnahme des alten Klatsches, Brutus sei Cäsar's
natürlicher Sohn gewesen, ein Element in das Stück,
wodurch er es tragisch zu würzen meinte, in der That

jedoch es für den geſunden Geſchmack ungenießbar gemacht hat. — In Romeo und Julie erſchien dem franzöſiſchen Dichter die Liebe über die Kluft zweier feindlichen
Parteien hinüber als ein wirkſames dramatiſches Motiv,
die Wiedervereinigung des Liebespaares in einem Augenblick, wo es zu ſpät iſt, als ein tragiſcher Schluß; aber
um die Wirkung zu erhöhen, ſchob er im „Tancred"
ein Mißverſtändniß unter den Liebenden ſelbſt dazwiſchen.
Unerachtet nun dadurch viel Künſtlichkeit und Unwahr-
ſcheinlichkeit in das Stück gekommen iſt, hat es doch nicht
blos, wie Goethe von ihm rühmt, viel theatraliſches Verdienſt, ſondern es bildet mit Zaire und Alzire die
Gruppe derjenigen Voltaire'ſchen Trauerſpiele, bei denen
wir noch am eheſten „ein menſchliches Rühren" fühlen.

Im komiſchen Fache hat Voltaire ſchon bei Lebzeiten
viel weniger gegolten als im tragiſchen, und daß er das
wußte, war unter den Gründen, warum er verſchiedene
ſeiner Luſtſpiele zuerſt unter fremden Namen aufführen
ließ. Dennoch ſind mehrere derſelben gleich damals auch
deutſch bearbeitet worden, und ſo kommt es, daß wir von
ſeiner „Nanine", von der „Frau die Recht hat" und
von der „Schottländerin" kurze Beurtheilungen in Leſſings Dramaturgie finden. Zum Theil ſind dieſe Stücke
urſprünglich für Liebhabertheater gedichtet und es war
dabei auf den Reiz gerechnet, den die ſpielenden Perſön-
lichkeiten den von ihnen übernommenen Rollen gaben.
Einzelne derſelben, wie namentlich die in Proſa geſchrie-
bene Schottländerin, gehören eigentlich jener Mittelgattung

an, die damals aus England einzubringen anfing und
bald mit dem Spottnamen des weinerlichen Lustspiels be=
zeichnet wurde. Sofern dieß nur rührend, ohne komische
Scenen, war, verwarf es Voltaire als ein Zwitterding;
aber ein Stück, worin das Rührende und Pathetische mit
dem Lächerlichen abwechselt, fand er als ein getreues Ab=
bild des Lebens, worin es ebenso zugeht, ganz in der
Ordnung. Auch darf sich seine Schottländerin neben
ähnlichen Arbeiten, z. B. von Diderot, immerhin sehen
lassen; während sein „Depositär", der ein ähnliches Thema
wie der Tartüffe behandelt, gegen diesen jämmerlich ab=
fällt. Im Ganzen stehen wir hier an einer der schwäch=
sten Seiten der Voltaire'schen Schriftstellerei und über=
zeugen uns, daß ein großer Satiriker darum noch nicht
auch ein großer Komiker ist.

Ich habe, im Interesse einer übersichtlichen Darstel=
lung, Alles, was ich über Voltaire als Dramatiker zu
sagen für nöthig hielt, in Einer Folge vorgetragen, dar=
über jedoch den biographischen Erzählungsfaden ganz aus
der Hand verloren. Der Zeitpunkt, wo ich ihn fallen
ließ, war das Jahr 1732, wo nacheinander Zaire und
der Geschmackstempel an's Licht traten, davon ihm eines
ebensoviel Lob und Anerkennung als das andere Tadel
und Anfechtung brachte. Ein noch gefährlicheres Schrift=
stück aber, sagte ich dabei, hatte er bereits im Pulte, und
von diesem ist nun zu sprechen.

So mannigfaltige, tiefe und durchschlagende Ein=
drücke, wie Voltaire sie während seines mehrjährigen

Aufenthaltes in England empfangen hatte, kann ein Geist
wie der seinige unmöglich todt in sich liegen lassen. Er
empfindet das Bedürfniß, sie nicht allein zu ordnen,
sondern auch aus sich heraus zu schaffen, sie zu Nutz
und Frommen Anderer zur Darstellung zu bringen.
Diese Anderen waren die Franzosen, denen der aus einer
anderen Welt zurückgekehrte Landsmann verkünden wollte,
daß es jenseits des Canals auch noch Leute, eine Nation,
Staatseinrichtungen und eine Literatur gebe, die man
diesseits allen Grund habe, kennen zu lernen, wohl zu
erwägen und in mehr als Einem Punkte sich zum
Muster zu nehmen. Dieß ist der Ursprung der „Briefe
über die Engländer", die, von einem Haupttheil ihres
Inhalts, auch „philosophische Briefe" hießen. Voltaire
hatte diese Skizzen zum Theil schon in England auf das
Papier geworfen, seitdem weiter ausgeführt und hin und
wieder auch gemildert, da er wohl einsah, daß so Manches, was in England unumwunden gesagt werden mochte,
in Frankreich mit Behutsamkeit vorzutragen war, wenn
es nicht Anstoß erregen sollte. In einer Reihe von
Briefen wurde Alles, was England Bemerkenswerthes
bot, das Parlament und die Secten, Philosophen und
Dichter, Gesetzgebung und Handel, besprochen. Da die
Auffassungsweise des Fremden auch die Engländer selbst
interessiren konnte, und Freund Thieriot eben in England
war, so gestattete er diesem, die Briefe in englischer
Uebersetzung zu seinem Vortheile dort drucken zu lassen,
wo sie, bei manchem Widerspruch im Einzelnen, doch im

6*

Ganzen Anerkennung und Beifall fanden. In der
Heimath tastete Voltaire erst bei dem Carbinal Fleury,
der seit der Zeit seiner englischen Reise das französische
Staatsruder übernommen hatte, durch Vorlesung der
Briefe über die Quäfer, die er freilich erst gehörig beschnitten hatte; wo dann die greise Eminenz von dem
Uebrigen sehr erheitert schien. Unterdessen wurde der
Druck, abermals in Rouen, im Stillen betrieben; doch
ein Nachdruck, der auf einmal in Paris auftauchte, erregte die Aufmerksamkeit der Regierung, die nun die
Exemplare mit Beschlag belegte, den Verleger in die
Bastille setzte, bei dem abwesenden Verfasser eine Haus-
suchung vornehmen ließ und ihm selbst am 8. Mai 1734
einen Verhaftsbefehl nach Monjeu nachschickte, wo man
ihn bei der Hochzeitsfeier des Herzogs von Richelieu
wußte. Doch gewarnt durch einen Brief des Freundes
Argental, hatte Voltaire schon zwei Tage vorher das
Weite gesucht und trieb sich in Lothringen und weiterhin
am Rhein umher, während in Paris am 10. Juni sein
Buch als „anstößig, der Religion, den guten Sitten und
der Achtung gegen die Obrigkeit zuwiderlaufend", durch den
Henker zerrissen und verbrannt wurde.

Was in Voltaire's Briefen über die Engländer in
dem damaligen Frankreich solchen Anstoß erregte, brauchen
wir nicht weit zu suchen. „Das englische Volk", heißt es
darin aus Anlaß des Parlamentes, „ist das einzige auf der
Erde, das dahin gelangt ist, durch seinen Widerstand die
königliche Gewalt zu regeln, und das sich durch eine

Reihe von Anstrengungen endlich diese weise Regierungsform gegeben hat, wo der Fürst alle Macht besitzt, Gutes
zu thun, während ihm für das Ueble die Hände gebunden sind; wo die Adeligen groß sind ohne Uebermuth
und ohne Vasallen, und das Volk an der Regierung Antheil hat ohne Unordnung. Die Regierung Englands
ist nicht auf Glanz berechnet, ihr Zweck ist nicht, Erobe-
rungen zu machen, sondern zu verhindern, daß ihre Nachbarn solche machen. Dieses Volk ist nicht blos auf seine
eigene Freiheit eifersüchtig, sondern auch auf die der andern
Völker. Es hat etwas gekostet, allerdings, die Freiheit in
England zu begründen, es sind Ströme von Blut geflossen, worin das Götzenbild des Despotismus ersäuft
worden ist; aber die Engländer glauben ihre Freiheit
nicht zu theuer erkauft zu haben. Die anderen Nationen
haben nicht weniger Blut vergossen; aber das Blut, das
sie für die Sache ihrer Freiheit vergossen haben, hat nur
zum Kitt ihrer Knechtschaft gedient." Wenn dergleichen
Sätze in den Ohren der weltlichen Machthaber Frankreichs übel klangen, so konnten den geistlichen Auslassungen wie folgende nicht erbaulicher sein: „Wenn man
den Engländern von unsern Abbé's sagt, die, durch Wei-
berintriguen zur Prälatur erhoben, in offenkundigen Aus-
schweifungen leben, galante Verse machen, alle Tage feine
und lange Soupers geben, von da hingehen, um Erleuch-
tung durch den heiligen Geist bitten und sich für Nachfolger der Apostel ausgeben: dann danken die Engländer
Gott, daß sie Protestanten sind. Doch das sind elende

Ketzer, werth, bei allen Teufeln zu brennen, wie Meister
Rabelais sagt; darum will ich auch nichts mit ihnen zu
schaffen haben." Doch nicht blos dergleichen Bemerkungen,
womit der Briefschreiber dem in seiner Heimath bestehen=
den Staats= und Kirchenwesen zu nahe trat, auch nicht
blos die bedenkliche Hinneigung zu dem Locke'schen Sen=
sualismus, die er erkennen ließ, sondern auch daß er den
Wirbeln des Cartesius gegenüber, bei denen die französi=
schen Gelehrten aufgewachsen waren, die Newton'sche
Gravitationstheorie verkündigte, daß er die Einimpfung
der Pocken empfahl, ja selbst daß er Shakespeare — wir
wissen, in wie beschränktem Maße — gelten ließ, das
alles waren in dem damaligen Frankreich ebensoviele
Ketzereien, es war eine geistige Contrebande, die Voltaire
aus England eingeschwärzt hatte, die womöglich vernichtet
und wofür der Schmuggler bestraft werden mußte. Auch
ein widriger Proceß mit dem Buchhändler knüpfte sich
noch an dieses Werk, worin Voltaire ohne Zweifel im
Rechte war, aber durch eine übel angebrachte Kargheit
dem Gegner die Möglichkeit in die Hand gab, ihn als
Geizhals zu verschreien. Nachdem er den schönen Ertrag
der englischen Ausgabe seiner Briefe weggeschenkt, marktete
er nun mit dem französischen Drucker um einige hundert
Franken. Das war so seine leidige Art: nachdem er
heute großmüthig und freigebig gewesen, konnte er morgen
geradezu filzig sein; und daß vom Publikum vorzugsweise
die letztere Seite aufgefaßt und festgehalten wurde, dafür
war schon durch den Neid gesorgt, den er erregte.

Wer die nothgedrungene Entfernung des Verfassers
der philosophischen Briefe am schmerzlichsten empfand,
den seine unsichere Lage am tiefsten bekümmerte, war eine
Frau, mit der ihn seit etwa einem Jahre ein inniges
Verhältniß verband. Ich rede von der Marquise du
Châtelet, die im Leben Voltaire's eine ähnliche Stelle einnimmt, wie in Goethe's Leben die Frau von Stein. Wie
Goethe von dieser sagte, daß sie seine früheren Geliebten
sämmtlich geerbt habe, so war dieß auf Seiten Voltaire's
mit Madame du Châtelet der Fall. Zwar spielt in Voltaire's Leben die Liebe bei weitem nicht die Rolle, die
sie im Leben Goethe's spielt, da Voltaire beides, weder
eine so gemüthliche noch auch so sinnliche Natur war als
Goethe. Er lebte überhaupt viel weniger im Innern als
dieser; seine Arbeiten, seine Streitigkeiten, seine ehrgeizigen
und Finanzplane gaben ihm unaufhörliche Zerstreuung.
Erregbar hingegen durch weiblichen Reiz war er in
jüngeren Jahren sehr, und ein Bedürfniß, von Frauen-
händen gepflegt, in einem Frauenherzen gehegt zu werden, hat er lange behalten. Gabriele Emilie de Breteuil,
von der wir reden, hatte Voltaire — sie war im December
1706 geboren — als Kind im Hause ihres Vaters gesehen. Er hatte sie dann aus den Augen verloren, besonders nachdem sie, ein Jahr vor seiner Abreise nach
England, sich mit einem Marquis du Châtelet-Lomont
verheirathet hatte. Die Ehe war mit einem Kinderpaare
gesegnet, bald aber, wie es damals in Frankreich in der
höheren Gesellschaft an der Tagesordnung war, zum blos

conventionellen Verhältniß geworden. Das Ehepaar war
sich allzu ungleich: er ein gutmüthiger, aber durchaus ge=
wöhnlicher Mensch, der sich — er bekleidete einen Posten
in der Armee — im Garnisonsleben und auf der Jagd
genug that. Den höheren geistigen Bestrebungen der
Frau blieb er ebenso fremd, wie ihre tieferen gemüthlichen
Ansprüche ihm unverständlich blieben. So hatte sie erst
bei einem Herrn von Guebriant, dann noch unglücklicher
bei dem Allerweltsverführer, dem Herzog von Richelieu,
gesucht, was sie in ihrer Ehe nicht fand; bis sie endlich
im Sommer 1733, in ihrem 27. Lebensjahre, Voltaire
kennen lernte, der im 39. stand und so eben erst die
letzte der Frauen, bei denen er nach einander ein Heim=
wesen — dießmal ohne Liebschaft — gefunden, die Frau
von Fontaine=Martel, verloren hatte. Das Verhältniß
scheint bald ein sehr inniges geworden zu sein, und daß
es volle 16 Jahre bis zum Tode der Marquise dauerte,
daß die Freundschaft zuletzt die Leidenschaft, dann das
zärtlichste Andenken von seiner Seite das Leben der
Freundin überdauerte, ist ein Beweis, daß sich dießmal
das rechte Paar zusammengefunden hatte.

Voltaire selbst nannte die Marquise du Châtelet eine
vielverleumdete Frau, und wirklich ist ihr im Urtheil der
Mitlebenden wie der Nachwelt vielfach Unrecht geschehen.
Ihr Aeußeres schon, das, ohne schön zu sein, doch inter=
essant und nicht ohne Reiz gewesen sein muß, ist von
neidischen Zeitgenossinnen entstellt worden. Auch in ihrem
Charakter waren Züge, die man abstoßend finden konnte.

Sie war nicht blos leidenschaftlich in hohem Grade, sondern auch hart und schroff, gegen ihre nächsten Um= gebungen, ihre Dienstboten, stolz und karg. Dagegen war sie in der Liebe voll Glut und Hingebung, für den ge= liebten Mann zu jedem Dienste, jedem Opfer, mit Aus= nahme vielleicht ihrer augenblicklichen Launen, bereit. So waren auch ihre geistigen Bestrebungen und Liebhabereien fast mehr männlicher als weiblicher Art. Ihr Talent wie ihre Neigung ging nach der Seite der exacten Wis= senschaften, auf Mathematik und Physik, worin sie wie= derholt als Schriftstellerin aufgetreten ist. Sie war des Lateinischen mächtig und hatte in ihrer Jugend eine Uebersetzung des Virgil angefangen, später las sie Tasso und Milton in der Ursprache, sie hatte musikalisches und mimisches Talent: und doch machte es Voltaire bisweilen ungeduldig, daß sie für die Evidenz eines Newton'schen Lehrsatzes mehr Empfänglichkeit besaß, als für den Wohllaut eines Verses von Virgil oder von ihm selbst. Dabei spielte sie jedoch nach außen keineswegs die gelehrte Dame, sondern ging den Genüssen des damaligen Welt= und Hoflebens mit nicht minderer Leidenschaft nach als den Studien.

Das Ehepaar du Châtelet war nichts weniger als reich. Es hatte eine Wohnung in Paris und ein Land= gut in der Champagne an der lothringischen Grenze mit einem kleinen Schlosse, das ziemlich abwegs in öder Ge= gend zwischen Bergen lag. In diesem Asyl, dessen Name, Cirey, durch Voltaire's Aufenthalt fast ebenso

berühmt geworden ist wie der des späteren Ferney, barg
jetzt die Marquise den verfolgten Freund. Das Schloß
war nicht im besten baulichen Zustande; um es nur
nothdürftig wohnbar zu machen, hatte Voltaire Maurer
und Zimmerleute zu beschäftigen, und Jahr und Tag
stand es an, bis es zu einem behaglichen Aufenthalt hergerichtet war. Dabei schonte der Gast auch seine eigene
Casse nicht, die stets besser als die seiner hochadeligen
Wirthe bestellt war; und insbesondere eine Galerie zur
Aufstellung eines physikalischen Apparates baute er auf
seine Kosten, wofür er später, als mit dem Tode der
Marquise alle diese Verhältnisse sich lösten, mit einer un-
bedeutenden Entschädigung sich begnügte. Nach und nach
konnte man Gäste empfangen, und diese sprachen, nach
Paris zurückgekehrt, von Cirey wie von einem Feenschlöß-
chen. Im Winter 1738 auf 39 war Frau von Grafigny
dort zum Besuch, eine gute, empfindungs- und schreibselige
Frau, deren Briefen wir eine Schilderung der Einrichtung
und der Lebensweise in Cirey verdanken. Von den Ge-
mächern Voltaire's und der Marquise, den Tapeten,
Möbeln, Gemälden, Statuetten, Spiegeln, von der Galerie
und dem Badecabinet, Alles zwar klein, aber reich und
zierlich, ist auch sie entzückt; weniger von dem ihr ange-
wiesenen Gastzimmer, wo, wie sie sagt, sämmtliche Winde
sich belustigten. Sie beschreibt uns die Tageseintheilung
und zeigt uns nicht allein Voltaire, sondern auch seine
Freundin den größten Theil des Tages und selbst der
Nacht am Schreibtische; die Stunden abgerechnet, wo

letztere auf ihrem Zelter, die Schwalbe genannt, durch die Felder fliegt, und Voltaire, mit dem aus Paris verschriebenen Jagdgeräthe, unter den Hasen der Umgegend Schrecken verbreitet. Auch der Marquis befand sich damals in Cirey, genirte aber das gelehrte Paar wenig und spielte überhaupt eine untergeordnete Rolle. Bei Tische war Voltaire überaus liebenswürdig, voll Geist und Witz und voll Aufmerksamkeit für die Marquise; es liefen aber auch kleine Verstimmungen mitunter, wobei das Paar, um der Umgebung nicht verständlich zu sein, sich der englischen Sprache bediente. „Sie macht ihm das Leben ein wenig sauer", sagt die ehrliche Frau von Grafigny; aber sie bemerkt auch, daß er sich auf's Schmollen trefflich verstanden, und dadurch in der Regel seinen Zweck erreicht habe, da man seine Liebenswürdigkeit, die er spielen ließ, sobald man ihn bei guter Laune hielt, nicht entbehren mochte. Die Erzählerin nennt Voltaire Atys, die Marquise Nymphe; doch nach einer Scene, die sie wenige Wochen nach ihrer Ankunft mit der letzteren gehabt, und wobei diese ihre ganze leidenschaftliche Härte entwickelt hatte, heißt sie ihr fortan Megäre. Es war freilich ihre Sorge für den geliebten Mann mit im Spiele, da sie die Grafigny, zwar mit Unrecht, doch nicht ohne Schein, im Verdacht hatte, eine gefährliche Arbeit Voltaire's in Abschrift verschickt zu haben.

Wenn wir für die 15 Jahre von 1734 bis 1749 Cirey als die eigentliche Heimath Voltaire's betrachten, so ist damit nicht gemeint, daß er sich immer, oder auch

nur die meiste Zeit, daselbst aufgehalten hätte. Denn
für's Erste, sobald nur der Sturm, der ihn erst außer
Landes, dann in die Wüste getrieben hatte, vorüber war,
und das war im Frühling des nächsten Jahres der Fall,
bildete ja natürlich Paris mit Versailles, oder wo sonst
der Hof sich aufhielt, einen Anziehungspunkt nicht blos
für Voltaire, sondern auch für die Marquise. · Er
hatte bald ein Stück auf die Bühne zu bringen, bald
einen Streithandel auszufechten, wollte den alten Freun=
den und Gönnern nicht fremd, bei Hofe nicht vergessen
werden; sie mochte gleichfalls ihre Beziehungen zum Hofe
und der höheren Gesellschaft nicht verlieren, und hatte
immer wieder bei Ministern und anderen einflußreichen
Personen gut zu machen, was ihr Freund durch Schriften
oder sonstige Unvorsichtigkeiten schlimm gemacht hatte.
Waren es diese Interessen, die unser Paar aus ihrer
Landeinsamkeit in die Hauptstadt lockten, so waren es
nicht selten neue literarische Anstöße, die er gegeben, wo=
durch Voltaire veranlaßt wurde, sich nach Cirey zurück,
ein paarmal auch wieder außer Landes, nach Lothringen
und Holland, zu begeben. Aber auch die Angelegenheiten
der Marquise entführten sie und ihren Freund wiederholt
und längere Zeit ihrem ländlichen Asyl. Seit Jahren
führte das Haus du Châtelet in den Niederlanden einen
Proceß, von dem sein Wohlstand abhing, und zur Be=
treibung desselben hielten sich Voltaire und die Marquise
während jener Jahre wiederholt Viertel= und halbe Jahre
in Brüssel auf. Das Geschäft war verdrießlich und lang=

wierig, doch konnten daneben beiderseits die Studien fort-
gesetzt werden, und das endliche Ergebniß war ein für
die Familie du Châtelet vortheilhafter Vergleich, zu dessen
Herbeiführung Voltaire's Gewandtheit und Rührigkeit das
Beste gethan hatte. War bei diesen Brüsseler Aufent-
halten das Angenehme, daß sie die beiden Freunde beisammen ließen, so fielen aber auch Reisen ein, die ihnen
Trennung auferlegten. Es kam vor, daß Voltaire be-
deutet war, Paris zu verlassen, die Marquise aber gerathen fand, dort zu bleiben, um für den Freund zu
wirken. Und noch öfter und für längere Zeit kam es
vor, daß er von einem anderen Magnet sich anziehen
ließ, der gegen die Freundin sich abstoßend verhielt.
Der andere Magnet war zwar kein weiblicher, es war
kein anderer als der Kronprinz und nachmalige König
Friedrich von Preußen, von dessen Beziehungen zu Voltaire später im Besonderen zu sprechen sein wird, zwischen
welchem aber und der Marquise sich ein Verhältniß förm-
licher Eifersucht um den Mann entspann, den jeder Theil
ganz für sich haben wollte. Die Art, wie sich die Marquise während dieser Trennungen, besonders wenn sie von
längerer Dauer waren, benimmt, wenn sie auch ihm
bisweilen beschwerlich wurde, nimmt uns doch für sie ein.
Sie ist tief und ernstlich unglücklich, voll Besorgniß um
den Freund, dessen schwankende Gesundheit sie kennt; sie
kann sich nicht darein finden, daß es etwas geben soll,
das ihn so lange von ihr fern halten kann; seine Briefe
kommen ihr zu selten und sind zu kurz; sie ist oft nahe

daran, ihm zu zürnen: aber ist er nur erst wieder da, so
ist Alles vergessen, und sie lebt wieder im vollen Lie=
besglück.

Sehen wir uns nach Voltaire's Arbeiten während
dieses Zeitraumes um, so traf es sich, bei der Vorliebe
seiner Freundin für Mathematik und Physik, glücklich,
daß auch er, dem diese Fächer sonst ferner lagen, eben
jetzt durch seine Beschäftigung mit Newton denselben
näher gerückt war. Die Mathematiker und Physiker,
die zum Theil schon in Paris die Lehrer der Marquise
gewesen, die Maupertuis, Clairaut, Bernoulli, König,
waren jetzt auch in Cirey willkommene Gäste, und wie sie
für ihre Uebersetzung und Erklärung von Newton's prin-
cipia philosophiae naturalis mathematica die Beleh=
rungen dieser Meister benutzte, so er für seine Anfangs=
gründe der Newton'schen Philosophie, die er während der
nächsten Jahre schrieb und der Marquise zueignete.
Eigens für sie verfaßte er eine Abhandlung über Meta=
physik, die, nicht zum Druck bestimmt, uns durch einen .
glücklichen Zufall erhalten worden ist. In Paris, wo man
nie ohne Nachrichten aus Cirey war, machte man bereits
seine Glossen darüber, den Dichter der Henriade und
Zaire auf ein der Poesie so ferne liegendes Feld hinüber=
gezogen zu sehen. Allein man irrte sich, weil man von
der Vielseitigkeit des Talentes und der Thätigkeit Vol=
taire's noch keinen Begriff hatte. „Wir sind weit ent=
fernt", schrieb die Marquise, gewissermaßen zu ihrer Ver=
theidigung, aus Cirey, „um der Mathematik willen di

Poesie im Stiche zu lassen. So barbarisch ist man nicht in dieser glücklichen Einsiedelei, um irgend eine Kunst oder Wissenschaft zu vernachlässigen." Und Voltaire schrieb um dieselbe Zeit: „Ich liebe sie alle neun (nämlich die Musen); man muß bei so vielen Damen sein Glück zu machen suchen als möglich."

So war es denn neben der Naturwissenschaft für's Erste die Muse der Geschichte, der Voltaire in Cirey seine Bemühungen widmete, und zwar darum nicht mit geringerem, sondern vielmehr mit größerem Eifer, weil die Freundin für sie erst zu gewinnen war. Den schon früher gefaßten Vorsatz, von dem Zeitalter Ludwigs XIV. eine historische Darstellung zu geben, begann er damals in Ausführung zu bringen, und das noch bedeutendere Werk, der Versuch über die Sitten und den Geist der Nationen, das gleich dem eben genannten erst später seine Vollendung erhielt, wurde damals ausdrücklich für die Marquise angelegt. Am wenigsten natürlich wurden unter den Musen Melpomene und Thalia vergessen. Schon gesellig konnte Voltaire ohne dramatische Unterhaltungen nicht wohl leben, und die Freundin bequemte sich seiner Liebhaberei um so williger, als sie dabei selbst auch ihre Rechnung fand. So wurde in einer Galerie des Schlosses mit sehr einfachen Mitteln eine Bühne hergerichtet, für welche Voltaire und die Marquise wetteifernd kleine Stücke, besonders gesellige Scherz- und Singspiele, verfaßten, die dann von ihnen und den anwesenden Gästen aufgeführt, der Marquise Gelegenheit gaben, ihr

ſeltenes Talent auch in dieſem Fache in's Licht zu ſtellen.
Auch Marionetten- und Schattenſpiel wurde nicht ver-
ſchmäht, wobei Voltaire ſeinem poſſenhaften Humor,
nicht ſelten auf Koſten literariſcher Gegner, den Zügel
ſchießen ließ. Von Stücken für ein größeres Publikum
ſind in jenen Jahren Alzire, Merope, Mahomet und
einige andere entſtanden. Den Mahomet ſah Voltaire
zum erſtenmal auf der Reiſe, in Lille, im Jahre 1741
aufführen; in Paris erregte hierauf das Stück durch ſeine
Tendenz ſo viel Bedenken, daß der Dichter ſich veranlaßt
fand, es vom Theater zurückzuziehen, auf welches es ſich
erſt neun Jahre ſpäter ungehinderten Zutritt errang.
Einen ungetrübteren Triumph dagegen brachte ihm 1743
Merope, unerachtet er in dieſem Trauerſpiel auf das für
unerläßlich erachtete Motiv der Liebe verzichtet hatte. Sie
brachte ihm die Ehre des Hervorrufs, oder mit Leſſing's
Worten in der Hamburgiſchen Dramaturgie zu reden,
„das Parterre ward begierig, den Mann von Angeſicht
zu kennen, den es ſo ſehr bewundert hatte; wie alſo die
Vorſtellung zu Ende war, verlangte es ihn zu ſehen, und
rief und ſchrie und lärmte, bis der Herr von Voltaire
heraustrat und ſich begaffen und beklatſchen laſſen mußte."
Schon die Art, wie Leſſing von der Sache ſpricht, beweiſt,
was auch die franzöſiſchen Berichterſtatter bezeugen,
daß ein Hervorrufen des Dichters damals noch etwas Unerhörtes war.

Einen Sturm minder angenehmer Art hatte etwas
früher, im Jahr 1736, ein Opfer erregt, das Voltaire

der lyrischen Muse brachte. In einem Lehrgedicht: „Der Weltmensch“, sang er das Lob der Cultur und der Künste, und rühmte selbst dem vielgeschmähten Luxus einen mildernden Einfluß auf die menschlichen Sitten nach. Folgerichtig erschien ihm daher der Urzustand der Menschheit als ein Zustand der Roheit und Barbarei, und er entwarf mit heiterer Ironie von Adam und Eva eine Schilderung, die freilich zu den herkömmlichen Vorstellungen von dem paradiesischen Zustande wenig stimmte. Im Grunde waren es äußerst harmlose Dinge, die er unseren Stammeltern nachsagte: lange und schmutzige Nägel, schlecht frisirte Haare, braune Haut, rauhe Kost und hartes Lager; aber man fand darin eine Verhöhnung der Kirchenlehre vom Stande der Unschuld, und der Dichter sah sich wieder einmal zum Verschwinden, dießmal einem Winteraufenthalt in Holland, genöthigt. Zwei Jahre später, 1738, veröffentlichte er das Lehrgedicht „über den Menschen“ in 7 Büchern, worin er nach Form und Inhalt in die Fußstapfen Pope’s trat und die Unabhängigkeit des inneren Glückes von dem äußeren Zustande, Mäßigung als die Bedingung dieses Glückes und Wohlthätigkeit als die wahrhaft menschliche Tugend in gefälligen Versen geltend machte.

Doch keine von diesen Arbeiten hat so viel von sich reden, hat ihren Verfasser so zum Lieblingsdichter der vornehmen Welt, wie zum Abscheu der Ernsten und Frommen gemacht, als eine Dichtung, die, wenn auch schon früher begonnen und später vollendet, doch ihre Ausführung

großentheils in Cirey erhalten hat: das komische Epos
über das Mädchen von Orleans, „die Pucelle." Longchamp,
der zwar erst später in Voltaire's Dienste trat, aber es
aus seinen Erzählungen wissen konnte, berichtet, um's
Jahr 1730 oder 31 sei einmal bei dem Herzog von
Richelieu über Tafel von den Thaten des Mädchens und
von dem epischen Gedicht die Rede gewesen, worin ein
Poet des vergangenen Jahrhunderts, Chapelain, sie be=
sungen hatte. Man habe sich über dieses Gedicht insbe=
sondere auch darum lustig gemacht, weil es das kriegerische
Mädchen als eine Heilige fasse, und der Herzog habe ge=
äußert, wenn Voltaire den Stoff behandelt hätte, würde
er sicherlich seinen Vortheil besser verstanden haben.
Voltaire habe erwiedert, er würde wohl überhaupt kein
ernsthaftes Gedicht daraus gemacht haben; es liege in der
Geschichte dieses Mädchens auf der einen Seite zu viel
Triviales, auf der anderen zu viel Entsetzliches; er glaube,
daß der Stoff sich eher für die komische als für die
heroische Gattung eignen würde. Von allen Seiten habe
man ihm nun zugesprochen, eine solche Bearbeitung zu
liefern; nach einigem Sträuben habe er sich daran ge=
macht und nach kurzer Zeit derselben Gesellschaft die vier
ersten Gesänge der Pucelle vorgelesen.

Das Epos von Chapelain, das im Jahr 1656 unter
dem Titel: „Das Mädchen (la Pucelle), oder das ge=
rettete Frankreich", erschien und in zwölf schwerfälligen
Büchern die Heldin von ihrem ersten Auftreten bis in
ihren Kerker zu Rouen begleitet, ist allerdings ein höchst

altfränkisches Ding, das die damalige Generation seltsam
ansprechen mußte. Es faßt die Geschichte der Jungfrau
im streng kirchlich-supranaturalistischen Sinne: sie ist von
Gott, auf Fürbitte der Jungfrau Maria, zur Rettung
Frankreichs speciell berufen; sie wird durch einen Engel in
einer umhüllenden Wolke mitten durch die Feinde hindurch
zum König geführt; in der Schlacht stehen himmlische
Heerschaaren ihr zur Seite, so wie für die Engländer der
Satan mit seinen Dämonen kämpft. Zunächst war es
also diese veraltete Behandlungsart, die Voltaire's Spott
herausforderte; die Heldin selbst, historisch genommen,
erfreute sich in gewissem Sinne seiner Zuneigung. Er
kommt wiederholt auf sie zu sprechen: im philosophischen
Wörterbuch in einem eigenen Artikel; im Versuch über die
Sitten und den Geist der Völker in dem Kapitel über die
Zeiten Carl's VII., und gelegentlich noch sonst bisweilen.
„Man mache nur", sagt er einmal, „aus Johanna keine
Inspirirte, sondern eine beherzte Idiotin, die sich für in=
spirirt hielt; eine Dorfheroine, die man eine große Rolle
spielen ließ; ein muthiges Mädchen, das Inquisitoren und
Doctoren mit feiger Grausamkeit verbrennen ließen."
Man ließ sie eine Rolle spielen — wer denn? In dem
Versuch über die Sitten gibt Voltaire erst ein Bild der
Zerrüttung Frankreichs bei'm Regierungsantritt des ge-
nannten Königs und fährt dann fort: „Man mußte bald
zu einem noch seltsameren Auskunftsmittel greifen (als
die Münzverschlechterung, von der vorher die Rede gewesen
war), nämlich zu einem Wunder. Ein Edelmann an der

7*

Grenze von Lothringen, Namens Baudricourt, glaubte in
einer jungen Magd in einem Wirthshause zu Vaucouleurs
eine Person zu finden, die zu der Rolle einer Kriegerin
und Inspirirten geeignet wäre." Sich für inspirirt zu
halten, oder, wie Johanna, Erscheinungen der heiligen
Katharina und Margaretha zu haben, war für Voltaire
ein so unerhörter Blödsinn, daß es ihm schwer fiel, den=
selben auch der einfältigsten Person wirklich zuzutrauen,
daß er sich immer wieder versucht fand, entweder halben
oder ganzen Betrug dabei vorauszusetzen. Der halbe
wäre gewesen, wenn sich Johanna den Wahn von einem
Dritten, der sie als politisches Werkzeug benutzen wollte,
in den Kopf setzen ließ; der ganze, wenn sie selbst die
Erscheinungen erdichtete. Voltaire schwankte zwischen bei=
den Voraussetzungen; denn einmal nennt er die Jungfrau
auch geradezu „eine Heldin, würdig des Wunders, das sie
erdichtet hatte." Geschichtlich ist hieran ebensowenig etwas
als an der Wirthshausmagd oder Kellnerin, die Voltaire
aus einer im feindlichen, burgundisch=englischen Sinne ge=
schriebenen Chronik aufgelesen hat, oder an den 27 Jahren,
die er ihr statt der geschichtlichen 18 bis 19 gibt. Auch
in dieser Vergröberung aber ist ihm Johanna an und für
sich immer noch respectabel; er schätzt ihren patriotischen
Muth, und was ihr außerdem bei ihm Vorschub thut, ist,
daß es ein Bischof und ein Inquisitor war, die sie auf
den Scheiterhaufen lieferten. Gleichwohl begreifen wir
jetzt seine Frage, wie man Leuten von Geschmack ein ernst=
liches Interesse beibringen wolle für ein Mädchen in

Mannskleidern, das aus einem Wirthshause komme und auf dem Scheiterhaufen endige.

Dieß war einerseits noch ganz aus der aristokratischen Ausschließlichkeit der Zeit Ludwigs XIV. heraus gesprochen, wie sie sich zwar vorzüglich im Drama ausgeprägt hatte, aber auch für das Epos maßgebend war. Könige und Helden für die Tragödie, Bürger und Bauern für die Komödie; wer das Landmädchen von Dom Remi als Heilige faßte, der mochte sie zur Heldin eines ernsthaften Epos machen, denn da fielen die Standesunterschiede weg; wer sie aber menschlich fassen wollte, konnte sie nur für ein komisches Epos verwenden, wofür in Ariost ein so beliebtes Muster vorhanden war. Doch diese Behandlung wirklich über die nationale Heldin zu verhängen, dazu lag der eigentliche Reiz in etwas Anderem. Sie galt der landläufigen Vorstellung, und war noch zuletzt dichterisch gefeiert worden, als die reine Jungfrau, die eben als solche würdig befunden war, das Organ göttlicher Offenbarungen und Wirkungen zu sein. Göttliche Offenbarungen und Wunderwirkungen nun gab es für die Geistesrichtung, die in Voltaire ihren genialen Sprecher hatte, keine mehr. Aber ebensowenig wollte man an jungfräuliche Reinheit glauben. Was Mephistopheles zu Faust als seinem nur allzu gelehrigen Schüler sagt:

> Ihr sprecht schon fast wie ein Franzos,

oder vorher:

> Du sprichst ja wie Hans Liederlich,
> Der begehrt jede liebe Blum' für sich,
> Und dünkelt ihm, es wär' kein' Ehr'
> Und Gunst, die nicht zu pflücken wär' —

das war die Ansicht der Kreise, für welche Voltaire seine
Pucelle dichtete. In der Heldin von Orleans konnte er
also so zu sagen zwei Fliegen mit Einer Klappe treffen:
den Glauben an göttliche Offenbarung und den an weib=
liche Reinheit. Dieß bewerkstelligt er in dem Gedichte so,
daß er die Wundermaschinerie beibehält: der heilige
Dionysius, Frankreichs Schutzheiliger, sucht sich die Heldin
aus und läßt ihr in wiederholten Erscheinungen seinen
Beistand angedeihen, worüber er mit dem heiligen Georg,
dem Beschützer Englands, in Streit geräth; das alles
aber wird, — man denke nur an den geflügelten Esel,
der sich als Reitthier der Heldin zur Verfügung stellt —
in so burlesken Zügen durchgeführt, daß es als bloße
Parodie erscheint. Auch bildet diese Seite der Sache nur
die Folie, den Hintergrund; den Vordergrund nimmt die
Durchführung des anderen Thema's ein, das übrigens
weniger an der Heldin selbst, als gelegentlich ihrer an den
übrigen weiblichen Figuren des Gedichtes, von der schönen
Agnes Sorel bis zu Nonnen und Aebtissinnen anschaulich
gemacht wird. Bei allen diesen ist es nur Sache der
Gelegenheit, ob sie Reinheit und Treue bewahren oder
nicht, und selbst der Zwang, der sie ihnen raubt, ist nicht
ganz unwillkommen. Im Unterschiede von ihnen erscheint
Johanna noch ganz ehrenwerth; schon die Derbheit der
Dorfdirne, die den Zudringlichen im Nothfalle mit einer
tüchtigen Ohrfeige abzuführen weiß, kommt ihr zu Statten:
und da ihre patriotische Heldenrolle ihr wirklich am Her=
zen liegt, und sie die Vorstellung theilt, daß deren Durch-

führung an ihre Jungfräulichkeit als Bedingung gebunden
ſei, ſo weiß ſie dieſe bis auf Weiteres ſtramm zu behaupten.
Dieſer Geiſt und Sinn der Dichtung legt ſich gleich in
den Eingangsverſen dar:

> Zum Heil'genſänger bin ich nicht gemacht,
> Da ſchwach und weltlich meine Töne klingen;
> Und doch — ich muß euch von Johanna ſingen,
> Die, ſagt man, Gotteswunder hat vollbracht.
> Nur Jungfernhänden konnt' es ja gelingen,
> Zu ſichern unſrer Lilien Silberpracht,
> Zu brechen ſtolzer Briten Uebermacht
> Und Salböl auf des Königs Haupt zu bringen.
> Johanna war — ich ſag' es ohne Scherz; —
> Ein Mädchen, deſſen Unterrock und Mieder
> Bedeckten eines Rolands Heldenherz.
> Was mich betrifft — ihr habt ja nichts dawider —
> So lieb' ich mehr ein Lämmchen, ſanft und gut;
> Doch in Johanna pochte Löwenmuth,
> Das werdet ihr aus meinem Lied erfahren.
> Bewundern ſollt ihr ihre Heldenkraft,
> Und allermeiſt, daß ihre Jungfrauſchaft
> Ein ganzes Jahr ſie wußte zu bewahren.

Mit dieſen Anſchauungen war die Voltaire'ſche
Dichtung aus dem frivolen Sinne der höheren Geſell-
ſchaftskreiſe jener Zeit heraus geſchrieben, darum war ſie
der Zeit auch nach dem Sinne. Wie ſie nach und nach
entſtand und lange Jahre nur in Abſchriften umging,
war, einer ſolchen habhaft zu werden, das Ziel eifriger
Bewerbung von Fürſten und Prinzeſſinnen, das Gedicht
der feinſte Leckerbiſſen, ſeine Kenntniß gleichſam das geiſtige
Erkennungszeichen der guten und beſten Geſellſchaft. Auch

hatte das Gedicht für jene Zeit nur allzuviele Wahrheit:
die Frauen der höheren Kreise waren zum guten Theil
so, wie sie hier geschildert wurden; was der Dichter der
Pucelle nur gar zu bald — zur gerechten Strafe, wenn
man will — erfahren sollte. Wir Heutigen legen das
Gedicht, nachdem es uns zuweilen ergetzt, öfter abgestoßen
hat, ziemlich gleichgültig aus der Hand, weil es für uns
nicht mehr die Wahrheit enthält. Wir wissen, daß das
Weib so nicht ist, oder doch nur unter besonderen Um=
ständen so ist, und wenn sie es wäre, würden wir uns
nicht so lustig darein finden. Unsere Lebensanschauung
ist keine frivole mehr; aber wir begreifen, wie sie damals
so werden konnte. Es war die praktische Reaction gegen
den christlichen Spiritualismus, die neben der wissen=
schaftlichen eintreten mußte. Im kirchlichen Christenthum
ist das Sinnliche am Menschen grundsätzlich verneint,
thatsächlich nur geduldet; Enthaltung, Jungfräulichkeit,
ist das Höhere, das Wahre, das was eigentlich sein sollte,
wenn es nur könnte; und in einzelnen Menschen ist es
doch auch wirklich, die ebendamit sich auf den Gipfel der
Menschheit stellen. Die sensualistische Aufklärung sagt,
und soweit hat sie ganz Recht: nein! der Mensch ist nicht
wesentlich Geist; nun geht sie aber weiter und wird eben=
so einseitig wie die Kirche, indem sie fortfährt: sondern er
ist Fleisch, Sinnlichkeit; und sofort macht sich der Dichter
daran, dieß in einer Reihe von Bildern anschaulich zu
machen, wo durchaus das Fleisch den Geist zu Falle bringt,
die vorgebliche Reinheit sich als Heuchelei, die vermeint=

lich Heiligsten sich als die Verdorbensten zeigen. Eine
Dichtung dieser Art kann uns nicht mehr befriedigen; im
Gegentheil, wir haben uns mit aller Anstrengung auf
den historischen Standpunkt ihrer Entstehung zu versetzen,
um den Dichter nicht härter zu beurtheilen als er zu be=
urtheilen ist, und ihm insbesondere das Behagen nicht zu
verargen, das aus jeder Zeile dieser Dichtung spricht.
In der That, wenn irgend etwas, so hat Voltaire die
Pucelle con amore gearbeitet. Ein jedes Zeitalter freut
sich seiner neuerrungenen Weisheit, mag es eine wahre
oder falsche sein, besonders wenn es eine heitere Weisheit
ist; in Voltaire's Pucelle, können wir sagen, genoß das
achtzehnte Jahrhundert sich selbst in seiner Frivolität, die
an sich zwar häßlich, aber von seinen übrigen bessern
Eigenschaften leider nicht zu trennen ist.

Hinterher freilich hat das Gedicht seinem Urheber, wie
ein verzogenes Lieblingskind seinem Vater, Sorge und Ver=
druß wie kein anderes seiner Werke gemacht. Theils der ent=
setzliche Schmutz, in den er sich darin stellenweise fallen
ließ, theils die kecken Anspielungen auf hochstehende Personen,
die er sich erlaubt hatte, konnten sehr üble Folgen für
ihn nach sich ziehen. Er hütete sich wohl, das Gedicht
drucken zu lassen, aber er verschenkte Abschriften, die sich
trotz aller auferlegten und versprochenen Discretion im
Stillen weiter verbreiteten: die Marquise hatte allen
Grund, die Handschrift unter ihren Verschluß zu nehmen
aber auch er, wenn er ihrem Einfalle, einen Abdruck für
Freunde im Schlosse selbst zu veranstalten, sich widersetzte.

Zuletzt, wenn auch erst nach ihrem Tode, geschah doch, was man hatte verhüten wollen: es erschienen unrecht= mäßige Drucke der Pucelle und setzten Voltaire in nicht geringe Verlegenheit. Er ergriff den Ausweg, der ihm später so geläufig wurde: er erklärte Alles in dem Ge= dichte, wozu er sich nicht bekennen mochte, für böswilliges Einschiebsel von fremder Hand, und veranstaltete schließ= lich eine Ausgabe, die er als die einzig unverfälschte be= trachtet wissen wollte, während sie doch nur eine von ihm selbst zwar gesäuberte, aber immerhin verstümmelte war. Manches ist ohne Zweifel untergeschoben, sofern es für ihn zu plump und geschmacklos ist; doch darf man nur in den neueren Ausgaben der Pucelle, welche die von Voltaire ausgemerzten Stellen und Abschnitte an= hangsweise nachführen, diese nachlesen und mit dem Uebrigen vergleichen, um sich zu überzeugen, daß gerade die schlimmsten dieser Stücke sicher von Voltaire sind.

Während das Stillleben in Cirey diese Früchte von sehr verschiedenem Werthe zeitigte, verlor übrigens Vol= taire so wenig wie seine Freundin den Hof aus den Augen. Wie sie sich von Zeit zu Zeit in Versailles oder Fontainebleau bei'm Spiele der Königin einstellte, so versäumte er keine Gelegenheit, bei den verschiedenen Damen, die sich während jener Jahre in der Gunst des Königs ablösten, sich beliebt zu machen. Er huldigte nach einander der Marquise von Mailly, dann ihrer Schwester, der Herzogin von Châteauroux; bei der Marquise von Pompadour, die ihnen zu längerer Herrschaft folgte, hatte

er sogar den Vortheil, zu ihren alten Bekannten aus der
Zeit zu gehören, wo sie noch einfach Madame d'Etioles
war. Durch diese Bekanntschaften, zu denen noch die
des Herzogs von Richelieu, des würdigen Bundesgenossen
jener Damen, kam, brachte es Voltaire endlich dahin,
daß zur Feier der Vermählung des Dauphin mit einer
spanischen Prinzessin im Jahr 1745 ihm die Anfertigung
eines Singspiels übertragen wurde. Das Stück, „die
Prinzessin von Navarra" betitelt und von dem berühmten
Rameau in Musik gesetzt, wurde zu Versailles im Februar jenes Jahres mit aller Pracht eines Hoffestes jener
Zeit aufgeführt und brachte seinem Verfasser in rascher
Folge eine Reihe königlicher Gunstbezeigungen: die Er-
nennung zum Historiographen von Frankreich, den langersehnten Sessel in der französischen Akademie und zum
Aergerniß mancher Herren vom alten Adel das Patent
eines königlichen Kammerjunkers, das er später, mit Bei-
behaltung des Titels und Ranges, verkaufen durfte. So
sehr es ihn beglückte, das so lange vergeblich erstrebte
Ziel endlich erreicht zu haben, so konnte er doch nicht
umhin, sowohl des Mittels, als der Menschen, bei denen
gerade dieses Mittel durchgeschlagen hatte, zu spotten in
dem Sinngedicht:

Mein Heinrich nicht und nicht Zaire,
Nicht die Amerikanerin Alzire,
Keins hat vom König mir nur einen Blick gebracht.
Ich hatte wenig Ruhm und Feinde ganze Haufen.
Da ließ ein Possenspiel ich von dem Stapel laufen,
Und plötzlich war mein Glück gemacht.

Dabei warf er sich indeß mit allem Eifer in die Rolle
des Hofpoeten. Schon vorher hatte er in einem Gedicht
auf die Ereignisse des Jahres 1744 die angeblichen
Kriegsthaten Ludwigs XV. und seine Genesung, die ihm
den Beinamen des Vielgeliebten einbrachte, gefeiert; jetzt
beeiferte er sich, die Schlacht bei Fontenoi, die im Mai
1745 der Marschall Moriz von Sachsen gegen den
Herzog von Cumberland gewann, in einem Poem zu
preisen, worin er gleichfalls das Verdienst des Königs
und seines Herzogs von Richelieu um den Sieg in's
Licht zu stellen sich angelegen sein ließ. Und als es im
Winter darauf galt, den siegreich heimgekehrten König
durch neue Hoffeste zu verherrlichen, war es abermals
Voltaire, der das Festspiel: „der Tempel des Ruhmes",
verfaßte, worin in der Person keines Geringern als des
Kaisers Trajan Ludwig XV. als der wahre, d. h. der
menschenfreundliche, volkbeglückende Sieger und Eroberer dar=
gestellt war. Es wird erzählt, beim Herausgehen aus der
Vorstellung sei der Dichter dem König mit dem Herzog
von Richelieu an der Seite begegnet, und schwindelnd
von seinem Erfolge habe er an diesen, doch zu den Ohren
des Königs, die Frage gerichtet: ist Trajan zufrieden?
worauf jedoch der König, ohne ihn eines Wortes zu wür=
digen, weiter gegangen sei.

Eine Stelle in der französischen Akademie zu erhal=
ten, war von jeher und ist noch heute so sehr das Be=
streben jedes französischen Schriftstellers, daß uns an Vol=
taire nur das mißfällt, daß er uns glauben machen will,

die Sache sei ihm höchst gleichgültig gewesen. Das ist so
unwahr als die Behauptung, er habe die vorhin erwähn=
ten Gunstbezeigungen des Hofes als glänzende Bagatellen
betrachtet. O nein, auf der Höhe stand Voltaire bei wei=
tem nicht, von welcher aus dergleichen äußere Ehren als
gleichgültig erscheinen; er war nicht der Mann, sich an
dem Bewußtsein seiner Bedeutung, an dem Gefühl seiner
gewaltigen Wirksamkeit genügen zu lassen; er haschte zu=
gleich begierig nach jeder kleinsten äußeren Auszeichnung
und war leidenschaftlich erregt, wenn sie ihm versagt wurde.
Nun ist man ja billig und sieht herkömmlich besonders
den Poeten nach, bis zu einem gewissen Punkte Kinder
zu sein und an glänzenden Flittern sich zu ergetzen; ob=
wohl man die wenigen Dichter dann auch doppelt hoch=
schätzt, die in diesem Stücke Männer sind. Aber eine
Grenze hat diese Nachsicht immer, und wie gefährlich die
Eitelkeit dem Charakter werden kann, ist an keinem An=
deren greller als eben an Voltaire wahrzunehmen. Sauer
genug indeß wurde ihm sein Sessel in der Akademie ge=
macht. Als er zum erstenmale für einen solchen vorge=
schlagen war, hatte er zwar bereits Brutus und Zaire,
aber auch schon so manches Andere geschrieben, was den
Herrn de Boze zu dem Ausspruche veranlaßte, „Voltaire
werde nie ein akademisches Subject werden". Als später
im Jahr 1743 der Cardinal Fleury starb, hoffte Voltaire,
dessen Platz unter den Vierzig zu erhalten, und hatte, sei=
ner Behauptung nach, bereits König und Mätresse für
sich; aber der Lehrer des Dauphin, ein alter Theatiner=

mönch und früher Bischof von Mirepoix, Boyer, der jetzt
im Ministerium saß, wußte es zu hintertreiben, trotz aller
Versicherungen, die Voltaire ihm machte, ein guter Bürger und wahrer Katholik zu sein.   Der Mann mochte
sich einmal als l'ancien évêque de Mirepoix unterzeichnet und das ancien abgekürzt: anc., geschrieben haben:
dafür hieß er nun bei Voltaire fortan l'âne évêque de
M., der Eselsbischof von Mirepoix — was ich absichtlich
anführe als Beispiel für eine Art von Witz, woran Voltaire nicht selten Behagen fand.   Damals nun, in der
frischen Hofgunst der Jahre 1745 und 46, hielt er es an
der Zeit, einen neuen Versuch zu machen, und wäre ihm
der Erfolg so gleichgültig gewesen, wie er sich anstellt, so
würde er schwerlich ein Mittel in Anwendung gebracht
haben, mit dem er es freilich in der Praxis leichter nahm,
als wir es in der Beurtheilung nehmen können.   In An-
betracht des bedeutenden Einflusses nämlich, den am Hofe
noch immer die Jesuiten hatten, und um nicht abermals
seiner Bewerbung von geistlicher Seite her einen Riegel
vorgeschoben zu sehen, suchte er nun die Jesuiten für sich
zu gewinnen.   In einer Kirchenzeitung war dem Pabst
Benedict XIV. sein freundliches Schreiben an Voltaire,
und in einer in Holland erschienenen Schrift dem letzteren seine Vorliebe für die Jesuiten zum Vorwurfe gemacht.
Das benutzte er nun als Anlaß, in einem Schreiben an
den Pater de la Tour, der jetzt dem Collegium vorstand,
worin Voltaire erzogen worden war, neben seiner Erge-
benheit gegen den Pabst, zugleich seine Dankbarkeit und

unverbrüchliche Anhänglichkeit an den Orden mit einem
Nachdruck, einer Uebertreibung auszusprechen, welche die
Absicht nicht verkennen läßt. Da ist Alles, was er die
sieben Jahre seines Aufenthalts im Collège gesehen, nur
Schönes und Gutes, nur Fleiß, Mäßigkeit und Ordnung
gewesen; er ist erstaunt, wie man den Vätern von der
Gesellschaft Jesu eine verderbliche Moral zuschreiben
mag; ja wohl, sie haben in den finsteren Zeiten, wie
andere Orden auch, ihre Casuisten gehabt, die über
Punkte der Sittenlehre für und wider disputirt haben,
die jetzt längst aufgeklärt oder auch vergessen sind; aber
es macht der Menschheit Schande, daß man sich erdrei-
stet, Männer einer laxen Moral zu beschuldigen, die in
ganz Europa das härteste Leben führen und an's Ende
von Asien und Amerika reisen, um da den Märthrertod
zu suchen. Kein Wunder, daß ein solcher Verleumder der
Unschuld auch Voltaire verleumdet, daß er ihm Gesinnungen aufbürdet, die er nie gehabt, und Bücher zuschreibt,
die er nie geschrieben, oder die von den Herausgebern
unwürdig gefälscht sind. Selbst die Henriade ist niemals
correct gedruckt worden (man sieht, wenn eine ihrer Kraft-
stellen gegen Intoleranz und Fanatismus den P. P. Jesuiten zu stark war, so hielt sich Voltaire auch hiefür die
Hinterthüre der vorgeblichen Verfälschung offen); „man
wird vermuthlich“, setzt er hinzu, „meine echten Werke
nicht eher haben, als nach meinem Tode“. Inzwischen
will er nach dem Beispiele des großen Corneille seine
Schriften dem Urtheil der Kirche unterwerfen. „Wenn

man je," erklärt er, „unter meinem Namen eine Seite
gedruckt hat" (daß er eine solche geschrieben, gesteht er
also immer nicht zu), „die auch nur einem Dorfküster Aer=
gerniß geben kann, so bin ich bereit, sie in seiner Gegenwart zu zerreißen; ich will ruhig leben und sterben im
Schooße der römisch=katholischen apostolischen Kirche, ohne
jemand anzugreifen, ohne jemand zu beschädigen, ohne eine
Meinung zu behaupten, die jemanden anstößig sein könnte."
Um den Preis solcher Schritte und Erklärungen setzte
Voltaire es durch, daß er, nachdem er längst Mitglied fast
aller europäischen Akademien geworden war, endlich auch
in die französische aufgenommen wurde; darin allerdings
ein echter Zögling der Jesuiten, daß er zu seinen Zwecken
jedes Mittel für erlaubt ansah; wären nur seine Zwecke
immer so gut oder doch so harmlos gewesen, wie die-
sesmal!

An literarischen Streitigkeiten hat es Voltaire auch
in dieser Lebensperiode nicht gefehlt, und er führte sie, wie
er sie immer führte. Von dem Zank mit J. B. Rousseau ist früher die Rede gewesen; in diese Jahre fällt vornehmlich ein wo möglich noch häßlicherer Handel mit
einem gewissen Abbé Desfontaines. Diesen Menschen
hatte Voltaire durch seine Verwendung aus dem Zucht-
hause frei gemacht; wodurch sich derselbe aber nicht abhalten ließ, nachdem er eine Schmähschrift gegen Voltaire
auf Thieriot's Zureden vernichtet, sich wiederholt kritisch
an ihm zu reiben und auf eine scharfe Entgegnung Voltaire's einen unverschämten Drohbrief an ihn zu richten.

Dadurch ließ sich Voltaire hinreißen, mit Vorschiebung
eines Strohmannes zwar, aber von jedermann er=
kannt, unter dem Titel: „das Präservativ", eine Streit=
schrift drucken zu lassen, auf deren Titelkupfer Desfontai=
nes als Züchtling abgebildet war. Darauf antwortete
dieser in einem Libell: „die Voltairomanie", wovon er
selbst sagte, es werde Voltaire nichts übrig lassen als sich
zu hängen. Statt dessen schritt dieser zur gerichtlichen
Klage, deren Ergebniß war, daß Desfontaines einen Wider=
ruf unterzeichnen mußte; aber mit diesen elenden Ge=
schichten war ein ganzer Winter hingegangen, und die
Feindseligkeiten dauerten auch nachher noch fort. Wie Des=
fontaines im J. 1745 starb, war ihm bereits ein Schlim=
merer nachgewachsen in der Person von Freron, der neben
Voltaire's ganzer fernerer Autorlaufbahn wie ein bellender
Hund herlief und dagegen von ihm in allen Formen, in
Prosa und Versen, in Epos und Drama zerrbildlich ver=
ewigt worden ist. Mochte er immerhin in manchem seiner
Angriffe, wie namentlich in der schneidenden Beurtheilung
von Voltaire's Hofpoesie und leider auch in der Aufdeckung
so mancher Flecken seines Charakters, Recht haben: die
Lacher zog Voltaire schließlich doch auf seine Seite, und
die Schmarozerexistenz eines nergelnden Literaten ist der
productiven Thätigkeit eines Mannes wie Voltaire in die
Länge niemals gewachsen. Freron blieb nicht der letzte in
seiner Art, die la Beaumelle, Clement, Nonnotte und wie
sie alle hießen, gesellten sich ihm bei, und der witzige Abbé
Voisenon schrieb im Stile der biblischen Genealogien:

„Zoilus zeugete Mävius; Mävius aber zeugete Desfontaines; Desfontaines aber zeugete Freron; Freron aber zeugete
Clement" u. s. f. Der bekannte Reim gegen Freron:

> Jüngsthin in einem kühlen Hain
> Biß eine Schlang' in Frerons Bein.
> Und, fragt man, was geschah alsdann?
> Die Schlange starb, und nicht der Mann —

ist zwar nur Nachbildung eines Epigramms der griechischen Anthologie, und seine Abkunft von Voltaire wird
bezweifelt; aber er hätte sich desselben wenigstens nicht zu
schämen gehabt.

Unter allen diesen Händeln mochte die Marquise
du Châtelet nicht Unrecht haben, wenn sie versicherte, sie habe
den Freund jeden Augenblick vor ihm selbst zu retten, und
sie wende mehr Politik auf, ihn zu leiten, als der ganze
Vatican, um die Christenheit in seinen Banden zu halten.
Bisweilen indeß war es doch auch wieder sie, die ihn in
Verlegenheit brachte. Denn, so leidenschaftlich er übrigens
sein mochte, ein so leidenschaftlicher Spieler war er doch
nicht wie sie. Eines Abends hatte sie in Fontainebleau,
beim Spiel der Königin, 80,000 Livres verloren, während
sie keine 100 mehr im Vorrath hatte; Voltaire hatte zu-
gesehen, und in der Ueberzeugung, daß es dabei nicht mit
rechten Dingen zugegangen, ihr hernach auf Englisch zu-
geflüstert, sie merke in ihrer Zerstreuung nicht, daß sie
mit Gaunern spiele. Jetzt aber bemerkte sie, daß ihre Mitspieler das gehört und verstanden hatten, und nun war
es für beide Theile, für sie, um ihre Spielschuld in Ord-

nung zu bringen, für ihn, um einem Ehrenhandel auszu=
weichen, das Gerathenste, sich davonzumachen. Das tha=
ten sie denn auch noch in der Nacht, und zwar flüchtete
sich Voltaire nach Sceaux zu der Herzogin von Maine,
mit der er schon von der Zeit seines Oedipe her befreun=
det war.   Hier lebte er zwei Monate lang in einem Ober=
zimmer versteckt, am Tage mit verschlossenen Laden und
bei Licht, doch unablässig beschäftigt; Nachts kam er zur
Herzogin herunter, speiste an ihrem Bett und belustigte
sie durch seine Scherze, während sie ihn mit alten Hofanek=
doten unterhielt.   Mehrere seiner Erzählungen, wie Za=
big, Babouc u. a., sind während dieser Tage entstanden
und darauf in der Nacht von dem Dichter seiner hohen
Beschützerin vorgelesen worden.   Endlich hatte die Mar=
quise ihre Schuld auf dem Vergleichswege abgewickelt, zu=
gleich auch Voltaire's Ehrenhandel getuscht, und eilte jetzt
nach Sceaux, es ihm anzukündigen.   Nun aber ließ die
Herzogin so ausgezeichnete Gäste noch nicht los, und es
verflossen noch drei Wochen unter Belustigungen aller Art,
besonders auch dramatischen Vorstellungen, bei denen Vol=
taire und seine Freundin verschiedene Rollen übernahmen.

Ihre Spielverluste durch verdoppelte Sparsamkeit ein=
zubringen, zog sich die Marquise mit ihrem Freunde, nach
kurzem Aufenthalt in Paris, mitten im Winter 1747 auf
ihren Landsitz zurück, und auf dem Wege dahin brachte
ein Unfall die Reisenden in eine Situation, von der uns
Voltaire's damaliger Secretär, Longchamp, in seinen Denk=
würdigkeiten ein allzu bezeichnendes Bild entworfen hat,

8*

als daß ich es nicht vorzeigen müßte. Die Marquise hatte
die Liebhaberei, die, für den Sommer ganz angenehm, für
den Winter ihr Bedenkliches hatte, bei Nacht zu reisen.
So wurden sie denn auch umgeworfen, und nachdem sie
mit Mühe, besonders Voltaire, der zu unterst lag, aus
dem umgestürzten Wagen gezogen waren, mußte, um diesen mit seiner schweren Ladung von Koffern und Kisten
aufzurichten, Mannschaft aus dem nächsten Dorfe herbei-
geholt werden. Mittlerweile saßen Voltaire und seine
Freundin auf den herausgenommenen Wagenpolstern mitten im Schnee, und halb erfroren trotz ihrer Pelze, bewunderten sie die Schönheit des gestirnten Himmels. „Es
ist wahr", sagt der humoristische Secretär, „er war vollkommen hell, die Sterne funkelten im lebhaftesten Glanze,
der Horizont war frei, kein Haus, kein Baum entzog auch
nur den kleinsten Theil desselben ihren Blicken. Entzückt
von einem so erhabenen Schauspiel unterredeten sich unsere
beiden Philosophen klappernd vor Frost über die Natur
und den Lauf der Gestirne, über die Bestimmung so vieler Weltkörper im unendlichen Raume. Es fehlte ihnen
nur ein Fernrohr, um vollkommen glücklich zu sein. Ihr
Geist, in der Tiefe des Himmels verloren, hatte keine
Wahrnehmung mehr für ihre betrübte Situation auf der
Erde, oder vielmehr auf dem Eis und Schnee."

Nicht mit ebensovielem Gleichmuthe bemerkte um diese
Zeit Voltaire, daß sein Stern bei Hofe im Sinken war.
Durch ein Madrigal auf des Königs Verhältniß zu der
neuen Geliebten, das bald in Aller Händen war, hatte er

zwar diese sich von Neuem verpflichtet, aber die Königin
und die königlichen Töchter gereizt, die auf den Vater
nicht ohne Einfluß waren. Dieser selbst war ihm niemals eigentlich hold gewesen, und die Favoritin mochte
sich nicht aussetzen. Jetzt eben war es Mode am Hofe,
den alten Crebillon, den nach langem Verschollensein gleichsam neu entdeckten Dramatiker, Voltaire gegenüber zu begünstigen. Dieser nahm den Kampf Fuß an Fuß mit
dem Gegner auf, indem er mehreren seiner Stücke neue
Bearbeitungen desselben Thema's entgegenstellte. Bei Hofe
konnte ihm das nichts helfen; das Publikum aber sah
darin nur Neid, zumal auch dieser Wettstreit, durch den
Eifer der beiderseitigen Anhängerschaft bei den Aufführungen sehr laut geworden, von Voltaire nicht ohne Bit-
terkeit geführt wurde. Unter solchen Umständen war es
sehr erwünscht, daß man bereits mit einem andern, wenn
auch kleineren Hofe in der Nähe befreundet war, an den
man sich zur Abwechslung, statt nach Paris und Versailles, begeben konnte. Durch die Lage von Cirey unweit
der lothringischen Grenze ergaben sich Beziehungen mit
dem Exkönig von Polen, Stanislaus Lescinski, dem im
Wiener Frieden die Herzogthümer Lothringen und Bar
auf Lebenszeit zugetheilt worden waren. Stanislas war
zwar bigott und von Jesuiten geleitet, doch immerhin Lebe-
mann und auch gutmüthig genug, um die Unterhaltung nicht
von der Hand zu weisen, die ein Paar, wie Voltaire, den
er schon von Versailles her kannte, und die Marquise, die
seiner Freundin, der Marquise de Boufflers, befreundet

war, seinem etwas einförmigen Hofe zuzuführen versprachen.
So hielten sich denn beide wiederholt längere Zeit bald
in der Residenz Luneville, bald an andern lothringischen
Orten, besonders auf dem Lustschlosse Commercy, als will=
kommene Gäste des Königs auf, zur Beunruhigung seiner
Tochter, der Königin von Frankreich, die, womöglich noch
beschränkter als der Vater, von so freigeisterischer Gesell=
schaft Gefahr für sein Seelenheil befürchtete. Auch hier
wie in Cirey behielt sich Voltaire den größten Theil des
Tages für seine Arbeiten vor, während er über Tafel und
am Abend als Gesellschafter, Theaterdichter und Schau=
spieler seinen reichen Beitrag zur Unterhaltung gab.

Es war ein idyllisches Leben am Hofe des guten
Stanislas, besonders wenn man in der schönen Jahres=
zeit in Commercy war; und doch zogen sich eben hier wie
Wolken die Ursachen zusammen, die dem glücklichen Zu=
stand ein schnelles Ende machen sollten. Schon seit
etlichen Jahren standen zwischen Voltaire und der Mar=
quise die Dinge nicht mehr ganz so wie ehedem. Wenn
er sich der Veränderung vielleicht weniger bewußt war, so
war sie ihr um so empfindlicher. Ihn hatten bei kränk=
lichem Körper und unablässiger Arbeit seine funfzig Jahre,
und doch wohl auch der Freundin nicht immer sanftes
Joch, allmählich kühler gestimmt, als es mit ihrem immer
noch jugendlichen Liebesbedürfniß sich vertrug. Sie hatte
sich in Briefen an Vertraute wiederholt schmerzlich dar=
über beklagt. Daß er sie in Briefen an den königlichen
Freund in Preußen mitunter geradezu verleugnet, d. h.

sein Festhalten an ihr auf bloße Dankbarkeit zurückgeführt
hatte, wußte sie wohl nicht, aber sie konnte es in seinem
Bezeigen spüren. Wenn jetzt ein Mann in ihren Kreis
trat, von dem sie das zu erlangen hoffte, was Voltaire
ihr nicht mehr zu gewähren schien, so konnte sich eine für
diesen gefährliche Wahlverwandtschaft herausstellen. Ein
solcher trat denn wirklich im Winter 1747 in die Hof-
kreise von Luneville ein, in der Person eines jungen
Gardecapitäns St. Lambert, der einnehmende Manieren
und auch den Ruf eines Poeten hatte. Erst machte er
der Frau von Bousslers den Hof und wurde dadurch dem
König unangenehm; aber im folgenden Sommer, während
des Aufenthaltes in Commercy, fand Voltaire, daß vielmehr er Ursache habe, eifersüchtig zu sein. Es war nicht
anders: seine göttliche Emilie, damals 42 Jahre alt, hatte
den um zehn Jahre jüngeren Mann, der ihr mit jugend-
licher Beflissenheit huldigte, dem alten, kränklichen, oft
verdrossenen Freunde vorgezogen. Welche seltsame Schick-
salsverflechtung, daß derselbe Mann, der jetzt Voltaire
aus dem Herzen und sein Bild aus dem Ring einer geistvollen Frau vertrieb, acht Jahre später seinem Antipoden
Rousseau den Zugang zu dem Herzen einer anderen ver-
sperren sollte!

Voltaire's Wuth bei der Entdeckung war ohne Grenzen, er wollte in der Nacht noch fort; aber die Marquise
hatte ihn nicht umsonst funfzehn Jahre lang studirt. Und
er war seit dreißigen derselbe geblieben. Denn es ging
jetzt genau wieder wie zu der Zeit, als Susanne Livry

ihm zu Gunsten des allzuliebenswürdigen Genonville un-
treu geworden war. Nur ob diese, ihn zu begütigen, den
gleichen Weg eingeschlagen, wie die Schülerin Newton's,
läßt sich doch bezweifeln. Die letztere überraschte ihn wie uns
— die Sache ist aber werth, bei dem Horcher Longchamp
mit allen Einzelheiten nachgelesen zu werden — durch
eine in der That großartige Aufrichtigkeit. Er weiß ja
doch was sie bedarf, sie hat gewußt was ihm zuträglich
ist, und darnach hat sie sich eingerichtet: wo wäre also
ihr Verbrechen? Diese Sprache war auf Voltaire wohl
berechnet; und wie nun vollends St. Lambert kam, sich
bei ihm zu entschuldigen, fiel er ihm um den Hals und
gab sich selbst Unrecht, auf das, was nur einer glücklichen
Jugend zusteht, in seinem Alter noch Anspruch gemacht
zu haben. Zeitlebens behielt Voltaire eine besondere Zuneigung zu seinem glücklichen Nebenbuhler, und hat ihn
auch als Schriftsteller — denn St. Lambert wurde in
der Folge der Dichter der „Jahreszeiten" — höher gehoben,
als er es verdiente.

Auch in Bezug auf die letzten Schicksale der Marquise, die mit dem so eben Berichteten in einem so ver-
hängnißvollen Zusammenhange stehen, möchte ich am
liebsten auf die ausführliche Erzählung des Gewährs-
mannes Longchamp verweisen. So bezeichnend diese Vorgänge für die Sitten der Zeit und den Charakter der
betheiligten Personen sind, so schwer fällt es uns jetzt,
sie darzustellen, ohne entweder den Sitten unserer Zeit,
oder dem Charakter der in eine ganz andere hineinge-

stellten Personen zu nahe zu treten. Eine Weile geht es noch tragikomisch fort: die Entdeckung, welche die Marquise, auf dem Rückwege nach Paris, in Cirey macht; die Berathung mit dem Liebhaber und dem Freunde; die Berufung des Gemahls und dessen Vaterfreude — sind durchaus Stücke aus einer Komödie. Aber der Frau, die sich mit 43 Jahren noch einmal durch Mutterhoffnungen überrascht sieht, wird es je mehr und mehr tragisch zu Muthe. Man begibt sich nach Luneville, um hier die Entbindung abzuwarten; diese erfolgt auch glücklich und bringt ein Töchterlein; aber einige Tage nachher führt ein kalter Trunk, zu dem sich die Wöchnerin durch die Hitze des Milchfiebers und des Wetters verführen läßt, ein tödtliches Erkranken herbei. Durch einen scheinbar günstigen Schlummer der Leidenden getäuscht, hatte Voltaire und der Marquis sich einen Augenblick entfernt: wie man sie zurückrief, fanden sie nur noch eine Leiche. Voltaire und St. Lambert waren die Letzten am Todtenbette, und als ersterer, mit tiefem Schmerze sich losreißend, das Zimmer verlassen hatte, fiel er am Fuße der Schloßtreppe, neben der Schildwache, ohnmächtig auf das Pflaster. Es war der 10. September 1749, als die glücklichste Periode von Voltaire's Leben einen so erschütternden Abschluß fand.

III.

Während der ersten Jahre von Voltaire's Stillleben in Cirey lebte auf seinem Schlosse zu Rheinsberg in der Mark gleichfalls in literarischer Muße der preußische Kronprinz Friedrich. Nachdem es nicht ohne Mühe gelungen war, die weitgediehenen Zerwürfnisse zwischen ihm und seinem königlichen Vater auszugleichen, hatte er sich in dieses Asyl zurückziehen dürfen, von wo aus er sich nun um so beflissener zeigte, den Anforderungen des strengen Vaters an seine Geschäftsthätigkeit zu genügen, als er sich dadurch die Befugniß erkaufte, alle übrige Zeit der feineren Geselligkeit, der Beschäftigung mit Kunst und Literatur zu widmen. Es war ein wirklicher Musenhof in Rheinsberg, von anderer Art freilich als 40 Jahre später der in Weimar, darin besonders, daß es nicht die deutsche, sondern die französische Literatur war, die hier gepflegt wurde. Der Herrscher in dieser damals weltbeherrschenden Literatur war aber Voltaire, und unter seinen auswärtigen Verehrern war keiner, auf den er in jeder

Hinsicht stolzer sein durfte, als der hochbegabte Erbe des jungen Preußenthrones.

Dem feurigen Prinzen war es nicht genug, den bewunderten Schriftsteller nur in der Stille, als Leser seiner Werke, zu verehren; es drängte ihn, diese Verehrung ihm zu erkennen zu geben, und dadurch vorerst eine briefliche Berührung mit ihm herbeizuführen, bis die Verhältnisse eine persönliche gestatten würden. Am 8. August 1736 schrieb Friedrich den ersten Brief an Voltaire und eröffnete damit eine Correspondenz, die, mit wenigen Unterbrechungen, die beinahe 42 Jahre bis zu Voltaire's Tode fortdauern und für beide Männer immer mehr zum Lebensbedürfniß werden sollte. Dieser Briefwechsel zwischen Friedrich und Voltaire, wie er in der neuesten Ausgabe der Werke des großen Königs in drei stattlichen Bänden und 570 Nummern vor uns liegt, bietet von mehr als einer Seite ein nicht gewöhnliches Interesse. Es sind die zwei bedeutendsten Männer ihrer Zeit, die Vertreter zweier Nationen — denn Friedrich, wenn auch französisch gebildet, verleugnet doch die deutsche Art und Natur keineswegs —, in ganz verschiedenen Lebensstellungen, doch einer wie der andere in der seinigen der Erste, die sich so vertraut, wie es zwischen einem Fürsten und einem Schriftsteller möglich ist, in all den verschiedenen Situationen, wie sie sich in einem ereignißreichen Leben während eines so langen Zeitraumes ergeben, einander mittheilen. Eben diese Veränderungen in der Stellung, der äußeren sowohl als der inneren, der beiden Männer verleihen ihrem

Briefwechsel in seinem Verlaufe die spannende Anziehungskraft eines Drama's, eines Romans. Aeußerlich, wie der
Prinz zum König, der König zum siegreichen Feldherrn,
dann zum weisen Gesetzgeber und Herrscher, endlich durch
furchtbare Schicksalsproben hindurch zum unüberwindlichen
Helden, zum großen Manne des Jahrhunderts empor-
wächst; während auf der anderen Seite der Schriftsteller,
bei steigender Leistung doch äußerlich noch in schwankender
Stellung, nach mancherlei Ortswechseln und Versuchen
sich endlich eine Existenz zu gründen weiß, in welcher er
dem königlichen Gönner in fürstenmäßiger Unabhängigkeit
gegenübersteht — schon diese Veränderungen in der äußeren
Stellung der beiden Theile bringen in ihren brieflichen
Verkehr einen Wechsel des Tons und der Stimmung,
der Lichter und Farben, der nicht blos reizend, sondern,
da es zwei gehaltvolle Menschen sind, die sich darin zeigen,
zugleich überaus lehrreich ist. Die tiefste Anziehungskraft
des Briefwechsels aber liegt in den inneren Wandlungen,
welche das Verhältniß der beiden Männer erfährt. Der
Anfang gleicht einem schönen Morgen: der 24jährige
Prinz, voll Kraftgefühls und Bildungsdranges, der aber
Alles, was in ihm ist, erst künftig noch zu bewähren hat,
kommt dem 42jährigen, längst weltberühmten Schriftsteller
mit der wärmsten Huldigung entgegen, die von diesem
gewandt und anmuthig, mit freundlicher Zuvorkommenheit
erwiedert wird. Einzelne Vorzeichen möglicher Trübung
des schönen Verhältnisses fehlen während der folgenden
Jahre, die beide Männer einigemale zusammenführen,

zwar nicht; doch erst als es dem einen gelungen ist, den
andern ganz an sich zu ziehen, erst als Voltaire zu blei=
bendem Aufenthalt an Friedrichs Hof gekommen ist, er=
geben sich ernste Verwicklungen, die Anziehung schlägt mit
Einem Male in Abstoßung um, der Briefwechsel hört auf,
und aus den Aeußerungen beider Theile in Briefen an
dritte Personen spricht eine Erbitterung, die das Verhält=
niß als unwiederbringlich vernichtet erscheinen läßt. Und
doch ist es das nicht; aus der Asche zucken erst nur ein=
zelne Funken des unerloschenen Antheils auf, die sich
langsam und stufenweise zwar nicht mehr zur himmelan
lodernden Opferflamme von ehemals, doch zum stetigen
Herdfeuer entzünden, das den fröstelnden Lebensabend der
beiden Männer wohlthätig erwärmt. Es ist Entzweiung
und Versöhnung, Verwicklung und Lösung, und, wenn
auch nicht Läuterung, doch Beschwichtigung in diesem
Briefwechsel; nach den lieblichen, doch mitunter auch leichten
oder manierirten Melodien des Anfangs, den zerreißen=
den Dissonanzen der Mitte, denen eine lange Pause folgt,
klingt er am Ende noch ebenso sanft als ernst harmonisch
aus und läßt in dem befriedigten Gemüthe einen tiefen,
unauslöschlichen Eindruck zurück.

Der Inhalt der Correspondenz Friedrichs mit Vol=
taire ist zunächst durch die Bestrebungen des Prinzen be=
stimmt. Es war, neben der königlichen, auch die schrift=
stellerische Anlage in ihm, und damals, während seiner
kronprinzlichen Muße, suchte er vorzugsweise die letztere
auszubilden. Das Material des Schriftstellers aber ist

die Sprache, und diese war für Friedrich, der eine fertige
zur Verfügung haben, nicht erst eine werbende formen
helfen wollte, nur die französische. An Voltaire's Schrif=
ten vor allen andern hatte er schon bisher Französisch
gelernt; nun sollte der classische Schriftsteller persönlich,
wenn auch vorerst nur brieflich, seinem Französischen die
letzte Feile geben. Er legt ihm Fragen, legt ihm Arbei=
ten, besonders Gedichte, zur sprachlichen Verbesserung vor,
und Voltaire entspricht seinen Wünschen mit einer Zier=
lichkeit, nicht ohne Schmeichelei natürlich, doch zugleich
mit einem Humor, daß nichts darüber geht. Er bringt
den Schüler so weit, daß dieser wohl einmal, im schnell
gewachsenen Selbstvertrauen, den Stil umkehrt und dem
Lehrer etwas am Zeuge zu flicken sucht; worauf er von
diesem mit ebensoviel Feinheit als Entschiedenheit in seine
Schranken gewiesen wird. Doch auch seine Denkart, sei=
nen Geschmack hat der Prinz an Voltaire's Schriften ge=
bildet, deren noch manche, wie ihm das Gerücht verkündigt,
von dem Verfasser ungedruckt zurückgehalten werden: diese
im Vertrauen mitgetheilt zu bekommen, ist sein Wunsch,
dem Voltaire bereitwillig entgegenkommt. Nicht umsonst
war Friedrich der Enkel jener Sophie Charlotte, die einst
in den Laubgängen von Liezenburg mit Leibniz philoso=
phirt hatte; und dessen Erläuterer Wolff interessirte ihn
schon darum, weil er von seinem Vater auf eine theolo=
gische Hetzerei hin verbannt worden war: so kommen denn
bald zwischen ihm und seinem literarischen Meister auch
philosophische Fragen zur Sprache. Insbesondere über

die Frage von der menschlichen Willensfreiheit schreiben
sich beide während der nächsten Jahre ganze Abhandlungen;
wobei Friedrich mit Scharfsinn und Beharrlichkeit die
Gründe des Determinismus entwickelt, während Voltaire für
jetzt noch auf der entgegengesetzten Seite steht. Durchaus
sehen wir in diesem Briefwechsel zwei hochbegabte Menschen in freundlichem Wettkampfe begriffen, worin, was
Geist und Witz betrifft, der Prinz dem Schriftsteller wenig,
um so mehr der Schriftsteller dem Prinzen und König
an Charakter nachsteht; oder vielmehr es steht hiebei, wie
in dem ganzen Verhältniß, zwar Talent dem Talente,
dem Charakter auf der einen Seite aber auf der andern
nur ein Temperament, ein lebhaftes, zu raschen Umschlä-
gen geneigtes, fast unberechenbares Naturell gegenüber.

So lange sein Vater lebte, konnte Friedrich nicht wohl
daran denken, mit Voltaire, der dem glaubens- und lebens-
strengen König ein Gräuel war, eine persönliche Bekanntschaft zu suchen. Als aber im Mai 1740 Friedrich Wil-
helm I. gestorben war, benutzte der neue König gleich die
Huldigungs- und Inspectionsreise, die er nach seinen Cle-
vischen Landen zu machen hatte, um dem langgehegten
Wunsche Erfüllung zu schaffen. Den Plan zwar, Voltaire
in Brüssel, wo er sich damals mit der Marquise in Ge-
schäften der letztern aufhielt, zu besuchen, mußte er eines
Fiebers wegen, das ihn in Wesel befiel, aufgeben; dafür
lud er ihn nun aber auf ein Schloß Moyland in der
Nähe von Cleve zu einer Zusammenkunft ein, die vom 11.
bis zum 14. September wirklich stattfand. Trotz der Un-

gunst der Umstände — Voltaire traf den König in einem
heftigen Fieberanfall auf seinem Lager — wurde doch in
den fieberfreien Stunden Alles durchgesprochen, was beide
Theile interessirte, der noch ungedruckte Mahomet von dem
Dichter vorgelesen, der dem König alsbald auch in einer
politischen Angelegenheit, dem Streite mit dem Bischof
von Lüttich wegen Herstall, seine Feder lieh.   Ein literarisches Anliegen Friedrichs beschäftigte ihn ohnehin um
diese Zeit: den Antimachiavel nämlich, den der Kronprinz geschrieben und durch Voltaire bei einem holländischen Verleger in Druck gegeben, wünschte der König zurückzuziehen, und Voltaire sollte das besorgen.   Die Verhandlung führte nicht zum Ziele, da der Buchhändler den
gewinnversprechenden Verlagsartikel nicht fahren lassen
wollte; auch trat diese literarische Angelegenheit bald vor
den Interessen der Wirklichkeit in den Hintergrund.

Im October jenes Jahres starb der Kaiser, der letzte
Habsburger, Carl VI., und Friedrich faßte sogleich, obwohl
vorerst im tiefsten Geheimniß, den Entschluß, gestützt auf alte
Ansprüche an schlesische Landestheile, sich dieser österrei-
chischen Provinz zu bemächtigen.   Eben jetzt, im November, kam Voltaire zum Besuch nach Rheinsberg, wohin
der neue König, noch immer leidend, nach Abmachung der
ersten Regierungsgeschäfte, sich zu seiner Erholung zurückgezogen hatte.   Er fand den königlichen Freund zwar
überaus liebenswürdig, in Betreff seiner Plane aber un-
durchdringlich; was ihm um so verdrießlicher war, als er
gar zu gerne durch eine geheime Nachricht hierüber den

Cardinal Fleury verpflichtet und sich eine diplomatische Laufbahn eröffnet hätte. Auch Friedrich war von seinem Apollo, wie er ihn nannte, wie bisher, entzückt; nur die etwas starken Reisekosten, die derselbe in Anspruch nahm, gaben ihm in einem Brief an einen Vertrauten den derben, fast Friedrich=Wilhelm'schen Ausdruck in die Feder: das heiße einen Hofnarren theuer bezahlen. In Rheins= berg machte Voltaire auch die Bekanntschaft der Lieblings= schwester des Königs, der Markgräfin Wilhelmine von Baireuth, die, längst eine Verehrerin seiner Schriften, ihm von da an bis zu ihrem Tode, selbst durch sein Zerwürf= niß mit dem Bruder unbeirrt, eine treue Freundin ge= blieben ist. Der bald darauf eröffnete Krieg unterbrach Friedrichs Verkehr mit Voltaire nicht; den Brief, der die Nachricht von dem Siege bei Mollwitz enthielt, empfing der Dichter bei der ersten Aufführung seines Mahomet in Lille und las ihn während eines Zwischenactes dem Publikum vor. Als anderthalb Jahre darauf der erste schlesische Krieg durch den Breslauer Friedensschluß been= digt war, und gegen Ende August der siegreiche König in den Bädern von Aachen Erquickung suchte, erhielt Vol= taire dahin eine Einladung. Pflichtschuldig machte er da= von dem Cardinal Fleury die Anzeige; denn gerade jetzt, in der Lage, worein Friedrichs einseitiger Friedensschluß Frankreich versetzt hatte, mußte es der französischen Re= gierung erwünscht sein, einen diplomatischen Volontär in des Königs vertraulicher Nähe zu haben. Allein dieser war mit ihm wie immer: täglich kam er zu ihm auf sein

Zimmer und plauderte mit ihm, nach Voltaire's Ausdruck, wie Scipio mit Terenz: aber von seinen Planen in Be= zug auf Karthago wird der römische Feldherr=Politiker mit dem Poeten wohl wenig geplaudert haben. Kurz, Voltaire sah sich, nachdem er eine Woche lang Friedrichs Gast gewesen war, in Betreff der politischen Conjuncturen so klug wie zuvor, und was er seinem Cardinal zu be= richten hatte, war keines Dankes werth. Nun wurde aber die Fortführung des Krieges gegen Oesterreich und England, nachdem Preußen sich herausgezogen, für Frank= reich immer bedenklicher, und als daher zu Anfang des Jahres 1743 die neunzigjährige Eminenz heimgegangen und die d'Argenson's nebst Amelot an's Ruder gekommen waren, gelang es Voltaire leicht, den alten Schulfreunden den Gedanken nahe zu legen, daß sein Verhältniß zu Friedrich zu benützen wäre, um diesen für Erneuerung des Krieges zu stimmen. Also im August abermals eine Reise zu ihm, doch abermals mit demselben Ergebniß. Der König läßt den Dichter bei sich in seinen Schlössern zu Berlin und Potsdam wohnen und ist mit ihm freund= lich wie immer; aber wie er in dem Dichter den geheimen Agenten entdeckt, ist er erst ärgerlich, dann macht es ihm Spaß, und er beantwortet dessen zum Theil gar schriftlich gefaßte politische Anbringlichkeiten mit Versen und Schnur= ren, die indeß in die ernste Ermahnung an den Poeten auslaufen, zu lassen, was seines Amtes nicht sei, und an Frankreich, durch eine weisere Politik anderen Mächten Lust zu machen, sich mit ihm zu verbinden. Zwischen diese Verhandlungen hinein macht übrigens der Dichter den schönen und geistvollen Schwestern seines königlichen Freundes gar zierlich seine poetische Cour. Berühmt ist das Madrigal an die Prinzessin Ulrike, die nachmalige Schwedenkönigin:

Oft mischt ein wenig Wahrheit sich
Mit einer Schaar von Wahngebilden:
Vergangne Nacht in Traumgefilden
Sah ich als einen König mich.
Prinzessin, sprach ich kühn entbrannt, ich liebe dich!
Es war ein Traum, gewiß, ich bin erwacht, doch ohne
Verdruß: was ich verlor, das war ja nur die Krone.

Das Frühjahr darauf schrieb Friedrich an Voltaire: „Meine Schwester Ulrike sieht Ihren Traum zum Theil erfüllt: ein König verlangt sie zur Gemahlin." Ein anderes kleines Gedicht an die beiden Schwestern, Ulrike und Amalie, lautet:

Käm' Paris wieder auf die Erde,
Daß zwischen euch er Richter sei:
Den Apfel schnitt' er flugs entzwei
Und brächte keine Kriegsgefährde.

Im September durfte dann Voltaire den König noch auf einer Reise nach Baireuth begleiten, wo es ihm bei seiner Verehrerin, der Markgräfin Wilhelmine, gleichfalls herr-lich erging, und erst nach einem abermaligen Aufenthalt in Berlin und nachher noch in Braunschweig kehrte er im December nach Paris zurück, außer sich, von Seiten der französischen Regierung den Dank nicht zu finden, den er durch seine diplomatischen Bemühungen verdient zu haben glaubte. Allein wenn allerdings Friedrich im folgenden Frühling Unterhandlungen mit Frankreich anknüpfte, die ihn im Sommer zur Wiedereröffnung des Krieges führ=ten, so that er das doch auf den Grund von Wahrneh=mungen und Erwägungen, die ihm nicht erst Voltaire an die Hand zu geben hatte.

Auch dießmal übrigens wie schon früher hatte der König es nicht an Zureden fehlen lassen, Voltaire möge, unter Bedingungen, wie sie ihm selbst genehm wären, seinen bleibenden Aufenthalt bei ihm nehmen; ja er hatte ihn hiezu durch ein Mittel zu nöthigen gesucht, das wir darum nicht löblicher finden können, weil es der schla=gendste Beweis ist, wie viel ihm an der Erwerbung Vol=taire's gelegen war. Er hatte nämlich seinem Vertrauten, dem Grafen Rothenburg, der sich eben in Paris befand, den Auftrag gegeben, höhnische Auslassungen gegen den Bischof von Mirepoix, die sich Voltaire in Briefen an Friedrich erlaubt hatte, dem vielgeltenden Manne in die Hände zu spielen, um, wie er offen bekennt, „ihn in Frank=reich so zu brouilliren, daß ihm nichts übrig bliebe, als nach Berlin zu kommen." Doch war es weniger dieser, an dem Verfasser des Antimachiavel allerdings befremd=liche Streich, der für Voltaire nicht lange ein Geheimniß blieb, was ihn damals noch abhielt, der königlichen Ein=ladung zu folgen. Sondern er wollte die Marquise nicht verlassen, und konnte sie nach Preußen nicht mitnehmen. Sie war durch ihre Verhältnisse an Frankreich gebunden,

und wäre sie es nicht gewesen, so ließ Friedrich deutlich
genug merken, daß er nichts von ihr wissen wollte. Sie
selbst aber war bisher schon, wie uns bekannt, über die
Berliner Reisen ihres Freundes, die jedesmal eine so
lange Trennung herbeiführten, verstimmt genug; sie hielt,
wie Voltaire sagt, nichts für so niederträchtig und ab=
scheulich, als eine Frau um eines Fürsten willen im
Stiche zu lassen. Jetzt war sie nicht mehr, und von die=
ser Seite Voltaire nicht blos frei, sondern auch verlassen,
eines langgewohnten Anhaltspunktes und Aufenthaltsortes
beraubt. Wohin nun? war die Frage, und der verbor=
genste Zufluchtsort schien der passendste zu sein. Der gelehrte
Dom Calmet, Benedictinerpater der Abtei Senones in den
Vogesen, war ein gern gesehener Gast in Cirey gewesen,
hatte sogar ein genealogisches Werk über die Familie du
Châtelet in den Druck gegeben. Zu ihm, in die stillen Kloster=
mauern, sich eine Zeit lang zurückzuziehen, war in seinem
Schmerz um die unersetzliche Freundin Voltaire's erster
Gedanke. Ob die ungewohnte Lebensart ihm in die Länge
erträglich sein würde, mußte freilich der zweite sein, und
es ist ganz in der Art solcher Stimmungen, daß er nun
an einen Aufenthalt ganz entgegengesetzter Art, nämlich
bei seinem Freunde Lord Bolingbroke in England, dachte,
und in der That auch in diesem Sinne an ihn schrieb.
Zunächst jedoch reiste er von Luneville nach Cirey, um die
zahlreichen Gegenstände, Bücher, Instrumente, Gemälde
und Marmorsachen, die er daselbst aufgestellt hatte, nach
Paris verbringen zu lassen. Hier hatte er bisher mit

dem Marquis und der Marquise du Châtelet in demselben
Hause gewohnt; nach dem Tode der Gattin gab der
Marquis diese Stadtwohnung auf, und Voltaire miethete
das ganze Haus für sich, worin nun eine Nichte, die er zu
diesem Zwecke zu sich berief, seine Wirthschaft führen sollte.

Wir erinnern uns, daß Voltaire neben dem Bru=
der auch eine Schwester gehabt, und daß diese von einem
gewissen Mignot einen Sohn und zwei Töchter hinter=
lassen hatte. Die letzteren waren von dem Oheim ausge=
stattet worden und hatten sich, die jüngere, Elisabeth, mit
einem Herrn de Fontaine=Hornoy (später mit einem Herrn
de Florian), die ältere, Louise, mit einem Kriegscommissär
Denis verheirathet, von dem sie damals schon einige
Jahre kinderlose Wittwe war. Sie berief nun Voltaire
zu sich, und sie kam sehr gerne, sagt Longchamp in seinen
Denkwürdigkeiten, da sie für Repräsentation, große Gesell=
schaft und alle Weltvergnügungen immer viel Geschmack
gezeigt hatte. Longchamp kannte sie aus dem Grunde,
und seine beiden Nachfolger in dem Secretärsposten bei
Voltaire kannten sie gleichfalls, und alle stimmen, wie im
Lobe des Oheims, so im Widerwillen gegen die Nichte,
den zwar Collini rücksichtsvoll versteckt, überein. Zwei
derselben hat sie, obwohl den einen, wie schon erwähnt,
nicht ohne seine Schuld, aus Voltaire's Hause vertrieben,
und den dritten nach dessen Tode mit schnödem Undank
belohnt. Voltaire selbst zwar versichert wiederholt, daß
sie den Trost seines Alters ausmache; in den Briefen an
seine Freunde zieht er sie geflissentlich hervor und hält

sichtbar darauf, daß diese sie beachten und grüßen lassen;
doch eben die Absichtlichkeit, die sich hierin zeigt, macht den
Eindruck, als wäre es ihm nur darum zu thun, in ihr
die Hausehre aufrecht zu halten. Als nach der Frankfurter Geschichte, von der bald die Rede sein wird, sich
der Briefwechsel zwischen Voltaire und Friedrich dem
Großen wieder angeknüpft hatte, suchte ersterer dem König
sein Unrecht besonders auch dadurch fühlbar zu machen,
daß er wiederholt darauf hinwies, was seine Nichte dabei
gelitten habe. Da kam er aber bei Friedrich unrecht an,
der ihm zuletzt rundweg erklärt, er solle ihm von dieser
Nichte still sein, die ihn ennuyire. Von Moliere's Magd
spreche man noch immer: von Voltaire's Nichte werde man
niemals sprechen. Man möchte wünschen, der König wäre
hierin Prophet gewesen; aber wo von Voltaire's Lebens-
umständen die Rede ist, da ist diese Nichte nicht zu umgehen. Und doch ennuyirt sie uns wie den König, da
wir weder sonst eine anziehende Eigenschaft, noch auch nur
wirkliche Anhänglichkeit an den Oheim bei ihr wahrneh-
men können. Es war ihr augenscheinlich nur um die
glänzenden Verhältnisse zu thun, worein sie durch ihn
kam, und ihre Prachtliebe und Verschwendung machten ihm
manchen Verdruß. Obwohl nichts weniger als hübsch,
und in der späteren Zeit nach dem Ausdruck eines persönlichen Bekannten dick wie ein Faß, mit Finnen und
Kupfer im Gesicht, denn sie war entsetzlich faul, war sie
doch immer zu Liebschaften aufgelegt, und als sie durch
des Oheims Tod eine reiche Erbin geworden war, schloß

sie noch mit 69 Jahren eine zweite Ehe. Sie dilettirte
in Literatur und Schriftstellerei, hat selbst, mit Beihülfe
des Onkels natürlich, der aber keine Freude an der Sache
hatte, eine Komödie verfaßt; auf seinen Liebhabertheatern
spielte sie zu seiner großen Zufriedenheit; doch wenn er
sie bisweilen einer Clairon und Dumesnil gleichstellte,
so wußten die Pariser Freunde, die ihn besuchten, nicht,
was sie dazu sagen sollten. Wirkliche Kenntnisse scheint
sie in der Musik besessen zu haben, und das Urtheil, das
Voltaire von ihr anführt, daß Gluck besser als Lully
moduliere, wollen wir ihr unparteiisch gut schreiben. Sie
bleibt von jetzt an dem Oheim, mit Ausnahme der drei
Jahre seines Aufenthalts in Preußen und einer späteren
anderthalbjährigen Trennung, bis an seinen Tod zur
Seite. Als sie nach der eben erwähnten Trennung wieder zu ihm zurückkehrte, begleitete eine handschriftliche
Zeitung jener Jahre, die sogenannten Memoiren von
Bachaumont, diese Nachricht mit der Bemerkung, sie gehe,
um die Einsamkeit des Philosophen von Ferney zu er-
heitern. „Es sollte vielmehr heißen", schrieb der letzte
von Voltaire's Secretären, Wagnière, auf den Rand
seines Exemplars, „Madame Denis gehe, um sich von
Neuem mit ihrem Oheim zu zanken. Wäre sie nicht
wieder nach Ferney gekommen, würde Voltaire noch manches Jahr länger gelebt haben." Wie der Secretär das
meinte, werden wir nur allzugut verstehen lernen.

Die neue Wohnung in Paris war bezogen, die Haus-
haltung kam nach und nach in Gang: aber immer konnte

sich Voltaire von dem Schmerz um die verlorene Freundin noch nicht erholen. Er floh die Gesellschaft, war zu Hause niedergeschlagen und träumerisch, rief sie bei Namen und irrte in den Nächten schlaflos durch die finsteren Zimmer, wie um sie zu suchen; das gemüthliche Leiden machte ihn auch körperlich krank. Nur wenige Vertraute hatten Zutritt zu ihm: sein Neffe, der Abbé Mignot, sein Notar Delaleu und besonders die alten Freunde, der Herzog von Richelieu und der Graf von Argental. Sie sahen fleißig nach ihm, brachten einen Theil ihrer Abende bei ihm zu, suchten ihn allmählich wieder unter Menschen und auf andere Gedanken zu bringen. Viel war gewonnen, das wußten sie, wenn es gelang, die Theaterliebhaberei wieder in ihm zu erwecken. Das mußte aber um so leichter gelingen, als er von Luneville zwei neue Stücke mitgebracht hatte. Und zwar Stücke, die bestimmt waren, seinen Nebenbuhler Crebillon in den Grund zu bohren, dessen Gunst bei Hof und Publikum ihm so empfindlich war: das „gerettete Rom", das es mit dessen Catilina, und „Orest", der es mit seiner Elektra aufnehmen sollte. Den letztern gab er den Schauspielern des théatre français, wo er im Januar 1750 aufgeführt wurde, nicht ohne lebhafte Zeichen des Mißfallens von Seiten der Gegenpartei, die den Dichter einerseits zu allerhand Abänderungen im Texte, andererseits aber auch zu verdoppelter Anstrengung veranlaßten, dem Erfolge des Stückes durch alle Mittel der Claque nachzuhelfen. In die Länge konnte seiner Arbeit, bei allen ihren Mängeln, der ungleich fehlerhafteren des Rivalen

gegenüber, der Erfolg unmöglich fehlen: aber Voltaire verlangte, jetzt und immer, gleich dem Schauspieler, den augenblicklichen Erfolg, und nahm es daher auch mit den
Mitteln so wenig genau wie die Schauspieler.

Mit diesen hatte Voltaire, auch eben zuletzt wieder,
viel durchzumachen gehabt; sie hatten seine Rügen, seine
Anweisungen wiederholt hochmüthig in den Wind geschlagen: unerwartet bot sich ihm nun eine Gelegenheit, sie zu
bemüthigen. Es bestanden mehrere Liebhabertheater in
Paris, Vereine junger Leute aus dem Bürgerstande, die
in gemietheten Lokalen spielten, eines im Hotel Clermont
unter der Leitung eines Tapeziergehülfen. Voltaire wohnte
einer der Vorstellungen dieser Gesellschaft bei; das Stück
war schwach, aber die Leute gefielen ihm nicht übel; einer,
ein junger Goldarbeiter, sogar so gut, daß er ihn erst zu sich
kommen ließ, dann zu seiner Ausbildung zu sich nahm,
und nun für die Gesellschaft in seiner geräumigen Wohnung eine Bühne herrichten ließ. Erst wurde mit ihnen,
bei verschlossenen Thüren, der Mahomet versucht; dann aber
das neue Stück, „das gerettete Rom", bei offenen vor
einer erlesenen Gesellschaft aufgeführt, und bei der Wiederholung übernahm der Dichter selbst die Rolle des Cicero.
In Kurzem ist das Voltairesche Privattheater das Gespräch
von Stadt und Hof, Alles bewirbt sich um Einlaßkarten,
die Schauspieler des théatro français schicken erschreckt
eine begütigende Abordnung, und nach zwei Jahren steht
Voltaire's junger Goldarbeiter als der berühmte le Kain
an ihrer Spitze.

So in Paris zu neuer Thätigkeit erwacht und besonders dem Theater zugewendet, richtete Voltaire von
Neuem seine Blicke nach Versailles, auf den Hof, dessen
Gunst er so ungern entbehrte. An Eifer, sie sich zu erwerben, hatte er es in der letzten Zeit nicht fehlen lassen. Er
hatte die Geschichte des Kriegs von 1741 möglichst im Sinne
eines Hofhistoriographen geschrieben, hatte eine Lobrede auf
Ludwig XV., gar auch eine auf den heiligen Ludwig verfaßt.
Die Pompadour war ihm immer wohlgeneigt und hatte
durch ihr Spiel in der Rolle seiner Alzire auf dem königlichen Privattheater selbst dem König ein Wort des Bei-
falls für den Dichter abgewonnen. Aber der Königin war
er als Freigeist und vermeintlicher Verführer ihres Vaters, wie als Schmeichler der Mätresse ihres Gemahls
zuwider; die Hofleute fürchteten sein schlechtverhehltes Ge-
lüsten, sich zum Herrscher jenes Palasttheaters aufzuwer-
fen; während der König, noch abgesehen von dem religiösen Bedenken, sich durch seine Vordringlichkeit, seinen
Mangel an Takt und Haltung abgestoßen fand. Selbst
die Favoritin bekam diesen Mangel zu empfinden in einem indiscreten Impromptu, das er an sie richtete: sie
mochte einen Mann nicht halten, dessen unberechenbare
Art auch ihr zuletzt Verlegenheit bereiten konnte. Solcher
Umstände bedurfte es, um Voltaire den Einladungen König Friedrichs zur Uebersiedlung an seinen Hof, die seit
dem Tode der Marquise du Châtelet immer dringender
geworden waren, zugänglich zu machen. Denn darüber
dürfen wir uns nicht täuschen: zum Besuch auf Wochen

ober auch Monate nach Preußen zu gehen, konnte Voltaire
wohl einmal Lust empfinden; aber seinen Wohnsitz dahin
zu verlegen, in den äußersten Norden, unter Barbaren
und Halbbarbaren — denn so erschienen ihm die Deutschen — dazu entschloß sich ein so ausgeprägter Franzose
und Pariser wie er nur im äußersten Falle, nur wenn er
alle Hoffnung aufgeben mußte, daheim ein Glück in seinem
Sinne zu machen.

So bereitete er sich denn zum Rheinübergang: doch
mit aller Vorsorge, die Brücke nicht hinter sich abzubrechen, während Friedrich ihm eine goldene bauen
mußte. Friedrich war sparsam, karg wenn man will;
aber er war es aus Staatsraison, und zuerst an sich
selbst. Ludwig XV. machte sich lustig über die Pension
von 1200 Francs, wodurch der Preußenkönig d'Alemberts Verdienste hatte anerkennen wollen: er selbst gab
freilich und nahm mit volleren Händen; aber gerade dem
wahren Verdienst, wie einem d'Alembert, gab er nichts,
oder nur zufällig, wenn es sich Protection zu verschaffen
wußte; und die noble Wirthschaft endigte mit dem Staats-
bankerott. Friedrich öffnete nicht so leicht seine Kasse; aber
Voltaire war der Mann, ihn dazu zu bringen. Er rechnete ihm vor, daß er die Reise mit weniger als 4000 Thalern
nicht bestreiten könne; daß er diese Summe im Augenblick
nicht verfügbar habe; bat den König, sie ihm nur vorzu-
schießen: der König verstand und schickte seiner „Danae",
wie er ihn im Verse nannte, den unerläßlichen goldenen
Regen. Zuletzt kam noch ein Vorfall hinzu, der Voltaire

wie ein Stachel vorwärts trieb. Begierig, die französische Geistescolonie in seiner Umgebung zu verstärken,
hatte Friedrich einen jungen französischen Poeten, Bacu-
lard d'Arnaud, der früher von Voltaire unterstützt, dann
eine Zeit lang des Königs literarischer Commissionär in
Paris gewesen war, an seinen Hof geladen, und ungeduldig über Voltaire's Zaudern, in einem Gedichte jenem
zugerufen, als aufgehende Sonne zu erscheinen, wenn Voltaire im Niedergang begriffen sei. „Was?" rief Voltaire,
als ihm diese Verse gebracht wurden, und machte einen
Sprung aus dem Bette, „jetzt geh' ich und will ihn lehren, sich auf Menschen zu verstehen!" Aber als Titular-
kammerjunker und französischer Historiograph durfte er
nicht ohne Urlaub gehen. Er begab sich daher nach Com-
piegne, wo der Hof sich gerade aufhielt, und ob er sich
nun Hoffnung machte, man werde ihn durch Gunstbezeigungen festzuhalten suchen, oder doch gnädig und vielleicht
wieder mit geheimen diplomatischen Aufträgen entlassen:
er fand sich bitter getäuscht. Der König sagte ihm trocken,
er könne gehen, wenn er nicht bleiben möge, und kehrte
ihm den Rücken; die Pompadour war artig, aber kühl
und gab ihm jenes Compliment an König Friedrich auf,
das dieser mit dem bekannten: „ich kenne sie nicht",
zurückwies. So trat er seine Reise an, doch mit dem
gemessenen Auftrag an seine Nichte, genau Acht zu geben
und ihm zu berichten, was man in der Stadt und
bei Hofe über ihn und seinen Weggang rede; in der
Hoffnung, daß seine Abwesenheit den Neid und Haß

besänftigen und vielleicht in Kurzem den Wunsch rege
machen werde, ihn wieder zu besitzen.

Am 10. Juli 1750 traf Voltaire in Potsdam ein,
und nun that Friedrich gleich von vorn herein Alles,
was den langersehnten Gast zu dem Entschlusse bewegen
konnte, sich für immer bei ihm einzurichten. Die Pariser
Freunde widerriethen es; der Nichte besonders, deren Eitelkeit und Genußsucht an Paris hing, lag Alles daran, den
Oheim von einem Schritt abzuschrecken, der sie ihm in
das traurige Berlin nachzuziehen drohte. Sie stellte ihm
ausführlich alle Gegengründe vor Augen; er, nicht ohne
Absicht, theilte ihren Brief seinem königlichen Verehrer
mit, der darauf das berühmte Schreiben an Voltaire
erließ, das diesem jedes weitere Bedenken benehmen mußte.
„Nein, mein theurer Voltaire", schrieb Friedrich, „wenn
ich voraussehen könnte, daß Ihre Verpflanzung im mindesten zu Ihrem Nachtheil ausschlagen möchte, so wäre
ich der erste, sie Ihnen abzurathen; ich würde Ihr Glück
dem hohen Vergnügen vorziehen, das Ihr Besitz mir gewährt. Aber Sie sind Philosoph, ich bin es auch. Was
ist natürlicher, als daß zwei Philosophen, gemacht, miteinander zu leben, durch gleiche Studien, gleichen Geschmack
und gleiche Denkart verbunden, sich diese Genugthuung
geben? Ich achte Sie als meinen Lehrer in Beredtsamkeit
und Wissen; ich liebe Sie als einen tugendhaften Freund.
Welche Sklaverei" — dieß mit Bezug auf die Pariser
Warnungen —, „welcher Unfall, welcher Glückswechsel
könnte zu fürchten sein in einem Lande, wo man Sie

schätzt wie in Ihrem Vaterlande, und bei einem Freunde,
der ein erkenntliches Herz hat? Ich habe nicht die thörichte
Anmaßung, zu meinen, daß Berlin Paris aufwiegen könne.
Wenn Reichthum, Größe und Pracht eine Stadt liebens-
werth machen, so treten wir gegen Paris zurück. Wenn
der gute Geschmack an einem Orte der Welt seinen Sitz
hat, so gestehe ich, ist es in Paris. Aber bringen Sie
denn diesen Geschmack nicht überallhin, wo Sie sind?
Wir haben Hände, Ihnen Beifall zu klatschen, und was
das Gefühl betrifft, so räumen wir keinem Orte der Welt
den Vorrang ein. Ich habe die Freundschaft geachtet, die
Sie mit Madame du Châtelet verband; aber nach ihr bin
ich einer Ihrer ältesten Freunde. Wie? wenn Sie sich in
mein Haus begeben, ist damit gesagt, daß dieses Haus ein
Gefängniß für Sie sein soll? Wie? weil ich Ihr Freund
bin, werde ich Ihr Tyrann sein? Ich bekenne Ihnen,
daß ich diese Logik nicht verstehe; ich bin fest überzeugt,
Sie werden hier glücklich sein, so lange ich lebe, Sie werden als der Vater der Wissenschaft und des Geschmacks
angesehen werden und in mir alle die Tröstungen finden,
die ein Mann von Ihrem Verdienste von einem erwarten
kann, der ihn zu schätzen weiß." Diesem Schreiben fügte
der König den Kammerherrnschlüssel, das Kreuz des Ver-
dienstordens mit einem Jahrgehalte von 20,000 Livres,
neben freier Wohnung, Tafel und Equipage hinzu, und
so war Voltaire vorerst für Berlin gewonnen.

Bald nach seinem Eintreffen gaben allerlei Festlich-
keiten, die Friedrich für hohe Besuche, besonders für die

Schwester und den Schwager von Baireuth, veranstaltete,
Gelegenheit, sowohl die preußische Hauptstadt dem franzö-
sischen Gaste, als diesen der preußischen Hauptstadt im
Glanze zu zeigen. Bei einem prächtigen Carroussel auf
dem Schloßplatze, dem Voltaire von einer Hofloge aus
zusah, war er der Gegenstand allgemeiner Aufmerksamkeit.
Und alsbald schlug er gleichsam die Denkmünze für das
Fest in dem Epigramm, das freilich in seiner französischen
Originalprägung ganz anders blank erscheint, als in dem
deutschen Abguß, worin wir es geben müssen:

> Nie war in Rom und in Athen
> Ein Festtag, dessen Glanz vor diesem nicht erbleichte:
> Mit Paris' Zügen war der Sohn des Mars zu sehn,
> Und Venus, die den Apfel reichte.

Im Vorzimmer dieser preisaustheilenden Venus, der
Prinzessin Amalie nämlich, durfte er dann ein Theater
einrichten und mit Prinzen und Prinzessinnen sein „ge-
rettetes Rom" und andere Stücke einüben und aufführen;
wobei er selbst in seiner Lieblingsrolle, des Cicero, auftrat
und bewundert wurde. Im Uebrigen lebte er sowohl in
Berlin, als, wenn die jeweiligen Carnevals= und andern
Lustbarkeiten vorüber waren, in Potsdam, ganz wie es
ihm beliebte. An beiden Orten, sowie bei den Aus=
flügen nach Sanssouci, wohnte er im Schlosse, ganz nahe
den königlichen Zimmern, war des Tages eine, auch wohl
zwei Stunden mit der Revision der Arbeiten des Königs,
damals insbesondere auch seiner historischen, beschäftigt,

die übrige Zeit hatte er für sich; das Mittagessen ließ er sich in der Regel auf seinem Zimmer serviren, nahm dagegen Abends mit den bekannten Gesellschaftern Friedrichs, Algarotti, d'Argens, Pöllniz, la Mettrie u. a., an der Tafel des Königs Theil. „An keinem Orte der Welt", schrieb er später, „sprach man so frei über alle Arten menschlichen Aberglaubens, nirgends wurden sie mit so viel Spott und Verachtung behandelt als bei den Soupers des Königs von Preußen; Gott wurde respectirt, aber alle diejenigen, die in seinem Namen die Menschen betrogen, nicht geschont."

Unter den Arbeiten, womit sich Voltaire während seines Aufenthaltes in Preußen beschäftigte, steht die Geschichte des Jahrhunderts Ludwigs XIV. oben an. Sie war, wie seinerzeit erwähnt worden ist, schon viel früher angefangen, namentlich auch in Cirey, neben dem universalhistorischen Abriß, gefördert und stückweise auch schon an Friedrich mitgetheilt worden. „Ich lese gegenwärtig", schrieb dieser im Jahr 1742 aus dem Feldlager in Schlesien an Voltaire, „oder vielmehr ich verschlinge Ihr Zeitalter Ludwigs des Großen. Wenn Sie mich lieb haben, senden Sie mir, was Sie weiter davon geschrieben haben; es ist mein einziger Trost, mein Labsal, meine Erquickung." Hierauf, nachdem er eine weitere Sendung erhalten: „Nie habe ich einen schöneren Stil gefunden als in Ihrer Geschichte Ludwigs XIV. Ich lese jeden Abschnitt zwei- oder dreimal, so bin ich davon entzückt; jede Zeile hält Stich, Alles ist gesättigt mit trefflichen Reflexionen, kein falscher

Gedanke, nichts Kindisches, und dabei noch vollkommene
Unparteilichkeit." Jetzt machte der Verfasser das Werk
fertig, und es erschien in Berlin im Jahr 1751. Nur
vier große Zeitalter, sagt Voltaire in der Einleitung, d. h.
solche, in denen Künste und Wissenschaften geblüht haben,
weist die Geschichte auf: das Perikleische, das Augustische,
das Mediceische und das Zeitalter Ludwigs XIV.; aber
das letztere ist das größeste unter ihnen. So ist ihm
auch Ludwig das Ideal eines Königs, wenn er gleich gegen
die Flecken in diesem Ideale die Augen keineswegs verschließt.
War, nach Goethe's Ausspruch, Voltaire der höchste denk-
bare Schriftsteller und Ludwig XIV. der höchste denk-
bare Herrscher unter den Franzosen, so mußte ja wohl
der Schriftsteller an dem Herrscher sein Wohlgefallen
haben. Dessen Hauptfehler, das allzustolze Selbstgefühl,
war ja nur das Uebermaß einer Tugend, und zwar einer
sehr nationalfranzösischen Tugend; und der andere Fehler,
die religiöse Beschränktheit, fiel vorzugsweise seiner ver-
nachlässigten Erziehung zur Last. Hätte Ludwig XIV.
ordentlich zu lesen verstanden, sagt Voltaire einmal anderswo, so würde er das Edict von Nantes nicht widerrufen haben. Aber warum hatte man ihn nicht ordentlich lesen gelehrt? Und wie doppelt rühmlich, daß er trotz
dieser mangelhaften Bildung Kunst und Wissenschaft,
Gelehrte und Dichter so großmüthig begünstigte! So hat
er freilich die Pfalz verwüstet, und Voltaire entwirft ein
nicht blos anschauliches, sondern auch empfundenes Gemälde dieser Gräuel; aber er entschuldigt den König mit

seiner Entfernung vom Schauplatze: „wäre er Augenzeuge des schrecklichen Schauspiels gewesen, er hätte selbst die Flamme gelöscht." So erhalten wir auch von den Bedrückungen der Protestanten, von den berüchtigten Dragonaden, eine schonungslose Schilderung, und die verderblichen Folgen der Zurücknahme des Edicts von Nantes dienen dem Geschichtschreiber als Veranlassung, auch aus nationalökonomischen Gründen Toleranz zu empfehlen; aber dem König wird die Ueberzeugung von seinem Rechte gewahrt und die Härte in der Ausführung seinen Werkzeugen zur Last gelegt. In einer Reihe besonderer Kapitel werden, nach der Regierungs- und Kriegsgeschichte, die Staatseinrichtungen, Justiz- und Finanzwesen, Armee und Marine, Handel und Gewerbe, Wissenschaft und Kunst, Religion und Kirche abgehandelt, mit besonderer Vorliebe natürlich auch die Hofgeschichte, die für das Zeitalter Ludwigs XIV. so bezeichnend und so wichtig ist, und für welche dem Verfasser noch so ergiebige mündliche Quellen flossen. Alles liest sich nicht blos aufs angenehmste, sondern augenscheinlich hat hier Voltaire auch mehr als sonst in seinen historischen Schriften sowohl den Fleiß als die Mittel gehabt, mit den Vorzügen der Form, die ihm überall eigen sind, auch die möglichste Gründlichkeit zu vereinigen. „Das siècle de Louis XIV," sagt Schlosser, „ist die einzige unter Voltaire's historischen Arbeiten, aus der man mit gehöriger Vorsicht Thatsachen und eigentlich historische Bemerkungen entlehnen darf." Die wichtigste historische Bemerkung freilich, daß in dieser

10*

nur auf Glanz und Größe angelegten Regierung die Ursache des schon zu Voltaire's Lebzeiten nur allzu bemerk-
baren Verfalles zu suchen sei, darf man von einem aus
der Illusion des großen Jahrhunderts heraus geschriebenen Werke so wenig erwarten, als ein Bewußtsein über
die Mangelhaftigkeit der Kunst und Bildung dieses Jahrhunderts. Zwar daß es in philosophischer Aufklärung
noch weit zurück war, und mehrere seiner ersten Geister,
wie namentlich der als Dichter von Voltaire so hochge-
stellte Racine, in religiöser Hinsicht wie Schuster und
Schneider dachten, ist von ihm oft genug bemerklich gemacht worden, und einzelne Fehler seiner großen Schriftsteller hatte er schon früher im „Tempel des Geschmacks"
gerügt: was aber den Standpunkt und Stil der Kunst,
insbesondere der Poesie betrifft, darin glaubte er fest, daß
zwischen den Leistungen dieses Zeitalters und den Sternen
nur ein geringer Zwischenraum sei.

Neben dem mühsamen Geschichtswerke ließ Voltaire
nach seiner Gewohnheit auch jetzt dichterische Arbeiten theils
ernster theils heiterer Art hergehen. In Potsdam und
Berlin ist das Lehrgedicht: „das natürliche Gesetz" in
vier Abtheilungen, geschrieben, das, erst einige Jahre später
gedruckt, die Begründung einer natürlichen, ebenso von
jeder Offenbarung, wie von der Verschiedenheit örtlicher
Sitten und Gesetze unabhängigen Religion und Moral
zum Gegenstande hat. Aber auch an der Pucelle wurde
weiter gedichtet, für die sich ja die hohen Herrschaften so
sehr interessirten. Der Dichter jagte einen Secretär aus

ſeinen Dienſten, der ſich von dem Prinzen Heinrich hatte
beſtechen laſſen, ihm eine Abſchrift zu liefern. Und bald
wußte er den König zu veranlaſſen, daß er den kaum be-
rufenen Bacularb b'Arnaub aus ſeinen Dienſten jagte.
Den jungen Mann hatte Friedrichs ſchmeichelhafte Berufung ſchwindlig gemacht, er überhob ſich auch Voltaire
gegenüber, der ihm ohnehin die aufgehende Sonne des königlichen Gedichts nicht verzeihen konnte. Wie er ſich nun
gar beigehen ließ, mit ſeinem Erzfeinde Freron in literariſche Verbindung zu treten, wußte Voltaire dem König
ſeine Beſchwerden in einer Art vorzulegen, daß dieſer zwiſchen ihm und b'Arnaub zu wählen hatte: wo für dießmal
allerdings der letztere unterlag. Voltaire triumphirte, ohne
Ahnung, daß dieß nur ein Vorſpiel ſeines eigenen Schickſals war, das er gleichzeitig durch einen andern Schritt
vorbereiten half.

Voltaire hatte in ſeiner Heimath ſo glücklich ſpecu-
lirt: er wollte es auch in Preußen verſuchen. Er hatte
eine feine Witterung dafür, wo ſich ein gutes Geſchäft
machen ließ. Er folgte den Ereigniſſen der Zeit nicht
blos mit dem Intereſſe des Hiſtorikers, ſondern auch mit
dem des Finanzmannes. Von dieſer Seite war ein Artikel des Dresdener Friedens vom Jahr 1745 ſeiner Auf-
merkſamkeit nicht entgangen. Den preußiſchen Unterthanen,
die ſächſiſche Steuerſcheine in Händen hatten, ſollten ihre
Forderungen an Kapital und Zinſen von der ſächſiſchen
Steuereinnehmerei unfehlbar auf den in den Scheinen be-
merkten Termin ausbezahlt werden. Das war ein ſchlecht

gezogener Drudenfuß; denn natürlich warf sich nun die
Speculation darauf, daß preußische Unterthanen den säch=
sischen, die eines solchen Vorzugsrechtes sich nicht erfreuten,
ihre Steuerscheine um geringeren Preis abkauften, um sie
bei der Präsentation an der sächsischen Casse zum vollen
Werthe bezahlt zu erhalten. Allerdings hatte König Frie=
drich, der es so nicht gemeint hatte, schon vor zwei Jah=
ren seinen Unterthanen verboten, fernerhin sächsische Steuer=
scheine zu erwerben, und einem Freunde und Günstling
des Königs stand es am wenigsten an, seinem Verbote zu=
widerzuhandeln. Aber es ließ sich ja so leicht umgehen.
Man schrieb von Pelzen und Juwelen, und man meinte
Steuerscheine. Ein Mann wie Voltaire bekommt, wo er
sein mag, gar bald auch die rechten Leute an die Hand.
Der Berliner Jude Hirschel hatte ihm den Brillanten=
schmuck geliefert, worin er im Schlosse zu Potsdam in
seinem geretteten Rom den Cicero spielte. Denselben Mann
versah nun Cicero mit Geld und Wechseln, um für ihn
in Dresden Pelze und Juwelen — will sagen sächsische
Steuerscheine — zu 35 Louisd'or — will sagen mit 35%
Verlust für die Verkäufer, oder zu 65% — einzukau=
fen. Der Jude reist, aber schreibt aus Dresden, sie
seien nur zu 70 zu bekommen. Gut, nur eingekauft!
Aber am andern Tage schreibt der Jude, jetzt stünden sie
schon auf 75. Sauber war das nicht, da hatte Voltaire
schon Recht; aber Hirschel behauptete, ein Nebenbuhler, der
Jude Ephraim, habe während seiner Abwesenheit Voltaire
mißtrauisch gegen ihn gemacht und sich erboten, das Ge=

schäft zu günstigeren Bedingungen zu übernehmen. Genug, Voltaire ließ jetzt den Wechsel auf Paris von 40,000
Livres, der die Hauptausstattung seines Beauftragten bildete, protestiren, und dieser kehrte unverrichteter Sache nach
Berlin zurück. Natürlich gab es nun Zank: der Jude
verlangte Schadenersatz und drohte mit Klage; ihn zu begütigen und Aufsehen zu vermeiden, kaufte ihm Voltaire die
Cicerosbrillanten, die er privatim erst hatte taxiren lassen,
in Gegenrechnung gegen seine Baarvorschüsse zu einem
Preise ab, daß der Jude sich auch für Reisekosten und Mühe-
waltung entschädigt finden konnte. Nach wenigen Tagen
jedoch gereute ihn das; er ließ sich von dem Juden noch
weitere Kostbarkeiten bringen, und diese weigerte er sich zu
bezahlen. Er behauptete, er sei in dem Juwelenhandel
übervortheilt worden; der Jude solle die Steine zurück-
nehmen und ihm die 3000 Thaler bezahlen, wofür sie
ihm angerechnet waren. Dieser berief sich darauf, daß
Voltaire die Steine ja habe taxiren lassen, und wer bürge
ihm überdieß dafür, daß nicht eine Vertauschung stattge-
funden? Das scheint eine lebhafte Scene herbeigeführt
zu haben; der Jude will an der Gurgel gepackt worden
sein, und nun schritt Voltaire seinerseits zur Klage. Er
verlangte für's Erste Auslieferung seiner auf Paris ausgestell-
ten Wechsel, und dazu wurde Hirschel auch ohne Weiteres
verurtheilt; daß es sich um den verbotenen Einkauf von
Steuerscheinen gehandelt, kam, trotz der Aussage des Juden, gerichtlich nicht zur Erhebung, weil es für den Proceß
gleichgültig war. Für's Andere aber verlangte Voltaire

auch Ausbezahlung des Betrags, wofür ihm die Juwelen,
die er zurückgeben wollte, angerechnet worden. Von den
hiefür beigebrachten Schriftstücken ließ sich der Jude ein-
fallen, eines abzuleugnen, das er hernach als von ihm
geschrieben anerkennen mußte, wofür er in eine Strafe
von 10 Thalern verfällt wurde; aber Voltaire beschuldigte
er, in den Urkunden Zusätze und Veränderungen vorgenommen zu haben, zu dem Zwecke, den Juwelenhandel als
noch nicht fest abgeschlossen erscheinen zu lassen, und für
diese Beschuldigung sprach der Augenschein. Das Gericht
legte Voltaire, falls er den Handel nicht gelten lassen
wollte, einen Reinigungseid auf, daß er in den Urkunden
nichts geändert habe; ja ein Mitglied meinte, man dürfe
ihm einen solchen Eid nicht verstatten, der höchst wahrscheinlich ein Meineid wäre. Voltaire erklärte sich erst bereit, zu schwören, zog es aber hernach doch vor, mit dem
Juden unter dem 26. Februar 1751 einen Vergleich zu
schließen, in Folge dessen er seine Wechsel, der Jude seine
Juwelen bis auf wenige Stücke zurückerhielt, wogegen derselbe an Voltaire eine Summe herauszuzahlen hatte, die
aber um etwa 1000 Thaler unter derjenigen blieb, die
Voltaire zu fordern haben wollte. So war der Sieg,
den dieser in dem Processe davontrug, mehr scheinbar als
wirklich, und was den schließlichen Vergleich betrifft, so
thut man ihm schwerlich Unrecht mit dem Urtheil, er
würde den Verlust von 1000 Thalern nicht auf sich genommen haben, wenn er ein gutes Gewissen gehabt hätte.

In Berlin machte die Sache natürlich ungeheures

Aufſehen. Voltaire's Feinde und Neider triumphirten; es
erſchien eine franzöſiſche Komödie darüber: Tantale en
procès, die man keinem Geringern als dem König, obwohl
mit Unrecht, zuſchrieb. Bekannt iſt Leſſings Epigramm,
das mit den Worten ſchließt:

> Und kurz und gut, den Grund zu faſſen,
> Warum die Liſt
> Dem Juden nicht gelungen iſt,
> So fällt die Antwort ungefähr:
> Herr V— war ein größ'rer Schelm als er.

Was wußte Leſſing? wird man fragen. Ach, er wußte
nur gar zu viel. Hatte er doch — o ſeltſames Spiel
des Schickſals! — Voltaire's franzöſiſche Schriftſtücke in
ſeinem Judenproceß ins Deutſche überſetzt. Sein Freund,
der franzöſiſche Sprachlehrer Richier, der damals Secre-
tärsdienſte bei Voltaire that, hatte dem Zweiundzwanzig-
jährigen, der ſich eben in ziemlich dürftigen Umſtänden
in Berlin aufhielt, dieſe gewiß willkommene Hülfsquelle
verſchafft, die denſelben für einige Zeit ſogar zum Tiſchgaſte
Voltaire's machte. Welchen Eindruck er von ſeinem Wirthe
bekam? wie deſſen Zauber, dem ein großer König nicht wi-
derſtand, auf den armen Literaten wirkte? Nun, wir ſehen
es aus dem Epigramm; der Zauber fällt weg für den, der
dem Zauberer in die Karten ſieht. Und bald' ſollte Leſſing noch gröber entzaubert werden. Gegen Ende des Jahres, in deſſen Anfang ſeine Ueberſetzersdienſte fallen, ſah er
eines Tages bei Richier eine Anzahl von Bogen des ſo
eben fertig gedruckten Siècle de Louis XIV. liegen, woraus

jener zwei Dutzend fehlerloser Exemplare für die königliche
Familie aussuchen sollte. Er nahm sich ein Exemplar,
das er aus muthmaßlichen Ausschußbogen zusammensetzte,
mit nach Hause; von ihm nahm es ein Freund mit sich,
und durch den kam es einer Dame von Voltaire's Bekanntschaft zu Gesicht. Dieser hatte ein Recht, ungehalten
zu sein, denn das Werk sollte Niemanden in die Hände
kommen, ehe es der königlichen Familie überreicht war, und
Lessing hatte überdieß bei seiner Abreise von Berlin
vergessen, Richier das Exemplar zurückzustellen; auch
hatte Voltaire mit Manuscripten und Druckbogen schon
sehr unangenehme Erfahrungen gemacht. Aber wenn er
sofort in einem giftigen Schreiben, das der Secretär an
Lessing erlassen mußte, diesen geradezu wie einen literarischen
Strauchdieb behandelte, so zog er sich nicht nur schon jetzt
von demselben eine Antwort zu, die uns leider verloren ist,
weil er sie, wie Lessing sagte, nicht an den Spiegel gesteckt
haben wird, sondern er half auch für die Zukunft eine
Waffe schärfen, die ihn noch schwer verwunden sollte. In
Lessings späterer Polemik gegen Voltaire in der Hamburgischen Dramaturgie herrscht ein Ton, der sich vollständig
doch nur aus dem Widerwillen erklärt, den er damals,
über den Schriftsteller hinaus, gegen den Menschen Voltaire gefaßt hatte.

Und nun denke man sich erst die Stimmung des
Königs. „Voltaire beluchst die Juden", schrieb er scherz-
haft an seine Schwester; in der That jedoch ging ihm die
Sache über den Spaß. Er war nach Beendigung der

Carnevalsluſtbarkeiten Ende Januars nach Potsdam zurückgekehrt, während Voltaire noch mitten in ſeinen Ge-
richtshändeln ſteckte. Als der Spruch, formell zu ſeinen
Gunſten, gefallen war, fragte er leiſe an, ob er nachkommen dürfe. Dieſen Anlaß benutzte der König, ihm ſein
Sündenregiſter vorzuhalten. Er habe ihn bei ſich aufgenommen, ſchrieb er ihm, aus Hochachtung für ſeinen Geiſt
und in der Meinung, daß er in ſeinem Alter, der Stürme
des Schriftſtellerlebens müde, ſich zu ihm wie in einen Ha-
fen flüchte, um Ruhe zu finden. Doch gleich Anfangs
habe er an ihn das befremdliche Anſinnen geſtellt, Freron nicht zu ſeinem Correſpondenten zu machen, und nachdem er, der König, die Schwachheit gehabt, ihm nicht nur
hierin zu willfahren, ſondern auch d'Arnaud, der ihm ſel-
ber nichts gethan, um Voltaire's willen gehen zu laſſen,
ſo ſei nun die garſtige Geſchichte mit dem Juden gekommen, die in der Stadt das größte Aufſehen gemacht habe.
Der Handel mit den Steuerſcheinen ſei in Sachſen all-
bekannt, und man habe ſich bei ihm, dem König, bitter
darüber beſchwert. Er wolle Frieden in ſeinem Hauſe
haben, mit Intriguen und Cabalen komme man bei ihm ganz
an den unrechten Mann. „Können Sie ſich entſchließen,
als Philoſoph zu leben, ſo werde ich mich freuen, Sie zu
ſehen; überlaſſen Sie ſich aber der Hitze Ihrer Leiden-
ſchaften und fangen mit jedermann Händel an, ſo thun
Sie mir keinen Gefallen, wenn Sie hieher kommen, und
können ebenſogut in Berlin bleiben.“ Vier Tage ſpäter
nimmt Friedrich die Sache ſchon heiterer, ohne doch dem

Sünder, der indessen nochmals abgebeten und sein Mitleid angerufen, etwas zu schenken. „Wenn Sie hieher
kommen wollen", schreibt er jetzt, „so steht das bei Ihnen.
Ich höre hier von keinem Processe reden, nicht einmal
von dem Ihrigen. Da Sie ihn gewonnen haben, so
wünsche ich Ihnen Glück, und bin froh, daß diese elende
Geschichte ein Ende hat. Ich hoffe, Sie werden keine
Händel mehr haben weder mit dem Alten noch mit dem
Neuen Testament; dergleichen Dinge sind entehrend, und
mit den Gaben des schönsten Geistes von Frankreich werden Sie die Flecken nicht zudecken, die ein solches Betragen in die Länge Ihrem Rufe aufprägen müßte. Ein
Buchhändler, ein Operngeiger" — fährt Friedrich mit
Bezug auf frühere Pariser Händel Voltaire's fort —
„ein Juwelenjude, das sind wahrhaftig Leute, deren Namen
in keiner Art von Handel an der Seite des Ihrigen sich
finden sollten. Ich schreibe diesen Brief mit dem derben
Menschenverstand eines Deutschen, der sagt was er denkt,
ohne zweideutige Ausdrücke und flaue Beschönigungen zu
gebrauchen, welche die Wahrheit entstellen; an Ihnen
ist es, davon Nutzen zu ziehen." Wie viel anders ist
der Ton dieser Briefe, als der jenes Schreibens, womit
Friedrich im Sommer vorher Voltaire zum Bleiben bestimmt hatte! Wie sehr haben sich in Zeit von wenig mehr
als einem halben Jahre Stimmung und Stellung geändert! Und zwar ganz durch Voltaire's Schuld, den Friedrich
in einer Weise trägt und hegt, die ebensoviel von der Großmuth des Königs, als von der Langmuth des Freundes hat.

So stellt sich denn auch das Verhältniß leiblich wieder her, und Voltaire lebt, äußerlich wie bisher, bald in Berlin, bald in Potsdam, bald mit dem König, bald, wie es schon dessen häufige Reisen mit sich bringen, von ihm getrennt, mit den gewohnten Arbeiten für den König wie mit seinen eigenen beschäftigt. Doch so recht wohl will es ihm nicht mehr werden. Schon körperlich nicht, obwohl er von dieser Seite des Leidens gewohnt war. Voltaire hatte eine von jenen Constitutionen, die mit merklicher Schwäche große Zähigkeit verbinden. Er war nie recht gesund, medicinirte beständig, und wurde doch 84 Jahre alt. Während er sich in seinen Briefen als einen Sterbenden darstellt, vollbringt er die Arbeit von zwölf Lebenden. Freilich war etwas Manier in Voltaire's unaufhörlichen Klagen. Er wurde ärgerlich, wenn man sie nicht gelten ließ. Sein wohlmeinender Secretär legt ihm dabei die Absicht unter, die Wuth seiner Feinde durch die Hoffnung zu entwaffnen, daß sie ihn ja doch bald los sein würden; während minder Wohlwollende noch heute einen finanziellen Kniff Voltaire's darin sehen, durch Kranktthun bei Verträgen auf Leibrenten günstigere Bedingungen zu erzielen. So viel indessen steht jedenfalls fest, daß der lange hagere Mann schon damals einem Skelette glich. Besonders sein Magen war immer im Unstande, er preist jeden glücklich, der verdaut. Jetzt, in Berlin, kam noch ein scorbutisches Uebel hinzu, das ihm die Zähne ausfallen machte. Es bildet sich jetzt die Physiognomie, mit der man Voltaire gewöhnlich dargestellt

findet, wo zwischen den zwei lockigen Lappen der Perrücke
fast nur Nase und Kinn, mit den zwei „Karfunkelaugen",
hervorblicken.

Man weiß, wie es geht, wenn das Verhältniß zweier
Personen einmal einen Riß bekommen hat: in den Riß
nistet sich der Klatsch ein und treibt ihn immer weiter
auseinander. So platzte eines Tages Friedrichs Vorleser
la Mettrie gegen Voltaire mit der Erzählung heraus, im
Gespräch über die Gunst, worin dieser stehe, und den
Neid, den sie errege, habe der König die Aeußerung gethan, er werde ihn höchstens noch ein Jahr nöthig haben:
„man preßt die Orange aus und wirft die Schale weg."
Der tolle la Mettrie aß sich noch in demselben Jahre
an einer Pastete todt, ohne daß ihn Voltaire in der
Todesstunde noch einmal hätte fragen können, ob er ihn
mit der Geschichte von der Orangenschale nicht vielleicht
nur zum Besten gehabt. Auf der andern Seite wurde
auch dem König ein ärgerliches Wort von Voltaire hin-
terbracht. Der General Manstein sei bei diesem im
Schlosse gewesen, um sich wegen Durchsicht seiner russischen Denkwürdigkeiten mit ihm zu besprechen, als eine
Manuscriptsendung vom König eintraf. „Sie sehen,
General", habe da Voltaire gesagt, „erst muß ich nun
des Königs schmutzige Wäsche rein machen, ehe ich an die
Ihrige kommen kann." Und zwar sollte es, so erfuhr
Voltaire, Maupertuis gewesen sein, der diese Geschichte,
noch dazu mit dem Beisatze, daß Voltaire überhaupt des
Königs Verse schlecht finde, in Umlauf gebracht hatte.

Maupertuis war, wie wir uns erinnern, ein alter
Bekannter, ja Freund Voltaire's aus den schönen Tagen
von Cirey. Er war der erste Verkündiger der Newton'=
schen Naturlehre in Frankreich gewesen, war durch die
Reise in die Polargegenden, die er mitgemacht, um die
Abplattung der Erde zu bestimmen, und durch die Be=
schreibung davon, die er veröffentlicht hatte, schnell ein be=
rühmter Mann geworden, und für Voltaire und seine
Freundin in ihren mathematisch=physikalischen Studien
eine so hohe Autorität, daß ihm der erstere die auf New=
ton bezüglichen Stücke seiner englischen Briefe vor dem
Drucke zur Prüfung mitgetheilt hatte. Friedrich hatte
schon als Kronprinz ein Auge auf ihn geworfen, und als
er zur Regierung gekommen war, berief er ihn als Prä=
sidenten der Berliner Akademie. Maupertuis war ein
Mann von starkem Selbstgefühl, finsteren, wenig gefälligen
Manieren, bei oft barocken Meinungen unduldsam gegen
Widerspruch und in seiner Akademie gewohnt, den Herr=
scher zu spielen. In den Abendgesellschaften des Königs
und sonst traf er sich jetzt öfters mit Voltaire. Von An=
fang schien Alles aufs Beste zu gehen; jeder belobt sich
des Andern in seinen Briefen. Voltaire begegnete dem
Mathematicus immer noch mit einem Reste des alten
Respects, der ihm indeß in die Länge um so lästiger fiel,
je mehr der andere denselben als ein Recht in Anspruch
nahm. Und daß dem Präsidenten, im Hochgefühle seiner
exacten Wissenschaftlichkeit, die bevorzugte Stellung des
Poeten ein Dorn im Auge war, kann man sich gleichfalls

denken. Nun sollte dieser Maupertuis die Geschichte mit
der schmutzigen Wäsche in Umlauf gebracht haben. Und
noch einen anderen Verdruß, so vernahm Voltaire, sollte
er ihm zubereitet haben. Im Winter 1751 auf 52 war
ein junger französischer Literat, la Beaumelle, auf dem
Rückweg von Kopenhagen, wo er vergebens sein Glück zu
machen gesucht hatte, nach Berlin gekommen und hatte
eine Schrift mitgebracht unter dem Titel: „Meine Gedanken, oder was wird man dazu sagen?" von der er in
den tonangebenden Kreisen Exemplare verschenkte. In
dieser Schrift fand sich die Stelle: es habe größere
Dichter gegeben als Voltaire, aber keinen besser belohnten;
das sei Geschmackssache; der König von Preußen halte
sich Leute von Geist, wie andere deutsche Fürsten sich
Zwerge und Hofnarren halten. Empfehlen konnte sich
der fahrende Literat durch eine solche Auslassung an
Friedrichs Hofe nicht; doch sie konnte ja dem König entgehen, wenn man ihn nicht absichtlich aufmerksam machte.
Das eben habe aber Voltaire gethan, versicherte Maupertuis dem la Beaumelle; während Voltaire, dießmal nicht
unglaubhaft, behauptet, nicht er, sondern der Marquis
d'Argens habe es gethan, um ihn, Voltaire, damit zu
schrauben. Darauf vermaß sich der Literat, er werde
Voltaire bis in die Hölle verfolgen, und ging jetzt gleich
daran, sein Siècle de Louis XIV. mit unverschämten
Anmerkungen in Frankfurt nachdrucken zu lassen. Gegen
diese Anmerkungen schrieb Voltaire eine heftige Erwide-
rung und sah sich auf diese Weise zu den vielen, die er

schon zu führen hatte, in eine neue literarische Fehde ver-
wickelt.

Oder vielmehr in zwei; denn daß er nun den nächsten Anlaß benutzen würde, um mit Maupertuis abzu-
rechnen, war vorauszusehen. Der Anlaß kam nur gar zu
bald, und diese zweite Fehde zog Folgen nach sich, gegen
welche der Handel mit la Beaumelle verschwindet. Längst
schon glaubte Maupertuis einem Gesetze auf der Spur zu
sein, wornach die Natur zu jeder Bewegung immer nur
die kleinste Kraft in Anwendung bringe; und auf diese
Entdeckung des Gesetzes der Sparsamkeit, wie er es nannte,
die er seiner Akademie vorgetragen und zuletzt in einer
Schrift über Kosmologie niedergelegt hatte, bildete er sich
nicht wenig ein. Nun erinnern wir uns unter den Gästen
in Cirey eines gewissen König, eines Schweizers, der sich
in den dreißiger Jahren längere Zeit dort aufgehalten
hatte. Er war der Marquise durch Maupertuis als
mathematischer Instructor empfohlen, hatte sich in der
Folge mit ihr überworfen und stand jetzt als Bibliothekar
in den Diensten der Prinzessin von Oranien im Haag.
Auch Mitglied der Berliner Akademie der Wissenschaften
war er geworden, und in einem Briefe des jugendlichen
Lessing an seinen Vater finden wir ihn als vielvermögenden
Gönner des ersteren genannt. Er war noch immer ein
Verehrer seines jetzigen Präsidenten; aber dessen neuent-
decktes Naturgesetz hatte er nichtsbestoweniger unbefangen
geprüft und glaubte es nicht probehaltig zu finden. Er
hatte darüber eine Abhandlung geschrieben und war im

Herbst 1750 nach Berlin gereist, um mit Maupertuis über den Gegenstand zu verhandeln. Allein dieser nahm den Widerspruch seines ehemaligen Schützlings sehr übel auf, seine Abhandlung wollte er gar nicht lesen, die dann König im folgenden Frühjahr in den Leipziger Gelehrten= acten abdrucken ließ. Am Schlusse war ihr ein Auszug aus einem Briefe von Leibniz angehängt, wornach dieser das angeblich neuentdeckte Gesetz bereits gekannt, aber als nicht ausreichend gekannt hatte. Maupertuis, dem von einem solchen Briefe Leibnizens nichts bekannt war, ver= langte nun von König Auskunft, wo derselbe sich befinde. König hatte nur eine Abschrift, und hatte sie von einem Manne, der im Besitz einer großen Sammlung von der= gleichen Papieren gewesen, aber vor einigen Jahren von den Berner Aristokraten hingerichtet worden war. Jetzt ließ Maupertuis durch Vermittlung des französischen Ge= sandten in Bern unter den in Beschlag genommenen Papieren des Hingerichteten Nachsuchung halten; aber von dem Leibnizischen Briefe fand sich keine Spur. Der Brief konnte sich verloren haben, die Nachforschung konnte nicht gründlich genug gewesen sein, wer konnte das so sicher wissen? aber der Präsident hielt sich nun berechtigt, die Sache vor seine Akademie zu bringen und König einen äußersten Termin zur Beischaffung des Briefes stellen zu lassen. Der Termin verstrich fruchtlos, und so beschloß die Akademie in einer Sitzung vom 13. April 1752, daß das angeblich Leibnizische Brieffragment gefälscht und ohne Geltung sei. König schickte darauf sein Diplom als Mit=

glieb der Berliner Akademie zurück und schrieb einen
Appell an das Publikum, der über seine Ehrlichkeit in der
Sache keinen Zweifel übrig ließ.

Ein wissenschaftliches Interesse hatte der Streit zwischen Maupertuis und König für Voltaire nicht; im
Gegentheil er sah in dergleichen Streitigkeiten, worin, wie
er sich ausdrückt, „eine Beimischung von Metaphysik die
Geometrie verwirre", nur müßige Geistesspiele; auch war
König bei ihm weder als Anhänger von Leibniz, den er
seinerseits für einen metaphysischen Träumer hielt, noch
durch sein Zerwürfniß mit der Marquise, die er ihm einmal, zu seiner großen Unzufriedenheit, von Newton zu
Leibniz bekehrt hatte, empfohlen: doch jetzt trat das alles
zurück vor seiner frischen Erbitterung gegen Maupertuis,
der er durch ein Eingreifen in seinen Streit mit König
genug thun konnte. Und eine Seite hatte dieser Streit
doch auch, welche die bessere Natur in Voltaire zur Par-
teinahme für König aufrufen mochte. Der letztere war
der Unterdrückte, das Verfahren gegen ihn ein unerhörtes,
ein akademischer Justizmord, so zu sagen, und da konnte
der nachmalige Vertheidiger der Calas, der de la Barre
nicht müßig bleiben. So ließ er denn, anknüpfend an
das Aufsehen, das die Sache in der ganzen gelehrten
Welt erregte, in eine Zeitschrift jener Jahre, die Biblio-
thèque raisonnée, unter dem Titel: „Antwort eines
Akademikers von Berlin an einen Akademiker von Paris",
einen kurzen Artikel einrücken, worin es hieß, das ebenso
incompetente wie ungerechte Urtheil der Akademie habe

ihr Präsident durch seinen Einfluß auf abhängige Mitglieder zuwege gebracht, und mehrere Akademiker würden
aus der von Herrn Maupertuis tyrannisirten und ent-
ehrten Körperschaft treten, wenn sie nicht fürchteten, dadurch dem königlichen Protector der Akademie zu mißfallen. Der Artikel war ohne Voltaire's Namen erschienen,
aber Niemand konnte den Urheber verkennen; der König
wenigstens erkannte ihn gleich und war sehr ungehalten.
Von der Sache, um die es sich handelte, wollte oder verstand er so wenig als Voltaire; aber ihren Präsidenten
hatte Er der Akademie gegeben, und was diese auf den
Antrag ihres Präsidenten beschlossen hatte, dagegen sollte
sich kein Mitglied seines vertrauten Gesellschaftskreises
meuterisch auflehnen. Der Aerger hierüber war so heftig in
Friedrich, daß er ihn zu einem falschen Schritte verleitete,
dem ersten, den wir in seinem Benehmen gegen Voltaire,
seit dieser bei ihm war, entdecken können. Er griff nämlich
zur Feder, und zwar zur schriftstellerischen, und schrieb gleichfalls in der Rolle eines Berliner Akademikers an einen
Pariser Collegen einen Brief, worin das vorgebliche Mitglied
jener Akademie, der Verfasser des früheren Artikels, als
Libellenschmied und Verbreiter offenbarer Lügen, seine
Handlungsweise als ebenso feig wie boshaft, geradezu als
infam, bezeichnet war. Wie sich während dieser Zeit, im
Herbst und beginnenden Winter 1752, die beiden ver-
kappten Gegner, Friedrich und Voltaire, in den königlichen
Abendgesellschaften angesehen, vielleicht auch aufgezogen
haben mögen, wissen wir nicht; gedacht hat Voltaire

jedenfalls, daß, wer zuletzt lache, am besten lache; zunächst
kam das Lachen wohl an ihn, aber zuletzt verging es
beiden Theilen.

Dem Vorhaben Voltaire's kam es zu Statten, daß
Maupertuis eben damals einen Band Briefe herausgab,
die ihm Stoff genug lieferten, den Gegner mit der furchtbar-
sten Waffe, die ihm zu Gebote stand, der des Lächerlichen,
zu bekämpfen. Maupertuis suchte das Außerordentliche,
und brachte daher bisweilen seltsame Einfälle zu Tage.
Er hatte Schrullen, die am Ende nicht ohne Sinn waren;
aber man mußte den guten Willen haben, sie zurechtzulegen. Von diesem guten Willen hatte jetzt Voltaire begreiflich das Gegentheil; und in der Geschicklichkeit, einen
wunderlichen Halbgedanken zum vollen Blödsinn zu ergänzen, that es ihm keiner gleich. Diese Geschicklichkeit
hat er vielleicht nie mit der Meisterschaft ausgeübt, wie
in der „Diatribe des Doctor Akakia", der Spottschrift
auf Maupertuis, die er jetzt verfaßte. Was wird hier
mit den angeblichen Vorschlägen des tiefdenkenden Präsidenten, Patagoniern das Gehirn aufzuschneiden, um das
Wesen der Seele kennen zu lernen; ein Loch bis zum
Mittelpunkt der Erde zu bohren; eine lateinische Stadt
zu bauen, um das Lateinlernen zu erleichtern; die Kranken
mit Harz zu überziehen, um das Verdunsten der Lebens-
kraft zu hindern; mit der Behauptung, wir brauchten nur
unsere Geistesthätigkeit ein wenig zu steigern, um ebensogut in die Zukunft zu sehen, als wir uns der Vergangenheit erinnern — mit diesen und anderen Ideen, die sich

aus seinen Schriften herauspräpariren ließen, wird hier
Maupertuis in einer Weise verspottet, die selbst den König
belustigen mußte, wenn er nur davon absehen konnte, daß
es der Präsident seiner Akademie war, auf dessen Kosten
das Lachen ging. In der That heißt es auch, Voltaire
habe seinen Akakia dem König zu dessen großem Spaße
vorgelesen, ihm aber versprechen müssen, denselben nicht
in's Publikum kommen zu lassen. Das war freilich
leichter zu versprechen als zu halten; vielleicht war es auch
schon zu spät. Denn genug: in Kurzem tauchte in Holland, in Kurzem in Paris, bald auch in Berlin selbst,
der gedruckte Akakia auf, wurde in zahllosen Exemplaren
verkauft und war das Ergetzen der gebildeten Welt von
Petersburg bis Madrid. Dießmal lachte nun aber
Friedrich nicht mit, sondern — und dieß ist der zweite
falsche Schritt, den er Voltaire gegenüber that, und so
zog einer den andern nach sich — er ließ am 24. December
1752 auf öffentlichem Platze in Berlin, wo sich Voltaire
damals aufhielt, den Akakia durch Henkershand verbrennen.
Nein, diese Art, gegen ein Buch vorzugehen, mußte der
Fürst der Aufklärung der spanischen Inquisition oder dem
Pariser Parlament überlassen, und Voltaire hat ihm in
der That etwas geschenkt, daß er diesen Act nicht zum
besonderen Gegenstand einer satirischen Darstellung gemacht hat. Aber seinen Kammerherrnschlüssel und seinen
Orden schickte er auf Neujahr, 8 Tage nach der Execution,
dem König zurück, mit der ebenso feinen wie empfundenen
Aufschrift:

Beglückt, als Du sie mir gespendet,
Geb' ich sie nun mit Schmerz zurück;
So wie ein Liebender im düstern Augenblick
Der Liebsten Bild ihr wieder sendet.

Das war nun aber doch mehr als Friedrich gewollt hatte; noch denselben Nachmittag brachte sein Kammerdiener und Geheimsecretär Fredersdorf Orden und Schlüssel zurück und hatte eine lange Unterredung mit Voltaire. Doch blieb dieser in seiner Privatwohnung in Berlin und trachtete nun ernstlich, fortzukommen. Die düstersten Besorgnisse quälten ihn: er hielt Friedrich für fähig, ihn gefangen zu setzen. Aber er wünschte, in guter Art fortzukommen, nicht in Ungnade; denn was würde die Welt, die Pariser insbesondere, sagen, wenn er als ein Fortgeschickter käme? So hielt er um die Erlaubniß an, zur Wiederherstellung seiner Gesundheit die Bäder von Plombieres besuchen zu dürfen. Anfangs nahm der König das Gesuch höchst ungnädig auf: es bedürfe des Vorwandes mit Plombieres nicht, wenn er gehen wolle; er könne jeden Augenblick seinen Abschied haben, nur möge er vor der Abreise sein Anstellungspatent, den Schlüssel und das Kreuz, und außerdem den ihm anvertrauten Band Gedichte zurückgeben. Das Letztere war eine Auswahl von Poesien Friedrichs, im Schlosse zu Potsdam in wenigen Exemplaren nur für die vertrautesten Freunde gedruckt, wovon auch Voltaire seiner Zeit eines bekommen hatte. Es kostete Zeit und Mühe, den König milder zu stimmen, doch gelang es endlich, und sein damaliger Vorleser, der

Abbé de Prades, darf dem Reumüthigen, ſcheinbar in
eigenem Namen, doch offenbar auf Eingebung Friedrichs,
in humoriſtiſchem Tone Pardon ankündigen. Er darf
wieder nach Potsdam kommen und wie ſonſt im Schloſſe
wohnen; er kommt auch und bleibt beinahe acht Tage;
man iſt in alter Traulichkeit beiſammen, und Voltaire
verſpricht, nach vollendeter Kur im Herbſt wiederzukehren;
weswegen er denn auch Orden und Kammerherrnſchlüſſel
ſammt dem Bande königlicher Poeſien mitnehmen darf.
So reiſte Voltaire am 26. März 1753 von Potsdam
ab, und was auch damals ſeine Abſicht geweſen ſein
mag, er und Friedrich haben ſich von da an nicht wieder
geſehen.

Voltaire reiſte als großer Herr im eigenen beque=
men Reiſewagen, der mit 4, nach Umſtänden 6, Poſtpferden
beſpannt war, zwei Diener auf dem Bocke, im Innern
neben ſich ſeinen Secretär. So kam man am Abend des
zweiten Tages nach Leipzig, wo während eines drei=
wöchigen Aufenthalts mit den Pariſer Freunden Briefe
gewechſelt, Gottſched als Vertreter der deutſchen Literatur
beſucht, außerdem aber auch mit Maupertuis noch aus
der Ferne ſcharmützelt wurde. Dieſer hatte auf die Nach=
richt von einem neuen Angriff, den Voltaire gegen ihn
im Schilde führen ſollte, ſich hinreißen laſſen, ihm einen
drohenden Brief nach Leipzig nachzuſenden. Natürlich lief
er damit ſeinem Gegner nur in das Meſſer. Denn die=
ſer gab ihm nicht nur eine briefliche Antwort in ſeinem
luſtigſten Verhöhnungsſtil, ſondern ließ auch in eine

Leipziger Zeitung: „der Hofmeister", eine Art von Steck-
brief einrücken des Inhalts: „Ein quidam hat an einen
Inwohner von Leipzig einen Brief geschrieben, worin er
besagtem Inwohner droht, ihn zu ermorden. Maßen nun
Mordanschläge sichtbarlich den Meßprivilegien zuwiderlaufen, so ersucht man jedermänniglich, von besagtem
quidam Nachricht zu geben, falls er sich an den Thoren
von Leipzig blicken ließe. Derselbe ist ein Philosoph, von
zerstreutem Wesen und hastigem Gange, Augen klein und
rund, Perrücke desgleichen, Nase platt, Gesicht voll, Ge-
sichtsausdruck schlimm und selbstgefällig; trägt beständig
ein Scalpell in der Tasche, um Leute von hoher Statur
zu seciren. Wer Nachweisung über ihn geben kann, erhält 1000 Ducaten Belohnung, angewiesen auf die lateinische Stadt, welche besagter quidam bauen läßt, oder
auf den ersten Kometen von Gold oder Diamant, der
nothwendig auf die Erde fallen muß, gemäß der Vorher-
verkündigung des besagten quidam."

Was konnte ein feierlicher Akademiepräsident gegen
einen Mann ausrichten, der solche Waffen führte? Und
doch verwundete dieser damit zugleich sich selbst. Er hatte
beim Abschiede dem König sein Wort gegeben, sich Maupertuis gegenüber ruhig zu verhalten; und nun war er
kaum über die Grenze, so band er von Neuem mit ihm
an. Zugleich tauchten in Berlin Parodien königlicher
Verse auf, die man Voltaire zuschrieb, von dem überdieß
an den Secretär der Akademie ein höchst anzügliches
Schreiben einlief. Und in den Händen eines so unbe-

rechenbaren Menschen hatte der König, außer so manchem
vertraulichen Handbillet, insbesondere jenen Band Gedichte
gelassen, von denen sich ein ihm so unangenehmer, ja
gefährlicher Gebrauch machen ließ. Denn wie hatte er
darin seinem Witze auf Kosten gekrönter Collegen und
Colleginnen die Zügel schießen lassen! Daß Voltaire mit
dergleichen Sachen, seinen Pariser Freunden gegenüber,
nicht ganz discret sei, war schon früher Friedrichs nicht
ungegründeter Verdacht. Also Beschluß: Voltaire soll nicht
aus Deutschland fortkommen, ohne das königliche Gedicht-
buch zurückgegeben zu haben; und nimmt man ihm einmal das, so nimmt man ihm am besten gleich auch den
Orden und den Kammerherrnschlüssel ab, damit jede Verbindung mit ihm abgebrochen sei. Befehle in diesem
Sinne liefen Voltaire voraus und legten sich auf der
letzten Station seines Wegs in Hinterhalt, der er, nichts
ahnend, langsam und behaglich entgegenreiste.

In Gotha, wohin er von Leipzig aus sich begab,
wurde er von Herzog und Herzogin so huldreich aufgenommen und im Schlosse selbst beherbergt, daß er es
sich hier beinahe 5 Wochen gefallen ließ. Die Herzogin
wußte ihn auch durch einen literarischen Auftrag festzuhalten. Sie wünschte von ihm — die deutsche Fürstin
von dem Franzosen — eine deutsche Geschichte, eine les-
bare natürlich, denn was konnte sie mit den Quartanten
der Mas!ovs, der Bünaus anfangen? So machte sich
denn Voltaire in gewohnter Rüstigkeit auf der Gothaer
Bibliothek mit seinem Secretär Collini, der für ihn Aus-

züge machte, an die Arbeit seiner „Reichsannalen", die ihn auch in den nächsten Jahren viel beschäftigte: das mühsamste und gelehrteste seiner Werke, wie der Mit= arbeiter Collini rühmte; das einzige langweilige, das er gemacht hat, wie bald die allgemeine Stimme sagte. Von Gotha ging es nach Kassel, von da, nach einem Besuche bei'm Landgrafen in Wabern, nach Frankfurt, wo man am Abend des 31. Mai eintraf und im Gasthause zum goldenen Löwen das Quartier nahm.

Bereits war am andern Morgen Alles reisefertig, Wagen und Pferde standen bereit, als ein gewisser Frei= tag, preußischer Kriegsrath und Resident in Frankfurt, in Begleitung eines preußischen Werbofficiers und eines Frankfurter Senators, sich bei Voltaire einstellte und ihm im Namen des Königs seinen Orden, seinen Kammer= herrnschlüssel nebst den Handschriften und dem Gedicht= buch des Königs abforderte. Voltaire, nicht wenig über= rascht, lieferte alsbald Kreuz und Schlüssel an Freitag aus; ließ seine Koffer öffnen, aus denen die Papiere herausgenommen und in Packeten versiegelt wurden; den Gedichtband bedauerte er, nicht zur Stelle zu haben, der= selbe liege in einer Kiste zur Versendung nach Straßburg in Leipzig, wohin er jedoch alsbald darum schreiben wolle. Die Visitation hatte von Morgens 9 bis Nachmittags 5 Uhr gedauert, und nun blieb Voltaire, bis zur Ankunft der Kiste, auf Ehrenwort in das Gasthaus confinirt, gegen das schriftliche Versprechen Freitags, daß, sobald der Gedichtband beigeschafft wäre, seiner Weiterreise nichts

mehr entgegenstehen solle. Nichte Denis, die den Onkel
in Straßburg erwartete, kam auf die Nachricht von dem
Unstern eilig herangereist und machte fortan die ganze
Frankfurter Affaire mit. Voltaire's Stimmung war sehr
gereizt; er fertigte Klagschreiben nach allen Richtungen
ab, eines an den Kaiser selbst, dem er, wenn man ihn
insgeheim nach Wien kommen ließe, wichtige Enthüllungen,
natürlich zu Ungunsten des Königs von Preußen, in Aus=
sicht stellte; daneben ließ er indeß die Nichte auch an
diesen ein auf Rührung berechnetes Bittschreiben richten,
der jedoch mittlerweile zu den Musterungen nach Preußen
abgereist war. Dazwischen beschäftigte sich aber Voltaire
auch mit seinen Reichsannalen; wie er sich in Berlin
während der trübsten Wochen seiner dortigen Zerwürfnisse
mit komischen Erzählungen, ja mit der Pucelle, beschäftigt
hatte. „Was die Geistesfähigkeiten eines gewöhnlichen
Menschen gelähmt haben würde", sagt aus dieser Ver=
anlassung sein Secretär Collini, „das gab diesem außer=
ordentlichen Menschen nur noch mehr Schwung. Er be=
saß die Kunst, dem Kummer in der Arbeit ein Gegen=
gewicht zu geben." In Acht nehmen übrigens mochte man
sich vor ihm in solcher Stimmung doch. Der holländische
Buchhändler van Duren, bei ihm von den Verhandlungen
wegen des Antimachiavell ohnehin nicht im besten Andenken,
erschien eines Morgens während dieses Hausarrests und
reichte dem Secretär eine 13 Jahre alte Rechnung ein.
Voltaire ist empört, und wie sich am Nachmittag der
Buchhändler im Wirthsgarten zeigt, rennt er wie ein

Blitz auf ihn zu, gibt ihm eine Ohrfeige und läuft in's
Haus. Die Ohrfeige komme von einem großen Manne,
tröstete der Schalk Collini den Geschlagenen.

Von dem Ergebniß seiner Visitation hatte Freitag
nach Berlin pünktlichen Bericht erstattet und um weitere
Verhaltungsbefehle gebeten. Fredersdorfs Antwort war,
der König sei in Preußen abwesend, werde aber in zwei
Tagen zurückerwartet; nach seiner Zurückkunft ging auch
sogleich die Weisung nach Frankfurt ab, wenn die Kiste
komme und das Buch sich darin finde, Voltaire's Weiterreise nicht ferner zu beanstanden. Am 17. Juni, also
nach einem Aufenthalt von mehr als 14 Tagen, kam die
Kiste; da hatte aber Freitag nur erst das aufschiebende
Billet Fredersdorfs, noch nicht den bestimmten Ent-
lassungsbefehl in Händen, und weigerte sich daher nicht
nur, Voltaire seiner Haft zu entbinden, sondern sogar
die Kiste zu öffnen. Voltaire sah darin einen Wort-
bruch und hielt sich an sein Ehrenwort auch nicht mehr
gebunden. Am 20. schleicht er sich mit seinem Secretär
aus dem goldenen Löwen fort, und beide steigen mit ihren
nöthigsten Sachen in einen Miethwagen, der sie nach
Mainz entführen soll. Aber unter dem Mainzer Thore
sehen sie sich angehalten; Freitag hatte von ihrem Verschwinden aus dem Gasthause Wind bekommen und kam
nun in höchster Aufregung mit einer Escorte angefahren,
um Voltaire und den Secretär als Gefangene in die
Stadt zurückzuführen. Zunächst ging es zu einem Kauf-
mann Schmidt, der mit dem Titel eines Hofraths der

Adjunct und Stellvertreter Freitags war, wo sich nun
Voltaire in einem Comptoir von Handlungsdienern und
Knechten begafft und wie einen Verbrecher bewacht sah.
Man nahm den Gefangenen ihr Geld und ihre Effecten
ab; nicht einmal seine goldene Schnupftabaksdose ließ man
dem Dichter der Henriade. Seine Augen funkelten vor
Wuth, erzählt Collini, und auf einmal ersah er die Gelegenheit, durch eine offene Thüre in den Hof zu ent-
wischen. Der ganze Haufe setzt ihm nach, auch Collini
kommt, nach seinem Herrn zu sehen, der gebückt in einem
Winkel steht und die Finger in den Mund steckt, wie um
sich zu erbrechen. So sind Sie unwohl? ruft der er-
schrockene Secretär. Fingo, fingo (ich thue nur so), antwortet halblaut sein Herr, der seinen Verfolgern nur ein
wenig Angst hatte machen wollen. Nach zweistündigem
Harren wurden die Gefangenen einem gewissen Dorn,
dem Schreiber und Amtsdiener Freitags, übergeben, der
sie nicht mehr in den Löwen zurück, sondern in das
Gasthaus zum Bockshorn brachte, wohin er sofort auch
Madame Denis aus dem Löwen holte. Daß sie jetzt
Wache bekamen, war natürlich, nachdem sie sich thatsächlich
an ihr Wort nicht mehr gebunden erklärt hatten.

Das war am 20. geschehen, und nach drei Tagen
traf nun in der That die schon erwähnte königliche Weisung ein, falls nur erst die Kiste mit dem Poesiebuch beigeschafft wäre, Voltaire ohne Weiteres auf freien Fuß zu
setzen. Kiste und Buch waren da; nun hatte ja aber der
Gefangene durch seinen Fluchtversuch des Königs Haft

gebrochen; damit war ein neuer Thatbestand geschaffen, der nach des unbehülflichen Freitags Ueberzeugung einen abermaligen Bericht nach Berlin und Einholung neuer Verhaltungsbefehle nothwendig machte. So verflossen aber= mals 14 Tage, und jetzt erst glaubte sich Freitag, der von Berlin aus einen ziemlich deutlichen Verweis wegen seines Ungeschicks einzustecken hatte, befugt, die Gefangenen ledig zu lassen. Nun setzte Voltaire einen Protest wegen Ver= gewaltigung auf, hätte aber selbst den verhaßten Dorn, der am letzten Morgen in der besten Absicht, ihm seine in Beschlag genommenen Sachen zurückzubringen, ihm noch vor Augen kam, beinahe niedergeschossen, wenn ihm nicht Collini in den Arm gefallen wäre. Nach seiner durch diesen Streich beschleunigten Abreise wurde der Koffer mit seinen Effecten und Geldern amtlich geöffnet und 190 Gul= den für aufgelaufene Unkosten herausgenommen; das Uebrige konnte Voltaire gegen Quittung jederzeit erheben, aber er hat es nicht gethan, sondern lieber Geld und Geldeswerth zurückgelassen, um auch ferner in die Welt hineinschreiben zu können, daß er in Frankfurt, neben anderen Mißhandlungen, auch ausgeplündert worden sei. Mit der Wahrheit hat es Voltaire, wo es einen Zweck zu erreichen gab, und wäre es auch nur ein rednerischer Effect gewesen, niemals genau genommen, mit den Neben= umständen und bisweilen auch mit Hauptumständen einer Begebenheit stets in poetischer Freiheit gespielt. Aber maß= und schamloser hat er nie gelogen als in einer Masse von Briefen und anderen Aufzeichnungen über diese

Frankfurter Geschichte, weil ihn keine andere so erbittert hat. Weltbekannt wurden durch Voltaire's Erzählungen des armen Freitag Monsir und oeuvre de poëshie: während seine Originalberichte im Berliner Archiv eine tabellose Rechtschreibung zeigen. Unschätzbar für den Zweck von Voltaire's Darstellung war besonders die Verwicklung einer Dame in die Sache. Nichte Denis erscheint in seiner Erzählung fortwährend in Krämpfen und Ohnmachten, die sonst nicht in der Art des resoluten Frauenzimmers waren. Eine Pariser Dame unter militärischer Begleitung durch die Stadt geschleppt, welche gothische Barbarei! Und „Soldaten zu Kammerfrauen" und „Bayonnette statt der Bettvorhänge" — konnte man so unvergleichliche Redensarten, nachdem man sie einmal gefunden, oft genug wiederholen? Auch fanden sie Glauben und behielten ihn; denn Voltaire war laut, das Berliner Archiv aber stumm, bis daraus erst in neuester Zeit die berichtigenden Urkunden an's Licht gezogen wurden.

Aus Frankfurt reiste Voltaire am 7. Juli nach Mainz, wo er sich drei Wochen lang aufhielt, um, wie er sich ausdrückte, seine im Schiffbruch naßgewordenen Kleider zu trocknen, und an seinen Reichsannalen weiter zu arbeiten. War es hier der Abel, der dem berühmten Manne den Hof machte, so hatte er aus der Nachbarschaft gar eine fürstliche Einladung, die ihm gerade jetzt, dem Zerwürfniß mit Friedrich gegenüber, doppelt willkommen war. Aber Friedrich und Carl Theodor! Dieser letzte oder vorletzte Kurfürst von der Pfalz war ein durch-

aus nichtiger Mensch, einer jener französisch gebildeten
deutschen Fürsten, bei denen die Liebe zu Literatur und
Kunst, ohne tiefere Wurzeln, nur ein Stück ihrer eiteln
Prachtliebe war. Auf seine Einladung reiste Voltaire
Ausgangs Juli nach Mannheim und Schwetzingen, dem
Lustschloß mit dem berühmten Garten, wo der Kurfürst
seine Sommerresidenz hatte. Dieser überhäufte Voltaire
mit Artigkeiten und ließ insbesondere auf seinem französischen Theater mehrere seiner Stücke aufführen. Nach
vierzehntägigem Aufenthalt in Schwetzingen begab sich Voltaire Mitte August nach Straßburg, und, während er
sonst überall in den ersten Gasthöfen abzutreten pflegte,
kehrte er hier in einem kleinen abgelegenen Gasthause,
zum weißen Bären, ein. Das Publikum, das den berühmten Mann nicht aus dem Auge ließ, machte seine
Glossen darüber, und — er ist eben doch ein Geizhals,
hieß es zuletzt. Doch „da sieht man", schreibt sein Begleiter Collini, „wie wenig man dem Scheine trauen darf,
und wie vorsichtig man in der Beurtheilung menschlicher
Handlungen sein muß. Was man für einen Zug von Geiz
ansah, war in der Wirklichkeit ein Zug von Gutmüthig-
keit. Ein Kellner im Gasthof zum Kaiser in Mainz hatte
durch seine Aufmerksamkeit und gute Art dem Reisenden
gefallen. Der junge Mensch war von Straßburg. Er
sagte uns", erzählt Collini, „sein Vater sei der Besitzer
des Gasthauses zum weißen Bären in dieser Stadt, und
bat uns, bei ihm unser Quartier zu nehmen. Diese
Rücksicht des Sohnes für den Vater rührte Voltaire

und er versprach, die Bitte zu gewähren." Doch bezog
er bald ein Landhaus vor der Stadt, wo er die Besuche
empfangen konnte, die sich zu ihm drängten, aber auch
die Belehrungen des Straßburger Historikers Schöpflin
zur Verbesserung seiner Reichsannalen sich zu Nutze
machte.

Daß Voltaire Paris schwer vermißte, ist begreiflich;
aber auch von der Schwachheit, zu meinen, es müsse
durchaus ein Hof sein, wo es ihm gezieme, sein Leben
zuzubringen, war er bei weitem noch nicht geheilt. Von
Frankfurt aus war Nichte Denis wieder nach Paris ge=
gangen, um dort die Gesinnungen zu erforschen und
die Rückkehr des Oheims zu ermöglichen. Da wir wissen,
wie sehr sie selbst bei der Sache interessirt war, so
glauben wir ohne Weiteres, daß sie dort alle Thüren
aufgestoßen haben wird. Allein die Nachrichten, die
sie dem Oheim geben konnte, waren keine günstigen.
Seine Feinde, besonders die Geistlichkeit, thaten Alles,
um den König in seiner durch Voltaire's Abfall zu
Friedrich ohnehin erhöhten Abneigung gegen ihn zu
bestärken. Er mußte sich schon dazu verstehen, noch
länger auf der Schwelle seines Vaterlandes liegen zu
bleiben. Die Reichsannalen waren nahezu fertig; ein
Bruder des Professors Schöpflin hatte eine Druckerei in
Colmar und übernahm, durch ein Anlehen von Voltaire
unterstützt, den Druck. So verlegte dieser zu Anfang
Octobers seinen Wohnsitz nach Colmar, um den Druck
seines Werkes zu überwachen. Immer bestimmter lauteten

die Pariser Nachrichten dahin, daß es vorzugsweise religiöse
Bedenken seien, die bei Hofe gegen Voltaire geltend ge=
macht würden; wie er denn auch in Colmar von geist=
lichen Spürhunden umschnüffelt war. Es galt also, seine
Anhänglichkeit an die Kirche öffentlich an den Tag zu
legen, und das kostete Voltaire bei seiner Denkart keine
Ueberwindung. Ostern 1754 machte er die Communion
in der Kirche mit, ohne jedoch dadurch seine Lage zu ver=
bessern. Die Freunde zuckten die Achseln über die Schwäche;
die Feinde knirschten über den Hohn; man wollte ihn jetzt
so wenig wie vorher in Paris haben.

Aber nach Plombieres, in das Vogesenbad, mußte
man ihn, den kranken Mann, doch wohl gehen lassen.
Allein, o wehe! auch sein Widersacher, Maupertuis, war
ein kranker Mann und hatte es gleichfalls auf Plom=
bieres abgesehen. So trat Voltaire unterwegs in der
Abtei Senones ab, wohin ja, wie wir uns erinnern,
schon vor fünf Jahren nach dem Tode der Marquise
seine Gedanken einen Augenblick gerichtet waren. Hier
traf er seinen gelehrten Freund, Dom Calmet, an, mit
dem er Erinnerungen an Cirey tauschen, aber auch Kir=
chenväter und Concilienverhandlungen studiren konnte.
Das that er denn auch beinahe einen Monat lang und
ließ sich von den Mönchen allerlei Stellen aus den ehr=
würdigen Folianten abschreiben, die ihm später bei seiner
theologischen Schriftstellerei zu gute kamen. Nachdem er
das Feld in Plombieres rein wußte, brachte er daselbst
noch ein paar Juliwochen mit Nichte Denis und dem

12*

treuen Argental zu. In Colmar, wohin er von da zurückkehrte, hatte er im Laufe des Spätherbstes eine angenehme Ueberraschung. Die Markgräfin von Baireuth,
Friedrichs Schwester Wilhelmine, hielt auf der Durchreise
nach Montpellier, wo sie mit ihrem Gemahl den Winter
zuzubringen gedachte, in Colmar an, um Voltaire zu begrüßen, ja sie wollte ihn dorthin mitnehmen. Dazu kam
es nun zwar nicht, aber die Verwendung der Schwester
bei dem königlichen Bruder nahm er in Anspruch. Schon
zu Ende dieses Jahres ist von Versuchen die Rede, die er
gemacht, seine Zurückberufung nach Berlin zu bewirken;
im folgenden schickte er seine Reichsannalen und bald andere
Schriften dem König mit begütigenden Schreiben zu. Dieser
aber schrieb an seinen ehemaligen Secretär Darget:
„Sollten Sie glauben, daß Voltaire, nach all den Streichen, die er mir gespielt, Schritte gemacht hat, um wieder
zu kommen? Doch Gott soll mich davor bewahren! Er
ist nur gut zu lesen, aber gefährlich kennen zu lernen.“
Daß Voltaire der Zurückberufung, wenn sie erfolgt wäre,
wirklich Folge geleistet haben würde, ist nach den frischen
Erfahrungen, die er vor sich hatte, kaum zu glauben; aber
als Ehrenerklärung wäre sie ihm willkommen und auch
nach anderer Seite verwendbar gewesen.

Sein Absehen blieb auf Paris und Versailles gerichtet,
wo er doch immer noch einzelne Gönner hatte. Unter diese
gehörte seit langer Zeit, wie wir wissen, der Herzog von
Richelieu, ein charakterloser Wüstling, der sich auch im Verhältniß zu Voltaire nicht besser zeigte als in allen andern.

Doch Voltaire hielt an dem Manne fest, was auch immer
d'Alembert und andere Freunde ihm gegen „seine alte
Puppe" sagen mochten. Dieser Gönner ging jetzt als
Gouverneur nach Languedoc, und so wurde mit ihm eine
Zusammenkunft in Lyon verabredet. Im November fand sie
statt, aber auch der Herzog brachte wenig Trost. Zu allem
übrigen Unheil spukten jetzt Abschriften der Pucelle und
wurden in Paris mit einem Louisd'or bezahlt. Ihr Verfasser wußte wohl, was das auf sich hatte; war doch in
diesem Gedicht neben dem Heiligen auch das Unheilige,
nämlich König und Mätresse, nicht geschont. Voltaire
ließ später die Pucelle ohne diese Stellen drucken, die er,
wie wir schon wissen, für fremde Einschiebsel erklärte,
und schickte sie so der Pompadour und den Ministern
zu. Aber konnte er hoffen, sie zu täuschen? Bei dem
augenblicklichen Stande seiner Angelegenheiten war für ihn
in Lyon der Cardinalerzbischof de Tencin eine besonders
wichtige Person. Trotz seiner Gicht warf er sich daher
eines Tages in Gala und fuhr am erzbischöflichen Palaste
vor. Collini führte ihn am Arme bis in das Vorzimmer
des Cardinals, so übel war er zu Fuße. Aber kaum war
er bei diesem eingetreten, als er schon wieder herauskam,
seinen Secretär bei'm Arme nahm und still mit ihm zum
Wagen ging. Hier sagte er nach einem träumerischen
Schweigen: „Mein Freund, dieses Land ist nicht für mich
gemacht." Der Erzbischof hatte ihm erklärt, er könne einen
Mann nicht zu seiner Tafel ziehen, der bei Hofe übel an-
geschrieben sei; und in ähnlicher Art benahm sich auch

der Stadtcommandant. Daß die Lyoner Akademie der
Wissenschaften und schönen Künste ihn zu ihrem Mitglied
ernannte; daß man im Theater seinen Brutus und seine
Merope aufführte, und das Publikum ihn, so oft er im
Schauspielhause erschien, mit Klatschen und Hochrufen
empfing, that zwar seinem Selbstgefühle wohl, wie das
nochmalige Zusammentreffen mit der Markgräfin seinem
Herzen; in der Hauptsache jedoch konnte das alles nichts
ändern. Dieses Land war nicht für ihn, wenigstens vor=
erst nicht, das wußte er jetzt; er hatte sich nach einer an=
deren Heimath umzusehen. Nach sechswöchigem Aufenthalte
verließ er, wenige Tage vor Weihnachten, Lyon und wen=
dete sich nach Genf. Es war schon spät Abends, als er
vor der Stadt ankam, und die Thore geschlossen. Sie
öffneten sich ihm, und damit eröffnet sich eine neue Periode
in Voltaire's Leben, die darum nicht die schlechteste ist,
weil sie die letzte war.

IV.

In Genf selbst zu bleiben, lag nicht in Voltaire's
Absicht; aber die Schönheit der Gegend am See, die
gute Art der Umwohner zogen ihn an; wozu noch kam,
daß man hier in einem französischredenden Lande, in der
Nähe und doch nicht unter der Botmäßigkeit Frankreichs
sich befand. So kam es ihm sehr erwünscht, daß der
Besitzer des Schlosses Prangins bei Nyon im Waadtlande
ihm dasselbe zum vorläufigen Aufenthalt einräumte. Hier
brachte Voltaire die ersten Monate des Jahres 1755 zu;
es war, wie Collini sich ausdrückt, nach den langen Irrfahrten eine Zeit der Ruhe und des Umschauens nach
einem Wohnorte, wo der Philosoph seine Laufbahn im
Frieden beschließen könnte.

Nacheinander fiel sein Blick auf ein Landhaus bei
Lausanne, Monrion genannt, und auf ein Landgut mit
Villa in der Nähe von Genf, das damals den Namen
Sur-St.-Jean führte; beide kaufte er auf Lebenszeit, bald
auch noch ein Haus in Lausanne selbst, und hielt sich nun

in den nächsten Jahren einige Wintermonate in Monrion
und Lausanne, die übrige Zeit in dem Genfer Land=
hause auf. Die Lage dieses letzteren war reizend: es
beherrschte die Stadt und den See, mit den Alpen und
ihren Gletschern in der Ferne; während hinter dem
Hause Terrassen und Gärten anmuthige Spaziergänge ge=
währten. Es verdiente wohl, daß der neue Eigenthümer
seinen Namen in Délices veränderte, unter welchem es
durch Voltaire's mehrjährigen Aufenthalt berühmt ge=
worden ist. Ein Mann seiner Art kann nichts besitzen,
dem er nicht den Stempel seines Sinnes und Geschmackes
aufzudrücken suchte: so war auch Voltaire kaum Herr
dieser beiden Besitzungen geworden, als er auch schon
zu pflanzen und zu bauen anfing. Besonders in Délices
wurde Haus und Garten verschönert. Eben von da schrieb
er an eine befreundete Dame, sie hätte sich auch einen
hübschen Garten anlegen sollen. „Das ist höchst amüsant,
und man muß sich amüsiren. Die Wasser, die Blumen,
die Gebüsche sind so tröstlich, was die Menschen nicht
immer sind." Dabei ging seine Sorgfalt bis ins Ein=
zelne. Aus dem Frühling 1756 haben wir einen Brief
von ihm, worin er anbefiehlt, die Maikäfer von den
Kastanienbäumen zu schütteln und sie den Hühnern zu
fressen zu geben. Im Hause sorgte er für bequeme Ein=
richtung, Küche und Keller waren aufs beste bestellt, an
Wagen und Pferden fehlte es nicht. Besuche wurden
gastlich aufgenommen; Madame Denis machte die Haus=
frau, Voltaire selbst war der liebenswürdigste Wirth, ohne

daß jedoch seine literarischen Arbeiten, die er jetzt erst im
großartigsten Maßstabe zu betreiben anfing, darunter lei=
den durften.

Doch für den Thätigkeitstrieb Voltaire's, der, wie
wir schon zur Genüge gesehen haben, über das geistige
Schaffen hinaus auch nach einer äußeren Wirksamkeit ver=
langte, waren die beiden kleinen Besitzungen, die er sich
bis dahin erworben hatte, noch immer kein hinreichender
Spielraum. Hatte er sich früher versucht gefühlt, in
Bank= und Handelsgeschäften zu speculiren, so empfand
er jetzt Lust, Grundeigenthümer zu werden. Noch eine
weitere Rücksicht kam hinzu. Monrion lag auf Berni=
schem, Délices auf Genfischem Gebiete; ein Philosoph,
pflegte Voltaire zu sagen, muß immer zwei bis drei
Schlupflöcher unter der Erde haben gegen die Hunde, die
ihn verfolgen: schaffte er sich noch ein solches auf dem
angrenzenden französischen Gebiete, so hatte er im Noth=
falle zwischen drei Territorien die Wahl. Wirklich fand
sich im Jahr 1758 Gelegenheit, in dem französischen
Grenzländchen Gex, zwischen dem Genfersee und dem
Jura, zwei größere Besitzungen zu erwerben. Das Länd=
chen war nicht im besten Zustande: die Aufhebung des
Edicts von Nantes hatte viele der fleißigsten Bewohner
daraus vertrieben, so daß jetzt manche Grundstücke unbe=
baut lagen; aber gerade eine veröbete Gegend neu zu
beleben und emporzubringen, hatte für Voltaire einen
eigenen Reiz. So kaufte er erst von dem Präsidenten
de Brosses Schloß und Herrschaft Tourney, nahe dem

westlichen Seeufer, auf Lebenszeit, unter lästigen Bedingungen, deren Bewilligung ihn bald gereut zu haben
scheint; denn er suchte durch allerlei Kniffe und Chicanen
seinen Handel zu verbessern, ohne doch bei dem gewiegten
Juristen, mit dem er es zu thun hatte, etwas auszu-
richten. In demselben Jahre kaufte er von einem Herrn
Budée de Boisy die weiter landeinwärts gelegene Herrschaft Ferney: beide Besitzungen mit ihren Appertinenzen
mögen zusammen etwa eine Quadratmeile im Umfang
gehabt haben. Ferney bezeichnet er als eine ganz freie
Herrschaft, deren gleichen es nicht zwei im Königreiche
gebe; man sieht, nachdem er es aufgeben müssen, bei
Königen in deren Gunst zu leben, legt er es darauf
an, selbst ein König auf seinem eigenen Grunde zu sein.
Mehrere Jahre lang sehen wir von da an Voltaire zwischen diesen vier Aufenthaltsorten wechseln, auch fallen
noch kleine Reisen, wie im Sommer 1758 eine nach
Mannheim, in diese erste Zeit; dann entäußert er sich
der Besitzungen bei Genf und Lausanne; endlich wird
auch Tourney miethweise abgegeben, und es kommen die
Jahre, wo er sich am liebsten den Patriarchen von Ferney
nennen hörte.

Voltaire's Leben war bisher ein sehr bewegtes, ein
rasch fließender Strom gewesen, dessen Windungen und
Fällen wir mit unserer Erzählung gefolgt sind. Von
seiner Ansiedlung am Genfersee an wird es ein Stillleben, aus einem Strom gleichsam selbst zum ruhigen
See. Doch gilt dieß nur von der Außenseite: Voltaire

muß nicht mehr in's Ausland fliehen, es stirbt ihm keine
geliebte Freundin, trifft ihn keine königliche Ungnade mehr,
ein Jahr wie das andere geht ihm in friedlicher Muße,
in nicht ungeselliger Einsamkeit, in reger Geistesarbeit
hin. Eben diese Geistesarbeit ist es aber, die in dieses
äußerlich so stille Leben die lebhafteste innere Bewegung
bringt. Voltaire ist niemals so thätig, so productiv gewesen, wie in dieser letzten Lebensperiode vom sechszigsten
bis zum vierundachtzigsten Jahre. Gleicherweise die Vielseitigkeit wie die Rastlosigkeit seines Schaffens in diesen
Jahren ist geradezu ohne Beispiel. Die Höhe seines Ruhmes
hatte er schon vorher erstiegen, berühmter als er schon
war konnte er nicht mehr werden; aber seine höchste,
seine eigentlich welthistorische Bedeutung beruht vorzugsweise
auf dem, was er während seines Aufenthalts am Genfersee und in Ferney geleistet hat. Um im Greisenalter
noch das Bedeutendste hervorzubringen, und dabei auch
in der Form so beweglich, so anmuthig, so frisch zu bleiben wie in den besten Jugendjahren, dazu gehörte freilich
eine so außerordentliche körperliche wie geistige Organisa-
tion, wie sie Voltaire eigen war; doch war er auch durch
die äußeren Umstände in dieser letzten Zeit besonders begünstigt. Jetzt erst zogen ihn weder höfische noch gesellige
Pflichten mehr von den Studien ab; keine Rücksichten
schlossen ihm den Mund und drückten auf seine Feder;
als freier Mann auf eignem Grund und Boden, nur
noch mit einem Fuß in dem despotisch-pfäffischen Frankreich und seiner gefährlichen Hauptstadt fern, sah er sich

jetzt erst im Stande und aufgelegt, ohne Scheu und
Schonung seine abweichende Meinung herauszusagen und
Alles zu rügen, was ihm an den bestehenden Verhält=
nissen nicht gefiel. „Ich habe", schrieb er im Jahr 1761
aus Ferney an b'Alembert, „ich habe nun 40 Jahre lang
die Mißhandlungen der Frömmler und der Buben er=
duldet. Ich habe gesehen, daß ich mit meiner Mäßigung
nichts gewonnen habe, und daß es eine Narrheit ist, es zu
hoffen. Man muß den Krieg machen und nobel sterben,

Ein ganzes Frömmlerheer rings um sich hingestreckt."

Diese veränderte Beschaffenheit unseres Stoffes, des
Lebens von Voltaire, erheischt nun aber auch eine ver=
änderte Behandlung. Wir können nicht mehr wie bisher
der Ordnung der Ereignisse folgen, weil eingreifende Er=
eignisse eigentlich keine mehr eintreten. Wir müssen die
bisherige chronologische mit der Sachordnung vertauschen,
die der Thätigkeit Voltaire's auf ihren verschiedenen Ge=
bieten nachgeht. Er setzt seine Thätigkeit als Dichter und
Geschichtschreiber fort; doch sind es die Zustände von
Recht, Staat und Kirche in damaliger Zeit, und im Zu=
sammenhange damit und mit seinem eigenen vorrückenden
Alter theologische und philosophische Forschungen, die ihn
von jetzt an vorzugsweise beschäftigen. Da jene Zustände
sehr wenig nach seinem Sinn und er entschlossen war,
fortan keine Rücksichten mehr zu beobachten, so wird seine
Schriftstellerei jetzt mehr als je eine polemische, und da
es ihm um rasche und durchschlagende Wirkung zu thun

war, und er sich der Gaben und Fertigkeiten mehr zum
leichten Reitergefechte des Witzes und der Satire, als zum
schweren gelehrten Artilleriekampfe bewußt war, so nehmen
seine Schriften zum großen Theil die Gestalt von Flugschriften an. Es ist ein wahrer Wespenschwarm von
solchen Streit- und Spottschriften, den er jetzt von schwei-
zerischen und holländischen Pressen aus in die Welt und
insbesondere nach Frankreich fliegen läßt; fast jeder Monat bringt eine Neuigkeit dieser Art, und jede nennt
wieder einen andern Autor, da sich der wahre Verfasser
unter den Namen von Verstorbenen wie von solchen, die
niemals gelebt hatten, versteckt. Treffen, aber die Hand
nicht sehen lassen! war in diesem Stücke Voltaire's Wahlspruch; „ich bin", schrieb er an d'Alembert, „ein warmer
Freund der Wahrheit, aber gar kein Freund vom Mär-
tyrerthum." Als er wegen seines philosophischen Wörterbuchs (von dem wir noch zu reden haben werden) Verdruß befürchtete, schrieb er höchst bezeichnend an denselben:
„So wie es die geringste Gefahr damit haben wird, bitte
ich Sie sehr, mir davon Nachricht zu geben, damit ich
das Werk in allen öffentlichen Blättern mit meiner gewöhnlichen Ehrlichkeit und Unschuld desavouire." Doch
würde man ihn nicht richtig verstehen, wenn man meinen wollte, er habe damit nur seine Sicherheit gesucht;
selbst ganz abgesehen von der Gefahr war dieses Versteck-
spiel, dieses Necken und Foppen ein Spaß ohne gleichen
für sein Naturell. Er wiederholt sich in diesen wie auch
sonst in seinen Schriften öfter, als man gerade wünschen

möchte; er sucht denselben Gedanken in den verschiedensten Formen und Verbindungen eindringlich zu machen. Man tadelte ihn darüber: „ja", erwiederte er, „ich wiederhole mich und werde mich so lange wiederholen, bis man sich bessert."

Um indessen mit diesen Flugschriften immer zur rechten Zeit zu kommen, um mit den Tagesfragen, wie sie insbesondere die französische Hauptstadt in jenen Jahren beschäftigten, Schritt zu halten, dazu bedurfte es für den in einem Winkel des Jura hausenden Schrift-steller einer lebendigen Verbindung mit Paris. Und bedenken wir den langsamen Gang der Posten in jener Zeit, die endlosen Plackereien und Verzögerungen, die das übliche Eröffnen der Briefe, die Beschlagnahme ver-dächtiger Bücher an der französischen Grenze mit sich brachte, so können wir uns nicht genug wundern, wie schnell und trefflich Voltaire bedient war. Es flossen ihm von den verschiedensten Seiten Briefe und Nach-richten zu; ich will jedoch hier nur einige seiner ordent-lichen Correspondenten und Berichterstatter namhaft ma-chen. In Theatersachen, aber auch in persönlichen und häuslichen Angelegenheiten, war sein alter Freund, Graf Argental, selbst ein leidenschaftlicher Theaterliebhaber, nebst seiner Frau, sein ständiger Vermittler, ein Ehepaar, das er, seiner freundlichen Fürsorge wegen, seine Schutzengel, in Briefanreden auch schlechtweg seine Engel zu nennen pflegte. Ueber Angelegenheiten der französischen Akademie, der gelehrten und literarischen Welt hielt ihn d'Alembert

auf dem Laufenden, der auch in diesem Briefwechsel als
der Mann des Maßes und der Besonnenheit sich zeigt,
der Voltaire's Ungestüm und Gehässigkeit nicht selten zu
mildern sucht, bisweilen aber auch dessen theilnehmender
Wärme gegenüber kühl erscheint. Daß er so glänzende
Berufungen, wie die Friedrichs zu der Stelle des Präsi=
denten der Berliner Akademie, und Katharina's von Ruß=
land zum Erzieher ihres Sohnes, ablehnte und in Paris
blieb, wo er von oben herab nur Ungunst erfuhr und
sich sehr behelfen mußte, um auszukommen, erfüllte Vol=
taire mit hoher sittlicher Achtung für den Mann, den er
wissenschaftlich ohnehin als Autorität erkannte. Ein dritter
vertrauter Correspondent, besonders in Sachen von Vol=
taire's so zu sagen innerer Mission, dem stillen Kampfe
gegen Aberglauben und Hierarchie, war Damilaville, ein
höchst ehrenwerther Mann, der ein untergeordnetes Finanz=
amt bekleidete, übrigens auch in die Encyklopädie ge=
schätzte Artikel, besonders im statistischen Fache, schrieb, und
nach schweren Körperleiden, zu Voltaire's tiefem Bedauern,
1768 starb.

Sehen wir nun zuerst nach, was Voltaire in den
von ihm schon früher angebauten Gebieten während dieser
letzten Lebensperiode noch geleistet hat, so werden wir uns,
was die Poesie betrifft, bei seinen Dramen nicht mehr
aufhalten, obwohl eines der berühmtesten derselben, Tan=
cred, diesem Zeitraum angehört. Mehr Bezug auf das,
was von jetzt an immer mehr die Hauptsache bei Voltaire
wird, haben seine didaktischen und erzählenden Dichtungen.

Davon waren zwei der bekanntesten durch ein Naturer-
eigniß jener Jahre veranlaßt. Am 1. November 1755
erfolgte das Erdbeben von Lissabon, und wie es den
sechsjährigen Goethe nach dessen Erzählung eine Weile in
seinem kindlichen Glauben irre machte, da, um seine
Worte zu gebrauchen, die Weisen und Schriftgelehrten
selbst sich über die Art, ein solches Phänomen anzusehen,
nicht vereinigen konnten, so suchte auch Voltaire in einem
Gedicht „über das Unglück von Lissabon‟ sich die Sache
in seiner Art zurechtzulegen.   Daß Uebel in der Welt ist,
und daß mit dem Satze von Pope, Alles was ist sei gut,
es nicht gethan ist, davon war dieses zerstörende Erdbeben
ein furchtbar schlagender Beweis.   Aber wie ist das Uebel
zu erklären, zu verstehen? Als göttliches Strafgericht, wie
die Geistlichen sagen? Doch wie hätte Lissabon ein solches
eher verdient als jede andere ähnliche Stadt? Darauf bezog sich der berühmt gewordene Vers:

> Versenkt ist Lissabon, und lustig tanzt Paris.

Oder soll man ein böses Grundwesen, einen Typhon,
einen Ahriman annehmen, der dem guten Gotte wider-
streitet? Das sind häßliche Wahngebilde dunkler Zeiten.
Und doch, wie will man von einem guten Gotte, wenn
man ihn unbeschränkt vorstellt, das Uebel ableiten? Mittelst der Nothwendigkeit des Naturzusammenhanges, sagen
optimistische Philosophen.   Aber wie wollen sie beweisen,
daß diese unterirdischen Schwefellager zum Besten der
Welt sich gerade unter Lissabon befinden mußten? So

drehen wir uns in einem Kreise von Zweifeln, und was uns bleibt, ist schließlich nur Resignation und Hoffnung. Daß Alles gut sei, ist Täuschung; daß Alles gut werden werde, ist unsere Hoffnung. Aber die Hoffnung, sagt der Dichter in einer Anmerkung selbst, ist noch keine Gewißheit; zwar die Offenbarung macht sie dazu, aber die angebliche Offenbarung hat Eigenschaften, hat Wirkungen gehabt, die ihre Bürgschaft einigermaßen unsicher machen.

Die gleichen Erwägungen führte Voltaire bald nachher in dem berühmten Roman „Candide, oder der Optimismus" weiter aus. Es ist eine höchst abenteuerliche Geschichte, die uns in der halben Welt herumführt: aus Westfalen nach Holland; von da nach Portugal, wo so eben das Erdbeben in Scene geht; dann nach Amerika; wieder zurück nach Europa, Paris, London, Venedig, endlich gar in die Türkei. Das Thema ist: wie kann man eine Welt die beste nennen, in der es so viel und so entsetzliches physisches und moralisches Uebel, z. B. Krieg und Erdbeben, Pest und noch schlimmere Krankheiten, Inquisition und Sklavenhandel gibt? Darauf werden am Schlusse drei Antworten gegeben: Martin, der vielgeprüfte Pessimist, hat sich die Ueberzeugung gebildet, der Mensch sei geboren, um entweder in den Zuckungen der Unruhe, oder in der Erstarrung der Langenweile zu leben; Candide, der junge sanguinische Held des Romans, ist damit nicht einverstanden, doch stellt er keine Behauptung auf; Pangloß aber, der optimistische Doctrinär, gesteht zwar, es sei ihm gräulich gegangen, doch da er einmal behauptet hatte,

Alles gehe aufs Beste, bleibt er dabei, ohne es selbst zu
glauben. Der letzte Schluß dieser Weisheit, in An=
knüpfung daran, daß der Held nach allen Glückswechseln,
nachdem er unermeßliche Schätze erst gewonnen, dann ver=
loren, zuletzt im Besitz und Anbau eines kleinen Gartens
sein bescheidenes Glück findet, ist der von Voltaire fortan
auch in Briefen vielfach angewandte Wahlspruch: „man
muß seinen Garten bauen"; oder, wie der weise Pessimist
des Romans es ausdrückt: arbeiten wir ohne viel zu
grübeln; das ist das einzige Mittel, das Leben erträglich
zu machen. Der Grundgedanke des Romans ist inter=
essant genug; an überraschenden oder drolligen Scenen,
an witzigen Wendungen fehlt es nicht; die Frage Can=
dide's, wie er in Lissabon ein Autodafé mit anzusehen
bekommt: nun, wenn das die beste der möglichen Welten
ist, wie mögen die anderen beschaffen sein? ist ganz Vol=
tairisch, und das Souper in Venedig mit sechs entthronten
Majestäten, die sich zum Carneval da zusammenfinden, ist
von der heitersten Wirkung. Im Ganzen aber steht der
Candide doch, von unserem heutigen Standpunkt ange=
sehen, unter seinem Ruhm. Ich will gleich noch ein paar
andere von Voltaire's erheblichern Romanen hier zusam=
mennehmen, um mein Urtheil näher zu begründen.

Der Roman „Zadig, oder das Schicksal, eine orien=
talische Geschichte", ist nach Longchamp's Angabe in Sceaux
für die Herzogin von Maine, mithin zehn Jahre vor dem
Candide gedichtet, und zeigt uns, da er im Grunde die=
selbe Frage behandelt, wie anhaltend und ernstlich diese

den Dichter beschäftigt hat. „Was ist das menschliche
Leben?" ruft einmal der Held in seiner Bedrängniß aus.
„O Tugend, wozu hast du mir geholfen? Alles was ich
Gutes gethan habe, ist für mich immer eine Quelle von
Unheil gewesen. Wär' ich schlecht gewesen wie die Anderen,
so wär' ich glücklich geworden wie sie." Doch zeigt eine
Stelle gegen den Schluß, daß Voltaire damals noch mehr
als bei Abfassung des Candide von dem Leibniz-Pope'schen
Gedanken einer unendlichen Stufenleiter von Welten,
deren jede an ihrer Stelle die rechte ist, befriedigt war.
„So ist es also nothwendig," fragt Zabig einen Reisebe-
gleiter, der sich so eben als ein höherer Genius enthüllt
hatte, „so ist es nothwendig, daß es Verbrechen und Unglück gibt, und daß das Unglück die Rechtschaffenen
trifft?" — „Die Schlechten," ist die Antwort, „sind immer
unglücklich, sie dienen dazu, eine kleine Anzahl von Guten,
die auf der Erde zerstreut sind, zu prüfen, und es ist kein
Uebel, woraus nicht etwas Gutes entstünde." — „Wie
aber," fragt Zabig, „wenn es nur Gutes, und nichts
Böses gäbe?" — „Dann," erwiedert der Genius, „wäre
diese Erde eine andere Erde, die Verkettung der Ereignisse
eine andere Ordnung. Gott hat, gemäß seiner unendlichen Macht, eine unendliche Menge von Welten geschaffen, deren keine der anderen gleichen kann. Aber
vollkommen ist nur diejenige, welche der Aufenthalt des
höchsten Wesens selber ist, dem das Böse sich nicht nahen
darf." Dieses Thema wird in einer kleineren Erzählung,
„Memnon, oder die menschliche Weisheit", lustiger so aus-

13*

geführt. Unter den hunderttausend Millionen von Welten, die im Raume zerstreut sind, belehrt auch hier ein Engel den Helden, geht es durchaus stufenweise. Man hat weniger Weisheit und Vergnügen auf der zweiten als auf der ersten, auf der dritten weniger als auf der zweiten, und so fort bis zur letzten, wo Alles vollständig toll ist. Da fürchte ich, versetzt der Held, unser kleiner Erdball möchte just das Tollhaus des Universum sein. Nicht ganz, ist die Antwort, aber viel fehlt nicht; es muß Alles an seinem Platze sein.

Eine Lieblingsform Voltaire's in seinen Romanen sind Rundreisen in der Welt, um eben zu zeigen, daß es in verschiedenen Ländern und Himmelsstrichen zwar verschieden, und doch im Grunde überall in der gleichen, gar nicht idealen Weise zugehe. Candide, wie wir gesehen haben, kommt in beiden Hemisphären herum; „die Prinzessin von Babylon", die Helbin eines anderen Voltaire'schen Romans, wenigstens in der alten Welt so ziemlich überall, und ähnlich ist es in den „Briefen von Amabed," in den „Reisen Scarmentado's", der „Geschichte Jenny's" und einigen anderen Erzählungen. In der Prinzessin von Babylon findet sich die Stelle: „Die Deutschen sind die Greise von Europa; die Engländer die Männer; die Franzosen die Kinder, und ich mag gerne mit Kindern spielen." Besonders Paris wird wiederholt geschildert; in der Erzählung: „Der Lauf der Welt, oder die Vision Babouc's", unter dem Namen von Persepolis. Hier hat es jedoch der Dichter darauf abgesehen, neben der Schatten-

feite der menschlichen Dinge auch ihre Lichtseite, die unlös-
liche Mischung von Gut und Uebel anschaulich zu machen.
„Die Mißbräuche", heißt es einmal, „zeigen sich dem Auge
haufenweise, während das verborgene Gute, das bisweilen
aus diesen Mißbräuchen selbst entspringt, uns entgeht."
So gibt es denn der Engel Ituriel endlich auf, Persepolis
zu strafen oder auch nur zu bessern, sondern „läßt die
Welt gehen, wie sie geht; denn", sagt er, „wenn Alles
auch nicht gerade gut ist, so ist doch Alles passabel." Bis
auf die Sterne dehnt sich die Reiselust aus in der ganz
in Swift'scher Manier gehaltenen Erzählung: „Mikro-
megas, eine philosophische Geschichte." Hier macht der
Bewohner eines der um den Sirius kreisenden Planeten
mit einem Saturnsbewohner eine Weltreise, die sie auch
auf unsere Erde führt; wo nun die Betrachtung der
menschlichen Dinge unter dem Gesichtspunkte des unendlich Kleinen — der Siriusmann mißt 120,000 Pariser
Fuß, der Saturnsbewohner 6000, und die Menschen
werden ihnen erst durch's Mikroskop sichtbar; auf dem
Siriusplaneten hat man 1008 Sinne, auf dem Saturn 72 —
mit Geist und Witz durchgeführt ist. Daß dabei zugleich
allerhand literarische Antipathien ihren Ausdruck finden, wie
z. B. der „Saturnszwerg" den verstorbenen Akademiepräsi-
denten Fontenelle, den Verfasser einer Schrift über die Mehrheit der Welten, vorstellen soll, ist ganz in Voltaire's Art.

Im Ingénu (was man „der Naturmensch" über-
setzen kann), sagt Schlosser, sei keine leitende Hauptidee,
und vielleicht ist ebendadurch dieser Roman der beste der

Voltaire'schen Romane geworden. Uebrigens hat er eine
sehr bestimmte Hauptidee: den Contrast von Natur und
Cultur, oder Natur und Convenienz. Die Natur roh,
aber gut und tüchtig; die Cultur fein, aber vielfach von
der Natur abgeirrt und verdorben. Die Natur ist dargestellt in der Person eines jungen Menschen, der, von
französischen Eltern in Canada geboren, nach deren Tode
unter den Huronen aufgewachsen ist und nun an der
französischen Küste landet. Schon hier kommt er, besonders nachdem er eine Geliebte gefunden, mit den Sitten
und Vorurtheilen der Culturwelt in allerhand lustige Con-
flicte, die aber sehr ernsthaft werden, als er die Reise
nach Paris unternimmt, wo sich der Arglose bald von
der Cabale widerstandlos umsponnen sieht. Wie ihn hier
in der Bastille (die kannte Voltaire!) ein daselbst schon
lange eingekerkerter Jansenist tröstet und unterrichtet, und
wie die Geliebte, die ihn zu suchen gleichfalls nach der
Hauptstadt gekommen ist, ihn zuletzt nicht anders als
durch das Opfer ihrer Ehre zu retten weiß und am
Schmerz darüber stirbt, ist nicht nur ein sprechendes
Sittengemälde aus der späteren Zeit Ludwigs XIV., in
welcher der Roman spielt, sondern auch an sich eine überaus ergreifende Schilderung. Und eben darum ist uns
der Ingénu der beste von Voltaire's Romanen, weil er,
wenigstens unter den größeren, der einzige ist, wo uns die
Personen und ihre Schicksale wirklich menschliche Theilnahme abgewinnen, ja wo diese überhaupt wirkliche Menschen sind. Sonst, im Candide z. B., im Zadig, sind es

nur Marionetten, die der Verfasser am Drahte regiert,
die er tanzen läßt, je nachdem es der Gedanke, den er
mittelst ihrer anschaulich machen will, erfordert. Die
Personen selbst sind ihm völlig gleichgültig, er treibt mit
ihnen nur seinen Spaß, und so oft es ihm passend scheint,
zieht er eine Klappe, die einen Schwall der buntesten und
unglaublichsten Schicksale über sie ausschüttet. Die mär=
chenhafte Welt der 1001 Nacht, worein er seine Erzäh=
lungen so gerne verlegt, das orientalische Costum, worein
er seine Personen kleidet, entbindet ihn vollends von der
Beobachtung der Gesetze psychologischer und pragmatischer
Wahrscheinlichkeit. Und doch ist und bleibt die Uraufgabe
des Romans die, menschliche Charaktere und menschliche
Schicksale mit menschlicher Theilnahme dichterisch darzu=
stellen. Man sagt wohl: es gibt auch philosophische, satirische,
humoristische Romane, deren Zweck ein anderer ist. Ganz
recht, es gibt solche; aber warum ist denn der Don
Quixote so einzig? der Tristram Shandy so ergötzlich?
Doch nur darum, weil dort der Ritter und sein Knappe,
obwohl zunächst nur als Zerrbilder angelegt, uns bald
als wirkliche Menschen Theilnahme abgewinnen, und etwas
Aehnliches wenigstens stellenweise auch in dem englischen
Romane der Fall ist.

Außer den Erzählungen in Prosa hat Voltaire auch
eine Reihe von Erzählungen in Versen geschrieben, denen
die ungemeine Leichtigkeit und Anmuth, womit er den
Vers und Reim handhabt, noch einen weiteren Reiz ver=
leiht. Mehrere gerade der zierlichsten dieser poetischen

Erzählungen, worunter ich nur das allerliebste „Was den Damen gefällt" namhaft machen will, erschienen unter dem Titel: Contes de Guillaume Vadé, im Jahr 1764, dem siebzigsten des Dichters, und erregten durch ihre jugendliche Frische die Vermuthung, Voltaire möge wohl aus seinen jüngeren Jahren noch Manches der Art liegen gehabt und nun erst veröffentlicht haben. Allein sein Secretär Wagnière, durch dessen Hände alle diese Dichtungen gegangen waren, konnte bezeugen, daß jene Vermuthung ungegründet, daß die Gedichte vielmehr vom neuesten Datum, die jugendlichen Blüthen dem Greisenalter des wunderbaren Mannes entsprossen seien.

Unter den historischen Arbeiten, die Voltaire in diesen Jahren veröffentlichte, stammte die bedeutendste ihrer Grundlage nach aus einer viel früheren Zeit. Die Marquise du Châtelet war es gewesen, für die er um 1740 herum zwei historische Arbeiten, eine Philosophie der Geschichte und einen Versuch über die Geschichte des menschlichen Geistes von der Zeit Carls des Großen bis auf unsere Tage, ausgearbeitet hatte. Jetzt, um 1756, ließ er, veranlaßt durch den unrechtmäßigen Abdruck eines formlosen Entwurfs der letzteren Arbeit, beide zusammen unter dem Titel: „Versuch über die Sitten und den Geist der Nationen und über die vornehmsten Thatsachen der Geschichte von Carl dem Großen bis auf Ludwig XIII." erscheinen. Dabei stellte er die „Philosophie der Geschichte" dem „Versuch über die Sitten 2c." als Einleitung voran; wodurch, da beides ursprünglich Schriften für sich gewesen waren, verschiedene Wiederholungen entstanden sind. Das Werk, das jetzt in den Octavausgaben der Voltaire'schen Werke vier Bände füllt, war seit seiner ersten Anlage vielfach erweitert und umgeformt worden; doch bewahrt es in der öfters wiederkehrenden Anrede noch die Spuren seiner ursprünglichen Bestimmung, die Voltaire nicht verwischen mochte.

Die geistreiche Frau, die sich für Mathematik und Naturwissenschaften so lebhaft interessirte, hatte, wie Voltaire ihre Bekanntschaft machte, eine Abneigung gegen die Geschichte. Der Grund lag in der Beschaffenheit der damaligen Geschichtsbücher. Die Massen von Einzelheiten, die in den Werken über allgemeine Geschichte zusammengehäuft waren, Fabeln und Thatsachen unkritisch durcheinandergemengt, ohne ordnenden Sinn und leitenden Gedanken, thaten ihrem philosophischen Geiste nicht genug. Sie suchte, wie Voltaire uns erzählt, eine Geschichte, die zum Verstande spräche, sie wollte ein Gemälde der Sitten, Auskunft über den Ursprung und die Veränderungen der Gewohnheiten, Gesetze und Meinungen, und das fand sie nirgends. Auch des berühmten Bossuet allgemeine Geschichte, die sie sofort zur Hand nahm, befriedigte sie nicht. Geist und Geschmack fehlte hier keineswegs; aber an der Treue der so beredt vorgetragenen Schilderungen kamen ihr gewichtige Zweifel, und weder der Standpunkt schien ihr richtig gewählt, noch der Umkreis der Betrachtung weit genug gezogen. Der theologische Verfasser bezog Alles auf das Christenthum, und in der vorchristlichen

Zeit waren ihm die Juden der Mittelpunkt der Welt=
geschichte. Griechenland und Rom, Persien und Aegypten
gingen zwar herkömmlich mit; aber von der Wiege der
menschlichen Cultur, dem höhern Orient, von Indien,
China, war keine Rede, auch die Araber, die doch so
mächtig in die Geschichte dreier Welttheile eingegriffen
haben, kamen nicht zu ihrem Rechte. Zudem schloß das
Werk mit Carl dem Großen; und gerade von hier an
schien der Marquise die Geschichte erst recht wichtig für
uns zu werden. Voltaire hatte also der Freundin zu
zeigen, daß es außer dieser geistlosen oder geistlich bor=
nirten Darstellung der Weltgeschichte, von der sie sich mit
Recht abgestoßen fand, auch noch eine andere, bessere,
gebe, und zu diesem Zweck entwarf er die beiden Ab=
handlungen, aus denen hernach das in Rede stehende
Werk erwachsen ist.

Voltaire faßt hier die Weltgeschichte als die Geschichte
des menschlichen Geistes, als Culturgeschichte auf. Dabei
unterscheidet er zwei Factoren: einen bleibenden, die mensch=
liche Natur selbst, und einen veränderlichen, die Meinung
und Gewohnheit. Alles was in unmittelbarer Beziehung
zur menschlichen Natur steht, gleicht sich von einem Ende
der Welt zum andern und in allen Zeiten; Alles was
von der Gewohnheit abhängt, ist verschieden, wechselt,
und es ist Zufall, wenn es an verschiedenen Orten und
zu verschiedenen Zeiten sich ähnlich ist. Die Natur gibt
dem Schauspiel der Welt seine Einheit, sie begründet
überall eine kleine Anzahl unveränderlicher Grundsätze;

die Sitte und Gewohnheit verleiht ihm ſeine Mannig=
faltigkeit. Da es die Geſchichte in erſter Linie mit dem
veränderlichen Factor zu thun hat, ſo iſt ſie Geſchichte
der Meinungen; die herrſchenden Meinungen beſtimmen
den Geiſt der Zeiten, und dieſer iſt es, der die großen
Weltbegebenheiten leitet, deſſen Erkenntniß als Faden durch
das Labyrinth der Ereigniſſe hindurchführt. So iſt in
der europäiſchen Geſchichte von Carl dem Großen an bis
auf die neuere Zeit der Kampf zwiſchen Kaiſerthum und
Pabſtthum das bewegende Princip; dieſer Kampf iſt aber
nur der zweier Meinungen: der von den Rechten des
Nachfolgers der Cäſaren auf der einen, und von den
Anſprüchen der Nachfolger des Petrus auf der andern
Seite. Nur von ſolchem Geſichtspunkt aus, der in den
Erſcheinungen die bewegenden Kräfte erkennt, wird das
Chaos der Geſchichte werth, daß die Blicke des Weiſen
darauf verweilen. An und für ſich iſt nach Voltaire die
Geſchichte nur „ein Wuſt von Verbrechen, Thorheiten und
Unfällen, worunter man bisweilen etliche Tugenden und
einige glückliche Zeiten bemerkt, wie zerſtreute Menſchen-
wohnungen in einer Wildniß. Man ſieht Irrthümer und
Vorurtheile ſich ablöſen und Wahrheit und Vernunft ver-
treiben. Man ſieht, wie die Klugen und Glücklichen die
Schwachen in Feſſeln ſchlagen und die Unglücklichen vernichten; und gleichwohl ſind dieſe Glücklichen ſelbſt ebenſo
nur Spielbälle des Glücks, wie die Sklaven, die ſie be-
herrſchen. Endlich klären ſich die Menſchen ein wenig
auf durch die Anſchauung ihrer Thorheiten und ihres

Unglücks; die Gesellschaften kommen mit der Zeit dazu, ihre Begriffe zu berichtigen, die Menschen lernen denken." Nach diesen Grundsätzen geht nun Voltaire die Geschichte durch, die alte nur in übersichtlicher Betrachtung, die neuere in immer ausführlicherer Erzählung; so daß die letzten Partien sich auch in der Form ganz an das Siècle de Louis XIV. anschließen.

Das Werk über die Sitten der Nationen ist eine der wichtigsten Arbeiten von Voltaire, wozu er durch Lord Bolingbroke die erste Anregung erhalten haben mag, dessen Briefe über das Studium und den Nutzen der Geschichte in den Gesichtspunkten viel Verwandtes bieten. Das Werk hat außerordentlich gewirkt und behauptet eine ehrenwerthe Stellung in der Reihe der Versuche des menschlichen Geistes, das Räthsel der Geschichte sich zu deuten. Wollen wir die Stufe, die es unter diesen Versuchen einnimmt, be= stimmter erkennen, so müssen wir es auf der einen Seite mit dem schon erwähnten Werke von Bossuet, auf der andern mit unseres Herder's Ideen zur Philosophie der Geschichte der Menschheit vergleichen. Bei Bossuet ist, was die Weltgeschichte leitet, ein göttliches wunderbares Thun, das unter aller menschlichen Gegenwirkung, mittelst eines erwählten Volkes und berufener Werkzeuge, seine höheren Zwecke durchführt. Bei Voltaire ist von solcher Leitung, solchen übernatürlichen Zwecken und Mitteln keine Rede; die menschliche Natur hat es lediglich mit sich selbst und der äußern Natur zu thun; es sind ihre Kräfte und Leidenschaften, bald gefördert, bald gehemmt durch die

Naturkräfte, deren Wechselspiel den Lauf der Geschichte
bestimmt, bei welchem schließlich herauskommt, was eben
herauskommen kann. Bei Herder ist es wieder wie bei
Bossuet ein göttlicher Plan, der sich aber ohne wunderbare Mittel, lediglich mittelst der Kräfte und Anlagen der
menschlichen Natur selbst, vollzieht; es gibt keine über-
natürliche Offenbarung, kein ausschließlich erwähltes Volk,
sondern alle Völker sind die Gegenstände der göttlichen,
aber durchaus natürlichen, Erziehung des Menschen-
geschlechts. Wenn dann weiterhin Hegel in seiner Philosophie der Geschichte den Begriff des Göttlichen ganz
in den Begriff des Geistes auflöst, so scheint er einerseits auf den Standpunkt von Voltaire zurückgekehrt zu
sein; sofern jedoch der Geist nach bestimmten Gesetzen
sich entfaltet und vorwärts schreitet, ist doch zugleich der
Gedanke eines Zweckes, einer göttlichen Erziehung der
Menschheit, gewahrt; nur daß diese durchaus als Selbst-
erziehung, der Zweck als immanenter, als der innere
Entwicklungstrieb des Geistes gefaßt ist. Nach Voltaire
ist — wenn er uns gestatten will, einen Ausdruck von
dem Hanswurst Shakespeare zu borgen — die Weltgeschichte Tollheit, doch hat sie Methode, und diese Methode
können wir erkennen: nach Hegel ist, was sich begreifen
läßt, was Methode hat, keine Tollheit, sondern Vernunft,
und wem es als Tollheit erscheint, der hat es eben noch
nicht recht begriffen.

Ich habe vorhin die Besprechung von Voltaire's
Romanen und Erzählungen an ein furchtbares Natur-

ereigniß angeknüpft, das zu einer derselben die Veranlassung gab: ich kann eine andere Reihe von Schriften,
die ausschließlich dieser letzten Periode seines Lebens an-
gehören, an ein Ereigniß in der moralischen Welt an-
knüpfen, das, hauptsächlich allerdings durch seine Bemühungen, in der ganzen civilisirten Welt kaum minderes
Entsetzen verbreitete, als das Erdbeben von Lissabon. Ich
spreche von der Hinrichtung des Jean Calas in Toulouse
am 9. März 1762. Die Geschichte dieses Justizmordes
ist bekannt. Eine ehrbare huguenottische Kaufmanns-
familie lebte in jener Stadt, der ehemaligen Heimath der
Albigenser, wo jedoch seit der grausamen Ausrottung dieser
reformatorischen Secte zu Anfang des dreizehnten Jahrhunderts der finsterste katholische Fanatismus unter der
Bevölkerung Platz gegriffen hatte. Der älteste Sohn dieser
Familie, Marc=Antoine, war eines Abends im elterlichen
Hause erhenkt gefunden worden. Der jüngere Bruder
und ein besuchender Freund - hatten die Entdeckung gemacht, der herbeigerufene Vater schickte zum Wundarzt
um Hülfe, dem er aber, um die Ehre der Familie nicht
bloszustellen, nicht sagte, in welcher Situation er den
Entseelten gefunden. Der Chirurg, wie er am Halse die
Spuren des Strickes bemerkt, ruft aus: der ist erdrosselt
worden. Wie ein Lauffeuer verbreitet sich die Kunde durch
die Stadt, der Pöbel sammelt sich um das Haus, der
Capitoul oder Bürgermeister, ebenso blind fanatisch wie
der Pöbel, erscheint mit Mannschaft, läßt den Leichnam
untersuchen und setzt die Familie fest. Ein jüngerer Bruder

des Erhenkten war katholisch geworden, ohne mit der Familie zu zerfallen; eine katholische Magd, die zu diesem
Uebertritte am meisten mitgewirkt hatte, war unangefochten
im Hause geblieben; den Aeltesten hatte man oft verdrießlich und mit dem Vater gespannt gesehen, die Verweise
des Vaters hatten dem müßigen Zerstreuungsleben des
Sohnes gegolten: aber der Pöbel ließ sich nicht nehmen,
die Veranlassung sei gewesen, daß auch Antoine habe
katholisch werden wollen, wofür er vom Vater gescholten
und endlich erdrosselt worden sei. Denn es sei geheimer
Grundsatz bei den Protestanten, dem Rücktritte der Ihrigen
in den Schooß der katholischen Kirche durch Ermordung
derselben zuvorzukommen. Jetzt galt der muthmaßliche
Selbstmörder vielmehr als Märtyrer der wahren Religion;
die weißen Büßer, eine geistliche Bruderschaft der Stadt,
trugen in Procession seine Leiche in die Kirche, wo ein
feierliches Todtenamt gehalten und auf einem Katafalk ein
Geripp ausgestellt wurde, in der einen Hand ein Papier
mit den Worten: ich sage der Ketzerei ab, in der anderen
einen Palmenzweig. Die Sache kam vor das Parlament
von Toulouse, dessen Mehrheit aber, wie der Bürgermeister
von dem herrschenden Volkswahne hingenommen, nach einer
höchst unförmlichen Untersuchung, in welcher begreiflich die
Folter nicht fehlte, den Vater zum Tode durch das Rad,
den Sohn, der den Erhenkten zuerst gesehen, zu lebensläng-
licher Verbannung verurtheilte. Die Hinrichtung wurde voll-
streckt, nachdem der Verurtheilte bis zum letzten Augenblicke
bei der Betheuerung seiner Unschuld geblieben war.

Voltaire erfuhr zuerst durch Reisende, die aus dem
südlichen Frankreich kamen, von der entsetzlichen Geschichte,
zog brieflich nähere Erkundigungen ein und erhielt bald
Gelegenheit, den jüngsten Sohn des Hingerichteten, Donat
Calas, über die Verhältnisse der Familie zu befragen.
Dieser jüngste war von Nimes, wo er als Handlungs-
lehrling sich aufhielt, im Schrecken über das Unheil, das
seine Familie betroffen, in die Schweiz geflohen; der arme
Junge machte auf Voltaire einen so guten Eindruck, und
dieser glaubte daraus für den moralischen Werth der
Familie so günstige Folgerungen ziehen zu dürfen, daß er
beschloß, sich ihrer Sache mit vollem Ernste anzunehmen.
Der uneigennützige Eifer, den Voltaire hiebei zeigte, die
Unzahl von Briefen, die er nach allen Richtungen hin
schrieb, die unsägliche Mühe, die er sich gab, erst die Be-
weismittel zusammenzubringen, dann in Paris die ersten
Advocaten für die Unglücklichen zu gewinnen; die Denkschriften, die er in rascher Folge in das Publikum warf,
um die allgemeine Aufmerksamkeit auf die Sache zu
lenken; die Verwendung endlich bei seinen reichen und
hohen Gönnern um Unterstützung für die an den Bettel-
stab gebrachte Familie: das alles verdient unsere höchste
Anerkennung und Bewunderung. Und sage man nicht,
da es ein Justizmord aus religiösem Fanatismus gewesen,
so habe Voltaire diese Gelegenheit natürlich gerne benutzt,
dem letzteren einen Streich zu versetzen. Das hat er gethan, vor Allem in dem berühmten „Tractat über die
Toleranz aus Veranlassung des Todes von Jean Calas";

dieser Beweggrund wirkte mit, aber war weder der einzige noch der erste. Das menschliche Gefühl in Voltaire, der Sinn für Gerechtigkeit und Humanität fanden sich aufs empfindlichste verletzt; er schämte sich, ein Franzose, ja ein Mensch zu sein solchen Gräueln gegenüber; es geht eine fieberhafte Erregung durch die Briefe, die er in dieser Angelegenheit schrieb. Wenn er später versicherte, während der drei Jahre, bis er damit zum Ziele kam, sei kein Lächeln auf seine Lippen gekommen, das er sich nicht wie ein Verbrechen zum Vorwurf gemacht habe, so ist dieß zwar sehr rednerisch ausgedrückt, aber kaum übertrieben. Indeß nach diesen drei Jahren gelangte er wirklich zum Ziele. Auf Betreiben hochgestellter Personen, die Voltaire für die Sache zu interessiren wußte, hatte der König einem oberen Gerichtshof in Paris die Revision des Processes übertragen, und dieser erklärte einstimmig am 9. Mai 1765, demselben Tage, wo vor drei Jahren Jean Calas hingerichtet worden war, den Urtheilsspruch des Parlamentes von Toulouse für nichtig, den Hingerichteten sammt seiner Familie für unschuldig, und bald darauf bewilligte der König den Hinterbliebenen für die erlittenen Vermögensverluste eine Entschädigung von 36,000 Livres. Mit vollem Rechte schrieb damals d'Alembert an Voltaire: „Daß die Calas ihren Proceß so vollständig gewonnen, das haben sie Ihnen zu verdanken. Sie allein haben ganz Frankreich und ganz Europa zu ihren Gunsten in Bewegung gesetzt."

Doch wie bei Erdbeben auf den ersten Stoß nach einiger Zeit in der Regel noch ein zweiter und dritter

folgt, so saß im Winter 1761 auf 62 die Familie Calas
noch im Gefängniß, als bereits an einem anderen Orte
des südlichen Frankreichs ein ganz ähnlicher Fall die Auf=
merksamkeit erregte. Bei Castres, im Gerichtssprengel von
Toulouse, lebte auf einem kleinen Grundstück die gleichfalls
protestantische Familie Sirven, aus Vater, Mutter und drei
Töchtern bestehend. Die jüngste von diesen wurde eines
Tages dem Bischof von Castres vorgestellt, der, wie er hört,
daß sie Protestantin ist, sie in eine Art von Kloster steckt,
wo sie für die alleinseligmachende Kirche gewonnen werden
soll. Da Zureden nicht fruchten wollte, nahm man zur
Ruthe die Zuflucht; in Folge dieser Behandlung verfiel das
arme Kind in Geistesstörung, entsprang und stürzte sich bald
hernach auf freiem Feld in einen Brunnen. Der Vorgang
in Toulouse wies auch hier der öffentlichen Stimme den
Weg. Wie dort der Vater mit Beistand der Familie den Sohn
gehenkt, so hatte hier der Vater mit Hülfe der Seinigen
die Tochter ersäuft, und aus demselben Grunde, weil sie,
auf den freundlichen Zuspruch im Kloster hin, im Begriffe
stand, katholisch zu werden. Die Geistlichen hetzten, der
Pöbel wollte das Haus stürmen, die Verhaftung der
Familie stand unmittelbar bevor: da ergriff diese, durch
das Schicksal der Calas geschreckt, mitten in einer Winter=
nacht die Flucht und entkam nach unsäglichen Mühselig=
keiten in die Schweiz. In Castres wurde mittlerweile
den Abwesenden der Proceß gemacht, ihre Habe mit Be=
schlag belegt, die Eltern zum Tode, die Schwestern zur
Verbannung verurtheilt. Bereits war in der Schweiz

Voltaire als der Patron der Familie Calas bekannt; so wandten sich auch die Sirven an ihn, und nachdem er sich durch Erkundigung und Beobachtung von ihrer Unschuld überzeugt hatte, trug er keinen Augenblick Bedenken, sich ihrer mit demselben thätigen Eifer wie der Calas anzunehmen. Seine Schuld war es nicht, daß die Sache dießmal langsamer ging; die Beweisstücke waren schwieriger herbeizuschaffen, ein Anwalt in Paris nicht so schnell gefunden. Endlich aber gelang es Voltaire's unermüdlichen Bemühungen auch hier, die Revision des Processes und die Umstoßung des ungerechten Urtheils herbeizuführen.

Noch war dieser Rechtshandel nicht ausgetragen, als in einem anderen Theile des Königreichs eine Hinrichtung erfolgte, die auf Voltaire einen beinahe noch entsetzlicheren Eindruck als die von Jean Calas machte. In Abbeville in der Picardie waren zwei junge Leute, von 17 und 18 Jahren, der eine der Sohn eines Officiers, de la Barre, der andere der Sohn eines Präsidenten, d'Etallonde, beschuldigt, das hölzerne Crucifix auf der Brücke beschädigt, vor einer Procession von Kapuzinern den Hut nicht abgenommen und religiös anstößige Lieder gesungen zu haben. Bewiesen waren eigentlich nur die zwei letzteren Punkte; der Hauptpunkt, die Beschädigung des Crucifixes, war weiter nichts als ein Bezicht; überdieß waren bei dem ganzen Handel die elendesten persönlichen Gehässigkeiten und Hetzereien im Spiele. Dessen unerachtet wurden die beiden jungen Leute zum grausamsten Tode verurtheilt: dem Etallonde sollte die Zunge ausgeschnitten, die rechte

Hand abgehauen, und er sofort auf dem Marktplatze der
Stadt lebendig verbrannt werden; doch ihm gelang es,
nach Deutschland zu entkommen, wo er in preußische
Militärdienste trat. Gegen de la Barre, der in den Händen der Justiz blieb, wurde das Urtheil dahin gemildert,
daß er erst enthauptet, dann verbrannt, aber vorher, um
ihm Geständnisse abzudrängen, gefoltert werden sollte.
Nachdem er vergebens an das Pariser Parlament appellirt,
dann die Folter mit männlicher Standhaftigkeit ausge-
halten, wurde er am 5. Juni 1766 hingerichtet. Was
an diesem Todesurtheile Voltaire so besonders abscheulich
vorkam, war der Umstand, daß in den beiden früheren
Fällen die Personen fälschlich eines wirklich todeswürdigen
Verbrechens schuldig erkannt waren, hier aber zum todeswürdigen Verbrechen gestempelt wurde, was höchstens ein
polizeilich zu rügendes Vergehen war. Das Verfahren
gegen die Jünglinge von Abbeville beruhte auf der blöd-
sinnigen Vorstellung, die damals im Gebiete der Criminal-
gesetzgebung noch in unangefochtener Geltung stand, daß
es außer den Verbrechen gegen Menschen auch noch Verbrechen gegen Gott unmittelbar gebe, die noch strenger
als jene zu bestrafen seien. „Ich begreife nicht", schrieb
damals Voltaire an d'Alembert, der ihm die Sache zu gleichmüthig aufzunehmen schien, „wie denkende Wesen in einem
Lande von Affen bleiben mögen, die so oft zu Tigern werden.
Was mich betrifft, so schäme ich mich, auch nur an der Grenze
zu wohnen. Nein, jetzt ist keine Zeit zu scherzen mehr;
Witzworte passen nicht zu Schlächtereien. Wie? in Abbe-

ville verurtheilen Busiris' im Richtergewande Kinder von
16 Jahren, und ihr Spruch wird bestätigt, und die Nation
läßt es sich gefallen. Kaum spricht man einen Augenblick
davon, und geht dann in die komische Oper. Es ist wohl
eine Schande, daß ich in meinem Alter noch so lebhaft em=
pfinde. Ich beweine die jungen Leute, denen man die Zunge
ausreißt, während Sie, mein Freund, sich der Ihrigen be=
dienen, um höchst anmuthige Dinge zu sagen. Sie verdauen
also gut, mein lieber Philosoph, und ich verdaue nicht. Sie
sind noch jung, und ich bin ein alter kranker Mann; ent=
schuldigen Sie meine Traurigkeit." Die Cassation des Ur=
theils von Abbeville auszuwirken, gelang Voltaire nicht; wie
er aber in der Folge der Wohlthäter des überlebenden von
den beiden Verurtheilten wurde, davon wird später zu reden
sein. Noch verschiedener Rechtshändel ähnlicher Art nahm
sich Voltaire im Laufe der folgenden Jahre an; immer
waren es seiner Ueberzeugung nach ungerechte Urtheilssprüche,
deren Vollzuge er entweder zuvorzukommen, oder deren Opfer
er doch nachträglich zu rechtfertigen suchte, während er die
Fälle als warnende Beispiele für die Zukunft hinstellte.

Denn wenn es ihm auch jedesmal zunächst um den
einzelnen Fall zu thun war, der seine menschliche Theil=
nahme erregt hatte, so hatte er doch immer zugleich das
Allgemeine, die Verbesserung der Rechtspflege überhaupt,
im Auge, die damals, besonders in Frankreich, noch tief
im Argen lag. Die Tortur, wie wir gesehen haben, stand
noch im schönsten Flor; das Beweisverfahren war ein
höchst mangelhaftes; die Urtheilssprüche der Collegien

wurden ohne Motivirung abgegeben; es fehlte an Gleichförmigkeit der Gesetze in den verschiedenen Provinzen, wie
an einem geordneten Instanzenzuge; und was ein besonders verderblicher Uebelstand war, die Richterstellen wurden gekauft. Dazu kam das barbarische Mißverhältniß
zwischen den Vergehungen und den Strafen. Die Todesstrafe wurde weit über ihr natürliches Gebiet hinaus
angewendet und durch Handabhacken und Zungenaus-
schneiden, glühende Zangen und Rad in einer Weise ver-
schärft, die ebenso dem Zweck der Strafe, wie dem menschlichen Gefühle zuwiderlief. Als daher im Jahre 1764
der Marchese Beccaria sein Werk über Verbrechen und
Strafen erscheinen ließ, erkannte Voltaire in ihm freudig
einen Genossen seiner Bestrebungen, gab einer der Schriften über die Hinrichtung be la Barre's die Form eines
Sendschreibens an ihn und schrieb später über sein be-
rühmtes Werk einen Commentar. Ebenso unermüdlich
wie nachdrücklich drang er auf einfache und gleichförmige
Strafgesetzgebung, gründlichere und humanere Untersuchung, gewissenhaftere Wägung der Zeugnisse, Ab-
schaffung der Tortur wie der Verschärfungen der Todesstrafe; ja diese selbst wollte er, mit eigentlich nur schein-
baren Ausnahmen, in Zwangsarbeit verwandelt wissen.
Daß in dem monarchischen Frankreich Todesurtheile voll-
streckt werden konnten, ohne daß die Proceßacten vorher
dem König und seinem Rathe zur obersten Prüfung vorgelegt waren, würde man heute kaum glauben, wenn nicht
dieser Punkt unter Voltaire's Desiderien eine Hauptstelle

einnähme. Die Träger aller dieser Mängel und Miß=
bräuche in Frankreich waren die Parlamente, die freilich
auf der andern Seite zugleich, vermöge der politischen
Befugnisse, die sie sich anzueignen gewußt hatten, die
letzten Schranken der königlichen Willkür bildeten. Als
daher im Jahr 1771 der Kanzler Maupeau eine gewalt=
same Umbildung des französischen Gerichtswesens unter=
nahm und insbesondere das Pariser Parlament auflöste,
befand sich Voltaire mit der öffentlichen Stimme im
Widerspruch. Diese verurtheilte die Maßregel vom poli=
tischen Standpunkt aus; Voltaire war mit dem Ein=
schreiten gegen eine verrottete, fortschrittsfeindliche juri=
stische Körperschaft einverstanden, und der Erfolg, nachdem
durch Ludwig XVI. die alten Parlamente wiederhergestellt
waren, hat seinem Urtheil nicht ganz Unrecht gegeben.

Doch auch über das Gebiet der Rechtsgesetzgebung
und Rechtspflege hinaus, auf das der Verwaltung und
Staatseinrichtung überhaupt, erstreckten sich Voltaire's
reformatorische Bestrebungen. Hier wirkten die Eindrücke,
die er während seiner jungen Jahre in England erhalten
hatte, lebenslänglich in ihm fort. Er will Freiheit, aber
die Freiheit besteht ihm darin, nur vom Gesetz abzu=
hängen. Als Menschen sind wir alle gleich, aber nicht
als Glieder der Gesellschaft. Die beste Verfassung ist, wo
alle Stände gleichmäßig vom Gesetze geschützt sind. Unter
den Ständen ist es vorzugsweise der Bauernstand, dessen
Voltaire sich annimmt, der geistliche, dessen Vorrechte er
bekämpft. Die Steuerfreiheit der geistlichen Güter findet

er ebenso ungerecht als staatsverderblich; die Klöster zur
Aufhebung oder möglichsten Beschränkung reif. Im Jahr
1770 schrieb er eine „Vorstellung an sämmtliche Obrigkeiten des Reichs" im Namen des ohnehin so beschwerten
Bauernstandes gegen die Fastengesetze und das Verbot
der Arbeit an Sonn= und Feiertagen, deren ohnehin zu viele
seien. Zu einer ganzen Reihe von Eingaben und Schriften
aber veranlaßte ihn während seiner letzten Lebensjahre der
furchtbare Druck, unter welchem er die leibeigenen Bauern
der Stiftsherren von St. Claude in seiner Nachbarschaft
seufzen sah. In allen möglichen Formen, geschichtlichen und
Rechtsdeductionen, Eingaben der Bauern und beweglichen
Schilderungen ihres Pfarrers, sucht er die Grundlosigkeit der
Rechtstitel, das Wachsthum der Mißbräuche, das Empörende
des Zustandes, die Dringlichkeit der Abhülfe anschaulich zu
machen. Jeder Mensch, führt er aus, hat ein natürliches
Recht der freien Verfügung über seine Person, seine Familie
und sein Vermögen. Ueberhaupt: „die Gesetzgebung ist die
Kunst, die Völker glücklich zu machen und zu schützen;
Gesetze, die dem entgegenwirken, stehen im Widerspruch mit
ihrem Zweck, und müssen daher abgeschafft werden."

Es war nicht Voltaire's Schuld, daß seine Bemühungen
in diesem Falle fruchtlos blieben; denn er hatte auch dießmal, neben seinem gewöhnlichen Eifer, sein ganzes Talent
der Darstellung und der Rede eingesetzt. Und so sei denn
hier, da von einem erreichten Zwecke nichts zu melden ist, ein
Wort von diesem gewaltigen Mittel gesagt. In der That, von
Voltaire's Sprache und Stil kann an jeder Stelle einer ihm

gewidmeten Darstellung geredet werden, weil sie an jeder
Stelle seines Wirkens in's Spiel und in Betrachtung kommen.
Auch läßt sich kurz darüber reden, so viel darüber zu sagen
wäre. Voltaire steht unter den Meistern der Sprache und
des Stils in erster Reihe. Und zwar ist er, was zunächst die
Prosa betrifft, dieser große Meister gleicherweise in allen
Fächern: in der geschichtlichen wie in der Romanerzählung,
in der affectvollen Rede wie in der philosophischen Erörterung, im Geplauder des Briefes wie im Witz- und Zorngefechte
der Streitschrift. Auch sind die Vorzüge überall dieselben:
einfache Natürlichkeit, durchsichtige Klarheit, lebendige Beweglichkeit, gefällige Anmuth. Wärme und Nachdruck fehlen,
wo sie hingehören, nicht; gegen Schwulst und Affectation des
Stils kam der Widerwille aus Voltaire's innerster Natur;
wie andererseits, wenn zuweilen Muthwille oder Leidenschaft
seinen Ausdruck ins Gemeine herabzogen, die Schuld nicht
am Stilisten, sondern am Menschen in ihm lag. Im Verse
kommen ihm die entsprechenden Vorzüge zu Statten für die
Fächer der komischen Erzählung und des leichten Gelegen-
heits- oder Sinngedichtes: seine Pucelle, verschiedene seiner
contes und eine große Zahl der sogenannten fugitives sind
unnachahmliche Meisterstücke des dichterischen Ausdrucks und
der Versbehandlung; während er in der Ode den fehlenden
Schwung nicht selten durch Declamation zu ersetzen sucht
und im ernsten Heldengedicht wie im Drama dem Unsegen
des Alexandriners nicht so glücklich zu begegnen gewußt
hat, als dieß dem Urtheil seiner Landsleute zufolge vor
ihm einem Racine und andern nach ihm gelungen ist.

V.

Als Philosophen pflegt man Voltaire über die Achsel anzusehen, ihm Eigenthümlichkeit, Gründlichkeit und besonders den Ernst abzusprechen. Er gilt nun einmal für frivol: so kann es ihm auch hier nicht um die Aufgaben selbst, sondern nur um ein Spiel seines Geistes und Witzes zu thun gewesen sein. Allein schon bei Betrachtung seiner Romane haben wir gesehen, wie angelegentlich ihn gewisse hiehergehörige Fragen, vornehmlich die von dem Uebel in der Welt und der Theodicee, beschäftigten; und auch was wir zuletzt über seine Bemühungen für unschuldig Verurtheilte oder ungerecht Unterdrückte zu sagen hatten, zeigt in dem Spötter zugleich einen ernsten Sinn und ein warmes Herz. Noch bestimmter sehen wir in seinen eigentlich philosophischen Schriften, daß die großen Fragen nach dem Dasein Gottes, der Natur und Bestimmung des Menschen, der Freiheit des menschlichen Willens und der Unsterblichkeit der menschlichen Seele ihn lebenslänglich umgetrieben haben; daß

er immer neue Versuche gemacht hat, diesen Fragen gerecht zu werden und wenigstens so viel Licht darüber zu
verbreiten, als ihm bei der von ihm so tief empfundenen
Beschränktheit des menschlichen Erkenntnißvermögens er-
reichbar schien. Und man darf nur hören, welchen Ton
er anschlägt, wenn er von diesen Dingen spricht, um sich
zu überzeugen, daß es ihm damit redlicher Ernst war; in
das Scherzen und Spotten verfällt er in der Regel nur
dann, wenn er es mit menschlichem Dünkel zu thun hat,
der sich einbildet, diese endlosen Probleme endgültig ge-
löst zu haben, und sich mit philosophischem Dogmatismus
dem theologischen zur Seite stellt. Originell ist Voltaire
als Philosoph allerdings nicht, sondern in der Hauptsache
Verarbeiter englischer Forschungen; dabei erweist er sich
aber durchaus als freien Meister des Stoffes, den er mit
unvergleichlicher Gewandtheit von allen Seiten zu zeigen,
in alle möglichen Beleuchtungen zu stellen, und dadurch,
ohne streng methodisch zu sein, auch den Forderungen der
Gründlichkeit zu genügen weiß.

Voltaire's philosophische Schriftstellerei erstreckt sich
von seiner Rückkehr aus England, am Anfang seiner Mannesjahre, bis in sein letztes Lebensjahr hinein; so jedoch,
daß, ähnlich wie bei Lessing, und wie es bei einer zwischen
Kritik und Poesie schwankenden Natur sich von selbst
ergibt, vorzugsweise die späteren Jahre den philosophisch-
theologischen Studien gewidmet sind. Außer dem „metaphysischen Tractat", den er um die Mitte der dreißiger
Jahre für die Marquise du Châtelet schrieb, und der erst

nach seinem Tode im Druck erschienen ist, gehören die wich=
tigeren philosophischen Schriften Voltaire's sämmtlich dem
letzten Abschnitt seines Lebens an.   Vielgestaltig wie er war,
hat er auch diesen philosophischen Bekenntnissen die verschie=
densten Formen gegeben.   Es lag etwas Encyklopädisches
im Geiste jener Zeit; um die Mitte des Jahrhunderts
hatten Diderot und d'Alembert, unter Mitwirkung einer
Anzahl von Gelehrten der freieren Richtung, das große
Sammelwerk der Encyklopädie, eines Wörterbuchs sämmt=
licher Wissenschaften, Künste und Gewerbe, unternommen,
das unter fortwährenden Schwierigkeiten und Kämpfen,
die den einen der Unternehmer, d'Alembert, zum Rück=
tritt von der Redaction veranlaßten, binnen zweier Jahr=
zehnte doch wirklich zu Ende geführt wurde.   Voltaire,
zur Theilnahme aufgefordert und bereit, trat eine Zeit
lang mit d'Alembert zurück; der standhaft gebliebene der
beiden Dioskuren stand ihm ferner und sagte ihm, wie
auch Friedrich dem Großen, um seines enthusiastisch=dema=
gogischen Wesens willen weniger zu; doch machte ihn das
Zeitgemäße des Unternehmens dem Zureden Diderots
bald geneigt, und er arbeitete während der ersten Jahre
seines Aufenthalts am Genfer See eine Reihe von Arti=
keln für die Encyklopädie.   Sie greifen in verschiedene
Fächer ein, sind historischen und ästhetischen, philosophischen
und theologischen Inhalts.   Auch für sich gab Voltaire im
Jahr 1764 ein „philosophisches Wörterbuch" heraus, das
er aber, da es ihm Verantwortung zuzuziehen drohte, zu
verleugnen für gut fand und später in veränderter und

erweiterter Gestalt als „Fragen über die Encyllopädie"
wieder erscheinen ließ; bis zuletzt die Herausgeber seiner
Werke diese sämmtlichen Artikel, sammt den für die Encyklopädie gearbeiteten, unter dem Titel eines philosophischen
Wörterbuchs in 7 Bänden zusammenstellten. Hier findet
man unter den Artikeln Ame, Athée, Causes finales,
Dieu u. s. f. eine Reihe von Abhandlungen, aus denen
sich das Ganze von Voltaire's philosophischen Ansichten
entwickeln läßt. Es kam aber während der folgenden Jahre
noch eine beträchtliche Anzahl weiterer Schriften über die
gleichen Gegenstände hinzu. Im Jahr 1766 die gediegene
Abhandlung: „Der unwissende Philosoph"; 1770 die Abhandlung: „Alles in Gott, oder Commentar zu Mallebranche"; zwei Jahre darauf der Tractat: „Man muß
Partei nehmen, oder das Princip der Thätigkeit", und in
ebendemselben Jahre die sogenannten „Briefe des Mem-
mius an Cicero". Auch in dialogischer Form legte Voltaire seine philosophischen Untersuchungen gerne dar; wie
denn seine Gespräche zwischen „Lucrez und Posidonius",
zwischen „Cu-Su und Kou" und vor Allem die „Dialoge
des Euhemerus" zu seinen wichtigsten philosophischen Schriften gehören. Lehrgedichte als Gefäße seiner philosophischen
Ueberzeugungen sind uns bereits vorgekommen.

Um die Art kennen zu lernen, wie Voltaire an diese
Aufgaben herantrat, den Boden, worauf er sich dabei
stellte, will ich eine Stelle aus seiner metaphysischen Abhandlung für die Marquise du Châtelet anführen, die, nur
wenig umgestaltet, in verschiedenen seiner Schriften wie-

verkehrt. Wie wir, um das richtige System der Planeten-
bewegung zu finden, uns von unserer Erde hinweg auf
die Sonne versetzen müssen, so, meint er, müssen wir, um
den Menschen richtig aufzufassen, uns aus dem Kreise der
menschlichen Vorurtheile hinaus, in die Lage eines Mars-
oder Jupiter-Bewohners denken, der auf die Erde herun-
terkäme. „Herabgestiegen auf diesen kleinen Kothhaufen,"
sagt er, „und ohne weitere Vorstellung von dem Menschen,
als dieser von den Bewohnern des Mars oder Jupiter
hat, lande ich an den Ufern des Oceans im Kaffernlande
und lege mich vor Allem auf Kundschaft nach dem Menschen. Ich sehe Affen, Elephanten, Neger, die sämmtlich
einen gewissen Schimmer einer unvollkommenen Vernunft
zu haben scheinen. Die einen wie die anderen haben eine
Sprache, die ich nicht verstehe, und alle ihre Thätigkeiten
scheinen sich gleicherweise auf einen bestimmten Zweck zu
beziehen. Wollte ich die Dinge nach dem ersten Eindruck
beurtheilen, den sie auf mich machen, so wäre ich geneigt
zu glauben, daß unter allen diesen Wesen der Elephant
das vernünftigste ist; doch um keine übereilte Entscheidung
zu treffen, nehme ich einige von den Jungen dieser verschiedenen Wesen zur Vergleichung. Ich beobachte ein
Negerkind von sechs Monaten, einen kleinen Elephanten,
einen kleinen Affen, einen kleinen Löwen, einen kleinen Hund.
Da finde ich ganz zweifellos, daß diese jungen Thiere alle
ungleich mehr Kraft und Geschick, mehr Vorstellungen und
Leidenschaften, mehr Gedächtniß haben als der kleine Neger,
daß sie auch ihre Wünsche viel deutlicher auszudrücken im

Stande sind. Doch nach einiger Zeit ändert sich das Verhältniß. Der kleine Neger zeigt so viele Vorstellungen,
wie sie alle; ja bald gewahre ich auch, daß diese Neger-
thiere unter sich eine viel biegsamere und mannigfaltigere
Sprache haben als die übrigen Thiere. Ich nehme mir
die Zeit, diese Sprache zu lernen, und in Erwägung des
wenn auch geringen Grades von Ueberlegenheit, die sie
in die Länge über die Affen und Elephanten behaupten,
wage ich endlich zu urtheilen, daß dieß in der That der
Mensch sei, von dem ich mir nun folgende Definition
mache: Der Mensch ist ein schwarzes Thier, das Wolle
auf dem Kopfe hat, auf zwei Tatzen geht, fast ebenso geschickt wie ein Affe, weniger stark als die anderen Thiere
seiner Größe, mit etwas mehr Vorstellungen als sie und
mehr Leichtigkeit, dieselben auszudrücken; übrigens ganz
denselben Nothwendigkeiten unterworfen, geboren, lebend
und sterbend wie sie." Indem nun der unbefangene Beob-
achter sich auch noch an andere Punkte des Erdballs begibt, andere Thiere als Elephanten und Affen, und statt
der schwarzen braune und weiße Menschen mit anderen
Vorstellungen kennen lernt, erweitert er zwar seine Definition des Menschen, ohne jedoch den Standpunkt, den er
einmal für die Betrachtung desselben eingenommen hat, zu
verlassen. Insbesondere bleibt es für ihn und bleibt für
Voltaire ausgemacht, daß dem Menschen wie den Thieren
seine ersten Vorstellungen aus den Sinneseindrücken
kommen. Das Gedächtniß bewahrt diese Eindrücke auf,
wir setzen sie zusammen und ordnen sie unter allge-

meinen Vorstellungen, die wir jedoch gleichfalls nur von den einzelnen abgezogen haben; und aus dieser Fähigkeit, die wir besitzen, unsere Vorstellungen zusammenzusetzen und zu ordnen, gehen alle menschlichen Erkenntnisse hervor.

Da es weiterhin nur die bekannte Vorstellungsart des Locke'schen Sensualismus ist, die uns hier bei Voltaire entgegentritt, so halten wir uns nicht länger dabei auf, sondern wenden uns sogleich zu den beiden Punkten, an denen, neben der Ansicht über die Natur des menschlichen Erkennens, jede philosophische Weltanschauung sich am bestimmtesten kennzeichnet: den Vorstellungen von Gott und, was mit der Erkenntnißtheorie zusammenhängt, von der menschlichen Seele. Wenn man in ersterer Beziehung von Voltaire bisweilen als von einem Atheisten sprechen hört, so kann dieß so in's Allgemeine hin nur von solchen geschehen, die ihn lediglich vom Hörensagen kennen. Mit der näheren Bestimmung jedoch, daß Voltaire zwar einen Gott gelehrt, für sich jedoch an sein Dasein nicht geglaubt habe, ist es auch von solchen behauptet worden, denen die Kenntniß seiner Schriften nicht abzusprechen ist. Der Anlaß zu dieser Meinung liegt in der Art, wie Voltaire das Dasein Gottes zu begründen sucht. Er hat dafür zwei Beweise, und von diesen ist der eine allerdings so beschaffen, daß er auch den andern verdächtig machen könnte. Dieser eine nämlich ist nichts weiter als ein Nützlichkeitsbeweis, der Nachweis, daß der Glaube an einen Gott für den Bestand der menschlichen Gesellschaft nicht wohl zu entbehren sei. „Dieser heiligen

Lehre," sagt Voltaire in einem Gedicht „an den Verfasser des neuen Buches von den drei Betrügern":

> Der heil'gen Lehre kann die Menschheit nicht entrathen,
> Sie ist das feste Band der Sitten und der Staaten,
> Den Frevler zügelt sie, hebt des Gerechten Haupt.
> Sein Siegel, wär' es selbst vom Himmel weggeraubt,
> Und hörte dieser auf, den Höchsten zu verkünden —
> Ja, gäb' es keinen Gott, man müßt' ihn flugs erfinden.

Dieß ist das berufene: Si Dieu n'existait pas, il faudrait l'inventer. Wenn Bayle die Behauptung aufgestellt hatte, daß der Atheismus nicht nothwendig mit Unsittlichkeit verbunden sei, daß sich ein Staat von Atheisten gar wohl denken lasse, so gesteht Voltaire dieß für eine Gesellschaft von Philosophen zu; aber die Masse, meint er, habe einen starken Zügel nöthig, und wenn Bayle nur 5—600 Bauern zu regieren gehabt hätte, würde er nicht gesäumt haben, ihnen einen Gott, der straft und belohnt, zu predigen. Und nicht allein für Bauern, ganz besonders auch für Fürsten und Tyrannen findet Voltaire es gar nicht unbedenklich, ihnen die Rücksicht auf einen Gott, dem sie verantwortlich sind, abzunehmen. Ganz gewiß ist er seines Sieges mit der Frage: wenn ihr euer Geld ausgeliehen habt, sagt ehrlich, ob ihr wünschen würdet, daß euer Schuldner, euer Notar, euer Anwalt und euer Richter alle miteinander an keinen Gott glaubten? oder wie er es poetisch ausdrückt:

> Doch du, Vernünftler, der ihn frech zu leugnen sucht,
> Von deiner Klügelei was ist die saubre Frucht?
> Wird ehrbarer dein Weib? Wird redlicher dein Pächter?
> Glaubt er an keinen Gott, zahlt er gewiß dich schlechter.

Hienach könnte es in der That scheinen, als wäre
der Glaube an einen Gott für Voltaire nur eine exoterische
Lehre gewesen, die er für ein Bedürfniß der rohen Mehrheit der Menschen hielt, während er selbst mit den gleich
ihm philosophisch Gebildeten ihrer nicht bedurfte. Und
dennoch trügt dieser Schein, und Voltaire fand den Gottesglauben auch für sich selbst unentbehrlich. Nicht praktisch, aber theoretisch. Auch für sich selber war es ihm
eine Wahrheit, daß wir mit dem Aberglauben nicht auch
den Glauben, mit den Priestern nicht Gott wegwerfen
dürfen. „Was kann der Herr dafür", sagt er in dem
angeführten Gedicht:

> Was kann der Herr dafür, wenn seine Diener freveln?
> Wenn es mit Ratten läuft in Böden und Getäfeln,
> Ist ohne Meister doch das Haus nicht aufgeführt.
> Das leugnet keiner, dem des Weisen Ruhm gebührt.

Das kosmologische und besonders das physicotheologische
Argument für das Dasein Gottes hatten für Voltaire
volle Ueberzeugungskraft. Es ist Etwas, darum ist Etwas
von aller Ewigkeit her, sonst müßte Etwas aus Nichts
entstanden sein, was undenkbar ist. Die Welt ist mit
Intelligenz gemacht, folglich ist sie von einer Intelligenz
gemacht. Jedes Werk, das uns Zwecke und darauf be-
rechnete Mittel zeigt, kündigt einen Werkmeister an; ein
solches Werk ist aber im höchsten Sinne die Welt. Die
Bewegung der Gestirne, der Umlauf unserer Erde um die
Sonne vollzieht sich nach den tiefsten mathematischen Gesetzen. Entweder sind die Gestirne große Geometer, oder

es iſt der ewige Geometer, wie Plato Gott ſo vortrefflich nennt, der ihre Bahnen geordnet hat. Die belebten Kör= per ſind zuſammengeſetzt aus Hebeln und Rollen, die nach den Geſetzen der Mechanik wirken, aus Säften, die nach den Regeln der Hydroſtatik umlaufen; die lebendigen Weſen ſelbſt haben ſich dieſe Einrichtung nicht gegeben, von der die wenigſten eine Vorſtellung haben: es bleibt alſo nur ein ewiger Künſtler. Die intelligenten Weſen vollends können unmöglich aus dem Blinden, Vernunſt= loſen hervorgegangen ſein: die Intelligenz eines Newton kommt von einer anderen Intelligenz. Wie weit dieſe teleologiſche Welt= und Naturbetrachtung bei Voltaire geht, ſehen wir aus einem Geſpräch zwiſchen der Natur und einem Philoſophen im philoſophiſchen Wörterbuch. Der Philoſoph fragt die Natur, wie es komme, daß ſie, ſo roh in ihren Gebirgen und Meeren, in den Pflanzen und Thieren ſo künſtlich ſei. „Mein armes Kind‟, antwortet ſie ihm, „willſt du, daß ich dir die Wahrheit ſagen ſoll? Man hat mir einen Namen gegeben, der mir nicht zu= kommt. Man nennt mich Natur, und ich bin doch ganz Kunſt.‟ Auf dieſen Gedanken kommt Voltaire in verſchie= denen Schriften zurück und thut ſich etwas darauf zu gute, demſelben zuerſt dieſen beſtimmten Ausdruck gegeben zu haben. Ein Verdienſt hat dieſe Faſſung in der That, das nämlich, den Cirkel handgreiflich zu machen, worin dieſe ganze Beweisführung ſich bewegt, zu zeigen, wie ſie die Zwei, die ſie aus dem Sack hervorzuziehen wünſcht, ſelbſt hineinſteckt. Iſt die Natur ein ſich ſelbſt ſchaffendes,

oder ein geschaffenes Wesen? ist die Frage. Sie ist geschaffen, denn sie ist Kunst, lautet die Antwort; allein der
wahre Werth dieser Antwort ist nur der: sie ist geschaffen,
weil ich sie mir geschaffen denke. Denn mit dem Kunst-
werk ist ja freilich auch der Künstler gesetzt; mit der Auffassung der Natur als Kunst ist die Frage bereits entschieden. Man sieht: die Grundlage von Voltaire's
Theismus ist sein Dualismus, die Trennung von Kraft
und Stoff. Begreiflich, wenn die Materie todt, für sich
ohne Kraft und Leben ist, so bedarf sie eines Wesens
außer sich, das Bewegung, Zweck und Ordnung in sie
bringt; wenn sie das Princip der Gestaltung nicht in sich
selber hat, muß diese ihr freilich von außen kommen.
Aber woher weiß man denn, daß sie es nicht in sich hat?
Erscheint sie uns denn in der Wirklichkeit irgendwo ge-
staltlos? Nirgends erscheint sie so; einzig unser Denken,
unser Vorurtheil ist es, das ihr das Leben aussaugt, um
es ihr mittelst eines Gottes wieder einspritzen zu lassen.

Diesen Dualismus aber einmal gesetzt, so weiß Voltaire demselben doch die möglichst philosophische Fassung
zu geben. Er zeigt sich der Annahme einer ewigen Materie
nicht abgeneigt, aber mit dieser ist ihm auch die göttliche
Einwirkung auf dieselbe, die Schöpfung, eine ewige. Wie
die Strahlen der Sonne so alt sind als die Sonne selbst,
so hat der ewige Baumeister immer bauen müssen. Gottes
Wesen ist, zu wirken; also hat er immer gewirkt; also ist
die Welt ein ewiger Ausfluß von ihm, und wer Gott als
ewig erkennt, muß auch die Welt als ewig erkennen. Und

wie er immer gewirkt hat, so hat er auch Alles gewirkt,
was er wirken konnte. Sagen, er hätte auch noch Anderes schaffen können, heißt ihn als Ursache ohne Wirkung
setzen. Die Meinung, Gott habe diese Welt aus allen
möglichen Welten ausgewählt, hätte sich richtig verstanden
so auszudrücken, er habe sie unter Welten ausgewählt, die
unmöglich waren, in der That also gar nicht ausgewählt.
Den Einwand, daß ja dann Gott nicht frei wäre, läßt
Voltaire nicht gelten. Frei sein heißt können, sagt er.
Gott hat gekonnt und er hat gemacht. Eine andere Freiheit kenne ich nicht. Wir bemerken, wie nahe hier Voltaire an Spinoza herantritt. Gott ist ihm „das höchste,
ewige, intelligente Wesen, von dem in jedem Augenblick
alle Wesen und alle Arten des Seins im Raume aus-
fließen"; oder, wenn Mallebranche behauptete, daß wir
Alles in Gott sehen, so möchte Voltaire lieber sagen,
Gott sehe und wirke Alles in uns. Aber, verwahrt er
sich, Ausflüsse sind nicht Theile. Bei Spinoza, meint er,
sei Gott die Gesammtheit aller Dinge; nach ihm dagegen
fließt die Gesammtheit der Dinge von Gott aus. Am
bestimmtesten scheidet ihn von Spinoza der Zweckbegriff,
den dieser aus der Naturbetrachtung ausschließt, während
Voltaire seine ganze Weltanschauung darauf gründet. Wo
sich ein Versuch aufthut, die Natur auch ohne diese von
außen in sie hineingeschaffenen Zwecke zu erklären, eigene
Lebens= und Entwicklungskräfte in ihr nachzuweisen, da
sehen wir ihn zu entschiedenem, ja leidenschaftlichem Widerspruch aufgeregt. Schon lange bevor das „System der

Natur" die für seinen Dualismus zerstörenden Consequenzen zog, verfolgte Voltaire die Versuche des Engländers Needham, eine generatio aequivoca zu erweisen, die Theorie des Franzosen de Maillet von einer aufsteigenden Metamorphose der Thierarten ebenso mit unerbittlichem Spotte, wie in Deutschland Reimarus sie mit unermüdlichem Ernste bekämpfte. Beide Männer wußten sehr wohl, was auf dem Spiele stand. Seltsam! während unserem Goethe keine größere Freude hätte werden können, als die Ausbildung der Darwin'schen Theorie noch zu erleben, fand sich Voltaire schon durch die ersten noch ziemlich phantastischen Vorläufer von Lamarck und Darwin beunruhigt.

Wir haben also nach Voltaire eine schöpferische Intelligenz, die von Ewigkeit her ist, denn sonst müßte ja etwas aus nichts geworden sein, und die in Allem ist, was ist. Aber auch in Allem, was nicht ist? Oder gibt es vielleicht kein Nichts außer der Welt, d. h. ist die Welt unendlich? Newton, antwortet Voltaire, hat den leeren Raum bewiesen; gibt es aber ein Leeres in der Welt, warum nicht auch außer ihr? Das Unendliche der Ausdehnung ist so undenkbar wie das der Zahl: man kann immer noch etwas hinzufügen. So ergibt sich die wunderliche Inconsequenz, daß Voltaire die Welt zwar in der Zeit, aber nicht ebenso im Raume unendlich sich denkt. Ist aber die Welt nicht unendlich, woher nehmen wir das Recht, uns Gott, dessen Dasein und Eigenschaften wir doch nur aus der Welt erschließen, unendlich zu denken?

Jedes Wesen ist begrenzt durch die Bedingungen seiner
Natur, das höchste Wesen nicht ausgenommen. Es ist
die höchste Macht, aber es ist keine schrankenlose Macht.
So hat es auch die Welt nur unter den Bedingungen
erschaffen können, unter denen sie existirt. In diesen
Sätzen liegt Voltaire's Theodicee. Von dem Uebel in der
Welt hat er, wie wir uns aus seinen Romanen und
seinem Erdbebengedicht erinnern, eine sehr lebhafte Empfindung. Diejenigen, sagt er, welche schreien, Alles sei
gut, sind Charlatans. Das Uebel existirt, und es ist ab-
surd, es zu leugnen. Die Erde ist ein ungeheurer Schauplatz des Mordens und der Zerstörung. Der Mensch
insbesondere ist ein sehr elendes Wesen, „das einige Stunden der Erholung, einige Minuten der Befriedigung und
eine lange Folge von Schmerzenstagen in seinem kurzen
Leben hat.“ Ein unerschütterlicher Fels aber ist nach Voltaire das Wort Epicurs, daß Gott das Uebel entweder
nicht habe hindern können, oder nicht habe hindern wollen.
Hier entscheidet sich nun Voltaire für das Erstere. Das
einzige Mittel, Gott wegen des Uebels zu entschuldigen,
meint er, sei, zu gestehen, daß seine Macht es nicht habe
überwinden können. „Ich will lieber“, sagt er, „einen be-
schränkten Gott anbeten, als einen bösen. Der Ursprung
des Uebels wird mich immer in einige Verlegenheit setzen;
doch denke ich eben, der gute Ormuzd, der Alles gemacht
hat, habe es nicht besser machen können.“ Bisweilen fühlt
sich Voltaire kühn genug zu der Behauptung, Gott habe
die Welt so wenig ohne Uebel schaffen können, als er

machen konnte, daß die drei Winkel eines Dreiecks nicht
gleich zwei rechten seien. In der That auch, wie wollte
er einen zusammengesetzten Körper, wie der menschliche
und auch der thierische ist, unauflöslich, und wie den auf=
löslichen schmerzlos machen? Und was das moralische
Uebel betrifft, wie wollte er den Menschen zum für sich
bestehenden, lebendig wirkenden Wesen machen, ohne ihm
Eigenliebe zu geben, die ihn nothwendig zuweilen mißleitet,
und Leidenschaften, die ihn in Kampf und Krieg verwickeln?
Ganz beruhigt freilich war Voltaire über die hiemit in
Gott gesetzte Schranke nicht. „Es scheint mir klar,“
schreibt er einmal, „daß in der Natur eine Intelligenz
wirkt, und nach den Unvollkommenheiten und Uebeln in
der Natur scheint es mir, daß diese Intelligenz beschränkt
ist; doch meine eigene ist so erstaunlich beschränkt, daß sie
immer fürchtet, nicht zu wissen, was sie sagt.“ Und in
einem philosophischen Gespräche läßt er den Vertreter seiner
Ansicht auf die Frage, ob er seines Systems auch sicher
sei, die Antwort geben: „Ich? ich bin von nichts sicher.
Ich glaube, daß es ein intelligentes Wesen, eine bildende
Kraft, einen Gott gibt. Ueber alles Weitere tappe ich
im Finstern. Heute behaupte ich eine Idee, morgen zweifle
ich daran, übermorgen leugne ich sie, und jeden Tag kann
ich mich irren. Alle ehrlichen Philosophen, wenn sie ein=
mal von der Leber weg sprechen, haben mir gestanden,
daß es ihnen nicht anders gehe.“

Der Schluß aus der Existenz und Einrichtung der
Welt hat uns bis hieher nach Voltaire nur zu der Ueber=

zeugung geführt, daß ein Wesen von überlegener Macht und Weisheit der Urheber dieser Welt sein müsse; daß dieser Schöpfer und Erhalter der Welt auch ihr Regierer, daß er für die Menschen der Ertheiler von Lohn und Strafe je nach ihrem moralischen Verhalten sei, erhellt daraus noch nicht. Und doch ist gerade dieß die Hauptsache. Wenn man Gott, falls er nicht existirte, erfinden müßte, so ist es ja eben der vergeltende Gott, um den es dabei zu thun ist. Es handelt sich, sagt Voltaire, nicht sowohl um eine metaphysische, als um die praktische Frage, ob es für das gemeinsame Wohl von uns elenden denkenden Wesen ersprießlicher sei, einen lohnenden und strafenden Gott anzunehmen, der uns gleicherweise zum Zügel wie zum Troste diene; oder diese Idee zu verwerfen und uns unserem Elend ohne Trost, unsern Lastern ohne Zügel zu überlassen? „Die ganze Natur", schreibt Voltaire in dem Bruchstück der Instruction für einen Kronprinzen, „hat Ihnen das Dasein eines weisen und mächtigen Gottes bewiesen; an Ihrem Herzen ist es, das Dasein eines gerechten Gottes zu empfinden. Wie könnten Sie gerecht sein, wenn Gott es nicht wäre? und wie könnte er es sein, wenn er nicht zu strafen und zu belohnen wüßte?" — „Keine Gesellschaft", lesen wir in den Axiomen am Schlusse der Abhandlung: Gott und die Menschen, „kann bestehen ohne Gerechtigkeit: verkündigen wir darum einen gerechten Gott. Wenn das Gesetz des Staates die bekannten Verbrechen straft, verkündigen wir einen Gott, der die unbekannten Verbrechen

strafen wird. Ein Philosoph mag Spinozist sein, wenn
er will; aber der Staatsmann sei Theist. Ihr wisset
nicht, was Gott ist, nicht wie er strafen und belohnen
wird; aber ihr wisset, daß er die höchste Vernunft, die
höchste Billigkeit sein muß, das ist genug. Kein Sterb=
licher hat das Recht, euch zu widersprechen, wenn ihr eine
Sache behauptet, die wahrscheinlich und dem menschlichen
Geschlechte nöthig ist." Weiter ist Voltaire auch in dem
Roman, den er um's Jahr 1769 eigens gegen den
Atheismus und seine sittenverderblichen Wirkungen ge=
schrieben hat, der „Geschichte Jenny's", nicht gekommen.
Niemand werde beweisen können, ist hier die Moral, daß
es Gott unmöglich sei, das Böse zu bestrafen, d. h. daß
er der Welt nicht könne eine Einrichtung gegeben haben,
die dessen Bestrafung herbeiführe; folglich sei für den
Menschen in allewege das Gerathenste, rechtschaffen zu
sein. Wir sehen: an seiner praktischen, mithin an seiner
wichtigsten Seite stützt sich Voltaire's Gottesglaube doch
nur auf seinen Nützlichkeitsbeweis. Dieser aber ist eine
so prekäre, hinfällige Stütze, daß nicht zu begreifen wäre,
wie Voltaire den Gottesglauben hätte festhalten können,
wenn derselbe nicht auf seiner theoretischen Seite die
festere Grundlage des physicotheologischen Beweises, oder
des Dualismus, gehabt hätte. So lange Voltaire
Dualist war, d. h. nicht einsah, daß die Welt aus sich
selbst zu begreifen ist — dazu kam er aber nie — so
lange war er auch Theist; und brauchte er einmal einen
Gott als Weltbaumeister, so ergab es sich von selbst,

ihn auch als Schicksalslenker und Vergelter nutzbar zu
machen.

Wie Voltaire, so war auch unser Reimarus Dualist
in Bezug auf die Begriffe von Gott und Welt; aber er
war es ebenso in Bezug auf die Begriffe von Seele und
Leib. Und eines scheint aus dem andern zu folgen. Wer,
um die Zweckmäßigkeit in der Welt zu erklären, einen
von ihr verschiedenen Gott nöthig zu haben meint, der
wird, um das Denken und Wollen des Menschen zu
erklären, eine vom Körper verschiedene Seele voraussetzen.
Hier überrascht uns nun aber Voltaire durch eine merkwürdige Abweichung. War dem Wolfianer Reimarus die
Seele eine vom Körper verschiedene Substanz, so hatte
Voltaire als Anhänger Locke's mit den angeborenen Ideen
des Cartesius auch die besondere Seelensubstanz über Bord
geworfen. Nicht, daß er mit den Materialisten dem Körper an sich die Fähigkeit zu denken beigelegt hätte; aber
er hielt sich an den Locke'schen Satz, wir können nicht
behaupten, daß es der Allmacht unmöglich gewesen, einer
Partikel Materie — dem menschlichen Gehirne — die
Fähigkeit des Denkens mitzutheilen. So mußte der Gottesbegriff in seiner höchsten Spannung, also der Dualismus
auf der einen Seite, merkwürdigerweise dazu helfen, den
Dualismus auf der andern aus dem Wege zu schaffen.
Gott wirkt in uns unsere Vorstellungen und Bewegungen;
aber er wirkt sie mittelst der künstlichen Einrichtung unserer
Sinneswerkzeuge und übrigen Organe, ohne daß es dazu
noch eines besondern in unserm Leibe wohnenden Seelen-

wesens bedürfte. Die Thiere haben ja ebenso Empfin=
dung, Vorstellung, Gedächtniß, und andererseits Begehren
und Bewegung wie wir, und doch denkt Niemand daran,
ihnen eine immaterielle Seele zuzuschreiben; warum sollten
denn wir für das unbedeutende Mehr jener Fähigkeiten
und Thätigkeiten, dessen wir uns erfreuen, einer solchen
bedürfen? Wir sind erstaunt, sagt Voltaire ein andermal,
über das Denken; aber das Empfinden ist ebenso wun=
derbar. Eine göttliche Kraft offenbart sich in den Empfin=
dungen des niedersten Insects wie in dem Gehirn eines
Newton. Aber diese Empfindungen sind nur höhere Wir=
kungen derselben mechanischen Gesetze, die, von Gott in
sie gelegt, in der übrigen Natur wirken. Man sagt wohl:
es sei nicht zu begreifen, wie Empfindung, Gedanke, einem
ausgedehnten Wesen zukommen könne. Allein begreifen
wir's denn, fragt Voltaire, von einem unausgedehnten?
Materie und Geist sind ja doch zunächst bloße Worte;
wir haben von dem einen so wenig einen deutlichen Be=
griff wie von dem andern. Darum können wir aber auch
nicht zum Voraus behaupten, wozu das eine oder das
andere fähig sei, oder nicht; die Fähigkeit, zu denken,
dem Körper abzusprechen, ist nicht minder dreist, als sie
der Seele abzusprechen. Ueberhaupt: Seele, was ist denn
das? Ein leeres Gedankending, wie Gedächtniß, Wille,
Sprache u. s. f. Dergleichen gibt es nicht, es ist immer
nur der Mensch, der sich erinnert, will, spricht u. dergl.
Die Seele, die man sich als ein Wesen für sich denkt,
ist in der That nur eine von dem höchsten Wesen uns

verliehene Eigenschaft, sie ist eine Fähigkeit, die man für eine Substanz genommen hat. Im Grunde stimmt diese Ansicht auch mit unserer inneren Erfahrung, wenn wir uns diese nicht durch Vorurtheile verfälschen lassen, zusammen. Zwischen der Verdauung in uns und dem Denken ist freilich ein so großer Unterschied, daß man leicht dazu kommen kann, beides auf zwei verschiedene Substanzen zurückzuführen. Allein, wenn ich doch ohne Nahrung und Verdauung nicht denken kann, mithin das eine die Bedingung des andern ist, warum sollte nicht dasselbe Wesen, das verdaut, auch denken können? So viel ich mir auch Mühe gab, sagt Voltaire, zu finden, daß wir unserer Zwei seien, habe ich doch schließlich gefunden, daß ich nur Einer bin.

Das wäre nun insoweit ganz schön, wenn es nur nicht sehr ernsthafte Consequenzen hätte. Diese hat Voltaire schon von vorn herein erkannt und in ihrer ganzen Schärfe sich zum Bewußtsein gebracht. In dem metaphysischen Tractat für die Marquise, wo er, da derselbe nicht für die Oeffentlichkeit bestimmt war, mit voller Offenheit sprechen konnte, gesteht er, bei der Einsicht, die er habe, daß uns alle unsere Vorstellungen aus den Sinnen kommen, könne er sich des Lachens nicht erwehren, wenn man ihm sage, die Menschen werden noch Vorstellungen haben, wenn sie keine Sinne mehr haben werden. Ebenso gerne wollte er glauben, wir werden noch essen und trinken nach dem Tode ohne Mund und ohne Magen. Allerdings, da Gott die Fähigkeit, Vorstellungen

zu bilden, mit einem Theil unseres Gehirnes verbunden
habe, so könnte er mit diesem Gehirntheil auch jene
Fähigkeit erhalten (denn sie zu erhalten ohne ihr Organ,
das wäre ebenso unmöglich, als das Lachen eines Menschen oder den Gesang eines Vogels zu erhalten nach
dem Tode des Vogels und des Menschen). Möglich wäre
auch gewesen, daß er den Menschen und den Thieren eine
immaterielle Seele gegeben hätte und diese unabhängig
von ihrem Körper forterhielte; so gut als es ihm möglich
gewesen wäre, dem Menschen zwei Nasen und vier Hände,
Flügel und Krallen zu geben: aber um zu glauben, daß
er alle diese möglichen Dinge wirklich gemacht habe, müßte
man sie sehen. „Da ich nun nicht sehe, daß das Denken
und Empfinden des Menschen ein immaterielles Ding ist,
wer soll mir beweisen, fragt Voltaire, daß es das ist?
Wie? ich, der gar nicht weiß, was das Denken ist, sollte
behaupten, daß es ewig ist? Ich, der weiß, daß der
Mensch gestern nicht war, sollte behaupten, daß er einen
Theil in sich habe, der seiner Natur nach ewig ist? Und
während ich die Unsterblichkeit dem versage, was diesen
Hund, diesen Papagei, diese Drossel beseelt, sollte ich sie
dem Menschen zugestehen, aus dem einzigen Grunde, weil
der Mensch sie wünscht? Es wäre in der That sehr angenehm, sich selbst zu überleben, den bessern Theil seiner
selbst in der Zerstörung des andern zu erhalten, für
immer mit seinen Freunden zu sein u. s. f. Diese Chi-
märe könnte in wirklichem Mißgeschicke tröstlich werden.
Auch sag' ich gar nicht, daß ich Beweise gegen die Un-

fterblichfeit habe; ich fage nur, daß alle Wahrſcheinlich=
feitsgründe gegen ſie ſind."

Das war Voltaire's frühgewonnene, folgerechte Ueber=
zeugung, und er iſt an derſelben auch ſpäter niemals irre
geworden, wohl aber mit ihr nicht wenig in's Gedränge ge=
kommen. Vor dem Publikum ohnehin; zuweilen vielleicht
doch auch bei ſich ſelbſt. Wir erinnern uns, welches Gewicht er, für den Beſtand der menſchlichen Geſellſchaft, auf
den Glauben an einen vergeltenden Gott legte. Aber die
Wege dieſer göttlichen Vergeltung laufen ja, der gemeinen
Meinung zufolge, ganz hauptſächlich durch das Jenſeits.
Er mochte immerhin bei dem Daß ſtehen bleiben und jede
Auskunft über das Wie der göttlichen Vergeltung ab=
lehnen; man konnte ihm das Wann entgegenhalten. Da
er ſelbſt nicht behauptete, daß ſich die göttliche Gerechtigkeit
in dieſem Leben vollſtändig verwirkliche, wann ſollte ſie ſich
denn verwirklichen, wenn das künftige Leben im Zweifel
blieb? Und welche erbauliche Wirkung hatte nicht ſo eben
erſt Nachbar Rouſſeau dadurch erzielt, daß er in dem
berühmten Glaubensbekenntniß ſeines ſavoyiſchen Vicars,
unter ſo manchen Ketzereien, doch, neben dem Glauben
an Gott, zugleich den an Unſterblichfeit aufrecht erhalten
hatte! Man ſagt wohl, Gott ſei uns nichts ſchuldig.
Nein, entgegnet Rouſſeau, er iſt uns alles ſchuldig, was
er uns verſpricht. Nun hat er jedem von uns in's Herz
gegraben: ſei gerecht, und du wirſt glücklich ſein. Wenn
wir aber auf Erden um uns ſehen, finden wir, daß der
Schlechte triumphirt und der Gerechte unterdrückt iſt.

Schon dieß genügt mir als Beweis, sagt Rousseau, daß die Seele immateriell und unsterblich ist. Er thut sehr wohl, in seinen Beweis die Immaterialität der Seele mit einzuschließen; er hat ganz Recht, wenn er sagt, alle Schwierigkeiten der Sache fallen weg mit der Anerkennung von zwei Substanzen im Menschen. Eben diese Anerkennung aber hatte ja Voltaire aus guten Gründen aufgegeben: um wie viel schlimmer war er daher gestellt! Und er hätte doch gar zu gerne auch erbaut; nicht blos aus Eitelkeit, sondern zugleich um des gemeinen Besten willen. Schrieb er doch in der zweiten Hälfte der sechsziger Jahre im Wetteifer mit dem Rousseau'schen Vicar eine Reihe von Homilien, worin er seine Ansichten so zahm und harmlos wie möglich darzustellen suchte. Hier meint er, um Gott wegen des Uebels in der Welt zu rechtfertigen, bleibe, bei'm Fehlschlagen aller andern Versuche, nur der Ausweg, den alle Weise des Alterthums, in Indien und Aegypten, Chaldäa und Griechenland ergriffen haben: die Annahme einer Ausgleichung in einem künftigen Leben. Gelegentlich sei hier bemerkt, daß neben dem erbaulichen Bestreben es auch ein sehr Voltaire'sches Interesse war, das ihn bisweilen auf diese Wege führte. Das Fehlen der Unsterblichkeitslehre im Alten Testamente war für einen Morgan in England wie später für Reimarus in Deutschland ein Hauptgrund gewesen, der jüdischen Religion die Würde einer Offenbarung abzusprechen; eine Gelegenheit, Judenthum und Altes Testament schlecht zu machen, versäumte Voltaire nicht gerne;

er konnte es aber von dieser Seite nur, wenn er sich
einmal auf den Boden der Unsterblichkeitslehre stellte
und nun einen verächtlichen Blick auf die elende barba=
rische Horde warf, die, allein unter gebildeteren Nachbarn,
dieser Lehre stumpfsinnig verschlossen blieb. Nein! wir
müssen uns hierin auf den Standpunkt aller besseren
Nationen des Alterthums stellen, um so mehr, wenn wir
bedenken, wie gemeinnützig dieser Glaube ist.

Schon recht; wenn er auf Voltaire's Standpunkte
nur auch möglich ist! Die Möglichkeit, was man so nennt,
hatte er in der für die Freundin geschriebenen Metaphysik
wohl zugegeben; sie aber gleich der äußersten Unwahr=
scheinlichkeit gefunden. Jetzt, in der Homilie, meint er,
„ohne die Menschen täuschen zu wollen, könne man sagen,
daß wir ebenso viel Grund haben, die Unsterblichkeit des
denkenden Wesens zu glauben als zu leugnen." Unter
diesem Grunde für den Unsterblichkeitsglauben ist natür=
lich seine Nützlichkeit verstanden; die aber nichts beweist,
wo es sich fragt, ob die Sache überhaupt denkbar ist.
Hier flüchtet sich nun Voltaire in das Dunkel des Nicht=
wissens: „wir wissen nicht, was das ist, das in uns
denkt, darum können wir auch nicht wissen, ob dieses
unbekannte Wesen nicht unsern Leib überdauern wird; es
ist physisch möglich, daß in uns eine unzerstörbare Mo=
nade, eine verborgene Flamme, ein Theilchen göttlichen
Feuers ist, das unter verschiedenen Gestalten ewig besteht."
Oder wie er in einem seiner Dialogen einen chinesischen
Weisheitslehrer zu seinem Schüler sprechen läßt: „Ein

Gedanke ist doch nichts Materielles; warum sollte es denn
so schwer sein zu glauben, daß Gott in dich ein göttliches
Princip gelegt hätte, das, unauflösbar, auch nicht sterb-
lich wäre? Wagst du zu sagen, es sei unmöglich, daß du
eine Seele hast? Gewiß nicht; aber wenn es möglich ist,
ist es dann nicht sehr wahrscheinlich? Kannst du ein
System verwerfen, das so schön und der Menschheit so
nützlich ist?" Immer wieder dieser verwünschte Nutzen,
um dessen willen es unserem Philosophen nicht darauf
ankommt, allen seinen Voraussetzungen zu widersprechen,
seinen schönen Ausführungen gegen die Existenz eines
Seelenwesens, gegen die Zweiheit der Substanzen im
Menschen, in's Gesicht zu schlagen. Und den gewünschten
Nutzen erreicht er durch eine so bettelhafte Beweisführung
doch nicht: wer die Unsterblichkeit nicht besser zu beweisen
versteht, der erbaut uns mehr, wenn er sie leugnet.

Das hat denn Voltaire an anderen Stellen, wo er
sich ein Herz faßte, jene Nützlichkeitsrücksichten bei Seite
zu setzen, auch gethan. In dem Gespräche: Sophronimos
und Abelos, sagt der Erstere, der unverkennbar der Träger von Voltaire's eigener Ansicht ist: „Lange Zeit habe
ich, wie du, die gefährlichen Consequenzen gefürchtet und
mich dadurch abhalten lassen, meine Grundsätze offen in
meiner Schule zu lehren; aber ich glaube, man kann sich
leicht aus diesem Labyrinthe ziehen. Man darf Gott
nicht der Ungerechtigkeit anklagen, weil die Unterwelt der
Aegypter, des Orpheus und Homer nicht existirt, weil die
drei Rachen des Cerberus, Ixions Rad und Prometheus'

Geier abgeschmackte Hirngespinnste sind. Es gibt für die
Lasterhaften eine wahrere unvermeidlichere Strafe noch in
dieser Welt. Und welche wäre das? Es sind die Gewissensbisse, die nie fehlen, und die menschliche Rache, die
selten fehlt. Ich habe sehr schlechte, sehr ruchlose Menschen gekannt; aber nicht Einen von ihnen habe ich glücklich gesehen. Ich will hier keine lange Aufzählung machen
von ihren Qualen, ihren entsetzlichen Erinnerungen, ihren
beständigen Schrecken; von dem Mißtrauen, das sie gegen
ihre Dienerschaft, ihre Frau und ihre Kinder hatten.
Cicero hat sehr Recht, zu sagen, das seien die wahren
Höllenhunde, die wahren Furien mit ihren Geißeln und
ihren Fackeln. Wenn das Verbrechen so bestraft wird,
so wird die Tugend belohnt, nicht durch elysische Fluren,
wo läppischer Weise der Leib sich ergeht, wenn er nicht
mehr ist, sondern bei Leibesleben durch das innere Gefühl, seine Pflicht gethan zu haben, durch den Frieden
des Herzens, den Beifall der Welt, die Freundschaft der
Rechtschaffenen. Das ist die Meinung von Cicero, das
die von Cato, von Marc Aurel und Epiktet: es ist auch
die meinige. Nicht als behaupteten diese Männer, daß
die Tugend vollkommen glücklich mache. Cicero gesteht,
daß ein solches Glück nicht immer rein sein kann, weil
überhaupt nichts auf der Erde das ist. Aber danken wir
dem Herrn der menschlichen Natur, daß er mit der
Tugend das Maß von Glückseligkeit verknüpft hat, dessen
diese Natur fähig ist." Das ist nun freilich sehr schön; aber
hinwiederum fast allzuschön für Voltaire. Er hat sich da

ein wenig in den Stoikersmantel geworfen, wie vorhin
in den Predigermantel. Seine Meinung war es wohl
ungefähr, aber seine Stimmung doch nicht ganz. Diese
werden wir eher finden, wenn wir ihn in einer vertrau=
lichen Mittheilung belauschen, die ebenso seiner letzten
Lebenszeit angehört, wie das metaphysische Lehrbüchlein
für die Marquise du Châtelet der früheren. Im Jahr
1772 schrieb er an eine alte Blinde, die nur halb seine
Freundin, aber eine höchst geistvolle Frau war, die Mar=
quise du Deffand: „Ich habe einen Mann gekannt, der
fest überzeugt war, daß nach dem Tod einer Biene ihr
Summen nicht fortdaure. Er meinte mit Epicur und
Lucrez, daß nichts lächerlicher sei, als ein unausgedehntes
Wesen vorauszusetzen, das ein ausgedehntes Wesen regiere,
und noch dazu so schlecht. Er fügte hinzu, es sei äußerst
ungereimt, Sterbliches mit Unsterblichem zu verbinden. Er
sagte, unsere Empfindungen seien ebenso schwer zu be=
greifen, wie unsere Gedanken, und es sei der Natur oder
dem Urheber der Natur nicht schwerer, einem zweibeinigen
Thiere Vorstellungen zu geben, als einem Wurm Empfin=
dung. Er sagte, die Natur habe die Dinge so eingerichtet,
daß wir mit dem Kopfe denken, wie wir mit den Füßen
gehen. Er verglich uns mit einem musikalischen Instru=
mente, das keinen Ton mehr gibt, wenn es zerbrochen
ist. Er behauptete, es sei augenscheinlich, daß der Mensch,
wie alle anderen Thiere, wie die Pflanzen und vielleicht
alle anderen Wesen der Welt überhaupt, gemacht sei, um
zu sein und nicht mehr zu sein. Seine Meinung war,

daß diese Vorstellungsweise über alle Widerwärtigkeiten
des Lebens tröste, weil diese vorgeblichen Widerwärtigkeiten
unvermeidlich sind; auch pflegte dieser Mann, nachdem er
so alt geworden wie Demokrit, wie dieser über Alles zu
lachen." Das ist der echte, uncostumirte Voltaire, das die
Mischung von Pessimismus, Skepticismus und Ironie, die
das eigenthümliche Gepräge seines Geistes und Sinnes bildet.

Während in Betreff der Unsterblichkeit Voltaire für
sich selbst seine ursprüngliche Ansicht lebenslänglich fest=
gehalten und nur nach außen sich bisweilen der gemeinen
Vorstellungsart anbequemt hat, sehen wir dagegen in
Bezug auf die Freiheit des menschlichen Willens seine
Ueberzeugung im Laufe der Jahre eine völlige Umwand=
lung erleiden. Er beginnt als Indeterminist und endigt
als entschiedener Determinist. Es ist bereits erwähnt,
wie in dem Briefwechsel mit dem Kronprinzen Friedrich,
wo dieser Gegenstand ausführlich zur Sprache kommt,
Voltaire als Anwalt der menschlichen Willensfreiheit auf=
tritt. Dieselbe Stellung nimmt er in dem der gleichen
Zeit angehörigen metaphysischen Tractat für die Marquise
ein. Freiheit, sagt er hier, ist das Vermögen zu handeln,
sich nach seiner Wahl zu bewegen. Dieses Vermögen
haben die Steine nicht, wohl aber Thiere und Menschen.
Wollen und handeln, ohne zu diesem Wollen genöthigt
zu sein, heißt frei sein. So ist Gott frei, so der Mensch.
Aber in Gott ist die Freiheit das Vermögen, immer alles
zu denken was er will, und immer alles zu wirken was
er will. Im Menschen das Vermögen, sich auf einige

Gedanken zu richten, einige Bewegungen vorzunehmen. Die irrige Meinung, daß der Mensch nicht frei sei, kommt von seinen Leidenschaften, die ihn allerdings oft wider Willen zu gewissen Handlungen bestimmen, wie Zorn, Liebe u. dergl. Doch wenn er so allerdings bisweilen unfrei ist, so ist er es darum nicht immer; so wenig als er immer krank ist, weil er es zuweilen ist. So kommt es auch, daß die Menschen nicht alle in gleichem Maße frei sind, wie sie nicht alle in gleichem Maße gesund sind. Der Einwurf gegen die menschliche Willensfreiheit, an welchem später Voltaire's Indeterminismus scheiterte, taucht zwar auch hier schon auf, wird aber noch nicht erheblich gefunden. Es ist der Einwurf, daß zwar wohl unsere Sinne bisweilen unserem Willen, unser Wille aber immer unserem Verstande gehorche. Der Mensch will nur, was er für gut und wünschenswerth hält; sein Verstand aber ist nicht Herr darüber, das nicht für gut zu halten, was ihm als . gut erscheint. Der Verstand handelt nothwendig; der Wille ist bestimmt durch den Verstand; also ist er nothwendig bestimmt, und der Mensch nicht frei. Diesem Einwande glaubt Voltaire für jetzt noch durch die Bemerkung begegnen zu können, daß man sich Verstand und Willen nicht wie zwei reelle Dinge vorstellen dürfe, die mit physischer Gewalt auf einander wirken; es sei vielmehr immer derselbe Mensch, der als wollender sich bestimme, das zu thun, was ihm als denkendem gut erscheine.

Dieß ist nun aber eben der Punkt, wo Voltaire's Ansicht einen Umschwung erfuhr. Das Unwillkürliche

unserer Vorstellungen fiel ihm immer schwerer in's Ge=
wicht. Wir geben unsere Vorstellungen uns nicht selbst,
sagt er nun, kein Mensch kann wissen, welche Vor=
stellung ihm in der nächsten Minute kommen, was
er thun, sprechen, wie er sich bewegen wird. Meine Vor=
stellungen treten nothwendig in mein Gehirn ein; wie
könnte mein Wille, der von diesen Vorstellungen abhängt,
frei sein? Auch mit seiner Einsicht in die Unzerreiß=
barkeit des Causalnexus in der Welt, mit seiner bei=
nahe spinozistischen Anschauung von der Allwirksamkeit des
höchsten Wesens war die Annahme eines grundlosen
Wollens im Menschen immer weniger verträglich. Nichts
ist ohne Ursache, sagt er in der Schrift vom unwissenden
Philosophen aus dem Jahr 1766; eine Wirkung ohne
Ursache ist nichts als ein ungereimtes Wort. Es wäre
doch höchst seltsam, wenn die ganze Natur, sämmtliche
Gestirne, ewigen Gesetzen gehorchten, und es ein kleines,
fünf Fuß hohes Geschöpf geben sollte, das diesen Gesetzen
zum Trotz in jedem Augenblicke nach seinem Belieben,
seinen Grillen handeln könnte. Frei sein — dieß ist von
jetzt an Voltaire's oft wiederholter Hauptsatz — heißt
thun können was man will, nicht wollen können was
man will. Wenn ich thun kann was ich will, bin ich
frei; aber ich will nothwendig was ich will, denn sonst
würde ich ohne Grund, ohne Ursache wollen; was unmög=
lich ist. Meine Freiheit besteht darin, daß ich gehen kann,
wenn ich gehen will und nicht die Gicht habe. Sie besteht
darin, daß ich keine schlechte Handlung begehe, wenn mein

Geift sie mir als schlecht vorstellt; daß ich eine Leidenschaft unterdrücke, wenn mein Denken mir ihr Gefährliches
bemerklich macht. Dabei ist aber immer nur unser Handeln frei, unser Wollen nicht, weil dieses durch unsere
Vorstellungen bestimmt ist, die wir uns nicht selbst geben
können. Es ist sonderbar, daß die Menschen mit diesem
Maße von Freiheit nicht zufrieden sind, d. h. mit der
Fähigkeit, in manchen Fällen wenigstens zu thun was sie
wollen; die Gestirne haben diese Freiheit nicht, wir besitzen
sie, und unser Stolz bildet uns bisweilen ein, daß wir
noch mehr besitzen.

Mit diesem Determinismus glaubte indeß Voltaire
der Moral im mindesten nicht zu nahe zu treten. Die
Furcht, sagt er in der Abhandlung über das Princip der
Thätigkeit vom Jahr 1772, dem Menschen ich weiß nicht
welche falsche Freiheit zu entziehen, der Tugend ihr Verdienst, dem Verbrechen seine Abscheulichkeit zu benehmen,
hat zuweilen zarte Seelen erschreckt; aber sobald sie sich
aufgeklärt hatten, sind sie zu der großen Wahrheit zurück-
gekommen, daß Alles eine Kette bildet, Alles nothwendig
ist. Diese Wahrheit kann niemals der Moral schaden.
Das Laster ist immer Laster, wie die Krankheit immer
Krankheit ist. Man wird immer den Schlechten Einhalt
thun müssen; und wenn sie sagen, sie seien zum Verbrechen bestimmt, wird man ihnen antworten, daß sie auch
zur Strafe bestimmt sind. Andererseits, wenn unser
Wille durch unsere Vorstellungen bestimmt wird, so gehört
ja zu diesen Vorstellungen die der sittlichen Gebote mit,

und Voltaire war von ferne nicht gemeint, das Ansehen dieser Gebote schwächen zu wollen. Das hatte auch Locke nicht gewollt; aber im Kampfe gegen die Lehre von ange= borenen Ideen mußte er auch leugnen, daß es angeborene sittliche Ideen gebe, und zum Beweise dafür wies er auf die bedeutenden Abweichungen hin, die sich in den sittlichen Vorstellungen der verschiedenen Völker finden. Auch in der Behandlung dieser Streitfrage zeigt Voltaire einen feinen philosophischen Sinn. In der Leugnung ange= borener Ideen war er, wie wir längst wissen, mit dem englischen Philosophen einverstanden. Es gibt keine an= geborene Erkenntniß, sagt er, aus demselben Grunde, warum es keinen Baum gibt, der mit Blättern und Früchten aus der Erde hervorwächst. Nichts ist was man angeboren nennt, d. h. von Geburt an schon entwickelt; aber Gott hat uns geboren werden lassen mit Organen, die in dem Maße, daß sie sich entfalten, uns alles das erkennen lassen, was zur Erhaltung unserer Gattung nöthig ist. Zu diesen nothwendigen Erkenntnissen gehört vor Allem die von Recht und Unrecht. Ohne Instinct, ohne natürliche Waffen, wie sie den Thieren zu gute kommen, wären die wenigen Menschen, die sich aus den Krallen und Zähnen der wilden Thiere, aus Hunger und Elend gerettet hatten, im gegenseitigen Kampf um Nah= rung und Bedeckung zu Grunde gegangen, hätten wenig= stens niemals eine Gesellschaft zu Stande gebracht, ohne die Vorstellung von Recht und Unrecht, die das Band aller Gesellschaft ist. Diese Vorstellung, zu der nur die

Anlage angeboren ist, entwickelt sich im Menschen ebenso allmählich durch Uebung und Erfahrung, wie die Kunst, Lasten zu heben oder über einen Fluß zu setzen. Was sich aber in dieser Weise aus der dem Menschen aner= schaffenen Anlage entwickelt, ist, trotz aller Verschieden= heiten, die Klima, Volksstamm und andere äußere Um= stände mit sich bringen, im Grund und Wesen Eines und dasselbe. Je mehr man, urtheilt Voltaire, Menschen aus verschiedenen Himmelsstrichen, von verschiedenen Spra= chen, Sitten und Bildungsstufen kennen lernt, desto mehr bemerkt man, daß die sittliche Grundlage bei allen die gleiche ist. Sie alle haben eine ungefähre Vorstellung von Recht und Unrecht, ohne ein Wort von unserer Theologie zu wissen. Man wird kein Volk finden, bei dem es für recht und löblich gälte, dem Vater und der Mutter im Alter den Unterhalt zu versagen, wenn man ihn reichen kann. Kein Volk hat je die Verleumdung als eine gute Handlung betrachtet, oder als recht, ein anvertrautes Gut nicht zurückzugeben. Wilde und Gebildete stimmen darin überein, daß es besser ist, dem bittenden Armen mitzutheilen was man übrig hat, als ihn todtzuschlagen. Die Idee der Gerechtigkeit ist so anerkannt, daß die größten Verbrechen, die das Menschengeschlecht heim= suchen, alle unter dem falschen Vorwande der Gerechtig= keit begangen werden. Das größte, wenigstens das ver= derblichste dieser Verbrechen ist der Krieg; aber nie hat der angreifende Theil unterlassen, seinen Angriff durch einen Schein des Rechtes zu beschönigen.

Doch es ist Zeit, daß wir endlich derjenigen Seite
an Voltaire's Denkart näher treten, die er uns zwar auch
bisher schon öfter gelegentlich gezeigt hat, die aber einer
genaueren Betrachtung um so mehr werth ist, da Vol=
taire durch sie am meisten gewirkt, aber auch am meisten
Anstoß erregt hat: seine Stellung zum Christenthum.
Voltaire gilt als der Erzfeind des Christenthums; und so
viel können wir gleich im Voraus zugestehen, daß ihm
dasselbe nicht blos in seiner damaligen Gestalt, sondern
in allen Gestalten, die es seit seiner ersten Ausbreitung
angenommen, zuwider gewesen ist. Vor Allem galt dieser
Widerwille der Hierarchie, der verdummenden und verfol=
gungssüchtigen geistlichen Herrschaft; aber auch das christ=
liche Dogma, und die christliche Moral wenigstens nach
ihrer ascetischen Seite, hat an ihm einen Gegner, und bis
auf die ersten Urkunden und den Stifter des Christen=
thums wie des Judenthums geht seine auflösende Kritik
zurück. Was die christliche Lehre und Weltanschauung im
Ganzen auf Voltaire schon frühzeitig für einen Eindruck
machte, geht besonders anschaulich aus der poetischen
„Epistel an Uranie" hervor, die, wie wir schon wissen,
seinen jüngeren Jahren angehört, und aus der ich die
Hauptstellen in einer — weil es dabei nur auf die Ge=
danken ankommt — prosaischen Uebersetzung wiedergeben
will. „Komm", ruft er hier der Freundin zu, „bringe
mit mir ehrfurchtsvollen Schrittes in das Heiligthum des
Gottes, den man uns ankündigt und den man uns ver=
birgt. Ich möchte ihn lieben, diesen Gott, ich suche in

ihm meinen Vater; man zeigt mir einen Thrannen, den
ich hassen muß. Er schuf die Menschen ähnlich mit ihm
selbst, um sie desto mehr zu erniedrigen; er gab uns ver-
dorbene Herzen, um das Recht zu haben, uns zu strafen.
Nachdem er so eben den Menschen nach seinem Bilde geschaffen, sieht man ihn plötzlich es bereuen, als hätte der
Werkmeister die Mängel seines Werkes nicht kennen
müssen. Er gebietet dem Meere, die Welt unter Wasser
zu setzen, die er in sechs Tagen aus dem Nichts gebildet.
Nun wird man vielleicht seine tiefe Weisheit eine andere,
reinere Welt erschaffen sehen; aber nein, er läßt ein Geschlecht gräulicher Räuber, ehrloser Sklaven und grausamer
Thrannen entstehen, schlimmer als das erste. Was wird
er endlich thun? welche verzehrenden Blitze werden seine
strengen Hände auf diese Verworfenen schleudern? Hört!
o geheimnißvolles Liebeswunder! er, der die Väter ertränkt
hat, will für die Kinder sterben. Da ist ein elendes Volk,
schwach, wandelbar, zum unsinnigsten Aberglauben geneigt,
besiegt von seinen Nachbarn, kriechend in der Knechtschaft,
der ewige Spott der übrigen Nationen. Der Sohn
Gottes, selbst Gott, seine Macht vergessend, macht sich zum
Mitbürger dieses verhaßten Volkes; aus dem Leibe einer
Jüdin läßt er sich gebären und erduldet unter ihren Augen
die Schwachheiten des Kindesalters. Lange Zeit ein geringer Arbeiter, den Hobel in der Hand, verliert er in
solch niedrigem Dienste seine Tage; dann predigt er drei
Jahre dem Volke von Idumäa und erleidet schließlich die
Todesstrafe. Nun, sein Blut wenigstens, das Blut eines

für uns ſterbenden Gottes, wird doch ein hinreichend koſt-
barer Preis geweſen ſein, um uns von der neidiſchen
Hölle loszukaufen. Wie? Gott wollte ſterben für unſer
Heil, und ſein Tod iſt ohne Nutzen? Wie? man preiſt
mir ſeine verzeihende Gnade an, wenn er, nachdem er ſein
Blut vergoſſen, um unſere Miſſethaten auszulöſchen, uns
nun für ſolche ſtraft, die wir nicht begangen haben?
Dieſer Gott verfolgt noch immer, blind in ſeinem Zorne,
die Verirrung des erſten Vaters an ſeinen letzten Kindern,
er zieht darüber hundert verſchiedene Völker zur Rechen-
ſchaft, die von alledem nichts wiſſen. Ihr ungeheuren
Landſtriche von Amerika, ihr Völker, die Gott an den
Pforten der Sonne entſtehen ließ, und ihr, hyperboreiſche
Nationen, ihr alle, die der Irrthum in langem Schlafe
hält, ihr ſolltet für immer ſeiner Wuth überliefert ſein,
weil ihr nicht gewußt habt, daß einmal auf einer anderen
Seite der Welt in einem Winkel von Syrien der Sohn
eines Zimmermanns am Kreuze geſtorben iſt? Nein, in
dieſem unwürdigen Bilde erkenne ich den Gott nicht, den
ich anbeten ſoll; ich würde ihn zu entehren glauben durch
eine ſolche Huldigung, die der Verſpottung gliche. Höre,
du Gott, den ich anflehe, höre aus des Himmels Höhen
einen aufrichtigen Klageruf. Mein Unglaube darf dir
nicht mißfallen, mein Herz iſt offen vor deinen Augen;
der Unſinnige läſtert dich, aber ich verehre dich; ich bin
kein Chriſt, aber nur um dich deſto mehr zu lieben. Und
was liegt am Ende daran, unter welchem Titel man ihn
anruft? Jede Huldigung wird angenommen, aber keine

erhöht ihn. Gott bedarf unseres beständigen Dienstes nicht; wenn man ihn beleidigen kann, so ist es durch Ungerechtigkeit gegen die Menschen; er richtet uns nach unseren Tugenden und nicht nach unsern Opfern." Dieß war und dieß blieb fortan Voltaire's Ansicht vom Christenthum und der biblischen Offenbarung; es ist dieselbe Ansicht, die wir früher bei englischen Deisten, die wir gleichzeitig in Deutschland bei Reimarus finden; es ist die Ansicht, welche dem Jahrhundert der Aufklärung natürlich und gemein war, bis es schließlich im deutschen Rationalismus ein Compromiß mit dem Christenthum schloß.

Die eigentliche Blüthezeit von Voltaire's theologischer Schriftstellerei indeß, wie von der philosophischen, begann erst mit seiner Ansiedelung am Genfer See. Wie hiezu die Reife der Jahre, die Unabhängigkeit der Lage, die Muße des Landaufenthaltes zusammenwirkten, ist bereits erinnert worden. Aeußere Veranlassungen kamen hinzu. Die Wochen des Aufenthaltes bei den Benedictinern zu Senones mit ihrer schönen Bibliothek im Sommer 1754 waren nicht verloren. Bald waren für die Encyklopädie, neben philosophischen und ästhetischen, auch theologische Artikel zu liefern. Dann ließen die Lorbeeren, die Rousseau durch das Glaubensbekenntniß des savoyischen Vicars in seinem Emile gewonnen hatte, so stechend sie auch waren, denn das Buch wurde ja verbrannt, Voltaire nicht schlafen. Er mußte sich nothwendig noch kühner äußern als Jean Jacques, wenn er sich auch wohl in Acht nahm, wie dieser durch Nennung seines Namens sich auszusetzen.

Daher ist das Spiel, das Voltaire mit falschen Namen
und Büchertiteln trieb, nirgends bunter als auf dem
Felde seiner theologischen Schriftstellerei. Bald ist es eine
Uebersetzung aus dem Englischen, bald aus dem Deutschen
oder Lateinischen, die er gibt; bald heißt der Verfasser
Dr. Obern, bald Abbé Tillabet; einmal spricht er geradezu als Lord Bolingbroke, der, wie er vorgibt, kurz vor
seinem Tode noch einen Inbegriff seiner Lehre für einen
Freund verfaßt haben soll; der Bibelcommentar, der seinen
letzten Lebensjahren angehört, sollte von den Almosenieren
des Königs von Polen geschrieben sein.

So könnte man zunächst auch an eine Mystification
denken, wenn man in der Sammlung von Voltaire's
Werken einen Auszug aus dem Testament eines Pfarrers
Meslier findet. Dießmal jedoch ist es wirklich an dem;
es handelt sich in der That um ein Schriftstück, das ein
vor 30 Jahren in dem Dorfe Etrepigny in der Champagne verstorbener Pfarrer hinterlassen, und woraus Voltaire zu allgemeinem Nutz und Frommen einen Auszug
gemacht hatte. Die Handschrift war ihm schwerlich jetzt
erst zu Gesichte gekommen; schon im Jahre 1735 hatte
sein Freund Thieriot ihm Nachricht davon gegeben; denn
Voltaire schreibt ihm aus Cirey: „Wer ist doch der Dorf-
pfarrer, von dem Sie mir reden? Wie? ein Pfarrer
und ein Franzose, so philosophisch wie Locke? Können Sie
mir die Handschrift nicht schicken? sie sollte treulich zurück-
folgen." Ob der Freund seinem Wunsche willfahrte, erhellt nicht, doch sieht man kaum, was ihn abgehalten ha-

ben sollte; indeß ruhte die Sache über 25 Jahre und
taucht erst 1762 wieder auf. Jetzt hat Voltaire den Auszug gemacht und schreibt darüber an d'Alembert in seiner
schalkhaften Art, die den Freund nicht täuschen konnte,
vielleicht aber Verletzer des Briefgeheimnisses irre führen
oder doch verhöhnen sollte: „Man hat in Holland das
Testament von Jean Meslier gedruckt; es ist nur ein sehr
kurzer Auszug aus dem Testament dieses Pfarrers. Ich
habe geschaudert vor Entsetzen, da ich es las. Das Zeugniß eines Pfarrers, der im Sterben Verzeihung von Gott
dafür erbittet, daß er das Christenthum gelehrt hat, kann
ein starkes Gewicht in die Wagschale der Freigeister werfen.
Ich werde Ihnen ein Exemplar von diesem Testamente
des Antichrist senden, da Sie es ja widerlegen wollen.
Es ist geschrieben mit einer plumpen Einfalt, die unglück-
licherweise der Redlichkeit gleich sieht." Im Ernste schreibt
er an denselben etliche Monate später, nachdem er von
Rousseau's Glaubensbekenntniß des savoyischen Vicars gesprochen: „Es scheint, das Testament von Jean Meslier
macht einen größeren Eindruck; alle, die es lesen, werden
überzeugt; dieser Mann untersucht und beweist. Er spricht
im Augenblick des Todes, einem Augenblick, wo selbst die
Lügner Wahrheit sprechen; das ist der stärkste seiner Beweise. Jean Meslier muß die Welt bekehren. Warum
ist sein Evangelium in so wenig Händen?" Es in mehrere
zu bringen, dafür sorgte Voltaire, indem er noch in demselben Jahr eine zweite Auflage seines Auszuges in
5000 Exemplaren drucken ließ, die er wie Tractätchen zur

unentgeltlichen Austheilung an empfängliche Leser in die
Hände seiner Freunde legte. „Ich komme immer wieder
auf Jean Meslier zurück", schreibt er im October an
Damilaville. „Seine Schrift ist zu lang, zu schwerfällig
und selbst zu empörend; aber der Auszug ist kurz und
enthält Alles, was in dem Originale lesenswerth ist."
Darunter verstand Voltaire einfach Alles, was darin gegen
das Christenthum ging; unter dem Nichtlesenswerthen das,
was auch gegen den Gottesglauben gerichtet war, und
unter dem Empörenden vorzugsweise die Stellen, wo der
auch über die politisch-socialen Zustände seiner Zeit erbit-
terte Pfarrer sich bis zur Empfehlung des Königsmordes
fortreißen ließ. Von dem Ersteren gibt er einen bün-
digen Auszug; das Uebrige bedeckt er mit vorsichtigem
Schweigen. Was Voltaire mittheilt, sind die Beweis-
führungen des Pfarrers, daß die christliche Religion weder
göttlich noch wahr sei; daß überhaupt alle Religionen auf
Lüge und Betrug beruhen; daß die biblischen Bücher
weder von Gott eingegeben, noch als menschliche Bücher
glaubwürdig oder bedeutend seien; daß die Lehre der christlichen Kirche ein Gewebe des crassesten Aberglaubens;
daß Jesus selbst, weit entfernt von jedem Anspruch auf
eine höhere Würde, ein äußerst unbedeutender und verächtlicher Mensch gewesen sei. Die Schrift des Pfarrers
von Etrépigny, die uns erst seit wenigen Jahren vollständig gedruckt vorliegt, ist für Voltaire's theologische Schriftstellerei von eingreifender Bedeutung. Wenn er auch nicht
gerade viel Neues aus ihr lernen konnte, was er nicht

schon aus dem Studium Bayle's und der englischen
Deisten mußte, so regte sie ihn doch zu weiterem Kampfe
an; sein Verhältniß zu Meslier hat unverkennbare Aehnlichkeit mit dem unseres Lessing zu Reimarus.

Was nun das Nähere von Voltaire's Ansichten über
Bibel und Christenthum betrifft, so wollen wir uns bei
seinen Urtheilen über das Alte Testament, dessen Geschichte und Lehre, Wunder und Weissagungen, Könige und
Propheten nicht aufhalten, weil hier Voltaire, seinen Vor-
gängern und Lehrmeistern gegenüber, nur hie und da in
der Form eigenthümlich ist, die er seinen Bemerkungen
und Ausstellungen zu geben weiß. In Bezug auf das
Neue Testament ist es zwar der Hauptsache nach der
gleiche Fall; doch kommt uns hier mehr darauf an, genau
die Linie zu erkennen, die Voltaire in seiner Auffassung
der Person Jesu und des Ursprungs der christlichen
Religion einhält. Freilich hält er keineswegs immer dieselbe Linie ein, sondern je nach der Stimmung des Au-
genblicks, der Veranlassung, Form und Bestimmung einer
Schrift wechselt er nicht blos den Ton, sondern mitunter
selbst den Standpunkt und die Betrachtungsweise. Während er in der „wichtigen Untersuchung des Lord Bolingbroke", die er diesem Engländer in die Schuhe schob, sich
den Ausdruck erlaubt, alles, was uns die Evangelien von
Jesus erzählen, sei des Alten Testamentes (das er vorher
als einen Inbegriff von Ungereimtheit dargestellt hatte)
und Bedlams würdig; oder in dem „Sermon der Fünfzig",
einem angeblich in einer Theistenversammlung gehaltenen

Vortrag, über die dem Josephus eingeschobene Stelle von
Jesus sagt, jener sei ein viel zu ernster Schriftsteller ge=
wesen, um eines solchen Menschen Erwähnung zu thun:
finden wir im philosophischen Wörterbuch unter dem
Artikel: Religion, eine Vision im Geschmack der Voltaire'=
schen Romane, worin uns Jesus in der ehrenwerthen Ge=
sellschaft von Numa, Pythagoras, Zoroaster, Zaleukus,
Thales und Sokrates als ein Mann von ungefähr
35 Jahren mit sanften und einfältigen Zügen begegnet
und über seine Absichten und Schicksale Auskunft gibt.
Auch in dem Gespräch aus dem Jahr 1767: „das Mit=
tagsmahl des Grafen von Boulainvilliers", einem höchst
anmuthig geschriebenen Inbegriff von Voltaire's religiösen
Meinungen, dessen Autorschaft er aber eben darum sehr
eifrig abzulehnen suchte, wird, bei allem Spott über Juden=
und Christenthum, doch von der Person Jesu mit An=
stand und Achtung gesprochen. Besonders eingehend und
ordentlich findet sich der Gegenstand in der Abhandlung:
„Gott und die Menschen, eine theologische, doch´ ver=
nünftige Schrift von Dr. Obern" aus dem Jahre 1769,
behandelt. Nur ein Schwärmer, schickt Voltaire hier vor=
aus, oder ein Schelm könne behaupten, man dürfe die
Geschichte Jesu nicht bei'm Lichte der Vernunft unter=
suchen. Womit soll man denn ein Buch, es sei welches
es wolle, beurtheilen? Doch nicht mit der Unvernunft?
Sehen wir hienach zuerst auf die Quellen unserer Kunde
von Jesus, so finden wir, daß kein griechischer oder römi=
scher Schriftsteller der Zeit von ihm spricht, von den

jüdischen aber weder Philo, sein Zeitgenosse, noch der nur
um weniges jüngere Josephus, der Geschichtschreiber seines
Voltes, seiner Erwähnung thun; nur unsere Evangelien
auf der einen und gewisse jüdische Schmähschriften auf
der anderen Seite handeln von ihm, die einen ebenso
parteiisch für, wie die anderen gegen ihn, beide voll Fabeln,
aber auch beide voll von Widersprüchen. Daraus folgt
jedoch nicht, was gewisse Anhänger von Bolingbroke ge-
folgert haben, daß Jesus gar nicht existirt habe. Gelebt
hat er gewiß, aber sehr im Verborgenen, sonst könnten
jene Schriftsteller nicht von ihm geschwiegen haben.

Nun, und wer war denn der Mann? Daß seine
Mutter das Weib eines Dorfzimmermanns gewesen, darin
stimmen die jüdischen und die christlichen Zeugnisse überein. Aber nach den einen hatte sie diesen Sohn außer-
ehlich von einem gewissen Panther, nach den andern über-
ehlich vom heiligen Geist empfangen. Die richtige Meinung,
urtheilt Voltaire, wäre wohl die mittlere, daß nämlich
Joseph der ehliche Vater auch dieses, wie der übrigen
Kinder der Maria war; „aber der Parteigeist hat ja nie
eine gemäßigte Meinung.“ So viel erhellt jedenfalls,
„daß Jesus ein Unbekannter aus der Hefe des Voltes
war, und daß er sich für einen Propheten ausgab wie
viele Andere.“ Er hat nichts geschrieben, vielleicht weil
er nicht schreiben konnte. Darum konnte er aber doch
eine Gemeinde gründen, so gut als Fox, ein Dorfschuster
in der Grafschaft Leicester, die Secte der Quäker stiftete.
Fox lief auf dem Lande herum, in ein Fell gekleidet;

er war ein Mann von ſtarker Einbildungskraft, der mit
Begeiſterung zu ſchwachen Geiſtern ſprach; er war un=
wiſſend, aber er hatte unterrichtete Nachfolger. In Sachen
der Religion, hatte Voltaire ſchon bei anderer Gelegenheit
geſagt, begründet allemal die Schwärmerei den Bau, aber
die Klugheit vollendet ihn. Was Jeſus betrifft, ſo muß,
nach Voltaire, ſelbſt ſein Feind zugeſtehen, daß er die
ſeltene Eigenſchaft gehabt hat, Schüler an ſich zu ziehen.
Solche Herrſchaft über die Geiſter — dieſe Bemerkung
iſt offenbar gegen den Pfarrer von Etrépigny gerichtet,
der den perſönlichen Eigenſchaften Jeſu zu nahe getreten
war — erwirbt man nicht ohne Talente, ohne Sitten, die
von ſchmählichen Laſtern frei ſind. Man muß ſich bei
denen in Reſpect ſetzen, deren Führer man ſein will; es
iſt unmöglich, ſich Glauben zu verſchaffen, wenn man
geringgeſchätzt wird. Jeſus muß folglich ein Mann von
Kraft und Thätigkeit geweſen ſein, er muß die Gabe, zu
gefallen, und vor Allem vorwurfsfreie Sitten gehabt
haben. Ich möchte wagen, ſagt Voltaire, ihn einen länd=
lichen Sokrates zu nennen. Beide predigten Moral,
ohne beſtimmten Beruf; beide hatten Schüler und hatten
Feinde; beide führten harte Reden gegen die Prieſter ihres
Volkes, und beide wurden hingerichtet.

Die Moral, die Jeſus in den Dörfern ſeines Landes
herum predigte, muß wohl eine gute geweſen ſein; auch
hiefür liegt der Beweis darin, daß er Schüler hatte. Ein
Menſch, der den Propheten macht, kann Tollheiten reden
oder thun, daß man ihn anbinden ſollte: das ſchadet ihm

nichts, wie man an Methodisten und Quäkern zur Ge=
nüge gesehen hat; aber Laster und Verbrechen darf er
nicht predigen. Um Eindruck zu machen, muß er noth=
wendig zur Tugend ermahnen: so konnte auch Jesus wie
Sokrates nur eine gute Moral predigen, und die gute
Moral ist immer und überall dieselbe. Man wendet ein,
Jesus habe dieser allgemeinen Moral großen Eintrag ge=
than durch Aussprüche wie die: man müsse Vater und
Mutter hassen um seinetwillen, er sei nicht gekommen,
Frieden zu bringen, sondern das Schwert u. dgl., durch
die Plattheit und Niedrigkeit mancher seiner Gleichniß=
reden, die schon Meslier tief unter die äsopischen Fabeln
gestellt hatte. Allein, fragt Voltaire, sind wir auch sicher,
daß Jesus alles das gesprochen hat, was die Evangelien
ihn sprechen lassen? und wissen wir ferner, welchen Sinn
er den Worten beilegte, die wir ja nicht mehr in seiner
eigenen Sprache haben, und die, so weit sie bildlich waren,
sehr verschiedener Auslegung fähig sind? Den ihm ganz
besonders anstößigen Spruch von dem Schwerte statt des
Friedens erklärt Voltaire an mehreren Stellen geradezu
für gefälscht. Wenn wir diejenigen der angeblichen Aus=
sprüche Jesu nehmen, über deren Sinn sich am wenigsten
streiten läßt, meint er, so werden wir darin nur Gottes=
und Nächstenliebe, die allgemeingültige Moral finden.

Unter den Handlungen Jesu sind einige, die in ver=
schiedenem Sinne Anstoß geben können. Für's Erste die
vielen Wunder, die den christlichen Evangelien und den
jüdischen Schmähschriften gemein sind, nur daß die einen

sie als Zauberstücke, die andern als göttliche Thaten vorstellen. Aber ebenso stimmen andererseits alle griechischen
und römischen Geschichtschreiber der Zeit, sammt Josephus
und Philo, in ihrem Stillschweigen von denselben überein.
Und doch müßte von solchen Wundern, wie z. B. die Er-
weckung des Lazarus eines war, die Kunde in aller Welt
erschollen sein, sie müßten die Aufmerksamkeit des römischen Statthalters, ja des Kaisers selbst auf sich gezogen
haben. Der Glaube an Wunder freilich war damals
unter Juden und Heiden ebenso allgemein verbreitet, als
wir jetzt dem Wunder jede Stelle in der Natur und Geschichte versagen. So mag denn ein Theil der Wunder,
welche die Evangelien von Jesu erzählen, spätere Erfin-
dung sein; ein Theil mag auf Täuschungen hinauslaufen,
die er sich erlaubte, um das abergläubische Volk für seine
heilsame Lehre zu gewinnen. Darauf bezieht es sich, wenn
in der Epistel an Uranie gesagt wird:

> Und wenn auch auf Betrug er seine Lehre gründet,
> So ist es noch ein Glück, von ihm getäuscht zu sein.

In diesem Stücke indeß stand nach Voltaire Confucius
entschieden höher als Jesus. Er gab sich nicht für inspirirt, nicht für einen Propheten aus, sondern sprach nur
als weiser Mensch, als Sittenlehrer. Was die menschliche Handlungsweise Jesu betrifft, so hat man darin
Spuren finden wollen, daß er ein Aufrührer und die
schließlich über ihn verhängte Strafe keine ungerechte gewesen sei. Doch die Handlung, die in der That einen

solchen Schein hat, die Austreibung der Käufer und Verkäufer aus dem Tempel, steht allein; sein Leben im Uebrigen ist durchaus frieblich, und wie die jüdische Obrigkeit
sich seiner Person bemächtigen will, macht er keinen Versuch zur Gegenwehr. Die Geschichte, wie Petrus dem
Knechte des Hohenpriesters ein Ohr abhaut, Jesus es ihm
verweist und das Ohr wieder anheilt, mag übrigens so
ungereimt sein als sie will, sie beweist wenigstens, daß der
Erzähler in Jesus einen friebliebenden Menschen sah.
Wir können freilich, wie Voltaire wiederholt bemerkt, über
Jesus nur nach demjenigen urtheilen, was uns von ihm
erzählt wird; möglicherweise könnte es sich auch noch ganz
anders verhalten haben, aber darüber können wir nichts
sagen, weil wir nichts darüber wissen. Man sieht: gegen
die historische Treue der evangelischen Berichte hat Voltaire ein tiefes Mißtrauen, das ihn hindert, in dieser
Region den Fuß fest aufzusetzen. Was übrigens den
traurigen Ausgang betrifft, den es mit Jesu nahm, so
braucht es nach Voltaire zur Erklärung desselben keiner
aufrührischen Handlungen, da schon seine Reden hin-
reichten, denselben herbeizuführen. Wenn es wahr ist,
was uns berichtet wird, daß er die Pharisäer und Schriftgelehrten Otterngezücht, übertünchte Gräber, Heuchler und
Habsüchtige nannte, Namen, welche die Priester aller
Zeiten oft genug verdient haben, so war dieß eine sehr
gefährliche Dreistigkeit, die mehr als einmal unvorsichtigen
Wahrheitsagern das Leben gekostet hat. Aber man kann
ein sehr rechtschaffener Mann sein, und doch sagen, daß

es Schelme von Priestern gibt. Alles wohl erwogen also liegt kein hinreichendes Zeugniß dafür vor, daß Jesus die Todesstrafe verdient habe; im Gegentheil, je genauer wir sein Benehmen betrachten, desto mehr überzeugen wir uns, daß er ein ehrlicher Schwärmer (enthousiaste de bonne foi) und ein guter Mensch war, der nur die Schwachheit hatte, von sich reden machen zu wollen, und die Priester seiner Zeit nicht liebte. Offenbar kommt dieser letztere Punkt dem galiläischen Propheten in Voltaire's Urtheile sehr zu Statten, der insofern einen Vorgänger und Mitstreiter in ihm sah und sein tragisches Ende, wie das aller Opfer der Hierarchie, theilnehmend beklagte. Doch war es auch nur diese Seite an dem Thun und Wesen Jesu, wovon Voltaire sich angesprochen fand; im Uebrigen war ihm zu viel Schwärmerisches darin und die ganze Erscheinung gehörte einem zu niedrigen Bildungskreise an, als daß sie ihm hätte sympathisch sein können.

Doch warum den Mann bemitleiden, läßt Voltaire sich hier einwerfen; hat er nicht eine Religion gestiftet, die während der Jahrhunderte ihres Bestehens mehr Blut fließen gemacht hat, als in den grausamsten Kriegen geflossen ist? Nein, erwiedert Voltaire, ich wage zu behaupten und glaube die gelehrtesten und einsichtsvollsten Männer für mich zu haben, daß Jesus niemals daran gedacht hat, eine neue Religion zu stiften. Das Christenthum, wie es seit Constantin's Zeiten geworden ist, steht Jesu so fern wie dem Zoroaster oder Brama. Jesus ist der Vorwand unserer phantastischen Lehren, unserer Re

ligionsverfolgungen geworden, aber er ist nicht ihr Ur=
heber. Ich schmeichle mir, beweisen zu können, daß Jesus
kein Christ war, daß er im Gegentheil unser Christenthum,
so wie Rom es zugerichtet hat, mit Abscheu verworfen
haben würde. Nicht Eine Stelle findet sich in den Evan=
gelien oder der Apostelgeschichte, woraus sich ergäbe, daß
er oder seine Schüler ihrer väterlichen Religion entsagt
hätten, nicht Eine, woraus sich schließen ließe, daß er die
Absicht gehabt habe, auf den Trümmern der jüdischen
Religion eine neue zu gründen. Es steht fest, daß die
ersten Anhänger Jesu nichts anderes waren, als eine be=
sondere Secte unter den Juden, wie die Wiklefiten, die
Mennoniten unter den Christen. Auch wird Jesus von
Anfang immer nur als ein frommer Jude, als ein Pro=
phet betrachtet, der in besonderer Gemeinschaft mit Gott
gestanden, aber immer doch Mensch gewesen sei. Damit
war freilich nicht weit zu kommen. Hätten die Christen
von ihrem Jesus nur das gelehrt, was die ersten Evan=
gelien von ihm sagen, so hätten sie, meint Voltaire, nicht
viele Proselyten gemacht; aber sie hüllten sich in die
Lehren Plato's, und so hielten einige Halbdenker sie für
Philosophen. Von dem Einfluß der alexandrinischen Phi=
losophie auf das Christenthum, von dem späten exotischen
Ursprung des vierten Evangeliums, das er nur über=
flüssigerweise auch noch für gefälscht ansieht, hat Voltaire
eine sehr helle Erkenntniß. Er sagt einmal geradezu:
„Der Platonismus ist der Vater des Christenthums, die
jüdische Religion seine Mutter.“

Bis man jedoch auf dieſe Höhe kam, war eine
ganze Leiter von Täuſchungen und Erdichtungen zu durch-
laufen. Erſt machten die Schüler Jeſu ihrem Groll
über die Hinrichtung ihres Meiſters, da ſie zu ſchwach
waren, ſich zu rächen, durch die Anklage Luft, er ſei
mit Unrecht gekreuzigt worden. Dann wurde man kühner
und behauptete, Gott habe ihn auferweckt. Das war
freilich eine ſehr plumpe Gaukelei; aber die Menſchen,
mit denen man es zunächſt zu thun hatte, waren ja
gleichfalls plump und als Juden gewöhnt, das Abſurdeſte
zu glauben. Von hier aus entwarf man dann ſeine
Legende mit allen ihren Wundern, in mehr als funfzig
Evangelien, deren keins mit dem andern ſtimmte, und
von denen man zuletzt die vier abenteuerlichſten aus-
wählt und behält. Man ſchmiedet falſche Acten des Pilatus, falſche Reiſen des Petrus, erdichtet Briefwechſel
zwiſchen Jeſus und Abgarus, Seneca und Paulus, läßt
die Sibyllen in Akroſtichen den Judenheiland vorher-
ſagen; kurz, die vier erſten Jahrhunderte des Chriſtenthums bilden eine ununterbrochene Reihe von Fälſchung
und frommem Betrug. Eine Hauptperſon in dieſem Ge-
triebe iſt gleich von Anfang der Apoſtel Paulus, den
auch Voltaire, wie ſeine Vorgänger und Nachfolger in
gleicher Richtung, ganz beſonders aufs Korn genommen
hat. Seine Herrſchſucht und Unverträglichkeit, die Dunkel-
heit und Verworrenheit ſeiner Briefe wird bald gerügt
bald verſpottet, und auch hier hat er die Inconſequenzen
zu entgelten, die ihm die Apoſtelgeſchichte aufbürdet, an

deren historischem Charakter in diesem Stücke Voltaire so
wenig als Reimarus einen Zweifel hegt. Bezeichnend für
Voltaire's Geschichtsansicht ist es, daß er die Erzählung
von der Bekehrung des Paulus in der Apostelgeschichte
für eine närrische Legende erklärt, dagegen die jüdische
Sage, ein Korb von Gamaliel's Tochter sei es gewesen,
der ihn auf die Seite des Christenthums getrieben, durch=
aus wahrscheinlich findet.

Im Verlaufe der christlichen Kirchengeschichte sieht
Voltaire eine Reihe von Verirrungen des menschlichen
Geistes. Sind ihm die Synoden mit ihren spitzfindigen
Lehrbestimmungen lächerlich, so sind ihm die Bischöfe und
Päbste mit ihrem Betrug und ihren Anmaßungen ver=
haßt, das Mönchswesen zuwider, die Religionsverfolgungen
jeder Art, die das Christenthum mit sich führte, ein Ab=
scheu. Keine Religion von allen habe es in diesem Stücke
der christlichen auch nur von ferne gleichgethan: die
alten seien ohnehin tolerant gewesen, selbst der Islam
habe sich immer duldsamer erwiesen als das Christen=
thum. Voltaire legt eine ordentliche Rechnung an über
die Schlächtereien, die während der 15 Jahrhunderte der
Herrschaft des Christenthums in seinem Namen verübt
worden; er wirft für die alten Streitigkeiten mit den
Arianern und Donatisten, für die Kreuzzüge und die
Albigenserkriege, die Hussiten= und Protestantenkämpfe, die
Würgereien der Spanier in Amerika, der Katholiken in
Irland u. s. f. für jedes eine ungefähre Ziffer aus, und
kommt so auf die Summe von 9,468,800 Menschen, die

um des Christenthums willen von Christen umgebracht
worden seien. Diesen Gräueln hat auch die Reformation
kein Ende gemacht, im Gegentheil die Flamme der Religionsverfolgungen und Religionskriege in Europa von
Neuem angeblasen.

Wenn wir von unserem Standpunkte aus vermuthen
möchten, Voltaire werde in seinem Kampfe gegen die
katholische Hierarchie sich dem Protestantismus, seines
freiern Princips wegen, näher gefühlt haben, so finden
wir uns bei genauerem Einblick in seine Schriften sehr
getäuscht. Er sagt wohl einmal, bei gleichem Irrthum
im Princip habe der Protestantismus doch weniger Irrthümer in den Consequenzen, d. h. er habe manche Mißbräuche und allzucrasse Meinungen abgestellt. Aber schon
in dem Versuch über die Sitten u. s. f., wo geschichtlich
von der Reformation gehandelt wird, vermissen wir das
tiefere Verständniß ihrer Nothwendigkeit. Voltaire kommt
aus seiner Manier der kleinen Ursachen für große Wirkungen, und dann aus seiner Friedensliebe um jeden
Preis nicht heraus. Aus dem Mönchsgezänke zwischen
Augustinern und Dominikanern über den Ablaß in einem
Winkel von Sachsen ist nach ihm hundertjährige Zwietracht, Kriegswuth und Noth bei dreißig Nationen entstanden. In dem großen Gegensatze jener Zeit ist nicht
Luther oder Zwingli, sondern Leo X. Voltaire's Mann.
Er war freilich Pabst, aber er war auch der feingebildete,
Literatur und Kunst liebende Mediceer. Der Luxus seines
üppigen Hofes mochte Anstoß erregen; allein man muß

auch erwägen, daß dieser Hof Europa's Sitten verfeinerte
und die Menschen umgänglicher machte. Der Wandel der
Geistlichkeit gab freilich zu vielfachen Beschwerden Anlaß;
aber das war doch kein Grund, darum so viele blutige
Kriege anzufangen. Wirklich verwerflich findet Voltaire
das Ablaßwesen; aber bei alledem gibt er denen Recht,
welche sagten, man solle das Gebäude ausbessern, nicht
niederreißen. Voltaire hat auch sonst viel Aehnliches mit
Erasmus: in ihren Urtheilen über die Reformation treffen
sie bisweilen wörtlich zusammen. Bei Luther stößt sich
Voltaire auch an seiner bäurischen Sprache, an der Grob-
heit, womit er · seine Gegner, darunter sogar gekrönte
Häupter, behandelte; man wird oft an seine Ausstellungen
gegen Shakespeare erinnert: bei einem wie bei dem andern
ging das Urgermanische dem Franzosen wider den Mann.
Calvin hat es der Verbrennung Servets zu danken, daß
er schon zum Voraus bei Voltaire ausgethan ist. Dann
aber gilt ihm zwar nicht allein, doch in erster Linie das
Folgende. Man glaube doch ja nicht, sagt Voltaire, diese
Männer haben sich bei den Menschen dadurch beliebt
gemacht, daß sie diesen das Joch erleichterten, das auf
ihnen lag; im Gegentheil, sie hatten finstere Sitten und
ihre Reden waren voll Galle. Wenn sie den Cölibat der
Priester verwarfen, wenn sie die Klosterpforten öffneten,
so geschah das nur, um die ganze menschliche Gesellschaft
in ein Kloster zu verwandeln. Das Spiel, das Theater
wurden verboten, ein düsterer freudloser Ernst lagerte sich
auf das Leben der Reformirten.

Und hier liegt nun eigentlich der innerste Grund von
Voltaire's Widerwillen gegen den Protestantismus. Aus
demselben Grunde war er schon innerhalb der katholischen
Kirche seines Heimathlandes derjenigen Richtung, die als
Annäherung an den Protestantismus gelten mochte, dem
Jansenismus, abgeneigt, und in dem Streite der Jansenisten
mit den Jesuiten stellte er sich durchaus nicht auf die Seite
der ersteren. Das Gefährliche der letzteren verkannte er
nicht, aber sie hatten doch keine Convulsionäre wie ihre
Gegner, es galt doch bei ihnen eher leben und leben lassen.
Als die Jesuiten aus Frankreich vertrieben wurden, war
der oft wiederholte Spruch Voltaire's: die Füchse hat man
verjagt, aber nur um uns ganz den Wölfen preiszugeben.
Das alles ist begreiflich an ihm, wie ohnehin auch das,
daß er das protestantische Dogma um kein Haar weniger
ungereimt und lächerlich fand als das katholische. In
seinen Augen hatten die Reformatoren ihren Beruf ver=
fehlt. Sie hätten alles Dogmatische bei Seite werfen
und das Praktische, die Moral, als die Hauptsache in der
Religion voranstellen sollen. Sie hätten sich auf die Lehre
von einem gerechten Gott, der das Gute belohnt und das
Böse bestraft, beschränken sollen. Damit würden sie allen
Streitigkeiten, Verfolgungen und Kriegen um der Religion
willen ein Ende gemacht haben. Statt dessen behielten sie
die alten Dogmen bei und fügten neue dazu; wodurch sie
natürlich allen jenen Gräueln und Plagen von Neuem
Thür und Thor öffneten. Auffallend ist hiebei nur das,
daß Voltaire den Vorsprung nicht besser würdigte, den

der Protestantismus doch immerhin vor dem Katholicismus
dadurch gewonnen hat, daß er die Schlange der Hierarchie
zerschnitt, die bis dahin, den Kopf in Rom, mit ihren
gewaltigen Ringen die ganze christliche Welt umschnürt
gehalten hatte. Zwar sind auch ihre einzelnen Stücke,
wie sie in den protestantischen Ländern übrig geblieben,
noch immer ein böses Gewürm und können mancherlei
Schaden thun; doch kann man sich ihrer leichter erwehren
als des großen unzerschnittenen Leviathan.

Ich darf diesen Gegenstand nicht verlassen, ohne einer
Formel zu gedenken, die man Voltaire ganz besonders zum
Vorwurfe gemacht hat: es ist das berüchtigte écrasez
l'infame, das er, als sein ceterum censeo, und meistens
wie eine Geheimformel in abgekürzter Schreibart: écr.
l'inf..., an den Schluß einer großen Anzahl seiner Briefe
an die vertrautesten Gesinnungsgenossen, wie d'Alembert,
Damilaville u. A. gesetzt hat. Man hat in dem infame
oft niemand Geringeres gesehen als Christus, und daher
eine Blasphemie darin gefunden. Allein Christus kann
schon deswegen nicht damit gemeint sein, weil l'infame
in diesem Voltaire'schen Refrain kein Er, sondern eine
Sie ist. Dieß erhellt aus allen den Fällen, wo der Satz
noch weiter fortgeführt und auf das Wort infame alle=
mal mit einem weiblichen Pronomen zurückgedeutet ist.
3. B. an d'Alembert: Adieu, mon dur philosophe, si
vous pouvez écraser l'inf., écrasez-la et aimez-moi.
Friedrich, der gleichfalls unter den Eingeweihten war, an
Voltaire: J'approuve fort la méthode, de donner des

nasardes à l'inf. en la comblant de politesses. Wohl; aber wer ist denn nun dieses infame Femininum, dem Voltaire und seine Freunde den Untergang geschworen haben? Auch darüber lassen uns ihre Briefe nicht im Zweifel. „Ich wünschte", schreibt Voltaire an d'Alembert, „daß Sie die Infame zermalmten, das ist der Hauptpunkt. Vous pensez bien, que je ne parle que de la super- stition; car pour la réligion, je l'aime et la respecte comme vous." Und wieder d'Alembert an Voltaire: ... cet infame fanatisme, que vous voudriez voir écrasé et qui fait le refrain de toutes vos lettres u. s. f. Also der Aberglaube, der Fanatismus; doch das sind noch allzu abstracte Begriffe; wo haben sie in der Wirklichkeit ihren Sitz? Wenn Voltaire an d'Alembert schreibt, er wünschte die Infame in Frankreich auf den Zustand reducirt, worin sie in England sich befinde, und wenn Friedrich gegen Voltaire äußert, bei den Griechen und Römern haben die Philosophen gedeihen können, weil ihre Religion keine Dogmen gehabt habe; mais les dogmes de notre infame gâtent tout — so ist klar, daß unter der Infamen, deren Vernichtung das Losungs- wort des Voltaire'schen Kreises war, die christliche Kirche, ohne Unterschied der Confessionen, als die Trägerin des Aberglaubens und Fanatismus zu verstehen ist.

„Ich habe es satt", soll Voltaire einmal gesagt haben, „immer wieder zu hören, daß zwölf Männer hingerichtet haben, das Christenthum zu begründen; ich habe Lust, zu beweisen, daß Einer genug ist, es zu zerstören." Das ist

ein keckes Wort, wie man es so hinwirft, ohne dabei festgehalten werden zu wollen; in der That wußte Voltaire
sehr gut, daß es so schnell nicht gehe. „Swift", sagt er
am Schlusse seiner Abhandlung: Gott und die Menschen,
„hat eine schöne Schrift geschrieben, worin er bewiesen zu
haben glaubt, es sei noch nicht Zeit, die christliche Religion abzuschaffen. Wir sind seiner Meinung. Zwar ist
sie ein Baum, der bis jetzt nur tödtliche Früchte getragen
hat; doch wollen wir nicht, daß man ihn umhaue, sondern nur, daß man ihn pfropfe. Wir schlagen vor, in
der Moral Jesu alles dasjenige zu erhalten, was der allgemeinen Vernunft angemessen ist, der aller großen Philosophen des Alterthums, aller Zeiten und aller Orte, der
Vernunft, die das ewige Band aller Gesellschaften sein
muß. Beten wir das höchste Wesen durch Jesus an, da
die Sache einmal bei uns eingeführt ist. Die fünf Buchstaben, die seinen Namen ausmachen, sind ja wohl kein
Verbrechen. Was liegt daran, ob wir dem höchsten
Wesen unsere Huldigungen durch Confucius, durch Marc
Aurel, durch Jesus oder einen andern darbringen, wenn
wir nur rechtschaffen sind. Die Religion besteht doch
sicherlich in der Tugend, und nicht in dem ungereimten
Plunder der Theologie. Die Moral kommt von Gott
und ist überall dieselbe; die Theologie kommt von den
Menschen und ist überall anders und überall lächerlich.
Die Anbetung eines Gottes, der bestraft und belohnt,
vereinigt alle Menschen; die verruchte und verächtliche
Theologie entzweit sie. Jaget die Theologen fort, und

die Welt ist ruhig (wenigstens im Punkte der Religion); lasset sie zu, gebt ihnen Ansehen, und die Erde ist überschwemmt mit Blut. Christliche Religion, da sieh beine Wirkungen. Du bist geboren in einem Winkel von Syrien, woraus du vertrieben bist; du hast über Meere gesetzt, um deine Verfolgungswuth bis zu den äußersten Grenzen des Festlandes zu tragen: und dennoch schlage ich vor, dich zu erhalten, vorausgesetzt, daß man dir die Klauen stutze, womit du mein Vaterland" (er läßt einen Engländer sprechen) „zerfleischt, die Zähne, womit du unsere Väter zerrissen hast. Noch einmal: beten wir Gott durch Jesus an, wenn es sein muß, wenn die Unwissenheit so groß ist, daß dieses jüdische Wort noch ausgesprochen werden soll; aber es sei nicht mehr das Losungswort zu Raub und Mord."

Wir dürfen nie vergessen, daß es die Erinnyen der Bartholomäusnacht, der Dragonaden und der Albigenserkriege waren, die in Voltaire ihre Fackeln gegen das Christenthum kehrten; und wenn er in einer seiner angeblichen Londoner Homilien den Satz aufstellt: „Wer mir sagt: denke wie ich, oder Gott wird dich strafen, der wird mir bald sagen: denke wie ich, oder ich bringe dich um" — hat dieser Satz vielleicht an seiner furchtbaren Wahrheit etwas verloren, weil es hundert Jahre her ist, daß Voltaire ihn niederschrieb?

VI.

Wenn ein rüstiger Fußwanderer in nord=nordwestlicher Richtung von Genf ausgeht, so erreicht er in etwas mehr als einer Stunde den Flecken Ferney. Die Straße steigt allmählich an, und schon aus der Entfernung erblickt man die weißen Mauern des Schlosses, in welchem Voltaire, mit wenigen Unterbrechungen, die letzten achtzehn Jahre seines Lebens zugebracht hat. Der Flecken kann in der Hauptsache als seine Schöpfung betrachtet werden. Denn im Jahre 1758, als Voltaire die Herrschaft kaufte, war es ein elender Weiler mit einem halben Hundert verkommener Bauern; und als er zwanzig Jahre darauf starb, war es ein hübscher Ort von 1200 Einwohnern, größtentheils Uhrmachern und anderen Industriellen, die er dahin gezogen, denen er Häuser gebaut und gegen eine Rente, die bei seinem Ableben auf die Hälfte sich ermäßigen, mit dem Tode seiner Nichte aber ganz erlöschen sollte, eingeräumt hatte. Auch durch Vorstreckung von Betriebscapital griff er den Leuten unter die Arme, und seine Bekanntschaft mit Staatsmännern und Potentaten beutete er in vollem Umfang aus, um seine Schöpfung zu heben. Die Kaiserin von Rußland bezog Uhren aus Ferney, und der französische Minister Choiseul wandte dem aufblühenden Fabrikort allerlei Begünstigungen zu. Für Voltaire war die Colonie in Ferney das Lieblingskind seiner alten Tage, das ihm zwar Sorge und Mühe genug verursachte, diese aber nicht blos durch die Freude vergalt, die es ihm machte, sondern auch durch die sittliche Hebung, die er aus seinem Verhältniß als Pflegevater einer aufblühenden Menschen= gesellschaft zog. Von der Terrasse des Schlosses aus ge= nießt man einer weiten Aussicht auf Felder und Wiesen, die von einigen Vorbergen der Alpen und im letzten Hin= tergrunde von diesen selbst abgeschlossen wird. Näher liegt auf der andern Seite des Schlosses der Jura, dessen Schnee im Winter dem alten Herrn so manche Klagen entlockte. Hinter dem Schlosse dehnen sich Gärten, deren Anlage und Pflege für Voltaire eine so werthe Unterhaltung war, und umher lag ein bedeutender Gütercomplex, dessen An= bau an die 50 Menschen im Dienste des Gutsherrn be= schäftigte.

Geht man die Hauptstraße des Ortes hinauf, so sieht man am Ende der Allee, die zum Schlosse führt, linker Hand die Kirche mit ihrer weltberühmten Inschrift: Deo erexit Voltaire, und der Jahreszahl 1761. Gleich nach dem Ankaufe der Herrschaft also hatte sich Voltaire an den Kirchenbau gemacht. Reiner Religionseifer war es zwar nicht, der ihn zu solcher Eile trieb; sondern die alte Kirche

stand so, daß sie seinem Schlosse die Aussicht nahm. Also
wurde sie abgerissen und zur Seite eine neue aufgebaut.
Dabei ging der Bauherr, im Hochgefühle seines frommen
Werkes vermuthlich, mit wenig Rücksicht zu Werke. Ein
paar Grabmäler, ein altes Crucifix wurden ohne viel
Umstände beseitigt. „Schafft mir den Galgen aus dem
Gesicht!" sollte Voltaire in Bezug auf das letztere gesagt
haben. Es gab Klagen und Rechtfertigungen. Am Ende
war doch Alles wohlgethan, und der Pabst schickte Reliquien für das neue Heiligthum. Und wenn Fremde zu
Voltaire kamen, die er herumführte, wies er mit Selbstgefühl nicht blos auf die Kirche, sondern auch auf die Inschrift, und sagte wohl: Da seht ihr einmal eine Kirche,
die demjenigen gewidmet ist, dem man allein Kirchen bauen
sollte, Gott, dem gemeinschaftlichen Vater aller Menschen;
sonst sind sie ja immer Menschen, einem Peter oder Paul,
einer Genovefa oder Ursula, geweiht.

Noch vor der Kirche allerdings hatte Voltaire für
eine andere Anstalt gesorgt, die ihm ebenso nützlich dünkte,
zugleich aber mehr persönliches Bedürfniß war. „In der
festen Ueberzeugung", berichtet er in dem „historischen Commentar über die Werke des Verfassers der Henriade", wo
er von sich in der dritten Person spricht, „daß das Schauspiel zur Milderung der Sitten beitrage, baute er in Ferney ein hübsches Theater. Hier trat er bisweilen selbst
auf, ungeachtet seiner schwachen Gesundheit, und seine Nichte,
Mad. Denis, die in hohem Grade das Talent der Declamation besaß, spielte auf demselben verschiedene Rollen.

Mlle. Clairon und der berühmte le Kain kamen von Paris,
einige Stücke darzustellen; man kam von zwanzig Stunden
weit in der Runde herbei, um sie zu hören." Uebrigens
hatte Voltaire mit dem Theater keineswegs bis zum Anlaufe von Ferney gewartet, sondern schon in Délices bei
Genf und in Lausanne, später auch im Schloß Tourney,
hatte er sich und Andern dieses ihm unentbehrliche Vergnügen zu bereiten gewußt. Für die Bewohner von Genf,
wo seit den Tagen Calvin's das Schauspiel als Teufels-
werk verpönt war, bildete dieses Liebhabertheater vor den
Thoren der Stadt eine Lockspeise, die Jung und Alt un-
widerstehlich anzog. Nicht blos als Zuschauer, sondern
auch als Mitspieler betheiligten sich bei den Aufführungen
in Délices sowohl Damen als Herren von Genf. Aber
die Gegenwirkung von Seiten der Vertreter der alten Sitte,
der Geistlichkeit insbesondere, blieb nicht aus. Der Pöbel
wurde gegen den Abgott vor den Thoren gehetzt, man
wollte das Haus anstecken und den Besitzer aus dem Lande
jagen. Der Artikel über Genf im 7. Bande der Encyklopädie, der im Jahre 1757 erschien, worin dessen Verfasser, d'Alembert, die Genfer aufforderte, in ihrer Stadt
ein Theater zu bauen, goß nur Oel ins Feuer; besonders
da Jean Jacques Rousseau davon Veranlassung nahm, in
einem Sendschreiben an d'Alembert gegen das Schauspiel
als eine sittenverderbliche, mit dem Wesen einer kleinen
Republik unverträgliche Anstalt zu eifern.

Daß Rousseau ihn so in seiner liebsten Liebhaberei
störte, er, der selbst verschiedene — schlechte, meinte Vol-

taire — Stücke geschrieben und dafür noch immer sein
Spielhonorar in Anspruch nahm, das hat Voltaire dem
Manne nie verziehen, mit dem er freilich auch ohne das
schwerlich in Frieden ausgekommen wäre. Des einen hypo-
chondrisch=menschenscheues Wesen, sein finsteres neidisches
Selbstgefühl, sein zuletzt wahnwitziger Argwohn bildeten
zu des andern spöttischem Humor, seinem lecken Aussich-
herausgehen und rücksichtslosen Umsichgreifen einen so grellen
Gegensatz, daß der eine dem andern nur lächerlich und
widerwärtig, dieser jenem nur verhaßt und abscheulich sein
konnte. So widerstrebende Naturen sehen und greifen
nicht nur alle Dinge auf entgegengesetzte Weise an, son-
bern selbst wenn sie über manche Punkte der gleichen Ansicht sind, ist es ihr Schicksal, diese Zusammenstimmung
zu verkennen, oder ihr Wille, sie nicht gelten zu lassen.
Wenn dann zwei solche Naturen auf demselben Gebiete,
wie hier dem der populären Literatur, sich begegnen, so
kann ein feindlicher Zusammenstoß nicht wohl ausbleiben.
Schon die erste Berührung beider Männer war gefährlich
gewesen. Der um 18 Jahre jüngere Rousseau war bestellt worden, das von Voltaire zur Hochzeit des Dauphin
im Februar 1745 gedichtete Festspiel statt des bereits mit
einem zweiten Festspiele beschäftigten Dichters zum Zweck
einer neuen Aufführung umzuarbeiten: doch auf Rousseau's
Anfrage ertheilte Voltaire für dießmal in einem artigen
Briefe seine Zustimmung. Einige Jahre später schrieb
Rousseau die berühmte Preisabhandlung über den Einfluß
der Wissenschaften und Künste auf die Sitten, worin er

das Paradoxon durchführte, daß dieser Einfluß ein verderblicher gewesen sei. Diese Ansicht lief der Ueberzeugung
Voltaire's, wie er sie z. B. in dem Gedichte: „Der Weltmensch," ausgesprochen hatte, schnurstracks entgegen; das
wußte Rousseau, sowie Voltaire von jetzt an wußte, daß
er in ihm einen Gegenfüßler hatte. Doch sandte Rousseau
dem älteren Meister als Zeichen der Hochachtung seine
neuen Schriften zu. Die Abhandlung „über den Ursprung
der Ungleichheit unter den Menschen" nannte Voltaire in
seinem Erwiederungsschreiben vom Sommer 1755 scherzend Rousseau's „neues Buch gegen das menschliche Geschlecht", lud ihn übrigens ein, seine schwankende Gesundheit in der heimischen Luft zu stärken, mit ihm die Milch
seiner Kühe zu trinken und das Grün seiner Wiesen ab-
zuweiden. Auch im folgenden Jahre schrieb er ihm noch,
sein Landhaus würde den Namen Délices erst dann mit
vollem Rechte führen, wenn es Rousseau bisweilen in sich
schließen dürfte. Eine noch bestimmtere Einladung will
Voltaire im Jahre 1759 an Rousseau erlassen und ihm
ein Landhaus, l'hermitage genannt, zum Aufenthalt an-
geboten haben; doch wird diese Einladung von Rousseau
in Abrede gezogen. Damals hatte sich auch bereits, außer
der Theaterangelegenheit, noch ein weiterer Streitpunkt
zwischen beiden Männern herausgestellt. Hatte Voltaire
in Rousseau's Schrift über die Ungleichheit der Menschen
ein Buch gegen die Menschheit gefunden, so fand jetzt Rousseau in Voltaire's Gedicht über das Erdbeben von Lissabon
einen Ausfall gegen die Gottheit. In Betreff der Frage wegen

des Uebels in der Welt waren beide im Grunde einverstanden,
Voltaire insbesondere, wie wir wissen, darum noch nicht
in dogmatischem Ernste ein Pessimist, wenn er auch unter
dem frischen Eindruck jener Schrecknisse meinte, die Opti-
misten machen sich ihre Theodicee gar zu leicht. Und wenn
Rousseau in den Confessions von Voltaire sagt, er habe,
unter dem Schein, an einen Gott zu glauben, im Grunde
doch nur an einen Teufel geglaubt, da sein Gott ein bös-
artiges, schadenfrohes Wesen sei, so war das eine arge
Uebertreibung.   Das Sendschreiben, das Rousseau im
Jahre 1758, nachdem er das Gedicht gelesen, darüber an
Voltaire richtete, war ohne sein Wissen gedruckt worden,
und in dem Rechtfertigungsbriefe, den er deshalb im Jahre
1760 an jenen schrieb, ließ er sich zu der Erklärung hin=
reißen: „Ich liebe Sie nicht, mein Herr; Sie haben mir
empfindliche Uebel zugefügt, mir, Ihrem ehemaligen Schüler und Verehrer.   Sie haben Genf zu Grunde gerichtet,
zum Danke für die Freistatt, die es Ihnen bot; Sie haben
meine Mitbürger von mir abwendig gemacht; Sie werden
bewirken, daß ich aller Tröstungen beraubt auf fremdem
Boden sterbe und statt aller Ehren auf den Schindanger
geworfen werde. Ja, ich hasse Sie, aber als ein Mensch,
der noch würdiger war, Sie zu lieben, wenn Sie es gewollt hätten.“   Was diese überspannte Declamation auf
Voltaire für einen Eindruck machte, kann man sich denken.
Da Rousseau durch das Sendschreiben an d'Alembert sich
zugleich von der Encyklopädie, mithin von der Philosophenpartei, losgesagt hatte, so verdachte ihm Voltaire auch diese

Abtrünnigkeit. „Ueber Ihren Jean Jacques," schrieb er
im Jahre 1761 an d'Alembert, der sich Rousseau's um
der Dienste willen, die er in seiner Art doch auch der guten
Sache geleistet, gegen ihn annahm, „bin ich am meisten
aufgebracht. Dieser Erznarr, der etwas hätte sein können,
wenn er sich von Ihnen hätte leiten lassen, läßt sich ein=
fallen, eine Partei für sich zu machen; er eifert gegen das
Schauspiel, er läßt seine Freunde im Stiche, er schreibt
mir den impertinentesten Brief, den jemals ein Fanatiker
gekritzelt hat." Als im folgenden Jahre Rousseau's Emile
in Genf verbrannt und gegen den abwesenden Verfasser
ein Verhaftsbefehl erlassen wurde, empfand Voltaire einige
Schadenfreude, daß die dortige Geistlichkeit ihm seinen
Eifer gegen das Theater so übel dankte. Gegen diese Ver=
urtheilung schrieb Rousseau bekanntlich seine „Briefe vom
Berge", worin er es der Genfer Regierung zum Vorwurfe
machte, daß sie seine Schriften verfolge und die so viel
gefährlicheren Voltaire's dulde. Durch eine solche De=
nunciation glaubte sich nun dieser von jeder Rücksicht ent=
bunden und griff von da an Rousseau als Menschen wie
als Schriftsteller von allen Seiten und in allen Formen
an. Da er für das, worin dessen Stärke als Schrift=
steller lag, das überschwengliche Gefühl und den warmen
Natursinn, kein Organ, einen desto schärfern Blick aber
für seine zahlreichen Schwächen, bis zu den sprachlichen,
hatte, so riß er nach einander seine neue Heloise herunter
und machte sich über die Absonderlichkeiten seines Emile
lustig, dessen Episode vom savoyischen Vicar er als das

einzige Gute, das der Verfasser gemacht habe, gelten ließ.
Der Mensch Rousseau aber hieß ihm von jetzt an nicht
blos ein Narr, sondern, während Narren sonst gutmüthig
zu sein pflegten, ein bösartiger Narr; ein kleines Ungeheuer, ein Bastard von dem Hunde des Diogenes, der
sich etliche vermoderte Dauben von dessen Fasse zurecht
gemacht, um daraus hervor die Leute anzubellen. Und
nachdem vollends im Jahre 1766 Rousseau's Benehmen
gegen David Hume alle schlimmsten Aeußerungen Voltaire's
über seinen Charakter zu bestätigen geschienen, glaubte er
sich befugt, in dem komischen Epos über den „Bürgerkrieg
in Genf" ihn als einen Inbegriff von Wankelmuth, Dünkel und Undank dem öffentlichen Gelächter und Abscheu
preiszugeben. Voltaire machte sich in seiner Art lauter
als Rousseau, aber Haß und Verkennung waren auf beiden
Seiten gleich groß: um den Gegensatz ihrer Naturen und
Richtungen zu freundlicher Ergänzung aufzulösen, hätten
beide so edle Menschen wie Goethe und Schiller sein müssen;
und das war einer so wenig wie der andere.

In seiner Theaterlust übrigens ließ sich Voltaire durch
diese Zänkereien nicht stören. Konnten ihm die Genfer
Herren in Délices Schwierigkeiten machen, so waren sie
in seinen andern Besitzungen ohne Macht. „Wenn sie das
Herz hätten", schreibt er im Jahre 1759 an d'Alembert,
„würden unsere Socinianer" (als solche hatte d'Alembert
in dem erwähnten Artikel die Geistlichen von Genf bezeichnet) „gerne Christus als Gott erkennen, um dafür meinen Schauspielen beiwohnen zu dürfen und zu dem kleinen

Theater Zutritt zu erhalten, das ich in Tourney, ganz
nahe bei Délices, eingerichtet habe. Die Genfer schlagen
sich, um Rollen zu bekommen." Und zwei Jahre später
aus Ferney: „Ich habe jetzt das hübscheste Theater in
Frankreich. Wir haben Merope gespielt, Fräulein Corneille ist beklatscht worden, Mad. Denis hat die Englän-
derinnen zu Thränen gerührt. Die Geistlichen," schreibt
er ein andermal, „wagen nicht hineinzugehen, aber sie
schicken ihre Töchter."

In dieser Fräulein Corneille war nicht blos dem
Theater, sondern auch dem häuslichen Leben Voltaire's
ein erwünschter Zuwachs geworden. Im Jahre 1760
machte zuerst ein gewisser Titon du Tillet, dann ein Herr
le Brun gar in poetischer Form Voltaire auf eine sechs-
zehnjährige Enkelin des großen Corneille aufmerksam, die
sich in dürftigen Umständen in einem Kloster zu Paris
befinde, und deren Versorgung über sich zu nehmen, ein
gutes Werk von ihm sein würde. Voltaire, nachdem er
Erkundigung eingezogen, antwortet, nichts könne einem
alten Soldaten besser anstehen, als der Enkelin seines
Generals einen Dienst zu leisten; doch könne ein Mann,
dem Schloß- und Kirchenbauten obliegen, und der überdieß für arme Verwandte zu sorgen habe, für jenen Zweck
nicht so viel thun, als er gerne möchte. Indeß, wenn es
der kleinen Corneille anstünde, zu ihm zu kommen, so sollte
seine Nichte sich ihrer Erziehung annehmen, er selbst wollte
ein Vater für sie sein, und ihr, beziehungsweise ihren Eltern, sollten keinerlei Kosten für sie erwachsen, er wollte

für Kleidung und auch für freie Reise bis Ferney sorgen.
Nachdem sein Erbieten angenommen war, erfuhr Voltaire,
daß das Mädchen keine Enkelin, sondern nur eine Seiten=
verwandte des großen Peter sei; er bedauerte das, meinte
jedoch, der Name Corneille genüge, und auch so werde die
Sache „schicklich" erscheinen. Man sieht, er gefiel sich in der
Rolle eines Patrons des Mädchens mit dem Dichternamen,
und diese Rücksicht war nicht ohne Einfluß auf seine Bereit=
willigkeit gewesen; aber man höre nur, wie es weiter ging.

Die Kleine kam und zeigte sich als ein gutes naives
Kind, das des Alten Herz bald gewann. Des Unterrichts,
dessen sie sehr bedurfte, nahm er sich selbst an, und die
Sache machte ihm vielen Spaß. „Was mich betrifft,"
schrieb er bald nach ihrer Ankunft im December 1760
an die Marquise du Deffand, „der ich mich dem schönen
Alter der Reise nähere, so befinde ich mich gar wohl da=
bei, daß ich die siebzehn Jahre von Fräulein Corneille zu
leiten habe. Sie ist heiter, lebhaft und sanft, durchaus
natürlich. Ich unterweise sie in der Rechtschreibung, will
aber keine Gelehrte aus ihr machen; ich will, daß sie ler=
nen soll, in der Welt zu leben und darin glücklich zu sein."
Und noch vor Jahresschluß an den Grafen Argental: „Die
kleine Corneille trägt viel zur Annehmlichkeit unseres Le=
bens bei; sie gefällt jedermann; sie bildet sich, nicht von
einem Tage, sondern von einem Augenblick zum andern."
Wie sollte sie auch nicht bei einem solchen Lehrer? „Ich
habe schreckliche Geschäfte auf dem Halse," schreibt er aber=
mals an den Grafen, „und mein schwierigstes ist, Fräu=

lein Corneille die Grammatik beizubringen, ihr, die gar
wenig Disposition für diese erhabene Wissenschaft zeigt."
Einmal hatte ihm statt des Grafen die Gräfin geschrieben; nun zeigt er deren zierliches Briefchen der Schülerin.
„Da, mein kleines Fräulein, sehen Sie, wie die Damen
in Paris schreiben. Sehen Sie, wie gerade? Und dieser
Stil, was sagen Sie dazu? Wann werden Sie ebenso
schreiben, Abkömmlingin von Corneille? Das", setzt er
in seinem Bericht an die Gräfin bei, „erweckt Nacheiferung;
sie geht eilig in ihr Zimmer, um mir ein Billet nach
diesem Muster zu schreiben; ich sage Ihnen, es ist eine
lustige Erziehung."

Und wie nun der Pflegevater gar die Entdeckung
machte, daß die Pflegetochter auf seinem Theater zu verwenden sei! Er ging mit der Schülerin Schritt für
Schritt. Erst nach und nach gab man ihr die Stücke
ihres großen Verwandten in die Hand. „Endlich", schreibt
er im December 1761 an Cideville, „endlich hat Fräulein
Corneille den Cid gelesen; das ist schon etwas. Sie wissen,
wir haben sie in der Wiege übernommen; wir rechnen
darauf, daß sie dieses Frühjahr auf unserm kleinen Theater
die Chimene spielen wird. Schon jetzt macht sie sich recht
gut im Komischen, sie spielt stellenweise zum Todtlachen;
und dennoch wird sie auch das Tragische nicht verderben.
Ihre Stimme ist biegsam, wohllautend und zart; es ist
billig, daß in der Familie Corneille auch eine Schauspielerin sich finde." Die Chimene spielte sie nun zwar
im Frühling nicht, aber eine Rolle in Voltaire's Lust-

spiel: „das Herrenrecht", worin sie viel Glück machte.
„Sollten Sie glauben", berichtet Voltaire darüber an
Argental, „daß Fräulein Corneille allgemeinen Beifall
erhielt? Was war sie natürlich, lebhaft, munter! Wie
war sie auf dem Theater zu Hause, daß sie mit dem
Füßchen stampfte, wenn man ihr ungeschickt soufflirte!
Eine Stelle mußte sie auf Verlangen des Publikums
wiederholen. Ich", setzt Voltaire hinzu, „machte den Amt=
mann; und, mit Ihrer Erlaubniß gesagt, zum Platzen."
Es war eine glänzende Vorstellung; an 300 Gäste, bis
von Lyon und Turin herbeigekommen, nachher Souper
und Ball im Schlosse, zu Voltaire's großer Befriedigung.

Für ein so artiges, hoffnungsvolles Kind mußte weiter
gesorgt werden. 1400 Livres Renten wies ihr der Pflege=
vater aus seinen eigenen Mitteln an; aber gern ergriff
er eine Gelegenheit, mehr zu thun. Die französische Aka=
demie beabsichtigte, eine Sammlung der classischen National=
schriftsteller mit Commentaren herauszugeben; für diese
Sammlung übernahm Voltaire den Corneille, und den
Ertrag bestimmte er seiner Kleinen. Die Arbeit beschäf=
tigte ihn die nächsten Jahre; in seinen Anmerkungen nahm
er es strenger, als manchen Lesern nach dem Sinne war;
der Mann seiner fast unbedingten Bewunderung war
Racine, von Corneille mochte er besonders seine späteren
Dramen gar nicht leiden: aber er setzte, wie er es zu
Gunsten seiner Schützlinge immer that, seine hohen Gön=
ner für die Sache in Contribution, Könige und Kaiserinnen
subscribirten auf Hunderte von Exemplaren der Corneille'=

schen Werke, und in Kurzem stellte sich ein Ertrag von
40,000 Livres heraus, eine anständige Mitgift für die
kleine Marie. Bald tritt denn auch ein Freier auf die
Bühne: ein Officier von 24 Jahren, den Voltaire als
Philosophen ankündigt, der ihm auch persönlich nicht
mißfällt. Er will dem Pärchen ein Haus einräumen;
„nur soll der Philosoph nicht glauben", schreibt er an
die Argental's, „eine schon fertige Philosophin zu bekom=
men. Wir fangen an, ein wenig zu schreiben; wir lesen
mit einiger Mühe; wir lernen leicht Verse auswendig
und tragen sie nicht übel vor; die Gesundheit ist schwach;
der Charakter sanft, heiter, liebreich; das Wort: gutes
Kind, scheint für sie gemacht zu sein. Ich gebe von Allem
genaue Rechenschaft; das Weitere überlasse ich der Vor=
sehung. Denn es gibt", wie er ein andermal schreibt,
„eine eigene Vorsehung für die Mädchen." Diese hatte
aber die Verbindung der jungen Corneille mit ihrem ersten
Freier nicht beschlossen. Der philosophische Lieutenant hatte
nicht nur kein Vermögen, sondern Schulden; sein Vater
wollte oder konnte nichts für ihn thun; eine vortheilhafte
Anstellung, die Voltaire für ihn suchte, war nicht zu erlangen.
Er selbst aber ließ deutlich merken, daß ihm die Person der
angehenden Philosophin höchst gleichgültig, nur ihre in
Aussicht stehende Mitgift wichtig war. Da auch sie aus
dem unfreundlichen interessirten Menschen sich nichts machte,
so suchte Voltaire abzubrechen; nun aber war der hungrige
Freier kaum wieder aus dem Hause zu bringen, so wohl
that ihm die freie Station.

Und kaum war man ihn los, so sandte die Mädchen-
vorsehung einen besseren. „Nun von etwas Anderem,"
schreibt Voltaire im Januar 1763, nach Abmachung etlicher
Geschäftssachen, ganz triumphirend an Argental. „Ich
verheirathe Fräulein Corneille, nicht an einen Halbphilosophen, der des Dienstes überdrüssig, mit seinen Eltern
und mit sich selbst zerfallen und voller Schulden ist, sondern mit einem jungen Dragonercornet (Dupuits), einem
höchst liebenswürdigen Edelmann von angenehmen Sitten,
sehr hübschem Aeußern, verliebt, geliebt, und von hin-
reichendem Vermögen. Wir sind einig, und wir waren
es im ersten Augenblick, ohne Erörterung, wie man ein
Souper arrangirt. Ich werde den Künftigen und die
Künftige bei mir behalten; ich werde Patriarch sein, wenn
Sie es zufrieden sind. Ich denke, es wäre passend, wenn
Seine Majestät erlaubte, in den Contract zu setzen, daß
Dieselbe die 5000 Livres für ihre Subscription (auf 200
Exemplare der Corneille'schen Werke) als Mitgift für
Marie gebe. Ich werde die Clausel aufsetzen; das macht
furchtbares Aufsehen: der Name des Königs in einem
Heirathscontract im Jura! Die Kleine ist entzückt und
sagt ganz naiv, sie habe den Halbphilosophen nicht aus-
stehen können." Und am folgenden Tage an Damilaville:
„Wir verheirathen Fräulein Corneille an einen Edelmann
der Nachbarschaft, der etwa 10,000 Livres Renten aus
Gütern hat, die vor dem Thore von Ferney liegen. Ich
endige als Patriarch."

Am 13. Februar war die Hochzeit. „Es ist Schicksal

in allebem", schreibt Voltaire am andern Tage an den Marquis de Chauvelin, „unb wo ist das nicht? Ich komme am Fuße der Alpen an, ich lasse mich da nieder; Gott sendet mir Marie Corneille, ich verheirathe sie an einen Edelmann, der gerade mein nächster Nachbar ist, ich er= werbe mir zwei Kinder, die bie Natur mir nicht gegeben hat; meine Familie, weit entfernt, barüber zu murren, ist entzückt; das alles grenzt ein wenig an den Roman." Unb vollenbs grenzte das baran, wie nun nach vierzehn Tagen ein wirklicher Urenkel des großen Corneille sich ein= fand, ein verkommener Mensch, den Voltaire mit einem Stück Geld zufrieden stellte. „Man bebroht uns", schreibt er barüber an Argental, „mit einem Dutzend anderer kleiner Corneille's, die nach einander sich einstellen werden. Aber Marie Corneille ist wie Maria, Martha's Schwester, sie hat das beste Theil ergriffen. Ich komme immer wieder auf das Schicksal zurück. Der Urenkel von Peter Corneille heißt Almosen; Marie Corneille, die kaum seine Verwandte ist, hat ihr Glück gemacht, ohne zu wissen wie. Der russische Kaiser Iwan ist bei Mönchen eingesperrt, unb die Tochter jener Prinzessin von Zerbst, die Sie in Paris ge= sehen haben (Katharina II.), beherrscht lustig 2000 Meilen Landes. Ist das nicht eine trefflich geordnete Welt?" Im Sommer des nächsten Jahres genas Marie Dupuits eines Mäbchens, unb nun burfte sich Voltaire als Groß= papa betrachten. Das Kind zeigte in der Folge Gaben, besonders für Musik, die Madame Denis auszubilden suchte. Das Vernehmen Voltaire's mit dem Ehepaar

blieb immer das beste. Die junge Frau heißt auch ferner
in seinen Briefen „das Kind". Von seinem Adoptivsohne,
wie er Dupuits nennt, spricht er stets mit Zuneigung
und Anerkennung. Noch im Jahr 1771 schrieb er an
Argental: „Ich wünsche mir alle Tage Glück, ihn mit
unserer Corneille verheirathet zu haben; sie führen einen
allerliebsten kleinen Haushalt mit einander." — Ich habe
mich lange aufgehalten bei dieser kleinen Familiengeschichte;
aber ich fürchte nicht, daß von meinen Hörern oder Lesern
mich jemand darum tadeln werde. Und am wenigsten
werden die Manen des Alten von Ferney damit unzufrieden sein. Er hat sich nie so liebenswürdig gezeigt wie
in dieser Geschichte, und die Welt weiß nicht und will
nicht wissen, daß er auch liebenswürdig war. Er ist es
bei weitem nicht immer, er ist nur gar zu oft das Gegentheil gewesen; aber wer nur in Einem Verhältniß sich
so unwandelbar liebenswürdig erwiesen hat, dem können
wir, was wir auch sonst an ihm auszusetzen haben möchten, doch unsere Liebe nicht ganz versagen.

Wie schon aus der bisherigen Erzählung erhellt,
ging es während jener Jahre in dem abgelegenen Ferney
mitunter recht lebendig zu. Voltaire's Ruhm und die
Gastfreundlichkeit, womit er die Besuchenden aufnahm und
bewirthen ließ, zog eine Menge von Gästen herbei. Davon waren, wie herkömmlich, die meisten gleichgültig,
manche lästig, andere aber auch hochwillkommen. Unter
die letzteren gehörten, neben den Schauspielern und Schauspielerinnen, von denen bereits die Rede gewesen, vor

Allem die literarischen Pariser Freunde und Verehrer:
d'Alembert, Damilaville, Grimm, Marmontel, Morellet und
andere; auch geistreiche oder liebenswürdige Frauen, wie
die Marquise d'Epinay, die zweite Nichte Voltaire's Frau
de Fontaine, später de Florian, Frau von St. Julien, die wir
noch an Voltaire's Sterbelager als treubesorgte Freundin
finden. Auch hohe Herrschaften sprachen entweder persönlich,
oder durch Geschenke und Briefe in Ferney ein. Zu den
ersteren gehörte unter anderen der Erbprinz Ferdinand
von Braunschweig, an den Voltaire auch verschiedene
Schriften gerichtet hat; der Kronprinz Gustav von Schweden, Sohn jener Schwester Friedrichs des Großen, für
welche Voltaire das berühmte Madrigal vom Königstraume
gedichtet hatte, wurde nur durch die plötzliche Nachricht
von seines Vaters Tode, die er in Paris erhielt, von dem
schon beschlossenen Besuch in Ferney abgehalten; sowie
Kaiser Joseph, als er unter dem Namen eines Grafen
von Falkenstein Frankreich und Italien bereiste, durch den
Wunsch seiner gottseligen Mama. In brieflichem Verkehre
stand Voltaire in jenen Jahren mit einer Reihe von
Fürsten und Fürstinnen; außer Friedrich von Preußen
besonders mit der Herzogin von Sachsen-Gotha und bald
auch mit der Kaiserin Katharina II. von Rußland. Selt-
samerweise war seine Verbindung mit dem russischen Hofe
unter der wenig literarischen Kaiserin Elisabeth angeknüpft
worden, deren Günstling Schuwalow sie überredet hatte,
dem Geschichtschreiber Carl's XII. von Schweden auch die
Geschichte ihres Vaters, Peters des Großen, zu über-

tragen. Die Arbeit trug Voltaire viel Geld und wunder-
schöne Pelze ein, und dem deutschen Prediger Büsching
in Petersburg wäre es beinahe übel bekommen, als er zu
äußern wagte, wohl nie in der Welt sei ein schlechtes
Buch so ansehnlich belohnt worden. Voltaire war aber
auch erkenntlich: als Elisabeth am Anfang des Jahres
1762 gestorben war, schrieb er an d'Alembert: „Ich habe
in der That einen sehr großen Verlust erlitten in der
Kaiserin aller Reußen." Indeß war ihre Nachfolgerin,
Katharina II., klug genug, nicht nur in dem Verhältniß
zu Voltaire in ihre Fußstapfen zu treten, sondern überhaupt die Wortführer der französischen Weltliteratur, wie
außer Voltaire insbesondere noch d'Alembert und Diderot,
durch allerlei Gunstbezeigungen sich zu verbinden. Dafür
ermangelten diese Männer nicht, der hohen Gönnerin
durch aufrichtige Lobsprüche sich dankbar zu erweisen;
denn der Geist und die Bildung der Frau, der Eifer für
Civilisation und Toleranz in ihren Grundsätzen und der
Glanz ihrer Regierung bezauberten sie, und was die That
betrifft, wodurch sie sich die Bahn zum Kaiserthron eröffnet hatte, so urtheilte Voltaire in der Folge, „ihr hoch-
seliger Gemahl werde bei der Nachwelt Unrecht haben."
Er nannte sie die Semiramis des Nordens; ob sie wohl
wußte, daß er diesen Titel schon ihrer wüsten Vorgän-
gerin gegeben hatte?

Daß er den Tod der letzteren als einen Verlust beklagte, das hätte übrigens Voltaire schon Friedrich von
Preußen nicht zu Leide thun sollen, für den der Tod

dieser schlimmsten Feindin im siebenjährigen Kriege geradezu eine Lebensfrage, und mit dem er doch wieder
ausgesöhnt, oder doch wenigstens wieder im Briefwechsel
war. Denn ausgesöhnt war wohl Friedrich längst mit
Voltaire, aber Voltaire noch lange nicht mit Friedrich.
Er konnte diesem die Frankfurter Affaire noch immer nicht
verzeihen, hat sie ihm auch wohl nie verziehen. Seine
ganze Bosheit gegen den König hatte er bald nachher,
um 1759, in eine autobiographische Aufzeichnung gegossen,
die er unvollendet liegen ließ, die aber nach seinem Tode,
noch zu Lebzeiten des großen Königs, 1784, unter dem
Titel: „Das Privatleben des Königs von Preußen, oder
Denkwürdigkeiten aus dem Leben des Herrn von Voltaire,
von ihm selbst geschrieben", gedruckt und sofort auch den
Sammlungen seiner Werke einverleibt worden ist, worin
er Friedrichs Charakter in dem gehässigsten Lichte dar-
stellte und gegen die Reinheit seiner Sitten die schnöde-
sten Verdächtigungen sich erlaubte. Als er gleichwohl, wie
wir uns erinnern, schon in der nächsten Zeit nach dem
Bruche den Verkehr mit dem König wieder anzuknüpfen
suchte, war dabei nur seine Eitelkeit, nicht sein Gemüth
im Spiele. Durch die schroffe Lösung eines Verhältnisses,
das den Glanz seines Namens so sehr erhöht hatte, sah
er sich der Welt gegenüber blosgestellt. Was er haben
wollte, war zunächst nur ein Schreiben des Königs, worin
dieser sein Leidwesen über die Frankfurter Vorfälle ausgesprochen hätte, das dann Voltaire nicht gesäumt haben
würde, alsbald in die Oeffentlichkeit zu spielen. Allein

eine solche Ehrenerklärung gab Friedrich nicht, auch später
nicht. Er war und blieb überzeugt, daß er zu jenen
Maßregeln, deren ungeschickte Ausführung er von sich ab-
lehnen durfte, vollauf befugt gewesen, daß Voltaire damit
nur sein Recht geschehen sei. Damals vollends, auch
seinerseits noch im frischen Unwillen, verhielt er sich zu
Voltaire's Annäherungsversuchen, wie wir gesehen haben,
durchaus abweisend. Merkwürdigerweise war es erst der
Ernst des Krieges, der Friedrich zur Wiederanknüpfung
des abgebrochenen Verkehrs geneigter machte. Der Un-
glückstag bei Kollin im Juni 1757 hatte ihn bekanntlich
bis zu Selbstmordsgedanken gebracht, die er in der berühmten poetischen Epistel an seinen Freund, den Marquis d'Argens, äußerte. Voltaire, dem die Epistel zu
Handen kam, noch ehe der König selbst sie ihm mitgetheilt
hatte, suchte ihm die schwarzen Gedanken auszureden.
Man möchte gern an menschliche Theilnahme glauben;
aber wie kann man es, wenn man in einem Briefe
Voltaire's an Argental liest: „Ich habe die Rache genossen, einen König zu trösten, der mich mißhandelt hat,
und es lag nur an Herrn von Soubise, daß ich ihn nicht
noch ferner zu trösten hatte." Der unfähige französische
Feldherr hatte nämlich inzwischen die Schlacht bei Roßbach verloren, durch welche Friedrich das Glück seiner
Waffen so glänzend wiederherstellte. Dieser war schon
vorher wieder ganz cordial gegen Voltaire geworden; daß
er im October aus dem Lager bei Buttstädt ihm wieder
einen mit Versen untermischten Brief schrieb, war der

Beweis davon. Denn das war seit dem Ende der schönen
Tage in Potsdam nicht mehr vorgekommen. Aber Voltaire war noch immer boshaft und zweideutig. Er schrieb
an Argental, man werde sich doch nicht einbilden, daß er
sich für den König von Preußen interessire. Davon sei
er wahrlich weit entfernt. Niemand wünsche den derma-
ligen Maßregeln gegen ihn mehr Erfolg als er. Noch
im Jahr 1759, als die französischen Truppen Frankfurt
besetzt hatten, flammte seine Rachsucht wegen der dort
erlittenen Behandlung von Neuem auf, und er suchte
seinen damaligen Begleiter Collini zu einer Klage auf
Schadenersatz gegen Schmidt und Freitag zu hetzen.
Mehr als einmal im schwankenden Laufe jener Kriegsjahre
wünscht er Friedrich Glück zu seinen Erfolgen, während
er gegen Andere den Wunsch ausspricht, ihn gedemüthigt
und bestraft zu sehen. Wenn er in diesen Briefen den
König, der ihm einst der Salomo des Nordens hieß, nicht
selten durch den Uebernamen „Luc" bezeichnete — den
Namen eines bissigen Affen, den er in Délices hatte —
so ist dieser Luc wahrhaftig nicht Friedrich, sondern er
selbst. Daß er ein Spottgedicht auf die Franzosen, ihren
König und dessen Maitresse, das Friedrich nach der
Schlacht bei Crefeld gedichtet und ihm mitgetheilt hatte,
geradezu an den Minister Choiseul einsandte, hat er zwar
damit beschönigt, daß das Packet ihm eröffnet zugekommen
sei und Verantwortung bei seiner Regierung hätte zuziehen
können; eine böse Untreue gegen Friedrich war es jedenfalls, und noch etwas ganz Anderes, als was dieser sich

früher einmal mit brieflichen Aeußerungen Voltaire's über
einen einflußreichen Mann in Paris erlaubt hatte.

Von Kollin bis Roßbach — und wie oft nachher
noch während dieses Krieges — stand es bedenklich um
Friedrich; nur mit der äußersten Anspannung aller Kräfte
konnte er sich gegen den furchtbaren Bund seiner Feinde
aufrecht erhalten; seine Länder gingen dem Ruin entgegen:
da suchte seine Schwester Wilhelmine, die Markgräfin von
Baireuth, durch diplomatische Verhandlungen wenigstens
Frankreich von jenem Bunde zu trennen, und nahm zu
diesem Zwecke die Dienste ihres alten Freundes Voltaire
in Anspruch. Voltaire gab sich dazu her und besorgte die
Briefe der Markgräfin an den Cardinal de Tencin, den
Erzbischof von Lyon, der vor vier Jahren gegen die
Markgräfin ebenso artig als gegen ihn unartig gewesen
war und von seinem einstigen Ministerium her noch
immer einigen Einfluß auf Ludwig XV. behalten hatte.
Die Verhandlungen zogen sich hin; Friedrich, dießmal nur
halb scherzhaft, schrieb an Voltaire, wenn ihm die Frie-
densstiftung gelänge, würde er sich damit über Virgil
stellen, der zwar ebenso gute Verse wie er gemacht, aber
keinen Frieden zu Stande gebracht habe. Natürlich blieb
es dabei, daß auch dießmal der Poet keinen zu Stande
brachte. Ein Hinderniß lag schon darin, daß Friedrich
ebensowenig Land abtreten, als seine Verbündeten im
Stiche lassen, überhaupt entweder zu Grunde gehen, oder
mit fleckenloser Ehre aus dem Kampfe hervorgehen wollte.
Dagegen war Voltaire für den Frieden um jeden Preis;

er war mit Friedrichs kriegerischer Laufbahn von vorne
herein unzufrieden. Ihm zufolge hatte dieser einen schönen
Beruf verfehlt: er war zum friedlichen Fürsten der Aufklärung bestimmt und machte sich statt dessen zum europäischen Störenfried. In diesen Friedensdeclamationen
ist Voltaire durchaus platt, ein reiner Schulmeister. Gewiß ist der Krieg ein großes Uebel, und zu Voltaire's
Gunsten darf man nicht vergessen, daß er in der nächsten
Vergangenheit nur muthwillige, aus Herrschsucht und
Uebermuth der Fürsten, wie namentlich seines Idols,
Ludwigs XIV., hervorgegangene Kriege vor sich hatte.
Aber Friedrichs Einfall in Schlesien, wovon der sieben-
jährige Krieg nur die unvermeidliche Folge war, gehörte
in eine ganz andere Klasse. Friedrich war dabei von dem
Entwicklungsdrange des jungen Staates getrieben, an
dessen Spitze er so eben gestellt worden war; tiefer gefaßt,
von dem Entwicklungsdrange der deutschen Nation, die für
sich einen anderen Schwerpunkt suchte, als das un-
deutsch gewordene und geistig unfrei gebliebene Oesterreich war.

Ueber diesen vergeblichen Friedensbemühungen starb
die treue Wilhelmine; es war der 14. October 1758, der
Tag des Ueberfalls bei Hochkirch, der Friedrich auch im
Felde beinahe vernichtete. Es war ein furchtbarer Schlag
für den Bruder; diese Schwester war ihm das Liebste
gewesen, was er auf der Welt noch hatte; und wenn auch
die scharfe Art, wie sie in ihren bekannten Denkwürdigkeiten von Vater und Mutter spricht, unser Gefühl nicht

selten verletzt, so war sie doch dem Bruder Alles, was
eine liebende Schwester dem Bruder sein kann, und hat
den Freundschaftstempel wohl verdient, den ihr dieser nach
wiederhergestelltem Frieden in einem Boskett des Schloß-
gartens zu Potsdam mit ihrem Marmorbildniß errichten
ließ. Jetzt aber wollte er ein literarisches Denkmal für
sie von Voltaire haben, und dieser, der die Verblichene
selbst geschätzt hatte, flocht gleich seinem nächsten Brief
ein Trauergedicht von acht Strophen ein. Das aber ge-
nügte dem Schmerze des königlichen Bruders bei weitem
nicht. Er müsse sich wohl nicht deutlich ausgedrückt
haben, schrieb er dem Dichter zurück; er wolle etwas
Großartiges für die Oeffentlichkeit; ganz Europa solle mit
ihm weinen; an Voltaire sei es, der Verstorbenen die verdiente Unsterblichkeit zu geben; er selbst werde nicht zufrieden sterben, als wenn Voltaire in diesem traurigen
Geschäfte sich selbst übertroffen habe. Er übertraf sich
selbst in der bekannten Ode, und Friedrich war zufrieden
und dankbar; Voltaire deutete an, jetzt wäre es Zeit, daß
er die „Brimboriums" zurückerhielte — den Orden und
Kammerherrnschlüssel, die ihm in Frankfurt abgenommen
worden waren —; Friedrich meinte, er möge nur erst
Maupertuis sterben lassen, der sehr krank war und im
Sommer darauf starb; aber die Brimboriums hat Voltaire auch nachher nicht zurückerhalten.

Wiederholt begehrt dieser gegen Friedrich auf: er
habe ihm viel Uebles zugefügt, schrieb er ihm 1760 aus
Tourney, er habe ihn für immer mit dem König von

Frankreich entzweit, ihn um seine Aemter und Pensionen gebracht; er habe ihn in Frankfurt mißhandelt, ihn und eine Dame — die wir kennen. Friedrich, der sehr gut wußte, was an diesen Vorwürfen war, schrieb ihm zurück, auf eine Untersuchung des Vergangenen lasse er sich nicht ein. Voltaire habe großes Unrecht gegen ihn gehabt, doch er habe ihm verziehen und wolle Alles vergessen. „Aber hätten Sie", fährt er fort, „es nicht mit einem Narren zu thun gehabt, der in Ihr schönes Talent verliebt war, so würden Sie nicht so leichten Kaufs davongekommen sein. Das lassen Sie sich also gesagt sein, und lassen mich nichts mehr von dieser Nichte hören, die mir verdrießlich ist, und die nicht so viel Verdienst wie ihr Oheim hat, um ihre Fehler zuzudecken." Auch sonst gibt Friedrich seinem Corre-spondenten manche gute Lehre. Die Eitelkeit, womit dieser seiner Titel und Herrschaften sich zu rühmen liebte, ver-anlaßt ihn einmal zu dem Briefschlusse: „Ich wünsche Frieden und Wohlsein nicht dem Kammerjunker, nicht dem Historiographen des Vielgeliebten (Ludwig XV.), nicht dem Besitzer von zwanzig Herrschaften im Schweizerland, son-dern dem Dichter der Henriade, der Pucelle, des Brutus, der Merope u. s. w." Aber wie freundlich wußte er sich jetzt die Gebrechen an dem bewunderten Manne zurecht-zulegen! „Alles in Allem genommen", schreibt er ihm im Sommer 1759, „haben Sie mir mehr Vergnügen als Verdruß gemacht. Ich erfreue mich mehr an Ihren Wer-ken, als Ihre Bosheiten mir weh thun. Hätten Sie keine Fehler, so würden Sie das Menschengeschlecht allzutief

demüthigen, und die Welt hätte Grund, neidisch auf Ihre
Vorzüge zu sein. So wird man sagen: Voltaire ist der
schönste Geist aller Zeiten; aber ich bin zum mindesten
sanfter, ruhiger, umgänglicher als er; und das macht dem
gewöhnlichen Menschenvolk Ihre Ueberlegenheit erträglich."
Bisweilen erheben sich diese Zurechtsetzungen Friedrichs
mit Voltaire zu ordentlichen Liebeserklärungen. „Wollen
Sie Süßigkeiten haben?" schreibt er ihm im Sommer darauf aus Schlesien. „Gut, es sei. Ich werde Ihnen die
Wahrheit sagen. Ich schätze in Ihnen den schönsten Genius, den die Jahrhunderte hervorgebracht haben; ich bewundere Ihre Verse, ich liebe Ihre Prosa, vor Allem jene
kleinen Stücke Ihrer vermischten Schriften. Nie hat ein
Schriftsteller vor Ihnen einen so zarten Tact, einen so
feinen und sichern Geschmack besessen. Sie sind bezaubernd
in der Unterhaltung, Sie wissen zu gleicher Zeit zu belehren und zu ergetzen. Sie sind das unwiderstehlichste
Geschöpf, das ich kenne; jedermann muß Sie lieb haben,
sobald Sie wollen. Sie haben so viel geistige Anmuth,
daß Sie beleidigen und doch zugleich die Nachsicht dessen
gewinnen können, der Sie kennt. Genug, Sie würden
vollkommen sein, wenn Sie kein Mensch wären."

Endlich wurde es doch Friede; nicht durch die Bemühungen des Dichters, sondern durch des Königs Standhaftigkeit und Glück; doch eben um jene Zeit liegt auf dem
Verhältniß der beiden Männer eine Wolke. Vom November 1761 bis zum Neujahr oder eigentlich November 1765
ist eine Lücke in ihrem Briefwechsel. Es mögen Briefe

verloren sein, und von einigen weiß man es gewiß; indeß
als im Sommer 1763 d'Alembert zwei Monate zum Be=
suche in Potsdam war, schrieb Voltaire von einem Besuche
Plato's bei Dionys von Syracus; obwohl, wie er hinzu=
zusetzen nicht ermangelt, er nicht gesagt haben wolle, daß
nicht der eine ebensoweit über Plato als der andere über
Dionysius stehe. Aber auch d'Alembert erwiedert zwar,
der König lasse Voltaire alle Gerechtigkeit widerfahren, die
dieser nur immer wünschen möge; fügt jedoch bei, es sei
ihm mehr leid, als er ausdrücken könne, daß der Schirm=
herr der Philosophie nicht mit allen Philosophen gut stehe.
Friedrich seinerseits beklagt sich gegen d'Alembert über Miß=
brauch seiner Briefe von Seiten Voltaire's; ein Punkt,
worin, wie wir von langeher wissen, kein Theil dem andern
viel vorzuwerfen hatte. So verzog sich denn auch die Wolke,
und mit dem Jahre 1765 nimmt der Briefwechsel wieder
seinen Fortgang, um nur noch einmal im Jahre 1768, in
Folge von allerhand Verstimmungen auf Voltaire's Seite
wie es scheint, für kürzere Zeit zu stocken.

Stets gleich blieb sich des Königs Freude an Vol=
taire's Schriften. Während er die alten immer wieder liest,
ist er gespannt auf die neuen. Sie begleiten ihn auf seinen
Reisen, sind sein Trost in kranken Tagen. „Voltaire und
ich," schreibt er ihm einmal, „haben die Tour durch Schle=
sien zusammen gemacht und sind mit einander zurückge=
kehrt; ich muß sagen, Sie sind ein guter Gesellschafter."
Und ein andermal: „Ich habe einen heftigen Gichtanfall
gehabt, als Ihre Bücher (zwei Bände der „Fragen über die

Encyklopädie") ankamen; Arme und Füße geknebelt und
gelähmt; diese Bücher waren ein großes Labsal für mich.
Unter dem Lesen habe ich tausendmal dem Himmel gedankt,
daß er Sie der Welt gegeben hat." Ist dieß rührend, so
ist es liebenswürdig, wenn der König ein andermal dem
Dichter schreibt, seine Dramen wisse er guten Theils auswendig, und falls ihm einmal die andern Hülfsquellen
ausgehen, werde er sich als Souffleur der Voltaire'schen
Stücke sein Brod zu verdienen suchen. Ebenso schön wie
gerecht ist die poetische Huldigung, die Friedrich im Jahre
1771 den Früchten des Alters von Voltaire bringt:

> Welch Feuer, welcher Reiz steht dir noch zu Gebote!
> Dein Abendhimmel thut's zuvor dem Morgenrothe.
> Wenn unsern Lebensbach das Alter übereist,
> Entschwinden Munterkeit und Anmuth uns und Geist:
> Doch deine Stimme hat an Wohllaut nichts verloren,
> Als Greis bist Jüngling du, zum Schimpf und Leid der Thoren.

Aber auch die Person Voltaire's war dem König nichts
weniger als gleichgültig. Hatte er Gelegenheit, Leute zu
sprechen, die vorher in Ferney gewesen waren, so fragte er
sie nach dem Befinden, dem Aussehen Voltaire's aus. So
als im Sommer 1775 der Schauspieler le Kain Gastvor-
stellungen in Berlin gab, schreibt Friedrich an Voltaire:
„Ich habe le Kain gesehen. Er hat mir erzählen müssen,
wie er Sie gefunden, und ich war sehr erfreut, von ihm
zu vernehmen, daß Sie in Ihrem Garten spazieren gehen,
daß Ihre Gesundheit ziemlich gut und Ihre Unterhaltung
noch munterer sei als Ihre Schriften." Und im Herbste

desselben Jahres, als er Voltaire's Schützling b'Etallonde-
Morival, von dem sogleich weiter die Rede sein soll, erwartete, schrieb er: „Die beste Empfehlung für ihn wird
sein, wenn er mir sagt, daß er Sie in vollkommenem
Wohlsein verlassen hat. Er wird ein langes Verhör über
diesen Punkt zu bestehen haben; es gibt von der Natur
privilegirte Wesen, von denen auch Kleinigkeiten interessiren.“

Und während Voltaire, nachdem sein undankbarer
Schüler, wie er ihn so oft genannt hatte, aus der Feuer-
probe des siebenjährigen Krieges unversehrt hervorgegangen
war, sich, wenn auch widerwillig, dazu bequemen mußte,
in ihm ein höheres Wesen anzuerkennen, sah andererseits
auch Friedrich mit Vergnügen, wie Voltaire mittelst der
größeren Zwecke, die er sich vorsetzte, sich wenigstens zeiten-
weise über die kleinlichen Eitelkeiten und Zänkereien, die
ihn nur allzuviel beschäftigten, erhob. Der Eifer, womit
Voltaire die Angelegenheiten der Calas, Sirven, eines de
la Barre und d'Etallonde betrieb, hatte seine volle Anerkennung. Am Erfolge seiner Verwendung für den letztern
in Frankreich zweifelte er zwar, und wie der Ausgang zeigte,
mit Recht; „indessen das Unternehmen,“ schreibt er ihm,
„wird Ihnen Ehre machen, und die Nachwelt wird sagen,
daß ein Philosoph aus seiner Zurückgezogenheit seine Stimme
erhoben habe gegen die Ungerechtigkeit seines Jahrhunderts,
daß er die Wahrheit habe leuchten lassen am Fuße des
Thrones und die Mächtigen der Erde genöthigt, Mißbräuche
abzustellen. Fahren Sie fort, Wittwen und Waisen zu be-
schützen, die unterdrückte Unschuld, die von hochmüthiger

Gewalt zu Boden getretene menschliche Natur aus dem
Staube zu erheben, und seien Sie versichert, daß Niemand
Ihnen mehr Glück dazu wünscht, als der Philosoph von
Sanssouci." So, oder auch der Einsiedler von Sanssouci,
unterzeichnet jetzt Friedrich in der Regel und grüßt als
solcher den Patriarchen von Ferney, der sich seinerseits den
alten Eremiten der Alpen, den Kranken vom Jura, den
alten Kranken von Ferney nennt.

Dahin müssen wir jetzt zurückkehren, wohin auch die
zuletzt berührte Angelegenheit d'Etallonde's, des Verurtheilten von Abbeville, uns ruft. Er hatte sich, wie wir
uns erinnern, dem Schicksale seines Genossen de la Barre
durch die Flucht entzogen, war unter dem Namen Morival in den preußischen Dienst getreten und stand als
Fähnbrich in Wesel, als Voltaire zu Anfang des Jahres
1767 ihn dem König empfahl, der ihn darauf hin zum
Officier machte. Einige Jahre später erbat sich Voltaire
Urlaub für ihn, um gemeinschaftlich mit ihm die Umstoßung des gegen ihn ergangenen Todesurtheils zu betreiben,
behielt ihn gegen anderthalb Jahre bei sich in Ferney und
gewann ihn in ähnlicher Art lieb wie zehn Jahre früher
die junge Corneille. Er ließ ihm Unterricht in Geometrie
und Befestigungskunst geben und sandte Proben seines
Eifers und seiner Geschicklichkeit an den König, der ihn
nach seiner Rückkehr im October 1775 freundlich empfing
und zum Hauptmann im Geniecorps machte.

In Ferney indeß war es um die Zeit, als Morival
sich daselbst aufhielt, nicht mehr so lebhaft wie vor zehn

Jahren. Voltaire näherte sich den Achtzigen und die Ge=
brechen des Alters fingen an sich fühlbarer zu machen.
Einen äußerlichen Abschnitt hatte auch ein häuslicher Ver=
druß gemacht, den er im Anfang des Jahres 1768 gehabt
hatte. Zu allen Zeiten hatte Voltaire Arbeiten in seinem
Schreibtische, die er der Oeffentlichkeit vorenthielt, entweder
weil er noch daran bessern wollte, oder weil er sie,
wenigstens vorerst, gar nicht für die Oeffentlichkeit bestimmt
hatte; bei seiner Sorglosigkeit auf der einen und dem Reiz
des Gewinnes auf der andern Seite kam es immer wieder
vor, daß ihm dergleichen Manuscripte gestohlen wurden,
und jedesmal war er darüber höchst aufgebracht. Dieß=
mal hatte ein jüngerer Pariser Schriftsteller, de la Harpe,
auf dessen Talent Voltaire viel hielt, und der auch lite=
rarisch sein eifriger Anhänger war, sich längere Zeit als
Gast in Fernex aufgehalten, als sich herausstellte, daß
Handschriften fehlten, die niemand anders als la Harpe
auf die Seite gebracht haben konnte, und zwar mit Bei=
hülfe der sauberen Nichte, die schon mehr ihre Hand in
dergleichen Geschichten gehabt hatte. Voltaire war über
diese Untreue um so mehr entrüstet, als unter den ent=
wendeten Handschriften die gehässige Denkschrift über den
König von Preußen sich befand, die er jetzt unmöglich mehr
veröffentlicht wünschen konnte. Beide Schuldige mußten
sofort aus dem Hause; wofür übrigens Voltaire nach außen
in Briefen nur ökonomische und Gesundheitsrücksichten als
Gründe angab: die Sorge für Wahrung der Hausehre,
worein er dießmal auch den literarischen Bundesgenossen

mit einschloß, war ein wirklich nobler Zug in seinem Cha=
rakter. Die Nichte sollte in Paris bleiben, wo ihr der groß=
müthige Oheim ein Jahrgehalt von 20,000 Fr. aussetzte.
Sie wäre auch gerne dort geblieben, aber sie mochte die
Erbschaft des Oheims nicht verlieren; so legte sie sich auf's
Bitten und durfte im Herbst 1769 wieder nach Ferney
zurückkommen. In der Zwischenzeit nun hatte Voltaire,
theils verstimmt über den Mißbrauch seiner Gastfreund=
schaft, theils aus Ruhebedürfniß, seine Wirthschaft sehr ein=
gezogen; er hielt nicht mehr das offene Haus, wie er sonst
theils mit Hülfe, theils zur Unterhaltung der Frau Denis
gethan hatte.

Uebrigens gerade während der Zeit, als es durch
den Abgang der Nichte und verschiedener Gäste so still im
Hause geworden, machte der Alte noch einen Streich, der
für einen Jungen zu muthwillig gewesen wäre. Bei seiner
heitern umgänglichen Art stand Voltaire mit der Geistlich=
keit, was den geselligen Verkehr betrifft, durchaus nicht in
unfreundlichem Verhältniß. Er verbesserte das Einkommen
der Pfarrstelle in Ferney. Kamen Mönche dahin, so waren
sie Gäste im Schlosse. Einen Jesuiten, den er im Elsaß
kennen gelernt hatte und der später in die Nähe von Ferney gekommen war, nahm er in's Haus und behielt ihn
dreizehn Jahre bei sich. Der Pater Adam war keines=
wegs der erste aller Menschen, wie Voltaire zu scherzen pflegte,
aber er war ein guter Schachspieler, und Schach das ein=
zige Spiel, das Voltaire liebte. Den Kapuzinern der Nach=
barschaft erwies sich Voltaire so hülfreich und gefällig, daß

ihr General zu Rom ihn zum zeitlichen Vater der Kapuziner im Lande Gex ernannte. In der Charwoche des
Jahres 1768 nun ließ er sich von einem Mönche, der
zum Essen in das Schloß gekommen war, die Absolution
geben, um am Sonntag zum Abendmahl zu gehen, was
er seiner Stellung als Gutsherr schuldig zu sein glaubte.
Dießmal übrigens führte er noch etwas Besonderes im
Schilde. Es war in der letzten Zeit im Orte viel gestohlen worden, und da wollte er den Leuten in der Kirche das
Gewissen schärfen. In der That also, nachdem er commu-
nicirt hatte, begann er eine schwunghafte Rede, worin er
die versammelte Gemeinde vor dem Diebstahl warnte und
zur Tugend ermahnte. In der Kirche, die er gebaut, meinte
er, stünde ihm doch wohl zu, ein Wort zu sprechen. Der
Pfarrer aber war anderer Meinung, er berichtete den Vorfall an den Bischof von Annech, zu dessen Sprengel Ferney
gehörte, und dieser verbot nun jedem Pfarrer oder Mönch
seiner Diöcese, dem Gutsherrn von Ferney, ohne seine besondere Erlaubniß, Beichte, Absolution oder Nachtmahl zu
ertheilen, bei Strafe der Unfähigkeit zu geistlichen Verrichtungen. Das kann lustig werden, sagte Voltaire; wir wollen
sehen, wer es gewinnt.

In der Charwoche des nächsten Jahres sah er vom
Bette aus, wo er nach seiner Gewohnheit dem Secretär
dictirte, einen Kapuziner in seinem Garten spazieren gehen,
ließ ihn rufen und meinte durch einen blanken Thaler, den
er sehen ließ, ihn leicht zu bewegen, den Kranken im Bette
beichten zu lassen. Allein der Kapuziner, des bischöflichen

Verbotes eingedenk, nahm den Thaler und machte sich mit
einer Ausrede davon. Voltaire blieb zu Bette und ließ den
Chirurgen holen. Der fand ihn zwar kerngesund; doch auch
nachdem er sich hatte bedeuten lassen, ihn krank zu finden,
und nun in seinem Auftrage dem Pfarrer alle Tage anlag,
dem Todtkranken die Tröstungen der Religion nicht länger
zu versagen, rührte sich der Pfarrer nicht. Endlich, nachdem
er über acht Tage das Bett gehütet, läßt Voltaire eines
Nachts gegen Morgen seine ganze Dienerschaft wecken und
durch seinen Secretär eine Erklärung aufsetzen des Inhalts,
daß er durch Fieber gehindert sei, wie er möchte, in der
Kirche zu communiciren; demnach möge der Pfarrer alles
dasjenige thun, was in solchem Falle die Gesetze des Kö=
nigreichs vorschreiben; der Kranke erbiete sich zu jeder Er=
klärung, die man von ihm verlangen möchte. Auch dieß
war vergeblich, und ebenso am folgenden Tage die Sen=
dung eines Juristen, der den Pfarrer für den Fall fort=
gesetzter Weigerung mit einer Klage beim Parlament be=
drohte; der Pfarrer, zwar dießmal zum Tode erschrocken,
rührte sich nicht, bis er eine Weisung von seinem geistlichen
Oberhirten in Händen hatte. Jetzt erst ließ er den Mönch
kommen und schickte ihn zur Beichtabnahme, mit einem
Glaubensbekenntniß, das Voltaire erst unterschreiben sollte,
in das Schloß. Die Scene, wie der verstellte Kranke sich
von ihm das Confiteor und das Credo vorsagen ließ
und beides in einer Art nachsagte, daß der Secretär vor
der halboffenen Thüre sich todtlachen wollte; wie er dann
der Unterzeichnung des Glaubensbekenntnisses auszuweichen

und durch seine Suada den guten Mönch so zu verblüffen wußte, daß er ihm die Absolution gewährte; wie hierauf der herbeigeholte Pfarrer in der Voraussetzung, das Bekenntniß sei unterschrieben, ihm vor Zeugen das Sacrament reichte; wie endlich nach der Entfernung der Leute der Kranke, lustig, daß er es doch gewonnen, aus dem Bette sprang und einen Gang im Garten machte: das gebe ich anheim, bei Wagnière des Näheren nachzulesen, und beschränke mich auf zwei Bemerkungen. Die Stellung, die sich Voltaire zu den Gebräuchen seiner Kirche gab, ist von der Art, wie sich in unsern Tagen Männer von entsprechender Denkart dazu stellen, so ziemlich das Gegentheil. Wir lassen uns mit jenen Dingen nur insoweit ein, als wir es ohne bürgerliche Verdrießlichkeiten für uns und die Unsrigen nicht vermeiden können. Voltaire im Gegentheil betrachtete es als Ehrensache, sich von der Geistlichkeit den Antheil an jenen Uebungen, so lächerlich sie ihm auch im Innern waren, nicht entziehen zu lassen. Und das that er nicht blos um den bürgerlichen Nachtheilen zu entgehen, die sich an solche Ausschließung knüpften, und die damals allerdings noch ungleich bedeutender waren, als sie es heute selbst in der katholischen Kirche sind; sondern dieses Possenspiel mit der Geistlichkeit, sie zur Spendung ihrer Siebensachen an ihn zu zwingen, von dem sie wußten, daß ihm dieselben ein Spott waren, machte ihm ein unendliches Vergnügen. Dieß hängt mit dem zweiten Punkte zusammen, auf den ich aufmerksam machen wollte. Als er die so eben geschilderte Posse spielte, hatte Voltaire das vierundsiebzigste

Jahr zurückgelegt. Nun mag man die Sache moralisch
beurtheilen, wie man will; aber physisch genommen ist ein
Naturell, das in solchem Alter noch zu einer so beschwer=
lichen Komödie sich aufgelegt fühlt, gewiß eine merkwürdige
Seltenheit.

Auch waren das nur einzelne Späße zwischen Tage
und Jahre des angestrengtesten Fleißes hinein. Voltaire
arbeitete, wie sein Secretär aus diesen letzten Jahren uns
berichtet, in der Regel 18 bis 20 Stunden des Tages. Er
schlief wenig und weckte mehrmals in der Nacht seinen Se=
cretär. Dafür brachte er dann den größten Theil des Tages
im Bette zu, aber nicht schlafend, sondern lesend oder dicti=
rend. Er dictirte so schnell, daß die Schreiber kaum zu
folgen wußten. Dichtete er an einem Drama, so war er
wie im Fieber. „Um Verse zu machen, muß man den Teufel
im Leibe haben", sagte er. Er war äußerst ungeduldig mit
seinen Arbeiten. Kaum angefangen, sollten sie auch schon
fertig, kaum fertig, so sollten sie auch schon in's Reine ge=
schrieben, und wenn nicht besondere Gründe entgegenstanden,
auch gedruckt sein.

Heftig, obwohl heiter und freundlich, war überhaupt
sein Temperament. Er konnte sehr zornig werden, beson=
ders über hartnäckigen Widerspruch; und doch sagt Wag=
nière von ihm, Niemand habe sich in vernünftige Gegen=
gründe so gutwillig ergeben. War er einmal gegen seine
Dienerschaft aufgefahren, so konnte er nach einigen Stunden
durch Hinweisung auf seine körperlichen Leiden sich entschul=
digen. Besonders liebenswürdig war er im Verkehr mit

Damen. Die zahllosen kleinen Gedichtchen an solche, die sich in seinen Werken finden, sind zum großen Theil Bouquets, die er im Gespräch ihnen überreichte. Daß er überhaupt in der Unterhaltung ein Virtuos war, haben wir bereits vernommen. Er erzählte mit ungemeiner Lebendigkeit, und seine Antworten waren geistreich und schlagend. Wurden in der Gesellschaft wichtige Fragen verhandelt, so hörte er erst längere Zeit mit gesenktem Haupte still zu und ließ die Sprechenden ihre Gründe erschöpfen; dann erst schien er aufzuwachen, faßte die vorgetragenen Ansichten ordentlich zusammen und gab schließlich seine eigene. Stufenweise erwärmte er sich dabei, zuletzt schien er nicht mehr derselbe Mensch zu sein, und die Gewalt seiner feurigen Rede riß Alles mit sich fort. So war er auch im Theater. Als Zuschauer saß er anfangs ruhig da; allmählich aber, wie ihn etwas angenehm oder widrig berührte, wurde er unruhig. Hände und Füße, auch der Stock, fingen an sich zu regen, er stand halb oder ganz auf, und „schön! trefflich!“ oder „ah, der Tropf! der Henkersknecht!“ hörte man ihn halblaut ausrufen. Er war kein angenehmer Theaternachbar und störte bisweilen sogar die Schauspieler. Auch wenn er selbst als solcher auftrat, spielte ihm seine Lebhaftigkeit manchmal einen Streich. Einst, als Lusignan in der Zaire (neben dem Cicero seine Lieblingsrolle), war er in der Scene, wo dieser seine Kinder erkennt, so gerührt und weinte so heftig, daß er den Text vergaß; und da zum Unglück der Souffleur ebenfalls vor Schluchzen nicht einhelfen konnte, so mußte er ein halbes Dutzend Verse improvisiren.

Im Essen und Trinken war er überaus mäßig. Eine
bestimmte Stunde zum Essen hatte er nicht, so wenig als
zum Aufstehen oder Schlafengehen. War er in einer
Arbeit begriffen, so mußte man ihn zum Essen mahnen.
War Gesellschaft da, so blieb er nach dem Mittagsmahle
in der Regel eine, auch zwei Stunden plaudernd im Salon
und zog sich dann bis zum Abendessen auf sein Zimmer
zurück, um zu arbeiten; bei schönem Wetter machte er
wohl auch eine Spazierfahrt, wozu er bisweilen einige der
Herren oder Damen der Gesellschaft mitnahm. Wie es
mit seiner Gesundheit stand, wissen wir schon; dabei hielt
er auf die Aerzte nicht viel, sondern suchte durch Diät
und Hausmittel sich selbst zu helfen. Die angestrengten
Augen wusch er sich fleißig mit kaltem Wasser aus, und
ob ihnen wohl während der späteren Jahre im Winter
der Schnee des Jura viel zu schaffen machte, behielten sie
doch ihren Glanz und brauchten niemals eine Brille. Bis
in sein höchstes Alter war Voltaire äußerst reinlich, auch
in seiner Kleidung sehr sauber, obwohl er nachgerade hinter
der Pariser Mode zurückblieb.

Seit er sich als Grundherr aufgethan hatte, machte
Voltaire ein großes Haus. Die innere Einrichtung seiner
Schlösser und Landhäuser war bequem und anständig,
ohne luxuriös zu sein. Aber sowohl die zahlreichen Dienst=
boten und Arbeiter, die zu beköstigen und zu belohnen,
als, in der frühern Zeit besonders, die häufigen Besuche,
die zu bewirthen waren und stets reichlich bewirthet wur=
den, erforderten beträchtlichen Aufwand. Dabei sah er

seinen Leuten keineswegs genau auf die Finger; Niemand, sagt Collini, sei leichter zu betrügen gewesen. Seine Ein= nahmen waren freilich groß, theils aus seinen Besitzungen, theils aus Kapitalanlagen; denn von seinen Schriften be= zog er in dieser späteren Zeit nichts mehr, sondern pflegte sie, wenn es Schauspiele waren, an Schauspieler oder Schauspielerinnen, andere an Buchhändler oder bedürftige jüngere Schriftsteller zu verschenken. Vor Allem auch in seiner Herrschaft und der Nachbarschaft übte er eine stille Wohlthätigkeit. Wagnière weiß von einer Reihe solcher Spenden zu berichten, die durch seine Hand gegangen waren. Am fruchtbarsten wirkte er jedoch durch das, was er für seine Colonie Ferney that. Sie war bereits im Aufblühen, als im Jahr 1770 blutige Unruhen in der Nachbarstadt Genf eine Anzahl gewerbsamer Familien zur Auswanderung bewogen. Voltaire nahm ihrer etliche und zwanzig in Ferney auf, baute ihnen Häuser und unter= stützte sie durch Geldvorschüsse. Aber gerade jetzt, wo seine Colonie einiger Rücksicht von oben, er selbst flüssiger Geld= mittel am dringendsten bedurfte, wurde sein und Ferney's Gönner, der Herzog von Choiseul, vom Staatsruder verdrängt und seine Einnahmen stockten. Die finanziellen Gewalt= maßregeln des Generalcontroleurs du Terray entzogen ihm auf einmal 200,000 Fr., die in der Königlichen Bank lagen und auf die er gerechnet hatte. Und bald darauf blieben ihm überdieß die Renten aus, die ihm der Herzog von Richelieu und der Herzog Carl von Würtemberg aus dargeliehenen Geldern zu bezahlen hatten. Es macht einen

eigenen Eindruck, diesen würtembergischen Herzog, der in
den Lebensgeschichten zweier deutschen Dichter, Schiller's
und Schubart's, bereits mit ewiger Schmach eingezeichnet
steht, als ob es daran noch nicht genug wäre, auch noch
in der Geschichte eines französischen Dichters schlecht an=
geschrieben zu finden. Voltaire bat seinen königlichen
Gönner Friedrich um Beistand, und dieser gab auch hier
einen Beweis seiner Großherzigkeit. Es konnte ihm nicht
unbekannt sein, daß Voltaire die 100,000 Fr., die er bei
dem schwäbischen Herzog angelegt, geradezu vor ihm, dem
König, geflüchtet hatte. Es war im Jahr 1752 geschehen,
wo er nach der Störung seines Verhältnisses zu Friedrich,
in der Angst, dieser könnte ihn mit Hab' und Gut fest=
nehmen wollen, seine Gelder eilig bei Seite zu bringen
suchte. Gleichwohl erließ jetzt der König zu Voltaire's
Gunsten ein bewegliches Schreiben an den Herzog, worin
er es ihm als Ehrensache vorstellte, den Lebensabend eines
Mannes wie Voltaire nicht durch Sorgen zu trüben; be=
merkte indeß gleichzeitig gegen diesen, Seine Durchlaucht
pflege jedesmal einen starken Fluß auf dem Ohre zu haben,
wenn ein Gläubiger sich hören lasse, und die Drohung
mit den Gerichten werde bei ihm wohl wirksamer sein als
die Berufung auf sein Ehrgefühl. Ein Theil der rück=
ständigen Summen wurde doch zuletzt flüssig gemacht.
Aber diese ökonomischen Bedrängnisse, zum Theil mit
Processen verbunden, und außerdem Gesundheitsstörungen,
die sich mehr und mehr einstellten — Voltaire erlitt wäh=
rend dieser Jahre verschiedene Ohnmachten und schlag=

artige Anfälle, während ein Blasenleiden immer beschwer-
licher und bedenklicher wurde — trübten seine letzten Jahre
und nahmen seinen Briefen einen Theil ihrer sonstigen
Munterkeit.

Unter diese trübenden Einflüsse sind die literarischen
Streitigkeiten nicht zu rechnen, die Voltaire auch während
dieses letzten Lebensabschnittes zu führen hatte; im Gegentheil gehörten diese unter die geistigen Emotionen, die ihm
Bedürfniß waren. Den alten Feinden, Freron, la Beaumelle u. s. w., deren erster erst zwei Jahre vor Voltaire
selbst vom Schauplatz abtrat, während der andere ihn
überlebte, war jetzt eine Reihe von neuen, die Nonotte
und Patouillet, Larcher und Sabatier, die Ribalier und
Cogé, zur Seite getreten, denen er ebensowenig wie den
früheren etwas schuldig blieb. Die Hauptabzahlung an
den Erzwidersacher Freron erfolgte sogar erst jetzt, in dem
Lustspiel „die Schottländerin" vom Jahr 1760, worin er
ihn mit leichter Namensänderung als „Frelon" (Hornisse)
auftreten ließ. Das Stück wurde auch in's Deutsche
übersetzt, und so kommt es, daß Lessing in der Hamburgischen Dramaturgie eine Anzeige davon gegeben hat. Er
zweifelt nicht, daß der Dichter durch dieses Stück dem
feindseligen Journalisten einen empfindlichen Streich versetzt habe, und fügt hinzu, wir Deutsche, die von dem
Persönlichen dabei absehen, finden doch in dem Frelon
die getreue Schilderung einer Art von Leuten, die auch
uns nicht fremd sei, denn wir haben unsere Frelons so
gut wie die Franzosen und Engländer. Denselben Werth,

eine Menschenklasse zu zeichnen, die in der Literatur nicht
ausstirbt, sondern mit ihrem Wachsthum sich mehrt, hat
der Schwank Voltaire's vom Jahr 1758, „der arme
Teufel", wo er sich von einem solchen literarischen Aben-
teurer seine ganze schmachvolle Laufbahn, die ihn unter
Anderem auch einmal in Freron's Sold geführt hat,
beichten läßt, und ihn zuletzt, um ihm doch ein ehr-
liches Brod zu geben, als Portier in seine Dienste nimmt.
Ein wahres Treibjagen endlich stellte Voltaire einige
Jahre später, 1764, mit einem ganzen Rudel seiner literarischen Feinde, und zwar dießmal mit ihren vollen
Namen, an, in einem Gesang, den er nachträglich seiner
Pucelle als den achtzehnten einverleibte. Hier begegnen
die Freron, la Beaumelle, Chaumeir, Sabatier u. A. als
Verbrecher, die gefesselt nach den Galeeren transportirt
werden, dem König Carl, der sie in Freiheit setzt, um sie
als Soldaten zu gebrauchen; worauf sie über Nacht dem
König und seinem Gefolge Koffer und Kassen leeren und
sich aus dem Staube machen. Eine der harmlosesten von
Voltaire's Fehden war die, welche durch die sogenannten
Pompignaden bezeichnet ist. Simon le Franc de Pom-
pignan, ebenso eingebildet auf seine literarischen Leistungen
wie auf seinen Adel, hatte seine Aufnahme in die französische Akademie als Anlaß benutzt, um in seiner Antrittsrede
im März 1760 gegen die neuere, insbesondere philosophische
Richtung der Literatur loszuziehen. Dafür schüttete nun
Voltaire in kurzen Fristen einen ganzen Hagel von Flug-
blättern, die Quand, die Si, die Quoi und wie die ein-

filbigen Partikeln alle lauten, über ihn aus, die ihn zum
Gelächter der Hauptstadt und der ganzen Voltaire'schen
Lesewelt machten.

Eine Ehre widerfuhr Voltaire um jene Zeit, die bei
den größten Männern sonst wenigstens ihren Tod abzuwarten pflegt. Im Jahre 1770 kam eine Anzahl seiner
Verehrer und Verehrerinnen in Paris auf den Gedanken
einer Subscription, um durch den berühmtesten Bildhauer
der Zeit, Pigalle, ein Standbild Voltaire's in Marmor
herstellen zu lassen. Es war auf einen Nationalbank
abgesehen, und nur Franzosen sollten, nach der ursprünglichen Absicht, zu Beiträgen eingeladen werden; aber Voltaire, als ihn die Freunde davon in Kenntniß setzten,
fand mehr Befriedigung für seine Eitelkeit darin, wenn
auch die auswärtigen Fürsten, die seine Gönner waren,
dazu beigezogen würden. Insbesondere von Friedrich erklärte er sehr derb, dieser sei ihm eine solche Genugthuung — natürlich immer noch für die Frankfurter
Affaire — schuldig. Daß Friedrich, von d'Alembert an-
gegangen, in einem für Voltaire höchst anerkennenden
Schreiben seine Geneigtheit bezeigte, that diesem unendlich
wohl, und nur mit Mühe hielt der discretere d'Alembert
ihn zurück, das königliche Schreiben auf der Stelle drucken
zu lassen; indessen hat er es dem autobiographischen Abriß einverleibt, den er um 1776 verfaßte, und der, was
Friedrichs Charakter und sein Verhältniß zu ihm betrifft,
als ein Widerruf der gehässigen Schilderung gelten kann,
die er in der bis dahin ungedruckten, ihm aber kürzlich

entwendeten Denkſchrift davon entworfen hatte. Auch
Rouſſeau unterzeichnete ſeinen Beitrag für das Voltaire=
denkmal; daß Voltaire ſeinen Freunden leidenſchaftlich an=
lag, dieſen Beitrag zurückzuweiſen, hat nur der ein Recht,
ſchlechthin verwerflich zu finden, der ſich zu beweiſen ge=
traut, daß Jean Jacques' Beweggründe zur Unterzeichnung
ſchlechthin löbliche geweſen. Daß die Statue zu Stande
kam und noch heute die Räume des Nationalinſtituts in
Paris ziert, iſt bekannt. Eine Büſte Voltaire's ließ in
jenen Jahren Friedrich in ſeiner Porzellanfabrik zu Berlin
fertigen und ſchickte ihm ein Exemplar zu mit der Inſchrift:
Immortali.

Eine Altersfreude für Voltaire war auch die neue
beſſere Zeit, die, vier Jahre vor ſeinem Ende, mit dem
Regierungsantritt Ludwigs XVI. für Frankreich anzu=
brechen ſchien. Den Miniſterernennungen des jungen
Herrſchers jubelte er zu, wenn ihm auch die Wiederher=
ſtellung der alten Parlamente nicht gefiel und die ängſt=
liche Frömmigkeit des Königs Beſorgniſſe erregte. Er pries
ihn in einem allegoriſchen Gedicht: Seſoſtris; ſeinem
Bruder, dem Grafen von Provence, ſuchte er ſich durch
ein Feſtſpiel gefällig zu erzeigen; hauptſächlich aber war
Turgot, der ſtaatswirthſchaftliche Reformer, ſein Mann,
und er benutzte deſſen Gewogenheit, um zu bewirken, daß
das Ländchen Gex ſich mittelſt einer jährlichen Pauſch=
ſumme von den Plackereien der Steuereinnehmer loskaufen
durfte. „Wir ſtehen im goldenen Zeitalter bis an den
Hals!“ rief er; hatte aber nur gar zu bald Veranlaſſung,

dem Reformminister Turgot bei seiner Entlassung in einem
Gedichte, das er „Epistel an einen Mann" betitelte, seine
unwandelbare Hochachtung zu bezeigen.

Ein goldenes Zeitalter von dauerhafterer Beschaffen=
heit glaubte Voltaire durch seine und seiner Freunde Be=
mühungen begründet zu haben. „Segnen wir die glück=
liche Revolution", schreibt er im Jahr 1767 an d'Alembert,
„die sich im Laufe der letzten 15 bis 20 Jahre in den
Geistern vollzogen hat; sie hat meine Erwartungen über=
troffen." Und ein andermal im gleichen Jahr an den=
selben: „Bei Gott, das Zeitalter der Vernunft ist ange=
brochen. O Natur, ewiger Dank sei dir gesagt!" Fast
überall jedoch, wo Voltaire seine Freude über diesen
Umschwung äußert, fügt er eine höchst bezeichnende Be=
schränkung hinzu. „Wir müssen zufrieden sein", schreibt
er um die gleiche Zeit an denselben, „mit der Verachtung,
worein die Infame bei allen anständigen Leuten in Europa
gefallen ist. Das war Alles, was man haben wollte und
was nöthig war. Man hat nie den Anspruch gemacht,
Schuster und Mägde aufzuklären; das ist Sache der
Apostel." Oder, wie er sich früher einmal ausgedrückt
hatte: „Es handelt sich nicht darum, unsere Lakaien zu
verhindern, in die Messe oder in die Predigt zu gehen;
es handelt sich darum, die Familienväter der Tyrannei
der Betrüger zu entreißen und den Geist der Duldung
zu verbreiten." Und im Jahr 1769: „Wir werden bald
einen neuen Himmel und eine neue Erde haben; ich
meine, für die anständigen Leute; denn was das Pack

betrifft, so ist der dümmste Himmel und die dümmste Erde
gerade das, was sie brauchen." Anständige Leute und
Pack, honnêtes gens und canaille, sind die beiden Men-
schenklassen, zwischen denen nach Voltaire, der auch hier
seinem Dualismus treu bleibt, eine unübersteigliche Kluft
befestigt ist, so daß nur die einen zum Lichte der Aufklärung
berufen, die andern zu bleibender Nacht und Dummheit
verdammt sind.   Zwar sagt er in dem Sermon der
Fünfzig einmal, das Volk sei nicht so dumm, als man
glaube, man müsse nur den Muth haben, vorwärts zu
schreiten, es habe schon manches Nahrungsmittel des
Aberglaubens entbehren gelernt, so werde es am Ende
auch eine reine Gottesverehrung sich gefallen lassen. Allein
hier reißt ihn offenbar der homiletische Schwung über
die Grenzen seiner wirklichen Hoffnungen hinaus. So
äußert er auch im Siècle einmal, die Vernunft müsse zuerst in den vorzüglichsten Köpfen begründet sein, dann
steige sie stufenweise zu den andern hinunter und be-
herrsche am Ende auch das Volk selbst, das sie zwar nicht
erkenne, aber wenn es seine Obern gemäßigt sehe, es
gleichfalls lerne.   Auch hier indessen sieht man leicht, daß,
was zu Gunsten der Bildungsfähigkeit des niederen
Volkes gesagt wird, nur scheinbar ist: es soll sich bilden
können nur aus Nachahmung, nicht aus eigner Einsicht.

Dem entsprach auch die politische Denkart Voltaire's
durchaus. Er war nichts weniger als Demokrat, er
wollte sich gegen die Hierarchie, deren Bekämpfung immer
sein erstes Anliegen war, auf das monarchische Princip

stützen, und bedauerte nur, daß die Fürsten nicht einsehen, wie auch sie ihrerseits sich nicht auf die Geistlichen, son= dern auf die Philosophen stützen müßten. „Man hat nicht daran gedacht", schrieb er 1765 an d'Alembert, „daß die Sache der Könige auch die der Philosophen sei; und doch ist einleuchtend, daß die Weisen, die keine zwei Ge= walten annehmen, die vornehmsten Stützen des königlichen Ansehens sind." Und später, im Jahr 1768: „Die Philosophen werden einmal den Fürsten alles das wieder verschaffen, was ihnen die Priester gestohlen haben; aber die Fürsten werden darum doch die Philosophen in die Bastille schicken; wie wir die Ochsen schlachten, die unsere Aecker bearbeitet haben." In diesem Sinne war auch Voltaire's Zustimmung zu der Beseitigung der alten Parlamente gemeint gewesen, in denen er mit der Hier= archie einverstandene Hemmnisse eines reformirenden Königthums sah. Daß die monarchische Gewalt in Frank= reich nichts weniger als reformlustig war, machte ihn nicht irre: anderswo, in Preußen, Rußland, Schweden, war sie es doch; sie konnte es wenigstens werden und war es wo sie sich selbst verstand: während die geistliche Herrschaft durch ihr ganzes Wesen zum Gegentheil ge= nöthigt ist. Doch auch von unten, von der Masse her, erwartete Voltaire kein Heil: die Fürsten, mit den Philo= sophen, mit den Gebildeten überhaupt im Bunde, müssen die neue bessere Zeit heraufführen; „das Volk", schrieb er um 1768, „wird immer dumm und barbarisch sein; es sind Ochsen, die ein Joch, einen Stachel und Heu brauchen."

Hier sieht man recht, wie Voltaire, dieser Hauptbegründer einer neuen Zeit, doch mit einem Fuße noch auf dem Boden der alten steht, und wie ihm in diesem Stücke Rousseau um einen guten Schritt voran ist. In der Erfahrung wird der erstere immer bis auf einen gewissen Punkt Recht behalten; aber als Ziel müssen wir mit dem andern daran festhalten, daß alle Menschen die Fähigkeit und den Anspruch haben, wirkliche Menschen zu werden.

Auch die äußeren Welthändel ließ der Alte von Ferney nicht aus den Augen. Wie aufmerksam er früher den Kriegen Ludwigs XV. und Friedrichs folgte, haben wir gesehen. Jetzt war in seiner Nähe Friede, nur aus Polen und der Türkei ließ sich noch Kriegslärm vernehmen. Die Theilung von Polen im Jahre 1772 billigte Voltaire im Interesse der Civilisation; mit besonders reger Theilnahme aber begleitete er die Unternehmungen seiner kaiserlichen Gönnerin Katharina gegen die Türken. Er wünsche, schrieb er 1769 an Friedrich, daß diese barbarischen Türken unverzüglich aus dem Lande der Xenophon, Sokrates, Plato, Sophokles und Euripides gejagt werden möchten. Man sollte einen allgemeinen Kreuzzug gegen sie unternehmen; statt dessen überlasse man die ganze Last der Kaiserin. Friedrich ermangelte nicht, Voltaire mit dem Widerspruch zu schrauben, worin solche kriegerische Trompetenstöße mit seinen sonstigen Friedenspredigten stünden; aber Voltaire ließ sich nicht irre machen und fuhr fort, die Türken aus Europa zu wünschen.

Schon im Jahre 1775 hatte Friedrich an Voltaire

scherzend geschrieben, man höre, er werde demnächst nach
Paris und Versailles gehen, um von Ludwig XVI. mit
dem Lorbeer gekrönt zu werden. In der That erzählte
man sich freundliche Aeußerungen der Königin und der
Prinzen über Voltaire; sie verlauteten auch in Ferney,
und während Voltaire mit prüfendem Ohre darnach hin-
hörte, suchte die Nichte Denis den lockenden Schall zu
verstärken. Seit es so einsam geworden war im Schlosse
zu Ferney, langweilte die leere Person sich fast zu Tode.
Mit des Onkels Hingang hatte sie gehofft, als reiche
Erbin nach Paris zurückzukehren und dort ihren Nach-
sommer noch recht zu genießen: aber der Onkel machte
immer noch keine Anstalt abzugehen, während sie selbst
aus dem Spätsommer nachgerade in den Spätherbst getreten war. Es blieb nichts übrig, als ihn zu veran-
lassen, daß er selbst nach Paris mitging. Ihn hiefür
zu stimmen boten sich der Nichte jetzt eben zwei tüchtige
Bundesgenossen. Mit Zustimmung des Oheims hatte sie
vor zwei Jahren ein Fräulein Varicourt, die Tochter eines
mittellosen Officiers, zu sich genommen, und diese hatte
sich im December 1777 mit einem Marquis de Villette,
einem verdorbenen Menschen, der sich aber als Schön-
geist bei Voltaire beliebt gemacht hatte, verheirathet. Das
junge Paar hielt sich noch im Schlosse auf und arbeitete
jetzt mit der Nichte zusammen, den Greis zu der bedenk-
lichen Reise zu bewegen. Man ließ sich Briefe aus Paris
und Versailles schreiben, worin von nichts als Huld aller-
höchster Personen berichtet war. Das blieb auf Voltaire

nicht ohne Wirkung, doch schlug es noch nicht durch. Nun
schickte er eine neue Tragödie, Irene, die Frucht seines
dreiundachtzigsten Jahres, nach Paris, und da wußte man
ihn glauben zu machen, sie würde gewiß nicht gut gegeben
werden ohne seine persönliche Gegenwart. Die Zärtlichkeit
für den dramatischen Spätling entschied. Die Reise nach
Paris wurde beschlossen. Aber nur auf sechs Wochen.
Die Colonie in Ferney war auch ein Lieblingskind, und
sie konnte den Vater noch nicht entbehren.

Am 5. Februar 1778 reiste Voltaire, nachdem die
Nichte mit den Villette's schon zwei Tage früher voraus-
gegangen war, mit seinem Secretär von Ferney ab. Der
Abschied von seinen Colonisten war ein trauriger, es gab
Thränen von beiden Seiten. Auf der weitern Reise war
dann aber der alte Herr ungemein aufgeräumt; er plauderte und ließ sich vorlesen, las auch selbst und schlief
dazwischen, und auf den Stationen hätte er gar zu gerne
seinem Begleiter ein Räuschchen angehängt. Als man an
der Barriere von Paris nach Contrebande fragte, gab er
zur Antwort, es sei keine da als er selbst. Es war der
10. Februar Nachmittags halb 4 Uhr; man fuhr am
Hotel des Marquis de Villette an, und Voltaire war so
rüstig, daß er sich schon nach einer Stunde zu Fuß auf-
machte, um seinen alten Freund Argental aufzusuchen.
Das Erste, was er von diesem erfuhr, war der Tod
seines ehemaligen Schülers, des Schauspielers le Kain;
Voltaire schrie laut auf bei der Nachricht; sie traf ihn
wie ein übles Vorzeichen bei seinem Eintritt in Paris.

Als das Gerücht von Voltaire's Ankunft sich in der Stadt verbreitete, füllte sich der Salon des Hauses mit Besuchen und wurde nicht mehr leer. Gedichte und Adressen liefen ein, Deputationen wurden angemeldet, die Schauspieler kamen, um wegen Vertheilung der Rollen für Irene Rücksprache zu nehmen. Voltaire ließ sich mit jedermann freundlich ein, sagte den Leuten hübsche geistreiche Dinge, sie waren bezaubert, er berauscht. Wenn er sich auf der Straße zeigte, war er der Gegenstand allgemeiner Huldigung. Alte zeigten ihn ihren Kindern; insbesondere was er als Vertheidiger der Familie Calas gethan, war unvergessen. Neben dem Verdienst und der Würde des weltberühmten Greises war es aber auch das Seltsame seines Aufzugs, was Aufmerksamkeit erregte. Ein rothes Kleid, mit Hermelin gefüttert, schwarze ungepuderte Lockenperrücke, auf dem Kopfe eine rothe viereckige Mütze, gleichfalls mit Pelz besetzt, das war die Tracht einer verschwundenen Zeit. Dazu die alte Kutsche, die er von Ferney mitgebracht hatte, azurblauer Grund mit goldenen Sternen: der Empyreumswagen hieß sie bei den Witzigen von Paris.

Indessen, während die Hauptstadt auf diese Weise dem langentbehrten Mitbürger ihre Huldigung brachte, lauteten von Versailles her die Nachrichten nicht so, wie die vorgewiesenen Briefe erwarten ließen. Man war dort über Voltaire's Ankunft betreten. Den einen war sie unangenehm, die anderen setzte sie in Verlegenheit. Die Gunst der letzteren war ohne soliden Kern. Bei Marie Antoinette war es die Lüsternheit der gekrönten Evas-

tochter nach der verbotenen Frucht, oder vielmehr war ja
nun Gelegenheit, den alten Erkenntnißbaum selbst zu
sehen; der elende Artois meinte jetzt als junger Wüstling
in Voltaire den rechten Mann zu haben, wie er funfzig
Jahre später als König im erschöpften Greisenalter sich
an die Pfaffen hing; der Graf von Provence hielt sich
kalt und negativ wie immer: da erscheint des Königs bor=
nirter Widerstand noch achtungswerth; es war doch Ge=
sinnung dabei, und was konnte er dafür, daß die Natur
ihm nicht mehr Geist, die Erziehung nicht mehr Einsicht
gegeben hatte? Es hieß, er habe in den Registern der
Verhaftsbefehle seines Vorgängers nachsuchen lassen, ob
sich kein Actenstück finde, das Voltaire den Aufenthalt in
Paris bestimmt verbiete; es sei aber nichts zu finden ge=
wesen. Natürlich regte sich auch die Geistlichkeit. Der
Pfarrer von St. Sulpice, in dessen Kirchspiel das Hotel
Villette lag, begehrte Zutritt zu Voltaire, wurde aber vor
der Hand noch fern gehalten. Ein höchst verdächtiger
Fanatiker, der wirklich zu ihm eindrang und ihn zur
Beichte nöthigen wollte, mußte mit Gewalt entfernt wer=
den. Ein Abbé Gaultier, Exjesuit und Kaplan der In=
curabeln, bot ihm seine geistlichen Dienste an und wurde
vorgelassen. Ein guter Schafskopf, sagte Voltaire.

Um jene Zeit hielt sich Benjamin Franklin als Ab=
gesandter der neuen nordamerikanischen Republik in Paris
auf. Auch er kam, Voltaire seine Ehrfurcht zu bezeigen;
er brachte seinen Enkel mit und bat für ihn um den
Segen des Patriarchen. Dieser legte die Hand auf das

Haupt des knienden Knaben und sprach die Worte: „Gott, Freiheit, Toleranz" über ihn aus. Aber auch die du Barry kam, ihm aufzuwarten; und warum nicht? waren es doch kaum fünf Jahre, daß er sie als Egeria des jetzt hochseligen Numa (vormals Trajan) besungen hatte. Dazwischen die Schauspieler, um ihre Rollen mit ihm einzuüben, und in den Ruhestunden allerlei Nacharbeit an der Irene und einigen anderen Stücken, die er zum Zwecke der Aufführung herrichten wollte.

Das alles war ganz schön, wäre nur Voltaire nicht demnächst vierundachtzig Jahre alt, gebrechlich und seit Jahren an eine ganz andere Lebensart gewöhnt gewesen. Einen so alten Baum verpflanzt man nicht, wenn man nicht will, daß er zu Grunde gehe, sagte Tronchin, sein verständiger Arzt. Aus ländlicher Einsamkeit in das Gewühl der Hauptstadt, aus behaglichem Stillleben in unaufhörliche gesellige Aufregung geworfen, bekam Voltaire nur gar zu bald die Folgen zu empfinden. Die Beine schwollen ihm an vom vielen Stehen, und etwa vierzehn Tage nach seiner Ankunft überfiel ihn im Bette bei'm Dictiren ein heftiges Blutbrechen. Ein Aderlaß wirkte günstig; doch dauerte das Blutspeien noch einige Wochen fort. Der Kranke sollte nicht sprechen, keine Besuche zu ihm gelassen werden; aber diesem Verbote wurde wenig nachgelebt. Er bedurfte der tiefsten Ruhe; statt dessen war oft Streit und Geschrei in seiner Krankenstube, weil die Hausgenossen über den Arzt, dem er sich anvertrauen sollte, nicht einig waren.

Gleichzeitig mit dem Arzte hatte Voltaire nach dem Abbé Gaultier verlangt; denn er wolle nicht, äußerte er,

daß man seinen Leichnam auf den Schindanger werfe,
wie den der armen Lecouvreur. „Sie kennen den Zweck,
um dessen willen ich Sie habe rufen lassen", sagte er,
als am 2. März der Abbé sich eingestellt hatte; „wenn es
Ihnen gefällig ist, machen wir das kleine Geschäft auf
der Stelle ab." Der Abbé hörte seine Beichte, verlangte
aber ein schriftliches Bekenntniß; Voltaire stellte es ohne
Anstand aus. Darin erklärte er, was er schon öfter er=
klärt hatte, er wolle sterben in der heiligen christ=katholisch=
apostolischen Kirche, in der er geboren sei, im Vertrauen,
daß die göttliche Barmherzigkeit ihm seine Sünden ver=
geben werde; und sollte er der Kirche Aergerniß gegeben
haben, so bitte er Gott und sie um Verzeihung. Darauf
gab ihm der Abbé die Absolution und Voltaire händigte
ihm eine Note von 600 Livres für die Armen des Kirch=
spiels ein. Ueber die Schwäche seines Herrn, ein solches
Bekenntniß auszustellen, war der gute Wagnière, der uns
diese Vorgänge als Augenzeuge beschrieben hat, außer sich
und begriff die philosophischen Freunde Voltaire's nicht,
die damit einverstanden waren, ja die ihm, wie namentlich
b'Alembert, ausdrücklich dazu gerathen hatten. Wagnière
war Protestant, war Freimaurer, und was freies Denken
in Religionssachen betrifft, kein ungelehriger Schüler seines
Herrn; aber von dem, was ein Mann seiner Ueberzeugung
und seiner Würde schuldig sei, hatte er eine andere Vor=
stellung als dieser. Einige Tage vorher hatte er ihn
gebeten, ihm genau zu sagen, was unter so ernsten Um=
ständen seine wirkliche Denkart sei. Voltaire ließ sich

Schreibzeug geben und schrieb die Worte, die noch heute
die Pariser Bibliothek aufbewahrt:

"Ich sterbe in Anbetung Gottes, in Liebe zu meinen Freunden, ohne Haß gegen meine Feinde und
mit Verwünschung des Aberglaubens.

28. Februar 1778. Voltaire."

Das war allerdings, mit alleiniger Ausnahme der Stelle
von den Feinden, worin ihm nicht zu trauen ist, ebenso
gewiß Voltaire's wahre Gesinnung, als das dem Abbé
ausgestellte Bekenntniß mit derselben gar nichts zu schaffen
hatte; und es ist nichts verkehrter, als wenn die Kirchlichen dieses Bekenntniß als Beweis dafür geltend
machen, daß mit Voltaire in seiner letzten Krankheit eine
Sinnesänderung vorgegangen sei. Wer diesem Vorgeben
Glauben schenkt, stützt sich auf die Erfahrung, daß nicht selten
die ärgsten Religionsspötter in ihren letzten Stunden noch
zum Kreuze kriechen. Aber Voltaire hatte über die christliche Religion nicht blos gespottet, sondern auch geforscht
und gedacht, und sein Spott war nur das Ergebniß dieses
Nachdenkens auf der einen und seines muthwilligen Na-
turells auf der andern Seite. Auch glaubte er ja mit
dem Christenthum nicht alle Religion aufzugeben. Nichts
steht fester als die Thatsache, daß Voltaire an seinen
religiösen Ueberzeugungen, nach ihrer verneinenden wie
nach ihrer bejahenden Seite, keinen Augenblick irre geworden ist. Dieß erhellt sehr bestimmt auch aus dem
weiteren Verlaufe der Beichtscene. Nach der Absolution
wollte der Abbé dem Kranken auch noch das Abendmahl

reichen, aber dieser machte ihn aufmerksam, daß er noch immer Blut speie; „und da müssen wir uns doch in Acht nehmen", sagte er, „das des lieben Gottes mit dem meinigen zu vermischen." ·Einem Freunde, der einige Tage später ihn fragte, ob er also wirklich gebeichtet habe, erwiederte er: „Je nun, Sie wissen ja, wie es hier zu Lande zugeht; man muß ein wenig heulen mit den Wölfen; und wenn ich an den Ufern des Ganges wäre, wollt' ich mit einem Kuhschwanz in der Hand sterben."

Voltaire erholte sich wieder und fuhr am 30. März erst nach der Akademie, die ihn mit hohen Ehren empfing und auf den Platz des Directors sich setzen ließ; dann in's Theater, wo die Irene zum sechsten Male gegeben werden sollte. Vor beiden Häusern war der Zudrang ungeheuer; man brachte ihm Hochs, man stieg auf seinen Wagen, und als er vor dem Theater am Arme des Marquis de Villette ausgestiegen war, konnte er trotz der Garden, die ihm Platz zu machen suchten, kaum den Eingang gewinnen. Auch innen drängten sich die Leute, besonders die Damen, ihn von Nahem zu sehen, seine Kleider zu berühren. Die Königin war in der Oper und wollte von da in's Schauspiel kommen; man sagte, ein Billet des Königs, das ihr in der Oper zugekommen, habe sie davon abgehalten. Mittlerweile bereiteten Publikum und Schauspieler dem Dichter eine Apotheose. In der Loge wurde er selbst, auf der Bühne seine Büste mit einer poetischen Anrede bekränzt, während die Hoch- und da capo-Rufe nicht enden wollten. „Man erstickt mich unter Rosen!" sagte der tieferschütterte Greis.

In Versailles, wo man in der Schloßcapelle vor dem
König gegen Voltaire predigte, erregten diese Triumphe
desselben große Unzufriedenheit, und Voltaire, der nun
deutlich sah, wie die Verhältnisse lagen, dachte um so
ernstlicher an die Rückkehr nach Ferney. Darin bestärkte
ihn sein Secretär, der freilich auch Weib und Kinder daselbst hatte, doch zugleich aus redlicher Sorge für das
Leben seines Herrn; ganz einverstanden war Tronchin,
der jetzt in Paris ansässige Genfer Arzt, und auf derselben
Seite stand der wackere Dupuits, der sich um jene Zeit
ebenfalls in Paris befand. Außer sich war aber die Nichte;
„ist es möglich?" rief sie aus, „er will wieder nach Ferney zurück, und ich soll ihn noch einmal dahin begleiten!"
Mit ihr verbunden waren die Billette's; aber auch wohl-
meinende Freunde Voltaire's, die nur seinen Gesundheits-
zustand nicht gehörig in Rechnung nahmen, wirkten in der
gleichen Richtung: wie d'Alembert, wenn er die französische
Akademie veranlaßte, ihn für das nächste Vierteljahr zum
Director zu wählen; wie die Freimaurer der Loge zu den
neun Schwestern, die ihm eine feierliche Aufnahme bereiteten. So ließ er sich bestimmen, in der Straße Richelieu ein im Bau begriffenes Haus zu kaufen; doch auf
zwei Monate wenigstens wollte er erst nach Ferney zurückkehren, um dort seine Angelegenheiten in Ordnung zu
bringen. Das mußte verhindert werden; denn wer konnte
wissen, ob der lang gewohnte Aufenthalt ihn nicht bleibend
festhalten würde?

Auf die Hetzereien der Geistlichkeit gegen Voltaire hatte

der König geantwortet, der alte Mann werde ja doch nächstens nach Ferney heimkehren, und so möge man ihn in seinem Verstecke ruhig sterben lassen. Statt dessen ließ sich jetzt die Nichte von einem Hofmann ein Billet schreiben mit der Nachricht, wenn Voltaire Paris verließe, so würde ihm auf dem Fuße ein Verbot nachfolgen, es je wieder zu betreten; dieser kränkenden Maßregel könne er nur dadurch entgehen, daß er bleibe. Jetzt entschloß er sich dazu, und damit er bei dem Entschlusse bliebe, wurde Wagnière, dessen Zureden zur Heimkehr man fürchtete, nach Ferney geschickt, um die nöthigsten Papiere dort zu holen. Daß er so geschwind nicht wieder kam, und bestimmt nicht mehr bei'm Leben seines Herrn, dafür wurde gleichfalls gesorgt. Es fehlen uns also von hier an, d. i. vom 1. Mai, seine genauen Nachrichten; wir wissen nur, was er selbst später, bei seiner Rückkehr nach Paris, erfuhr, und was aus Briefen und Aufzeichnungen Anderer zu entnehmen ist.

Darnach warf sich Voltaire mit Eifer in das ihm übertragene Amt eines Directors der französischen Akademie. In lebhafter Ansprache und Verhandlung setzte er den Beschluß durch, das Wörterbuch derselben neu zu bearbeiten, wovon er selbst den Buchstaben A übernahm. Als ihm zu so angestrengter Arbeit die Kraft versagte, suchte er diese ungeduldig durch übermäßigen Genuß von Kaffee zu steigern, und wie er hiedurch sein altes Blasenübel verschlimmert fühlte, meinte er die Schmerzen durch selbstverordnete Arzneien, insbesondere durch eine Opiumtinktur zu stillen, die aber nur dazu beitrug, seinen Organismus vollends zu zerrütten. Ueber den weitern Verlauf der Krankheit und die letzten Tage und Stunden Voltaire's scheinen die Berichte d'Alemberts, der ihn öfter besuchte, und Tronchin's, des zu spät herbeigerufenen Arztes, sich zu widersprechen. Nach des Erstern ausführlichem Schreiben an den König von Preußen über Voltaire's Ende hätte dieser seit dem Genusse des Opium in beständiger Betäubung gelegen, die nur durch einzelne lichte Augenblicke unterbrochen war, während deren er sich, im Uebrigen mild und ruhig, beklagte, daß er nach Paris gekommen sei, um zu sterben; nach Wagnière's späteren Erkundigungen auch, daß er von aller Welt verlassen sei, da man seinen treuesten Diener von ihm entfernt hatte und den Notar, nach dem er verlangte, nicht zu ihm ließ. Dagegen spricht Tronchin in einem Brief an Bonnet von furchtbarer Aufregung des Sterbenden, er vergleicht sein Ende einem Gewitter, er erinnert an die Furien des Orest. Allein, wenn man d'Alembert als Freund und Gesinnungsgenossen Voltaire's apologetischer Milderung verdächtig hält, so gibt sich Tronchin durch die Versicherung, Voltaire's Ende hätte ihn, wenn dieß nöthig gewesen, in seinen Grundsätzen noch bestärken müssen, als einen Mann zu erkennen, der dessen Grundsätze für verderblich hielt und aus dieser Vorstellung heraus spricht. Darin übrigens stimmen beide Berichte überein, was gerade d'Alembert ausdrücklich sagt, daß Voltaire ungern gestorben sei. Aber wenn doch auch Tronchin als das, was den Sterbenden in seinen letzten Tagen umtrieb, nicht etwa Gewissensbisse oder Höllenschrecken, sondern die fixe

Idee des akademischen Wörterbuches namhaft macht, so zeigt sich uns deutlich, daß, was den arbeitsamsten aller Menschen am Leben festhielt, eben die süße Gewohnheit des Wirkens und Schaffens war, von der er sich nicht trennen mochte. Etwas Aehnliches war ja auch bei Goethe in seinen letzten Zeiten zu beobachten; nur daß, was bei ihm, vermöge der tiefen Harmonie seines Wesens, in hoffender Resignation sich löste, bei Voltaire, dem jene Harmonie fehlte, die Gestalt einer Hast und Ungeduld angenommen haben mag, die einen peinlichen Eindruck machte.

Als man sah, daß es mit ihm zu Ende ging, holte man den Abbé und den Pfarrer. Der Erstere sprach einige Mahnungen zur Geduld; der Andere aber fragte mit erhobener Stimme den Leidenden, ob er an die Gottheit des Erlösers glaube; worauf Voltaire sich abwendete mit den Worten, man möge ihn in Frieden sterben lassen. Das erfolgte denn auch zwei Tage darauf, am 30. Mai 11¼ Uhr in der Nacht. Vor sieben Jahren hatte Voltaire einmal an Friedrich geschrieben: „Ich fürchte den Tod nicht, der sich mir mit starken Schritten nähert; aber ich habe eine unüberwindliche Abneigung gegen die Art, wie man in unserer heiligen römisch-katholischen apostolischen Kirche stirbt. Es scheint mir äußerst lächerlich, daß man sich ölen läßt, um in die andere Welt zu gehen, wie man die Achsen seines Wagens schmieren läßt, wenn man auf die Reise geht. Diese Thorheit und Alles, was damit zusammenhängt, ist mir so zuwider, daß ich versucht bin, mich nach Neufchatel bringen zu lassen, um das Vergnügen zu

haben, in Ihrem Gebiete zu sterben." Und noch vor we=
nigen Monaten, im November 1777, hatte er demselben
geschrieben: „Ich bin heute 84 Jahre, und ich habe mehr
Abneigung als je gegen die letzte Oelung und die, welche sie
ertheilen." Sie ist ihm auch wirklich erspart geblieben.

Voltaire hatte sich in Ferney eine Grabstätte an seine
Kirche angebaut, später jedoch verordnet, in seinem Bade=
cabinet beigesetzt zu werden. Da er in Paris gestorben
war, scheint man davon Abstand genommen zu haben; aber
in Paris versagte der Pfarrer, des Rückhalts von oben
sicher, das Begräbniß. Auf eine Klage bei'm Parlament
mochte es die Familie nicht ankommen lassen, sondern zog
vor, die Leiche in aller Eile nach der Abtei Scellieres un=
weit Troyes in der Champagne zu bringen, deren Titular=
Abt Voltaire's Neffe, der Rath Mignot, war. Hier wurde
sie nach einem feierlichen Todtenamt am 2. Juni in der
Klosterkirche begraben. Daß man Ursache zur Eile gehabt,
zeigte sich alsbald: denn kaum war die Leiche unter dem
Boden, als ein Erlaß des Bischofs von Troyes einlief, der
das Begräbniß untersagte. Das Verbot kam jetzt zu spät; Vol=
taire hatte der Clerisei auch im Tode noch einen Streich gespielt.

Als die Kunde von Voltaire's Tode erscholl, war Kö=
nig Friedrich in den Vorbereitungen zum bairischen Erb=
folgekriege begriffen. Dieß hielt ihn indeß nicht ab, im
Lager von Schatzlar und hernach in Breslau eine Gedächt=
nißrede auf ihn zu verfassen, die am 26. November des=
selben Jahres in der Akademie zu Berlin zum Vortrage
kam. Als sechs Jahre später die boshaften Aufzeichnungen

über das Privatleben des Königs von Preußen, die Vol=
taire zwar nicht veröffentlicht, aber doch verfaßt hatte, er=
schienen, soll Friedrich sie höchst gleichmüthig aufgenommen
haben. Er mochte sich dessen erinnern, was er vor 24 Jah=
ren, als Voltaire vom Sterben sprach, ihm geantwortet hatte:
„Sie werden das Vergnügen haben, auf meinem Grabe ein
boshaftes Couplet zu machen; ich werde nicht böse darüber
werden und ertheile Ihnen dafür zum Voraus Absolution.“

Voltaire hatte in seinem Testamente seine Nichte Denis
zur Universalerbin eingesetzt, seine übrigen Verwandten
durch Legate abgefunden; Mad. Denis verkaufte schon nach
einem Vierteljahre das ihr verhaßte Ferney an den Mar=
quis de Villette, der es auch nicht lange behielt. Der Ort,
der Nachhülfe seines Gründers beraubt, sank bald wieder
in seine frühere Armseligkeit zurück. Die 68jährige Uni=
versalerbin heirathete im nächsten Jahre einen gewissen Du=
vivier. Voltaire's Bibliothek kaufte die Kaiserin Katha=
rina und ließ sie durch Wagnière nach Petersburg bringen,
an dem sie auch durch Aussetzung eines lebenslänglichen
Gehaltes dasjenige that, was Voltaire zu thun versäumt
hatte oder verhindert worden war.

Seine Leiche lag eilf Jahre in der Klostergruft zu
Scellieres, als in Paris die Revolution zum Ausbruche
kam, und zwei Jahre später, im Mai 1791, die National=
versammlung die Versetzung der Reste Voltaire's, zugleich
mit denen seines Gegners Rousseau, nach der zum Pan=
theon umgewandelten Genovefenkirche beschloß. Aber nach
neunundzwanzig Jahren machte der Umschwung der Zeiten
das Pantheon wieder zur Genovefenkirche, und die beiden

unheiligen Leichen wurden aus der Gruft unter der Kirche
in ein Gewölbe unter der Vorhalle gebracht. Doch bereits
nach zehn Jahren kam die Julirevolution und gab den
vielumgetriebenen Gebeinen ihre alte Stätte wieder. Uebri=
gens lief später einmal die Nachricht durch die Zeitun=
gen, es sei von diesen damals nichts mehr zu finden ge=
wesen; bei der Versetzung unter der Restauration habe die
Geistlichkeit Kalk darauf schütten lassen, um sie gänzlich
zu vertilgen. Sie hätte damit wider Willen den Antichrist
ihrem Christus gleichgestellt, der ja auch keine irdischen
Reste auf der Erde zurückgelassen haben soll.

Uns bleibt freilich, wenn wir auf das Leben Vol=
taire's einen betrachtenden Rückblick werfen, von seinem
Wesen ein starker Erdenrest in der Hand, und zwar ein
solcher, von dem wir mit den Engeln im zweiten Theile
des Faust sagen müssen: „Er ist nicht reinlich." Und
dieß nicht blos so, wie wir auch bei den edelsten Menschen
gewisse Mängel finden, die wir der Schwachheit der mensch=
lichen Natur zu gute halten müssen; bei Voltaire handelt
es sich neben den Schwachheiten auch um Bosheiten, und
diese Flecken, weit entfernt, im Glanze seiner Vorzüge zu
verschwinden, treten diesen gegenüber nur desto greller
hervor und geben seiner Erscheinung ein ungleiches un=
heimliches Licht. Wenn sich, wie wir in der Epistel Judä
lesen, um den Leichnam Mosis der Erzengel Michael mit
dem Teufel zankte, so hat sich der Zank hoffentlich bald
zu Gunsten des ersteren entschieden; wenn über den Leich=
nam Voltaire's ein ähnlicher Streit sich entsponnen haben
sollte, so ist zu vermuthen, daß er bis heute noch nicht

ausgetragen ist. Daß, um mit den Worten des Dichters zu reden, sein Charakterbild in der Geschichte noch immer ein schwankendes ist, liegt freilich zum guten Theil an der Parteien Gunst und Haß, die es verwirrt haben; seinen tieferen Grund hat es aber doch in den Widersprüchen, die sich in dem Wesen des Mannes finden, und die sich uns im Bisherigen unangenehm genug aufgedrängt haben.

Und auch die Lösung des Räthsels hält nicht Stich, bei der sich König Friedrich zuletzt beruhigt zu haben scheint: das Talent von dem Charakter zu trennen, alles Licht auf das erstere, allen Schatten auf den letzteren fallen zu lassen, zu bedauern, daß ein so großer Geist ein so kleiner Mensch gewesen sei. Damit ist dem Talent zu viel, dem Charakter zu wenig eingeräumt. Auch Voltaire's Talent hat seine Mängel, wie sein Charakter sein Gutes hat, und merkwürdigerweise stehen die Fehler wie die Vorzüge der einen Seite mit denen der andern im Zusammenhang. In dem langen Register der Vorzüge eines Schriftstellers, die Goethe aufzählt, vermißt er an Voltaire nur zwei: Tiefe und Vollendung; Schiller meinte, er hätte auch noch das Gemüth hinzufügen können. Allein das Gemüth gehört auf die Seite des Charakters und entspricht hier ungefähr dem, was auf Seiten des Talents die Tiefe bezeichnet. In Vergleichung mit den genannten beiden deutschen Männern fehlt es dem Franzosen ebenso als Schriftsteller an Tiefe, wie es ihm als Menschen an Gemüth fehlt. Und die Vollendung in der Ausführung, die Goethe an dem Schriftsteller vermißte, ist am Menschen die Reinheit, die Sauberkeit des Charakters, die an Voltaire gleichfalls zu vermissen ist.

Zu weit indeß dürfen wir diese Parallele zwischen
dem Schriftsteller und dem Menschen in Voltaire nicht
treiben. Wie überhaupt das Talent in seinen Leistungen
leichter zu fassen und zu beurtheilen ist als ein Charakter
in seinen Aeußerungen, so ist dieß auch bei ihm der Fall.
Daß mit der Geistesklarheit nicht immer auch Geistes=
tiefe, mit der Gewandtheit und Anmuth der Form nicht
immer auch deren Vollendung verbunden ist, wissen wir
aus zahlreichen Beispielen, und es fällt uns nicht ein,
darin einen Widerspruch zu sehen. Wenn wir hingegen
denselben Mann neben leidigen Proben von Habsucht
und Geiz ebenso entschiedene Beweise von Freigebigkeit
und Großmuth geben sehen; wenn wir denselben, den der
Anblick des Unrechts zum schönsten menschlichen Mitge=
fühle stimmt und zur aufopferndsten Thätigkeit treibt, ein
andermal durch eine Verletzung seiner Eitelkeit oder seines
Interesses zur kleinlichsten unversöhnlichsten Rachsucht auf=
gestachelt finden: so ist auch dieß zwar keineswegs uner=
hört, aber es fällt uns schwer, es zusammenzudenken und
über einen Charakter, in dem es beisammen ist, ein sicheres
Urtheil zu fällen. Der platonische Sokrates sagt einmal,
er prüfe sich selbst, ob er wohl ein Thier sei, noch ver=
schlungener und ungethümer als Typhon, oder ein zahmeres
und einfacheres Wesen, das einer göttlichen und reinen
Natur theilhaftig geworden. Von Voltaire müssen wir
leider sagen: er gehörte zu der ersten Klasse; oder das
Stück göttlicher Natur, das ihm nicht fehlte, war doch in
das dämonische und typhonische Gewirre bis zum Unlös=
baren verschlungen.

Merkwürdig übrigens: so räthselhaft uns Voltaire's Charakter bleibt, wenn wir ihn als Menschen für sich, als biographisches Object betrachten, so klar wird uns der Mann, sobald wir ihn in den geschichtlichen Zusammenhang hineinstellen, dem er angehört. Es ist uns viel leichter, anzugeben, was er gesollt und was er geleistet hat, als was er gewesen ist. So seltsam es klingt, einen Mann wie Voltaire mit einem Ausdruck aus der Sprache der Frommen zu bezeichnen, so kommt uns doch, wenn wir ihn in seinem Jahrhundert betrachten, unwillkürlich die Vorstellung eines göttlichen Rüstzeuges in den Sinn. Wenn es überhaupt dergleichen gibt, so hat es nie ein besser zugerichtetes und leistungsfähigeres gegeben. Wir verstehen darunter ganz einfach und natürlich eine Geistesanlage, die, an sich schon unter den Bedingungen einer gewissen Zeit erzeugt, sich nach deren Eigenthümlichkeiten und Bedürfnissen ausbildet, und nun den letzteren, die sie in sich fühlt, abzuhelfen sucht. Je begabter und zeitgemäß begabter ein solches Individuum ist, je vollständiger es die Bildungselemente seiner Zeit in sich aufgenommen hat und je lebhafter es deren Bedürfnisse mitempfindet, desto tiefer und umfassender wird es wirken. Das alles war bei Voltaire in ausgezeichnetem Maße der Fall. Und von hier aus ergibt sich dann auch für seine Fehler ein anderer Gesichtspunkt. Sie erscheinen theils als natürliche Wirkungen seiner Zeit und ihrer Verbildung, theils sogar als Mittel zu ihrer Umbildung. Was die Zeit bedurfte, war nicht ein reines ruhiges Licht, sondern ein flackerndes, funkensprühendes Feuer. Es war jetzt nicht darum zu thun, eine neue Wahrheit aus den Tiefen der Natur und des menschlichen Geistes heraufzuholen, sondern die erkannte zu verbreiten, sie für die weitesten Kreise verständlich und anziehend zu machen, und ganz besonders Alles, was ihre Ausbreitung hinderte, aus dem Wege zu räumen. Ersteres geschieht am besten durch leichten anmuthigen Vortrag, Letzteres durch Scherz und Spott: und wer war in beidem ein größerer Meister als Voltaire? Das Geschäft muß aber auf vielen Punkten angegriffen, und die Anläufe in immer wieder anderer Art unabläffig wiederholt werden: wer war vielseitiger, allgegenwärtiger, unermüdlicher als Voltaire? Wie wäre aber diese Beweglichkeit ohne Reizbarkeit möglich, wie wäre mit dem leichten Scherz und Spott ein würdiger Ernst vereinbar gewesen? Ich sage nur, daß selbst Voltaire's Fehler zum Theil Mittel für sein Wirken, ich sage nicht, daß sie darum keine persönlichen Fehler gewesen sind. Daß sie dieß in der That waren, zeigt sich darin, daß sie sich als solche bestraft haben. Unter seiner Eitelkeit, Rachsucht, Habsucht hat Voltaire selbst am meisten gelitten. Er lebte selten im Vollgefühle seiner Kraft, seines Wirkens, seines Werthes; die meiste Zeit seines Lebens war er in der Pein um untergeordnete, oft ganz unwürdige Zwecke befangen. Er ist, wie wir alle, nur so weit glücklich gewesen, als er gut gewesen ist.

Um so rückhaltloser können wir nun aber, nachdem wir wissen, daß ihm für das, was verwerflich an ihm war, die Strafe nicht geschenkt worden ist, uns der Bewunderung seiner Geistesgaben, der Anerkennung seiner Leistungen überlassen. Er hat sein Pfund nicht ver-

graben, sondern damit gewuchert, wie — mit seinem Ver=
mögen. Er hat gearbeitet wie Wenige, und Arbeit ver=
dient immer Hochachtung. Gewirkt aber hat er wie noch
Wenigere, und da er auch für uns gewirkt hat, verdient
er vor Vielen unsern Dank. Er hat die Atmosphäre des
menschlichen Denkens von einer Menge fauler Dünste
befreit. Manche Fessel, die das menschliche Leben be=
engte, hat er gesprengt oder doch angefeilt. Sein Stand=
punkt ist wohl nicht mehr der unsrige, wir haben Fort=
schritte, weit über ihn hinaus, gemacht; aber wir hätten
sie so schnell und sicher nicht machen können, wenn nicht
seine scharfe Axt uns die Bahn gebrochen hätte. Andere
sind nach ihm gekommen, die geleistet haben, was ihm
nicht verliehen war; Deutsche, Protestanten, haben der
Menschheit gegeben, was von dem Franzosen, auf dem
Boden des Katholicismus erwachsen, nicht verlangt wer=
den durfte. Wenn es ein richtiger Instinkt des franzö=
sischen Volkes gewesen ist, im Pantheon neben Voltaire
als seine ergänzende Hälfte den im Leben ihm so wider=
wärtigen Rousseau aufzustellen: so wird im Elysium unser
deutscher Lessing sich nicht weigern dürfen, den ihm mora=
lisch so wenig achtbaren, poetisch so wenig zusagenden
Dichter des Mahomet als seinen französischen Mitarbeiter
anzuerkennen. Kurz, Gretchen mag an der Physiognomie
desjenigen, den sie so ungern in der Gesellschaft ihres
Heinrich sieht, noch so viel auszusetzen haben: Faust hat doch
Recht, wenn er meint, es müsse auch solche Käuze geben; und
daß dem Herrn unter den Geistern, die verneinen, der
Schalk am wenigsten zur Last ist, hat er ja selbst gesagt.

Beilagen.

Erste Beilage.

Das Mittagsmahl des Grafen von Boulainvilliers.[1)]
Von Voltaire.
Uebersetzung.

Erstes Gespräch.

Vor Tische.

Der Abbé Couet. Wie, Herr Graf, Sie glauben, die Philosophie sei der Menschheit ebenso nützlich, wie die römisch=katholische apostolische Religion?

Der Graf von Boulainvilliers. Für's Erste erstreckt die Philosophie ihr Reich über die ganze Welt; Ihre Kirche dagegen herrscht nur über einen Theil von Europa,

---

[1)] S. oben, S. 258. Das Gespräch: Le diner du comte de Boulainvilliers ließ Voltaire im Jahre 1767 zuerst ohne Namen eines Verfassers drucken, dann, da er als solcher vermuthet wurde, schrieb er es einem St. Hyacinthe zu, der es schon 1728 in Holland habe drucken lassen. Mit den sämmtlichen Personen des Gesprächs hatte er noch als jüngerer Zeitgenosse gelebt. Der Graf Boulain= villiers war 1722, der Abbé Couet 1736, der Abbé de St. Pierre 1743, Freret 1749 gestorben. Der Graf war Verfasser verschie= dener Werke über französische Geschichte, aber auch einer Biographie Mohammeds und einiger Schriften über Leben und Lehre des Spinoza, die er nur um Widerlegungen hervorzurufen geschrieben haben wollte. Daneben hatte er indeß auch eine Liebhaberei für das Horoscop=

und hat noch dazu viele Feinde. Dann aber müssen Sie mir
auch zugeben, daß die Philosophie tausendmal heilsamer ist als
Ihre Religion, so wie sie seit langer Zeit geübt wird.

Der Abbé. Sie setzen mich in Erstaunen. Was ver=
stehen Sie denn unter Philosophie?

Der Graf. Ich verstehe darunter die vernünftige Liebe
zur Weisheit, gestützt durch die Liebe zu dem ewigen Wesen,
das die Tugend belohnt und das Verbrechen bestraft.

Der Abbé. Nun wohl; ist es nicht eben das, was
unsere Religion verkündigt?

Der Graf. Wenn es das ist, was Sie verkündigen,
so sind wir einig, ich bin ein guter Katholik, Sie sind ein
guter Philosoph; gehen wir nur nicht weiter, weder Sie
noch ich. Entehren wir unsere fromme und heilige Philosophie
weder durch Sophismen und Ungereimtheiten, welche die Ver=
nunft beleidigen, noch durch unbändige Begier nach Ehren und
Reichthümern, die alle Tugenden verunreinigen. Hören wir
nur auf die Wahrheiten und die mäßigen Rathschläge der

---

stellen, und hatte Voltaire prophezeit, er werde im 32. Jahre sterben.
Freret, mit dem Grafen befreundet, war ein Polyhistor, der be=
sonders über die christliche Urgeschichte sehr freie kritische Ansichten
hatte. Couet, Canonicus von Notre-Dame und Großvicar des
Cardinals Noailles, war dem Verfasser des Gesprächs zweimal un=
bequem in den Weg getreten. In jungen Jahren hatte er ihm
eine Geliebte fromm, mithin abtrünnig gemacht, wovon die Epître à
Mad. de G*** Zeugniß gibt, und später hatte er ihn in eine Wunder=
geschichte, die Voltaire als Forscher interessirt hatte, in einer ihm
unangenehmen Weise hineingebracht. Der Abbé de St. Pierre
endlich war ein philanthropischer Schwärmer, besonders durch sein
Project eines ewigen Friedens bekannt, von dem übrigens mehr als
ein Traum unterdessen in Erfüllung gegangen ist.

Philosophie, dann wird diese Philosophie die Religion als ihre Tochter annehmen.

Der Abbé. Mit Ihrer Erlaubniß, dieses Gespräch riecht etwas gar zu stark nach dem Scheiterhaufen.

Der Graf. So lange Sie nicht aufhören, uns von Scheiterhaufen vorzureden und sich angezündeter Scheiterhaufen an der Stelle von Gründen zu bedienen, werden Sie nur Heuchler und Schwachköpfe zu Anhängern haben. Die Ueber= zeugung eines einzigen Weisen ist doch ohne Zweifel mehr werth als die Blendwerke der Schelme und die knechtische Unterwerfung von tausend Dummköpfen. Sie haben mich gefragt, was ich unter Philosophie verstehe; ich frage Sie jetzt: was verstehen Sie unter Religion?

Der Abbé. Ich würde viel Zeit brauchen, um Ihnen alle unsere Glaubenslehren auseinanderzusetzen.

Der Graf. Das spricht schon sehr gegen Sie. Sie brauchen dicke Bücher, und ich brauche nur vier Worte: Ehre Gott, sei gerecht.

Der Abbé. Nie hat unsere Religion das Gegentheil gesagt.

Der Graf. Ich wünschte wohl, in Ihren heiligen Schriften keine gegentheiligen Vorstellungen zu finden. Jene grausamen Worte: „Nöthige sie herein zu kommen,“[1] die man so barbarisch mißbraucht; und die: „Ich bin nicht ge= kommen, Frieden zu bringen, sondern das Schwert“;[2] und außerdem noch die: „Wer die Kirche nicht hört, soll gehalten sein als ein Heide und Zöllner“;[3] diese und noch hundert ähnliche Grundsätze erschrecken den gesunden Verstand und die

---

[1] Luc. 14, 23.   [2] Matth. 10, 34.   [3] Matth. 18, 17.

Menſchlichkeit. Gibt es etwas Härteres und Gehäſſigeres als jene andere Rede: „Ich ſpreche zu ihnen in Gleichniſſen, daß ſie nicht ſehen, ob ſie es ſchon ſehen, und nicht verſtehen, ob ſie es ſchon hören"?[1]) Iſt das die Art, wie die ewige Weis= heit und Güte ſich ausſpricht? Der Gott der ganzen Welt, der Menſch geworden iſt, um alle Menſchen zu erleuchten und ſelig zu machen, hat der ſagen können: „Ich bin nicht geſandt denn nur zu den verlorenen Schafen von dem Hauſe Iſrael",[2]) d. h. für ein kleines Land von höchſtens dreißig Meilen? Iſt es möglich, daß dieſer Gott, als man ihm die Kopfſteuer abforderte, geſagt haben kann, ſeine Jünger haben nichts zu bezahlen, denn die Könige nehmen die Steuern nur von den Fremden, und die Kinder ſeien frei?[3])

Der Abbé. Dieſe Reden, die Anſtoß geben können, ſind durch ganz anders lautende Stellen erklärt.

Der Graf. Gerechter Himmel! Was iſt das für ein Gott, der einen Commentar nöthig hat, und den man be= ſtändig für und wider ſprechen läßt? Was iſt das für ein Geſetzgeber, der nichts geſchrieben hat? Und was ſollen vier heilige Bücher, deren Abfaſſungszeit unbekannt iſt, und deren Verfaſſer ſich auf jeder Seite widerſprechen?

Der Abbé. Alles das läßt ſich in Einklang bringen, ſag' ich Ihnen. Aber Sie werden mir wenigſtens zugeſtehen, daß Sie mit der Bergpredigt ſehr zufrieden ſind.

Der Graf. O ja, man behauptet, Jeſus habe geſagt, man ſollte die verbrennen, die ihren Bruder Racha heißen,[1]) wie Ihre Theologen jeden Tag thun. Er ſagt, er ſei ge= kommen, das Geſetz Moſis zu erfüllen,[5]) das Ihnen ein

---

[1]) Luc. 8, 10. [2]) Matth. 15, 24. [3]) Matth. 18, 25 f.
[4]) Matth. 5, 22. [5]) Matth. 5, 17.

Abscheu ist. Er fragt, womit man salzen solle, wenn das
Salz dumm geworden sei.[1]) Er sagt, selig seien die Armen
an Geist, denn das Himmelreich sei ihr.[2]) Ich weiß auch
noch, daß man ihn sagen läßt, das Weizenkorn müsse in der
Erde verfaulen und ersterben, um Frucht zu bringen;[3]) das
Himmelreich sei ein Senfkorn,[4]) es sei ein auf Wucher aus-
geliehenes Kapital;[5]) man solle seine Verwandten nicht zu
Tische laden, wenn sie reich seien.[6]) Vielleicht hatten diese
Ausdrücke einen ganz anständigen Sinn in der Sprache, worin man sagt, daß sie vorgetragen worden. Ich nehme Alles
an, was Tugend einflößen kann; doch haben Sie die Güte,
mir zu sagen, was Sie von dieser andern Stelle halten:
„Gott ist's, der mich gebildet hat. Gott ist allenthalben, ist
in mir; könnte ich wagen, ihn zu beflecken durch strafbare
und niedrige Handlungen, durch unreine Worte, durch schmähliche Begierden? Möchte ich doch in meinen letzten Augen-
blicken zu Gott sprechen können: O mein Herr, mein Vater!
du hast gewollt, daß ich leide, ich habe gelitten mit Ergebung;
du hast gewollt, daß ich arm sei, ich habe die Armuth auf
mich genommen. Du hast mich in Niedrigkeit gesetzt, und ich
habe die Größe nicht gewünscht. Du willst, daß ich sterbe,
ich bete sterbend dich an. Ich verlasse dieses großartige Schauspiel mit Dank gegen dich, daß du mich dabei zugelassen hast,
um die wundervolle Ordnung zu betrachten, womit du die
Welt regierst."

Der Abbé. Das ist bewundernswerth; in welchem
Kirchenvater haben Sie dieses göttliche Bruchstück gefunden?

---

[1]) Matth. 5, 13.   [2]) Matth. 5, 3.   [3]) Joh. 12, 24.
[4]) Matth. 13, 31.   [5]) Matth. 25, 14 ff.   [6]) Luc. 14, 12.

ist es bei St. Cyprian, bei St. Gregor von Nazianz, oder
bei St. Chrill?

Der Graf. Nein, es sind die Worte eines heidnischen
Sklaven Namens Epictet, und der Kaiser Marc Aurel hat
nie anders gedacht als dieser Sklave.

Der Abbé. Ich erinnere mich in der That, in meiner
Jugend moralische Vorschriften in heidnischen Autoren gelesen
zu haben, die großen Eindruck auf mich machten; ich will
Ihnen sogar gestehen, daß die Gesetze des Zaleucus, des
Charondas, die Rathschläge des Confucius, die Sittengebote
des Zoroaster, die Grundsätze des Pythagoras mir von der
Weisheit zum Besten des menschlichen Geschlechts dictirt zu
sein schienen; mir kam es vor, Gott habe diese großen Männer
eines reineren Lichtes gewürdigt als gewöhnliche Menschen,
wie er dem Virgil mehr Wohllaut verlieh, dem Cicero mehr
Beredtsamkeit, dem Archimed mehr Scharfsinn als ihren Zeit=
genossen. Ich war betroffen von diesen großen Tugendlehren,
die uns das Alterthum hinterlassen hat. Aber am Ende
wußten doch alle diese Leute nichts von Theologie, sie kannten
den Unterschied nicht zwischen Cherubim und Seraphim,
zwischen der wirksamen Gnade, der man widerstehen kann,
und der zureichenden, die aber nicht zureicht; sie wußten nicht,
daß Gott gestorben ist, und daß, während er für alle gekreuzigt
worden, er dennoch nur für einige gekreuzigt worden ist.
Ah, mein Herr Graf, wenn die Scipio, Cicero, Cato, die
Epictets und Antonine gewußt hätten, daß der Vater den
Sohn gezeugt und nicht geschaffen hat; daß der heilige Geist
weder gezeugt noch geschaffen ist, sondern ausgeht bald vom
Vater, bald vom Sohne; daß der Sohn Alles hat, was dem
Vater angehört, daß er aber die Vaterschaft nicht hat: wenn

es, sage ich, den Alten, unsern Meistern in Allem, vergönnt
gewesen wäre, hundert Wahrheiten von solcher Klarheit und
solcher Stärke zu erkennen; mit Einem Worte, wenn sie
Theologen gewesen wären, welche Vortheile hätten sie dann
nicht den Menschen verschafft! Die Consubstantialität vor
Allem, Herr Graf, die Transsubstantiation, sind so schöne
Sachen! Hätte es doch dem Himmel gefallen, daß die Scipio,
Cicero und Marc Aurel diese Wahrheiten ergründet hätten;
sie hätten Großvicare seiner erzbischöflichen Gnaden oder
Syndics der Sorbonne werden können.

Der Graf. Wohlan, sagen Sie mir auf's Gewissen,
unter uns und vor Gott, ob Sie glauben, daß die Seelen
dieser großen Männer am Spieße stecken, in Ewigkeit geröstet
von den Teufeln, in Erwartung, ihre Leiber wiederzuerhalten,
die dann gleichfalls ewig gebraten werden sollen, und das alles
darum, weil sie nicht Syndics der Sorbonne und Großvicare
Seiner Gnaden des Herrn Erzbischofs haben werden können?

Der Abbé. Sie setzen mich da in große Verlegenheit.
Denn „außer der Kirche ist ja kein Heil". Keiner kann dem
Himmel gefallen als wir und unsere Freunde. „Wer die Kirche
nicht hört, der soll als ein Heide oder Zöllner gehalten sein."
Scipio und Marc Aurel haben die Kirche nicht gehört, sie
haben das Tridentiner Concil nicht anerkannt: ihre Seelen
werden also ewig gebraten werden, und einst, wenn ihre Leiber
aus ihrer Zerstreuung in die vier Elemente wieder zusammen=
gebracht sind, werden sie gleichfalls ewig gebraten werden mit
ihren Seelen. Nichts kann klarer sein, wie nichts gerechter
sein kann; das steht fest. Andererseits ist es freilich sehr hart,
Sokrates, Aristides, Pythagoras, die Antonine, lauter Menschen,
deren Leben rein und musterhaft war, in Ewigkeit brennen

Strauß, Voltaire.   **23** zu laffen, und dagegen die ewige Seligkeit zuzuerkennen der Seele und dem Leibe von Franz Ravaillac, der als guter Chrift geftorben ift und verfehen mit einer wirkfamen oder zureichenden Gnade. Ich bin etwas in Verlegenheit in diefer Sache; denn genug, ich bin Richter über alle Menfchen: ihre ewige Seligkeit oder Verdammniß hängt von mir ab, und ich hätte doch einigen Widerwillen, Ravaillac felig zu fprechen und Scipio zu verdammen. Eines tröftet mich, das ift, daß wir Theologen aus der Hölle ziehen können wen wir wollen; wir lefen in den Acten der heiligen Thekla, einer großen Theologin, Schülerin des heiligen Paulus, die fich in einen Mann verkleidete, um ihm zu folgen, daß fie ihre Freundin Faconilla aus der Hölle erlöfte, die das Unglück hatte, als Heidin geftorben zu fein. Der große St. Johannes Da= mafcenus berichtet, der große St. Macarius, derfelbe, der durch feine heißen Gebete den Tod des Arius von Gott er= langte, habe eines Tages auf einem Kirchhofe den Schädel eines Heiden über feine Seligkeit befragt; der Schädel antwortete ihm, daß die Gebete der Theologen die Verdammten unendlich erquicken. Endlich wiffen wir ganz ficher, daß der große Pabft St. Gregor die Seele des Kaifers Trajan aus der Hölle gezogen hat: das find fchöne Exempel der Barmherzigkeit Gottes.

Der Graf. Sie find ein Spaßvogel; fo ziehen Sie denn durch Ihre heiligen Gebete Heinrich IV. aus der Hölle, der ohne Sacrament wie ein Heide dahingefahren ift, und bringen Sie ihn in den Himmel zu Ravaillac, der mit rich= tiger Beichte geftorben ift; mein Bedenken ift nur, wie beide zufammen leben und welches Geficht fie einander machen werden.

Die Gräfin von Boulainvilliers. Das Essen wird kalt; eben kommt auch Herr Freret; setzen wir uns zu Tische, Sie können nachher aus der Hölle ziehen wen Sie wollen.

Zweites Gespräch.

Ueber Tisch.

Der Abbé. Ah, gnädige Frau, Sie essen Fleisch an einem Freitag, ohne ausdrückliche Erlaubniß vom gnädigen Herrn Erzbischof oder von mir! Wissen Sie nicht, daß das ein Vergehen gegen die Kirche ist? Bei den Juden war es nicht erlaubt, vom Hasen zu essen, weil er damals wieder= käute und keine gespaltenen Klauen hatte;[1] es war ein ent= setzliches Verbrechen, vom Ixion und Greifgeier zu genießen.[2]

Die Gräfin. Sie scherzen immer, Herr Abbé; sagen Sie mir doch gefälligst, was ein Ixion ist?

Der Abbé. Das weiß ich nicht, gnädige Frau, aber ich weiß, daß, wer am Freitag einen Flügel Huhn ohne Er= laubniß von seinem Bischof ißt, statt sich mit Salm und Stör vollzustopfen, eine Todsünde begeht; daß seine Seele brennen wird in Erwartung seines Leibes, und wenn sein Leib nachkommt, sie beide mit einander brennen werden in alle Ewigkeit, ohne verzehrt zu werden, wie ich so eben ge= sagt habe.

Die Gräfin. Sicherlich ist nichts so vernünftig und so billig; es ist ein Vergnügen, in einer so weisen Religion

---

[1] 5 Mos. 14, 7.   [2] Ebendas. V. 12. 13.

23*

zu leben. Wünschen Sie einen Flügel von diesem jungen Rebhuhn?

Der Graf. Nehmen Sie auf mein Wort; Jesus Christus hat gesagt: „Esset was man euch anbietet".[1]) Essen Sie, essen Sie, und lassen sich durch falsche Scheu nicht abhalten.

Der Abbé. Ah, vor Ihrer Dienerschaft, an einem Freitag, den Tag nach dem Donnerstag! sie würden es in der ganzen Stadt herumsagen.

Der Graf. Also haben Sie mehr Achtung vor meinen Lakaien als vor Jesus Christus?

Der Abbé. Es ist wahr, daß unser Herr Jesus Christus von dem Unterschiede zwischen Fast- und Fleischtagen nichts gewußt hat; aber wir haben seine ganze Lehre in's Bessere verändert; er hat uns ja alle Gewalt auf der Erde und im Himmel gegeben. Wissen Sie wohl, daß in mehr als einer Provinz es noch kein Jahrhundert her ist, daß man die Leute, die zur Fastenzeit Fleisch aßen, zum Strange verurtheilte? Ich kann Ihnen Beispiele anführen.

Die Gräfin. Mein Gott, was ist das erbaulich! und wie klar sieht man, daß unsere Religion göttlich ist!

Der Abbé. So göttlich, daß in demselben Lande, wo man die aufhenken ließ, die Eierkuchen mit Speck gegessen hatten, die verbrannt wurden, die den Speck aus einem gespickten Huhn entfernten, und daß die Kirche es auch jetzt noch manchmal so macht; so weiß sie sich den verschiedenen Schwachheiten der Menschen anzubequemen. -- Zu trinken!

Der Graf. Da fällt mir ein, Herr Großvicar, gestattet Ihre Kirche, daß man zwei Schwestern heirathe?

---

[1]) Luc. 10, 8.

Der Abbé. Beide auf einmal? nein; aber die eine
nach der andern, je nach Bedürfniß, nach Umständen, je nach=
dem man dem römischen Hofe Geld bezahlt und Protection
findet; denn, merken Sie wohl, Alles ändert sich immerfort
und Alles hängt von unserer heiligen Kirche ab. Die heilige
jüdische Kirche, unsere Mutter, die wir verabscheuen und die
wir doch immer anführen, findet es ganz gut, daß der Patriarch
Jakob die beiden Schwestern auf einmal heirathet; sie verbietet
im dritten Buch Mosis, mit der Wittwe des Bruders sich zu
vermählen,[1]) im fünften verordnet sie es ausdrücklich,[2]) und
die Sitte von Jerusalem gestattete, die eigene Schwester zu
heirathen; denn Sie wissen, daß, als Amnon, der Sohn des
keuschen Königs David, seine Schwester Thamar schwächte,
diese schamhafte und gewitzigte Schwester ihm sagte: „Mein
Bruder, thue mir keinen Schimpf an, sondern verlange mich
zur Ehe von unserem Vater, der wird mich dir nicht ver=
sagen".[3]) Doch um auf unser göttliches Gesetz in Betreff
der Heirath von zwei Schwestern oder der Frau des Bruders
zurückzukommen, so wechselt die Sache mit den Zeiten, wie
ich Ihnen bereits gesagt habe. Unser Pabst Clemens VII.
wagte nicht, die Ehe des Königs von England Heinrich VIII.
mit der Wittwe seines Bruders, des Prinzen Arthur, für un=
gültig zu erklären, aus Furcht, Carl V. möchte ihn ein zweites
Mal gefangen setzen und für einen Bastard erklären lassen,
wie er es wirklich war. Aber Sie dürfen als gewiß annehmen,
daß in Ehesachen, wie auch in allen andern, der Pabst und
des Herrn Erzbischofs Gnaden Alles machen können, so lange
sie die stärkeren sind. — Zu trinken!

---

[1]) 18, 16.   [2]) 12, 5.   [3]) 2 Sam. 13, 12 f.

Die Gräfin. Aber wie, Herr Freret, Sie antworten nichts auf diese schönen Reden, Sie sagen nichts?

Freret. Ich schweige, gnädige Frau, weil ich zu viel zu sagen hätte.

Der Abbé. Und was könnten Sie sagen, mein Herr? wer kann erschüttern das Ansehen, verdunkeln den Glanz, entkräften die Wahrheit unserer Mutter, der heiligen römisch-katholischen apostolischen Kirche? — Zu trinken!

Freret. Nun wahrlich, ich könnte sagen, daß Sie Juden und Götzendiener seien, die uns zum Besten haben und unser Geld einstecken.

Der Abbé. Juden und Götzendiener! Was wollen Sie damit?

Freret. Ja, Juden und Götzendiener, weil Sie mich dazu zwingen. Euer Gott, ist er nicht als Jude geboren? ist er nicht beschnitten worden wie ein Jude? hat er nicht alle jüdischen Gebräuche erfüllt? lasset ihr ihn nicht mehrmals sagen, man müsse dem Gesetze Mosis gehorchen? hat er nicht im Tempel geopfert? Eure Taufe, war sie nicht ein jüdischer Brauch, aus dem Orient entlehnt? ist nicht noch jetzt das jüdische Passahfest das vornehmste eurer Feste? singet ihr nicht seit mehr als 1700 Jahren nach einer höllischen Musik die jüdischen Lieder, die ihr einem jüdischen Zaunkönig zuschreibet, der ein Räuber, Ehebrecher und Mörder, dabei aber ein Mann nach dem Herzen Gottes war? Leihet ihr nicht auf Pfänder zu Rom in euren Judenanstalten, die ihr monti di pietà nennt? und verkaufet ihr nicht ohne Gnade die Pfänder der Armen, wenn sie nicht auf den Termin bezahlt haben?

Der Graf. Er hat Recht. Es ist nur Eins, was euch fehlt von dem jüdischen Gesetz: ein gutes Jubeljahr, ein wahres

nämlich, wodurch die Herren wieder in Besitz der Ländereien
kämen, die sie Thoren genug waren euch zu schenken in den
Zeiten, da ihr ihnen weismachtet, Elias und der Antichrist
werden kommen, die Welt werde untergehen, und man müsse
der Kirche all sein Gut schenken, um seine Seele loszukaufen
und nicht zu den Böcken gestellt zu werden. Dieses Jubeljahr
wäre mehr werth als das, an welchem ihr uns nichts gebet
als vollständigen Ablaß; ich für mein Theil würde dabei mehr
als 100,000 Livres Renten gewinnen.

Der Abbé. Ich wäre es zufrieden unter der Bedingung,
daß Sie auf diese 100,000 Livres mir eine ansehnliche Pension
anwiesen. Doch warum nennt uns Herr Freret Götzendiener?

Freret. Warum, mein Herr? Fragen Sie St. Christoph,
den ersten Gegenstand, dem Sie in Ihrer Kathedrale begegnen,
und zugleich das häßlichste Denkmal der Barbarei, das Sie
besitzen. Fragen Sie die heilige Clara, die man bei Augen=
übeln anruft, und der Sie Tempel erbaut haben; den heiligen
Gandulf, der von der Gicht heilt; den heiligen Januarius,
dessen Blut so feierlich flüssig wird zu Neapel, wenn man sich
seinem Kopfe nähert; den heiligen Antonius, der zu Rom die
Pferde mit Weihwasser besprengt. Waget ihr eure Abgötterei
zu leugnen, ihr, die ihr in tausend Kirchen als Heiligthümer
anbetet die Milch der heiligen Jungfrau, die Vorhaut und die
Nabelschnur ihres Sohnes, die Dornen, woraus ihr sagt, daß
man ihm eine Krone gemacht habe, das verfaulte Holz, worauf
eurem Vorgeben nach der Ewige gestorben ist? ihr endlich, die
ihr göttliche Verehrung erweiset einem Stücke Teig, das ihr in
eine Büchse einschließet aus Furcht vor den Mäusen? Eure
römischen Katholiken haben ihre katholische Narrheit bis zu der
Behauptung getrieben, daß sie dieses Stück Teig in Gott

verwandeln in Kraft einiger lateinischen Worte, und daß alle Krümchen dieses Teiges ebensoviel Götter und Weltschöpfer werden. Ein Bettler, den man zum Priester gemacht hat, ein Mönch, der aus den Armen einer Dirne aufsteht, kommt für zwölf Sous in einem Komödienanzug, mir in einer fremden Sprache vorzumurmeln was ihr eine Messe nennt, die Luft mit drei Fingern in vier Theile zu spalten, sich zu beugen, wieder aufzurichten, rechts und links, vor= und rückwärts zu drehen, Götter nach Belieben zu machen, sie zu essen und zu trinken und zuletzt in sein Nachtgeschirr abzugeben? Und Sie wollen nicht gestehen, daß dieß die ungeheuerste und lächerlichste Abgötterei ist, die jemals die menschliche Natur entehrt hat? Muß man nicht in ein Vieh verwandelt sein, um sich einzu= bilden, daß man weißes Brod und rothen Wein in Gott ver= wandle? Neue Götzendiener, vergleichet euch nicht mit den alten, die den Jupiter, den Schöpfer und Herrn der Götter und Menschen, anbeteten und den Göttern zweiten Ranges hul= digten; wisset, daß Ceres, Pomona und Flora mehr werth sind als eure Ursula mit ihren 11,000 Jungfrauen, und daß es den Priestern der Maria Magdalena nicht zukommt, sich über die Priester der Minerva lustig zu machen.

Die Gräfin. Herr Abbé, Sie haben in Herrn Freret einen unsanften Gegner. Warum haben Sie ihn auch sprechen heißen? Es ist Ihre Schuld.

Der Abbé. O gnädige Frau, ich bin abgehärtet, ich erschrecke nicht über eine solche Kleinigkeit; es ist schon lange, daß ich alle diese Einwürfe gegen unsere heilige Mutter Kirche gehört habe.

Die Gräfin. Meiner Treu, Sie gleichen einer gewissen Herzogin, die ein Mißvergnügter eine H... nannte; sie erwiederte ihm: es sind dreißig Jahre, daß man mich so heißt, und ich wollte, man hieße mich noch dreißig Jahre so.

Der Abbé. Gnädige Frau, gnädige Frau, ein Witzwort beweist nichts.

Der Graf. Das ist wahr; aber ein Witzwort hindert nicht, daß man Recht haben kann.

Der Abbé. Und welches Recht, welcher triftige Beweis ließe sich entgegenstellen der Gültigkeit der Weissagungen, den Wundern Mosis, den Wundern Jesu, den Märtyrern?

Der Graf. Ah, ich rathe Ihnen nicht, von Weissagungen zu reden, seitdem die kleinen Knaben und Mädchen wissen, was der Prophet Ezechiel zu Mittag speiste,[1]) und was nicht schicklich wäre, bei Tische zu nennen; seit sie die Abenteuer der Ohola und Oholiba[2]) kennen, von denen es schwer ist, vor Damen zu reden; seit sie wissen, daß der Judengott dem Propheten Hosea befahl, eine H... zu nehmen und H....kinder zu zeugen.[3]) In der That, können Sie bei diesen Elenden etwas Anderes finden als Unsinn und Unflätereien? Möchten doch Ihre armen Theologen fortan aufhören, mit den Juden über den Sinn ihrer Prophetenstellen zu streiten, über ein paar hebräische Zeilen eines Amos, Joel, Habakuk, Jeremia, über etliche Worte in Bezug auf Elia, der in himmlische Regionen entrückt wurde auf einem Feuerwagen, Elia, der, beiläufig gesagt, niemals existirt hat. Möchten sie ganz besonders erröthen über die Weissagungen, die in ihre Evangelien eingerückt sind. Ist es möglich, daß es noch Menschen gibt, die einfältig und feige genug sind, um nicht von Unwillen ergriffen zu werden, wenn Jesus bei Lucas vorhersagt: „Es

---

[1]) Ezech. 4, 12.   [2]) Ebendas. 23, 4 ff. 20.   [3]) Hos. 1, 2. 3, 1 ff.

werden Zeichen geschehen an Sonne, Mond und Sternen, und das Meer und die Wasserwogen werden brausen, und die Menschen werden verschmachten vor Furcht und Warten der Dinge, die da kommen sollen auf Erden, denn auch der Himmel Kräfte werden sich bewegen. Und alsdann werden sie sehen des Menschen Sohn kommen in den Wolken mit großer Kraft und Herrlichkeit. Wahrlich, ich sage euch, dieß Geschlecht wird nicht vergehen, bis daß es alles geschehe."[1] Sicher ist es unmöglich, eine Weissagung zu finden, die bestimmter, ausführlicher und dabei entschiedener falsch wäre. Man müßte verrückt sein, um die Behauptung zu wagen, sie sei erfüllt und des Menschen Sohn in einer Wolke mit großer Kraft und Herrlichkeit wirklich gekommen. Wie kommt es, daß Paulus in seinem Brief an die Thessalonicher diese lächerliche Weissagung durch eine andere bekräftigt, die noch abenteuerlicher ist? „Wir, die wir leben und mit euch reden, werden hingerücket werden in den Wolken, dem Herrn entgegen in der Luft" u. s. f.[2] Man darf nur wenig unterrichtet sein, um zu wissen, daß die Lehre von dem Ende dieser und dem Hervorgang einer neuen Welt ein Hirngespinnst war, das damals fast bei allen Völkern Eingang gefunden hatte. Sie finden diese Meinung bei Lucrez im vierten Buche. Sie finden sie im ersten Buche von Ovid's Metamorphosen. Heraklit hatte schon lange vorher gesagt, diese Welt werde vom Feuer verzehrt werden. Die Stoiker hatten diese Träumerei angenommen. Die Judenchristen, deren Machwerke die Evangelien sind, ermangelten nicht, eine so allgemein geltende Lehre sich anzueignen und zu Nutze zu machen. Jedoch da die Welt

---

[1] Luc. 21, 25 ff. [2] 1 Theff. 4, 17.

noch lange fortbestand und Jesus während des ersten Jahr=
hunderts der Kirche nicht in den Wolken kam mit großer
Macht und Herrlichkeit, so sagten sie,. es werde im zweiten
Jahrhundert geschehen; sie verhießen es hierauf für das dritte,
und von Jahrhundert zu Jahrhundert hat diese Narrheit sich
erneuert.　Die Theologen haben es gemacht wie ein Markt=
schreier, den ich am Ausgang des Pont-neuf auf dem ·Quai
de l'école gesehen habe; er zeigte der Menge gegen Abend
einen Hahn und etliche Flaschen Balsam: Meine Herren, sagte
er, ich werde meinem Hahn den Kopf abschneiden und ihn
den Augenblick darauf in Ihrer Gegenwart wieder lebendig
machen; vorher jedoch müssen Sie mir meine Flaschen ab=
kaufen.　Es fanden sich immer Leute,. die einfältig genug
waren, es zu thun.　So will ich denn meinem Hahn den
Kopf abschneiden, fuhr der Marktschreier fort; indessen, da es
spät ist und eine solche Operation den hellen Tag verdient,
so soll es morgen geschehen.　Zwei Mitglieder der Akademie
der Wissenschaften hatten die Neugier und die Beharrlichkeit,
wiederzukommen, um zu sehen, wie der Marktschreier sich aus
der Sache ziehen würde; die Posse dauerte acht Tage hinter=
einander: aber die Posse der Erwartung des Endes der Welt
in der Christenheit hat acht ganze Jahrhunderte gewährt.
Nach allem diesem, mein Herr, führen Sie uns noch die
jüdischen oder christlichen Weissagungen an!

Freret.　Ich rathe Ihnen nicht, von den Wundern
des Moses vor Leuten zu reden, die schon Bart am Kinn
haben.　Wenn alle diese unbegreiflichen Wunder geschehen
wären, hätten die Aegyptier in ihren Geschichtsbüchern davon
gesprochen.　Das Andenken an so viele wunderbare That=
sachen, die die Natur in Erstaunen setzen, hätte sich bei allen

Völkern erhalten. Die Griechen, die von allen Fabeln Aegyp=
tens und Syriens unterrichtet waren, hätten das Gerücht von
diesen übernatürlichen Handlungen von einem Ende der Welt
zum andern erschallen lassen. Aber kein Geschichtschreiber, weder
ein griechischer, noch ein syrischer oder ägyptischer, hat ein Wort
davon gesagt. Flavius Josephus, ein so guter Patriot und
eingefleischter Jude er auch ist, dieser Josephus, der so viele
Zeugnisse zu Gunsten des Alters seiner Nation gesammelt hat,
auch er hat keines finden können, das die 10 ägyptischen Plagen,
den trocknen Durchgang durch das Meer u. s. f. bezeugte.
Sie wissen, daß der Verfasser des Pentateuchs noch immer
ungewiß ist: welcher verständige Mensch wird je auf die Ge=
währ ich weiß nicht welches Juden, sei es Esra oder ein
anderer, an so erstaunliche, der ganzen übrigen Welt unbe=
kannte Wunder glauben können? Selbst wenn eure sämmt=
lichen jüdischen Propheten tausendmal diese befremdenden Er=
eignisse angeführt hätten, wäre es immer noch unmöglich,
ihnen Glauben beizumessen; aber es ist ja kein einziger unter
diesen Propheten, der ein Wort des Pentateuchs über diese
Masse von Wundern anführte, nicht einer, der im mindesten
in das Einzelne dieser Vorfälle einginge: erklären Sie dieses
Stillschweigen so gut Sie können. Bedenken Sie auch, daß
es sehr gewichtiger Beweggründe bedurft hätte, um so die
ganze Natur umzukehren. Welchen Grund, welchen Antrieb
konnte der Gott der Juden dazu haben? war es, sein kleines
Volk zu begünstigen? ihm ein fruchtbares Land zu geben?
Warum gab er ihm da nicht Aegypten, statt Wunder zu thun,
wovon die meisten, wie Sie selbst sagen, von Pharao's Zau=
berern gleichfalls gethan wurden? Wozu durch den Würgengel
alle Erstgeburt Aegyptens umbringen und alle Thiere sterben

laſſen, damit die Iſraeliten, 630,000 ſtreitbare Männer ſtark, wie feige Diebe ſich flüchten könnten? Warum ihnen das Bette des rothen Meeres öffnen, damit ſie in einer Wüſte Hungers ſterben möchten? Sie bemerken das Ungeheure dieſer abgeſchmackten Thorheiten; Sie haben zu viel Verſtand, um ſie anzunehmen und um ernſtlich an die chriſtliche Religion zu glauben, die auf jüdiſchen Betrug gegründet iſt. Sie fühlen das Lächerliche der platten Antwort, daß man Gott nicht fragen, die Tiefe ſeines Rathſchluſſes nicht ergründen dürfe. Nein, man darf Gott nicht fragen, warum er die Läuſe und die Spinnen erſchaffen habe, da wir ſicher ſind, daß es Läuſe und Spinnen gibt, wenn wir auch nicht wiſſen, warum; aber wir ſind nicht ebenſo ſicher, daß Moſes ſeinen Stab in eine Schlange verwandelt und Aegypten mit Läuſen bedeckt hat, obſchon die Läuſe bei ſeinem Volke einheimiſch waren: nicht an Gott ſtellen wir Fragen, wir ſtellen ſie an die Thoren, die es wagen, Gott reden zu laſſen und ihm das Unmaß ihrer Narrheiten zu leihen.

Die Gräfin. Wahrhaftig, mein lieber Abbé, ich rathe Ihnen ebenſowenig, von den Wundern Jeſu zu ſprechen. Der Schöpfer der Welt ſollte ſich zum Juden gemacht haben, um Waſſer in Wein zu verwandeln bei einer Hochzeit, wo Alles bereits trunken war?[1] er ſollte vom Teufel auf einen Berg geführt worden ſein, von dem man alle Reiche der Welt überſieht?[2] oder würde er den Teufel in die Leiber von 2000 Schweinen geſchickt haben in einem Lande, wo es gar keine Schweine gab?[3] hätte er einen Feigenbaum vertrocknen laſſen, weil er keine Feigen trug, als gar nicht die Zeit für

---

[1] Joh. 2, 9.   [2] Matth. 4, 8.   [3] Matth. 8, 32.

Feigen war?[1]) Glauben Sie mir, diese Wunder sind ganz
ebenso lächerlich wie die des Moses. Gestehen Sie offen,
was Sie im Grunde des Herzens davon denken.

Der Abbé. Gnädige Frau, ein wenig Rücksicht auf
mein Gewand, wenn es Ihnen beliebt; lassen Sie mich mein
Handwerk treiben; ich bin vielleicht ein wenig geschlagen im
Punkte der Weissagungen und Wunder; was aber die Mär=
tyrer betrifft, so ist gewiß, daß es deren gegeben hat, und
Pascal, der Patriarch von Port=Royal, hat gesagt: Ich
glaube willig an Thatsachen, deren Zeugen sich schlachten
lassen.

Freret. Ah mein Herr, wie viel Unredlichkeit und
Unwissenheit bei Pascal! Wenn man ihn hört, sollte man
glauben, er habe die Verhörsprotokolle der Apostel gesehen und
sei Zeuge ihrer Hinrichtung gewesen. Aber wo hat er gesehen,
daß sie hingerichtet worden sind? wer hat ihm gesagt, daß
Simon Barjona, zubenannt Petrus, zu Rom gekreuzigt worden
ist mit dem Kopf nach unten? wer hat ihm gesagt, daß dieser
Barjona, ein elender Fischer aus Galiläa, jemals in Rom
gewesen ist und da lateinisch gesprochen hat? Wahrhaftig, wenn
er in Rom verurtheilt worden wäre, wenn die Christen es
gewußt hätten, so wäre die erste Kirche, die sie hernach zu Ehren
von Heiligen bauten, St. Peter von Rom gewesen und nicht
St. Johann im Lateran; die Päbste hätten das nicht unbenutzt
gelassen, ihr Ehrgeiz hätte einen gar zu guten Vorwand darin
gefunden. Wie schlecht muß es stehen, wenn man, um zu be=
weisen, daß dieser Petrus Barjona sich in Rom aufgehalten
habe, sich genöthigt sieht, zu behaupten, ein ihm zugeschriebener

---

[1]) Marc. 11, 13.

Brief, der aus Babylon datirt ist, sei in Wirklichkeit in Rom selbst geschrieben![1]) worüber ein berühmter Schriftsteller sehr gut gesagt hat, vermöge einer solchen Auslegung müßte ein aus Petersburg datirter Brief vielmehr in Konstantinopel geschrieben sein. Ihnen ist nicht unbekannt, welches die Betrüger sind, die von dieser Reise des Petrus gesprochen haben. Es ist ein Abdias, der zuerst geschrieben hat, Petrus sei vom See Genezareth geradezu nach Rom zum Kaiser gekommen, um mit Simon dem Magier einen Wettstreit in Wundern anzustellen; er ist es, der das Märchen von einem gestorbenen Verwandten des Kaisers erzählt, der zur Hälfte von diesem Simon, dann vollends ganz von Simon Barjona wiedererweckt worden sei. Er ist es, der die beiden Simon mit einander kämpfen läßt, so daß der eine in die Lüfte fliegt, aber beide Beine bricht in Folge der Gebete des andern. Er ist es, der die famose Geschichte hat von den zwei Hunden, die von Simon abgeschickt werden, den Petrus zu fressen. Alles das ist wiederholt von einem Marcellus, einem Hegesippus. Das sind die Grundlagen der christlichen Religion. Sie sehen darin nichts als ein Gewebe der plattesten Betrügereien, ausgegangen von dem elendesten Gesindel, woraus allein die Anhänger des Christenthums während hundert Jahren bestanden. Es ist eine ununterbrochene Kette von Fälschern. Sie schmieden Briefe von Jesus Christus, sie schmieden Briefe von Pilatus, Briefe von Seneca, apostolische Constitutionen, Verse von Sibyllen in Akrostichen, Evangelien mehr als vierzig an der Zahl, Apostelgeschichten des Barnabas, Liturgien von Petrus, Jacobus, Matthäus, Marcus u. s. f. Sie wissen das, mein Herr,

---

[1]) 1 Petr. 5, 13.

Sie haben ohne Zweifel diese schmachvollen Lügenarchive
durchgelesen, die Sie als frommen Betrug betrachten; und Sie
sollten nicht so viel Redlichkeit haben, zu gestehen, wenigstens
vor Ihren Freunden, daß der Thron des Pabstes nur auf
verabscheuungswerthe Hirngespinnste zum Unheil des mensch=
lichen Geschlechts gegründet ist?

Der Abbé. Wie aber hätte die christliche Religion
sich so hoch erheben können, wenn sie nichts zur Grundlage
hätte als Fanatismus und Lüge?

Der Graf. Und wie hat sich der Mahomedanismus
noch höher erhoben? Wenigstens sind seine Lügen edler ge=
wesen und sein Fanatismus hochherziger. Wenigstens hat
Mahomed geschrieben und gefochten; Jesus konnte weder
schreiben noch sich wehren. Mahomed vereinigte den Muth
Alexanders mit dem Geiste des Numa; euer Jesus hat Blut
und Wasser geschwitzt, sobald er von seinen Richtern verur=
theilt war. Der Mahomedanismus hat sich nie geändert; ihr
hingegen habt wohl zwanzigmal eure ganze Religion umge=
wandelt. Zwischen ihr, wie sie jetzt ist, und wie sie in euren
ersten Zeiten war, ist ein größerer Unterschied als zwischen
den heutigen Sitten und denen zur Zeit des Königs Dagobert.
Heillose Christen! nein, ihr betet euren Jesus nicht an, ihr
verhöhnet ihn, indem ihr eure neuen Satzungen den seinigen
unterschiebt. Mit euren Geheimnissen, euren Agnus, euren
Reliquien, euren Indulgenzen, euren unverbindlichen Pfründen
und eurem Pabstthum spottet ihr seiner noch mehr, als ihr
es jedes Jahr thut mit euren Weihnachtspossen, worin ihr die
Jungfrau Maria lächerlich macht, den Engel, der sie grüßt,
die Taube, die sie schwängert, den Zimmermann, der darüber
eifersüchtig ist, und die Puppe, der die drei Könige ihre Hul=

digung darbringen zwischen einem Ochsen und einem Esel,
der würdigen Gesellschaft einer solchen Familie.

Der Abbé. Und doch ist es eben dieses Lächerliche,
das der heil. Augustin [Tertullian] göttlich gefunden hat; er
sagt: „ich glaube es, weil es ungereimt ist; es ist wahr, weil
es unmöglich ist."

Freret. Ei was gehen uns die Träumereien eines
Afrikaners an, der bald Manichäer bald Christ, bald liederlich
bald fromm, bald duldsam bald verfolgungssüchtig war? Was
soll uns sein theologisches Kauderwälsch? Wollen Sie, daß
ich vor diesem unsinnigen Redner Achtung haben soll, wenn
er in seinem 22. Sermon sagt, der Engel habe Maria durch's
Ohr geschwängert?

Die Gräfin. In der That, das Ungereimte sehe ich
wohl, aber das Göttliche sehe ich nicht. Ich finde es ganz
einfach, daß das Christenthum sich unter dem gemeinen Volke
gebildet hat, wie die Secten der Wiedertäufer und Quäker
sich entwickelt haben, wie die Propheten der Cevennen und
des Vivarais sich gebildet haben, wie die Partei der Convul=
sionäre jetzt eben aufkommt. Die Begeisterung beginnt, die
Schurkerei vollendet. Es ist mit der Religion wie mit dem
Spiel:

Als der Betrogne fängt man an,
Und wird zuletzt zum Schelm.

Freret. Das ist nur allzuwahr, gnädige Frau. Was
als das Wahrscheinlichste aus dem Chaos der Geschichten von
Jesus hervorgeht, wie sie gegen ihn von den Juden, und zu
seinen Gunsten von den Christen geschrieben sind, ist, daß er
ein wohlgesinnter Jude war, der sich unter seinem Volke
Geltung verschaffen wollte wie die Stifter der Recabiten, der

Strauß, Voltaire.   24

Essener, der Sadducäer, der Pharisäer, der Judaiten, der Herodianer, der Therapeuten und so vieler andern kleinen Secten, die sich in Syrien erhoben, das von jeher die Heimath der Schwärmerei war. Es ist wahrscheinlich, daß er etliche Weiber auf seine Seite brachte, wie alle, die Sectenhäupter werden wollten; daß ihm verschiedene unvorsichtige Reden gegen die Obrigkeit entschlüpften, und daß er grausam hingerichtet worden ist. Aber ob er verurtheilt worden ist unter der Herrschaft von Herodes dem Großen, wie die Talmudisten vorgeben, oder unter Herodes dem Tetrarchen, wie einige Evangelien sagen, ist sehr gleichgültig. Erwiesen ist, daß seine Anhänger sehr unbedeutend waren, bis auf die Zeit, da sie in Alexandrien einigen Platonikern begegneten, welche die Träumereien der Galiläer durch die Träumereien Plato's unterstützten. Die Völker waren damals allgemein bethört durch den Glauben an Dämonen, böse Geister, Teufelsanfechtungen und =Besitzungen, an Zauberei, wie es heutzutage die Wilden sind. Fast alle Krankheiten waren Wirkungen böser Geister. Die Juden hatten sich seit undenklichen Zeiten gerühmt, die Teufel auszutreiben durch die Wurzel Barath, die man den Kranken unter die Nase hielt, und durch etliche Worte, die dem Salomo zugeschrieben wurden. Der junge Tobia vertrieb die Teufel durch den Dampf eines gerösteten Fisches. Das ist der Ursprung der Wunder, deren die Galiläer sich rühmten. Die Heiden waren schwärmerisch genug, um einzuräumen, daß die Galiläer diese schönen Wunder thun können, denn sie glaubten sie selbst auch zu thun. Sie glaubten an Zauberei so gut wie die Schüler Jesu. Wenn gewisse Kranke durch Naturkräfte gesund wurden, ermangelten sie nicht, zu versichern, sie seien von einem Kopfleiden durch

die Kraft von Beschwörungen geheilt worden. Sie sagten den
Christen: ihr habt schöne Geheimnisse, und wir auch; ihr
heilet durch Worte, und wir auch; ihr habt nichts vor uns
voraus. Als aber die Galiläer, nachdem sie zahlreichen Pöbel
an sich gezogen, anfingen, gegen die Staatsreligion zu pre=
digen; als sie, die bisher Duldung verlangt hatten, es wag=
ten, selbst unduldsam zu sein; als sie ihre neue Schwärmerei
auf den Trümmern der alten Schwärmerei erheben wollten:
da faßten die römischen Priester und Obrigkeiten einen Abscheu
gegen sie. Da traf man Maßregeln gegen ihre Frechheit.
Was thaten sie? Sie unterschoben, wie wir gesehen haben,
Tausende von Schriften zu ihren Gunsten; aus Betrogenen
wurden sie zu Schelmen, sie wurden Fälscher, sie vertheidigten
sich durch die unwürdigsten Betrügereien, da sie keine anderen
Waffen anzuwenden hatten, bis auf die Zeit, da Constantin,
mit ihrem Gelde Kaiser geworden, ihre Religion auf den
Thron setzte. Da wurden die Schelme blutdürstig. Ich wage
Sie zu versichern, daß seit dem Concil von Nicäa bis auf
den Aufruhr in den Cevennen nicht ein Jahr vergangen ist,
wo das Christenthum nicht Blut vergossen hat.

Der Abbé. Ah, mein Herr, das ist viel gesagt.

Freret. Nein, es ist nicht genug gesagt. Lesen Sie
nur die Kirchengeschichte wieder durch; sehen Sie die Dona=
tisten und ihre Gegner, die sich mit Prügeln todtschlagen, die
Athanasianer und die Arianer, die das römische Reich mit
Gemetzel erfüllen eines Diphthongs wegen. Sehen Sie diese
barbarischen Christen, wie sie sich bitter beklagen, weil der
weise Kaiser Julian sie verhindert, sich zu erwürgen und zu
Grunde zu richten. Betrachten Sie diese entsetzliche Reihe
von Metzeleien, so viele Bürger in Martern sterbend, so viele

Fürsten ermordet, die Scheiterhaufen flammend bei den Kir=
chenversammlungen; zwölf Millionen Unschuldige, Bewohner
einer neuen Hemisphäre, geschlachtet wie Parkwild, unter dem
Vorwande, daß sie nicht Christen werden wollten, und auf
unserer alten Hemisphäre die Christen ohne Unterlaß die einen
durch die andern hingeopfert, Greise, Kinder, Mütter, Weiber,
Mädchen in Haufen hinsterbend in den Albigenserkreuzzügen,
in den Hussitenkriegen, in den Kämpfen der Lutheraner, der
Calvinisten, der Wiedertäufer, in der Bartholomäusnacht, bei
den Metzeleien in Irland, in Piemont, in den Cevennen;
während ein Bischof zu Rom, weich auf einem Ruhebett ge=
lagert, sich die Füße küssen läßt, und funfzig Castraten ihm
ihre Triller hören lassen, um ihm die Langeweile zu vertrei=
ben. Gott ist mein Zeuge, daß dieses Bild getreu ist, und
Sie werden nicht wagen, mir zu widersprechen.

Der Abbé. Ich gestehe, daß etwas Wahres daran
ist. Aber, wie der Bischof von Noyon zu sagen pflegte, das
sind keine Gegenstände für die Tafel, das sind Tafeln voll
Gegenstände. Die Mahlzeiten wären allzuverdrießlich, wenn
das Gespräch sich lange Zeit um die Gräuel des Menschen=
geschlechts drehen würde. Die Kirchengeschichte stört die Ver=
dauung.

Der Graf. Die Thatsachen haben sie schon vorher
gestört.

Der Abbé. Das ist nicht die Schuld der christlichen
Religion, es ist die der Mißbräuche.

Der Graf. Das wäre gut, wenn es nur wenig Miß=
bräuche gäbe. Aber wenn die Priester auf unsere Kosten
haben leben wollen, seit Paulus, oder wer seinen Namen an=
genommen, geschrieben hat: habe ich nicht das Recht, mich

von euch nähren und kleiden zu lassen, ich, mein Weib oder meine Schwester?[1]) wenn die Kirche immer hat an sich reißen wollen, wenn sie immer alle möglichen Waffen angewendet hat, um uns unser Gut und Leben zu nehmen, seit dem angeblichen Vorfall mit Ananias und Sapphira, die, so heißt es, zu den Füßen von Simon Barjona den Kaufpreis ihres Erbgutes gebracht, aber etliche Groschen für ihren Unterhalt zurückbehalten hatten; wenn es augenscheinlich ist, daß die Kirchengeschichte eine ununterbrochene Reihe von Zänkereien, Betrügereien, Quälereien, Schelmstreichen, Raub und Mord ist: dann ist es auch erwiesen, daß der Mißbrauch hier in der Sache selbst liegt, wie es erwiesen ist, daß der Wolf immer ein Würger war und nicht blos einmal durch vorübergehenden Mißbrauch das Blut unserer Schafe gesogen hat.

Der Abbé. Sie könnten dasselbe von allen Religionen sagen.

Der Graf. Keineswegs. Ich fordere Sie auf, mir in irgend einer Secte des Alterthums einen Krieg zu zeigen, der durch ein Dogma erregt worden wäre. Ich fordere Sie auf, mir bei den Römern einen einzigen Menschen zu zeigen, der um seiner Meinungen willen verfolgt worden wäre, von Romulus an bis zu der Zeit, wo die Christen kamen, um Alles über den Haufen zu werfen. Diese widersinnige Barbarei war nur uns aufbehalten. Sie fühlen erröthend die Wahrheit, die Sie bedrängt, und haben nichts zu antworten.

Der Abbé. Auch antwort' ich nichts. Ich gestehe, daß die theologischen Streitigkeiten ungereimt und verderblich sind.

---

1) Vergl. 1. Kor. 9, 4 ff.

Freret. So gestehen Sie denn auch, daß man einen Baum bei der Wurzel abhauen muß, der immer giftige Früchte getragen hat.

Der Abbé. Das ist's, was ich Ihnen nicht einräumen werde; denn dieser Baum hat manchmal auch gute Früchte getragen. Wenn eine Republik immer durch Streitigkeiten zerrissen war, will ich darum nicht, daß man die Republik zerstören soll. Man kann ihre Gesetze verbessern.

Der Graf. Es ist damit bei einem Staate nicht wie bei einer Religion. Venedig hat seine Gesetze verbessert und ist blühend geworden; aber als man den Katholicismus reformiren wollte, schwamm Europa im Blute. Und zuletzt — als der berühmte Locke in dem Bestreben, gleicherweise die Blendwerke dieser Religion und die Rechte der Menschheit zu achten, sein Buch von dem vernünftigen Christenthum schrieb, hat er keine vier Schüler gehabt; ein hinlänglicher Beweis, daß das Christenthum und die Vernunft nicht zusammen bestehen können. Es bleibt nur ein einziges Mittel in dem Stande, worin die Dinge jetzt sind, und noch dazu ist es nur ein Palliativ: es ist, die Religion schlechthin abhängig zu machen vom Souverän und den Obrigkeiten.

Freret. Ja, vorausgesetzt, daß der Souverän und die Obrigkeiten aufgeklärt sind, vorausgesetzt, daß sie es verstehen, gleichmäßig jede Religion zu dulden, alle Menschen als ihre Brüder zu betrachten, nicht darauf zu merken, was sie denken, aber sehr darauf, was sie thun; sie frei zu lassen in ihrem Verkehr mit Gott, und sie nur in allem dem an Gesetze zu binden, was sie den Menschen schuldig sind. Denn die Obrigkeiten müßte man wie wilde Thiere behandeln, die ihre Religion durch Henker aufrecht erhalten wollten.

Der Abbé. Und wenn, nachdem alle Religionen an=
erkannt wären, sie sich alle unter einander schlagen würden?
wenn der Katholik, der Protestant, der Grieche, der Türke,
der Jude sich einander bei den Ohren nähmen wenn sie
aus der Messe, der Predigt, aus der Moschee und der Syn=
agoge kämen?

Freret. Dann wäre ein Regiment Dragoner am Platze,
sie auseinander zu jagen.

Der Graf. Mir würde es noch besser gefallen, ihnen
Lehren der Mäßigung zu geben, als ihnen Regimenter zu
schicken; ich möchte damit anfangen, die Menschen zu belehren,
ehe man sie straft.

Der Abbé. Die Menschen belehren! was sagen Sie,
Herr Graf? glauben Sie, daß sie dessen würdig sind?

Der Graf. Ich verstehe; Sie denken immer, man
müsse sie nur betrügen; Sie sind nur zur Hälfte geheilt, Ihr
altes Uebel befällt Sie immer wieder.

Die Gräfin. Da fällt mir ein, ich habe vergessen,
Sie um Ihre Meinung zu fragen über einen Punkt, den ich
gestern in der Geschichte dieser guten Mahomedaner las, und
der mich sehr überrascht hat. Als Assan, Ali's Sohn, eines
Tages im Bade war, goß ihm einer seiner Sklaven aus Un=
achtsamkeit einen Kessel siedenden Wassers auf den Leib.
Assan's Hausgesinde wollte den Schuldigen spießen. Assan,
statt ihn spießen zu lassen, ließ ihm zwanzig Goldstücke geben.
Es gibt, sagte er, eine Ehrenstufe im Paradies für die, welche
Dienste bezahlen; eine höhere für die, welche Uebles vergeben,
und eine noch höhere für die, welche das Uebele, das man
ihnen unwillkürlich gethan, belohnen. Wie finden Sie diese
Handlung und diese Rede?

Der Graf. Ich erkenne darin meine guten Musel=
manen des ersten Jahrhunderts.

Der Abbé. Und ich meine guten Christen.

Freret. Und ich, ich bedaure, daß der verbrühte
Assan, der Sohn Ali's, zwanzig Goldstücke gegeben hat, um
Ehre im Paradies zu haben. Ich liebe die guten Thaten
nicht, die aus Interesse geschehen. Ich hätte gewünscht, Assan
wäre tugendhaft und menschlich genug gewesen, um die Ver=
zweiflung des Sklaven zu trösten, ohne an die dritte Stufe
im Paradies zu denken.

Die Gräfin. Gehen wir, Kaffee zu nehmen. Ich
denke, wenn man bei allen Mittagsmahlzeiten zu Paris,
Madrid, Lissabon, Rom und Moskau ebenso lehrreiche Ge=
spräche hätte, würde es um die Welt nur desto besser stehen.

Drittes Gespräch.

Nach Tische.

Der Abbé. Ein excellenter Kaffee, gnädige Frau;
reinster Motka.

Die Gräfin. Ja, er kommt aus dem Lande der
Muselmanen; ist das nicht recht Schade?

Der Abbé. Spaß bei Seite, gnädige Frau, die Men=
schen bedürfen einer Religion.

Der Graf. Ja, ohne Zweifel, und Gott hat ihnen
eine göttliche, ewige gegeben, die in alle Herzen geschrieben
ist; es ist die, welche, Ihnen zufolge, Enoch, die Noachiden
und Abraham übten, diejenige, welche die chinesischen Ge=

lehrten seit mehr als 4000 Jahren bewahrt haben: die An=
betung eines Gottes, die Liebe zur Gerechtigkeit und der Ab=
scheu vor dem Verbrechen.

Die Gräfin. Ist es möglich, daß man eine so
reine und heilige Religion verlassen hat um der abscheulichen
Secten willen, die seitdem die Erde überschwemmt haben?

Freret. Im Punkte der Religion, gnädige Frau, hat
man es gerade umgekehrt gehalten als im Punkte der Klei=
dung, Wohnung und Nahrung. Wir haben angefangen mit
Höhlen, mit Hütten, mit Kleidern aus Thierfellen und mit
Eicheln. Wir haben hierauf Brod gehabt, gesunde Speisen,
Kleider aus gesponnener Wolle und Seide, saubere und be=
queme Häuser. Aber, was die Religion betrifft, da sind wir
zu den Eicheln, den Thierfellen und den Höhlen zurückge=
kommen.

Der Abbé. Es würde sehr schwierig sein, Sie her=
auszuziehen. Sie sehen, daß z. B. die christliche Religion
durchaus dem Staat einverleibt ist, und daß, vom Pabst bis
zum letzten Kapuziner herab, jeder seinen Thron oder seine
Küche auf sie gründet. Ich habe Ihnen schon gesagt, daß die
Menschen nicht vernünftig genug sind, um sich an einer reinen
und gotteswürdigen Religion genügen zu lassen.

Die Gräfin. Sie denken nicht daran, wie Sie selbst
zugestehen, daß die Menschen sich an diese reine Religion
gehalten haben zur Zeit Ihres Enoch, Ihres Noah und Ihres
Abraham. Warum sollte man heute nicht noch ebenso ver=
nünftig sein wie damals?

Der Abbé. Ich muß es ja wohl sagen: der Grund
ist, weil es damals weder einen Domherrn mit reicher
Pfründe, noch einen Abt von Corvey mit 100,000 Thalern

Jahreseinkommen, noch einen Bischof von Würzburg mit
einer Million, noch einen Pabst mit 16 oder 18 Millionen
gab. Es bedürfte vielleicht, um der menschlichen Gesellschaft
alle diese Güter wieder zu verschaffen, ebenso blutiger Kriege,
als es bedurft hat, um sie ihr zu entreißen.

Der Graf. Obwohl ich Soldat gewesen bin, will
ich doch keinen Krieg gegen die Priester und die Mönche; ich
will die Wahrheit nicht durch Mord einführen, wie sie den
Irrthum eingeführt haben; aber ich möchte wenigstens, daß
diese Wahrheit die Menschen ein wenig aufklärte, daß sie
sanfter und glücklicher würden, daß die Völker aufhörten, aber=
gläubig zu sein, und daß die Häupter der Kirche sich scheuten,
die Verfolger zu machen.

Der Abbé. Es ist gar mißlich (weil ich mich doch
endlich aussprechen muß), Unsinnigen die Ketten abzunehmen,
die sie verehren. Sie würden vielleicht gesteinigt werden
von dem Volk in Paris, wenn Sie in einer Regenzeit ver=
hindern wollten, daß man das angebliche Gerippe der heil.
Genovefa durch die Straßen trage, um schönes Wetter zu
bekommen.

Freret. Ich glaube nicht, was Sie da sagen; die
Vernunft hat bereits so viel Fortschritte gemacht, daß man
seit mehr als zehn Jahren dieses angebliche Gerippe, wie auch
das von Marcel, nicht mehr in Paris spazieren trägt. Ich
denke, es ist sehr leicht, stufenweise all den Aberglauben
auszurotten, der uns bethört hat. Man glaubt nicht mehr
an Zauberer, man beschwört keine Teufel mehr; und obgleich
es heißt, Ihr Jesus habe seine Apostel gerade dazu ausge=
sandt, um die Teufel auszutreiben,[1] so ist doch kein Priester

---

[1] Matth. 10, 8.

bei uns weder Narr noch Dummkopf genug, um sich zu
rühmen, er treibe sie aus; die Reliquien des heiligen Fran=
ciscus sind lächerlich geworden, und die des heiligen Ignatius
werden vielleicht eines Tages im Koth herumgezogen werden
mit den Jesuiten selbst. Man läßt dem Pabste in der That
das Herzogthum Ferrara, das er sich angemaßt hat, die
Besitzungen, die Cäsar Borgia durch Schwert und Gift an
sich gerissen hat und die der römischen Kirche anheimgefallen
sind, für die jener nicht gearbeitet hatte; man läßt Rom selbst
den Päbsten, weil man nicht will, daß der Kaiser es in Besitz
nehme; man will ihm wohl auch noch Annaten bezahlen, ob
sie gleich eine schmachvolle Lächerlichkeit und eine offenbare
Simonie sind; man will keinen Lärm machen um einer so
geringfügigen Abgabe willen. Die Menschen, durch die Ge=
wohnheit unterjocht, sagen sich nicht auf einmal von einem
übeln Kaufe los, den sie vor beinahe drei Jahrhunderten ge=
macht haben. Aber wenn die Päbste die Frechheit haben, so
wie ehedem Legaten a latere zu senden, um den Völkern
Zehnten aufzulegen, um die Könige in den Bann zu thun,
ihre Staaten mit dem Interdict zu belegen und ihre Kronen
an Andere zu vergeben: da sollen Sie sehen, wie man einen
Legaten a latere empfangen wird; ich wollte nicht dafür
stehen, daß ihn das Parlament von Aix oder von Paris nicht
henken ließe.

Der Graf. Sie sehen, wie viele schmähliche Vorur=
theile wir abgeschüttelt haben. Werfen Sie gegenwärtig den
Blick auf den reichsten Theil der Schweiz, auf die sieben ver=
einigten Provinzen, die ebenso mächtig sind wie Spanien,
auf Großbritannien, dessen Seemacht allein sich mit Vortheil
gegen die verbundenen Kräfte aller andern Nationen zu halten

vermöchte; betrachten Sie den ganzen Norden von Deutschland und Scandinavien, diese unerschöpflichen Pflanzschulen für Krieger: alle diese Völker haben uns weit überholt im Fort= schritt der Vernunft. Das Blut eines jeden der Hyderköpfe, die sie abgeschlagen, hat ihre Fluren befruchtet, die Abschaf= fung der Mönche hat ihre Staaten bevölkert und bereichert: gewiß kann man auch in Frankreich thun, was man anderswo gethan hat, und Frankreich wird begüterter und volkreicher werden.

Der Abbé. Nun wohl, wenn Sie in Frankreich das Mönchsgezücht abgeschüttelt haben würden, wenn man keine lächerlichen Reliquien mehr sehen, dem Bischof von Rom keinen schmählichen Tribut mehr bezahlen würde; wenn man sogar die Consubstantialität und den Ausgang des heiligen Geistes vom Vater und Sohn und die Transsubstantiation genug verachten würde, um nicht mehr davon zu reden; wenn diese Geheimnisse in der Summe des heiligen Thomas be= graben, und die verächtlichen Theologen zum Schweigen ge= bracht wären: so würden Sie doch immer noch Christen bleiben; vergebens würden Sie weiter gehen wollen, mehr würden Sie nie erreichen. Eine Philosophenreligion ist nicht für die Menschen gemacht.

Freret. Est quadam prodire tenus, si non datur ultra. Ich werde Ihnen mit Horaz sagen: Ihr Arzt wird Ihnen niemals Luchsaugen geben; aber gestatten Sie, daß er einen Fleck aus Ihrem Auge entferne. Wir seufzen unter dem Gewicht von hundert Pfund Ketten; erlauben Sie, daß man uns drei Viertel davon abnehme. Das Wort: Christ, ist in Gebrauch gekommen, es mag bleiben; aber nach und nach wird man Gott ohne weitere Beimischung anbeten, ohne

ihm weder eine Mutter, noch einen Sohn, noch einen ver=
meintlichen Vater zu geben, ohne von ihm zu sagen, daß
er eines schmachvollen Todes gestorben sei, ohne zu glauben,
daß man Götter aus Mehl mache, mit Einem Wort, ohne
diese Masse von Aberglauben, der gebildete Völker so tief
unter die Wilden stellt. Die reine Anbetung des höchsten
Wesens ist heute bereits die Religion aller anständigen Leute;
und bald wird sie zu dem bessern Theil des Volkes selbst
hinabsteigen.

Der Abbé. Fürchten Sie nicht, daß der Unglaube
(dessen unendliche Fortschritte ich sehe) dem Volke verderblich
sei, wenn er bis zu ihm hinabsteigt, und es zum Verbrechen
führe? Die Menschen sind grausamen Leidenschaften und
schauderhaften Unfällen unterworfen; sie bedürfen eines Zügels,
der sie zurückhält, und eines Wahnes, der sie tröstet.

Freret. Die vernünftige Verehrung eines gerechten
Gottes, der bestraft und belohnt, würde ohne Zweifel das
Glück der Gesellschaft machen; aber wenn diese heilsame Er=
kenntniß eines gerechten Gottes durch abgeschmackte Lügen
und gefährlichen Aberglauben entstellt ist, dann verwandelt
sich die Arznei in Gift, und was vom Verbrechen abschrecken
sollte, ermuthigt dazu. Ein schlechter Mensch, der nur halb
denkt (und deren gibt es viele), wagt oft, den Gott zu leugnen,
von dem man ihm ein empörendes Bild entworfen hat. Ein
anderer schlechter Mensch, der starke Leidenschaften in einer
schwachen Seele hat, ist oft zur Sünde versucht durch die
Sicherheit der Verzeihung, welche die Priester ihm anbieten.
„Die Menge der Verbrechen, die euch beflecken, mag noch so
ungeheuer sein: beichtet mir, und Alles wird euch vergeben
um des Verdienstes eines Menschen willen, der vor mehreren

Jahrhunderten in Judäa gehenkt worden iſt. Stürzet euch
nachher in neue Verbrechen, ſiebenmal, ſiebenzigmal ſiebenmal,
und Alles wird euch abermals vergeben.“ Heißt das nicht
wahrhaft in Verſuchung führen? heißt das nicht dem Frevel
alle Wege ebnen? Beichtete die Brinvilliers nicht bei jedem
Giftmorde, den ſie beging? machte ehedem Ludwig XI. es nicht
ebenſo? Die Alten hatten ihre Beichte und ihre Sühnungen
wie wir, aber man wurde nicht geſühnt für ein zweites Ver=
brechen. Man verzieh keine zwei Vatermorde. Wir haben
Alles von den Griechen und Römern genommen, und wir
haben Alles verdorben. Ihre Unterwelt war ungereimt, ich
geſtehe es; aber unſere Teufel ſind alberner als ihre Furien.
Dieſe Furien waren nicht ſelbſt verdammt; man betrachtete
ſie als die Vollſtreckerinnen und nicht als die Opfer der gött=
lichen Strafgerichte. Henker und Miſſethäter zugleich zu ſein,
indem man Andere verbrennt, ſelbſt zu brennen, das iſt ein
abgeſchmackter Widerſpruch, unſerer ganz würdig, und um ſo
abgeſchmackter, als der Fall der Engel, dieſe Grundlage des
Chriſtenthums, ſich weder in der Geneſis, noch im Evangelium
findet. Es iſt eine alte Brahmanenfabel. Genug, mein
Herr, alle Welt lacht heutzutage über Ihre Hölle, weil ſie
lächerlich iſt; aber Niemand würde über einen vergeltenden
Gott lachen, von dem man für die Tugend Belohnung, für
das Verbrechen Züchtigung erwartete, ohne die Art dieſer
Strafen und Belohnungen näher zu kennen, doch in der
Ueberzeugung, daß ſie nicht ausbleiben werden, weil Gott ge=
recht iſt.

Der Graf. Mir ſcheint, Herr Freret hat hinlänglich
zu verſtehen gegeben, wie die Religion auch in unſerem Sinne
ein heilſamer Zügel ſein kann. Ich will verſuchen, Ihnen

zu beweisen, daß eine reine Religion auch unendlich tröstlicher
ist als die Ihrige. Es liegt eine Wonne, sagen Sie, in den
Täuschungen frommer Seelen; ich glaube es; es gibt eine
solche auch im Irrenhause. Aber welche Qualen, wenn diese
Seelen anfangen sich aufzuklären! in welchem Zweifel und
welcher Verzweiflung bringen nicht manche Nonnen ihre
traurigen Tage hin! Sie sind davon Zeuge gewesen, Sie
haben es mir selbst gesagt. Die Klöster sind die Sitze der
Buße; aber bei den Männern vornehmlich ist ein Kloster die
Höhle der Zwietracht und des Neides. Die Mönche sind
freiwillige Galeerensklaven, die sich schlagen, während sie mit=
einander rudern; ich nehme eine kleine Anzahl aus, die ent=
weder wirklich bußfertig oder nützlich sind. In der That je=
doch, hat denn Gott Mann und Weib auf die Erde gesetzt,
damit sie ihr Leben in Kerkern, für immer getrennt von ein=
ander, zubringen sollten? Ist das der Zweck der Natur? Alle
Welt schreit gegen die Mönche; und ich, ich beklage sie. Die
meisten haben bei'm Austritt aus der Kindheit für immer
das Opfer ihrer Freiheit gebracht, und auf hundert kommen
mindestens achtzig, die in bitterem Grame sich verzehren. Wo
sind denn nun die großen Tröstungen, die Ihre Religion den
Menschen gibt? Wer eine reiche Pfründe hat, der ist ohne
Zweifel getröstet, aber er ist es durch sein Geld und nicht
durch seinen Glauben. Wenn er einigen Glücks genießt, so
kostet er es nur, indem er die Regeln seines Standes ver=
letzt. Er ist nur glücklich als Weltmensch, nicht als Mann
der Kirche. Ein verständiger Familienvater, der Gott ergeben,
seinem Vaterlande anhänglich, von Kindern und Freunden
umgeben ist, empfängt von Gott tausendmal fühlbarere Seg=
nungen. Ueberdieß, Alles was Sie zu Gunsten der Verdienste

Ihrer Mönche sagen können, das könnte ich mit viel größerem Rechte von den Derwischen, den Marabuts, den Fakirs, den Bonzen sagen. Sie machen strengere Büßungen; sie haben sich eine viel entsetzlichere Lebensart aufgelegt; und diese eisernen Ketten, unter denen sie sich krümmen, diese stets in derselben Stellung ausgestreckten Arme, diese gräßlichen Kasteiungen sind noch nichts in Vergleichung mit den jungen indischen Frauen, die sich auf dem Scheiterhaufen ihrer Männer verbrennen, in der thörichten Hoffnung, mit ihnen wieder auf= zuleben. Darum rühmen Sie nicht mehr weder die Schrecken, noch die Tröstungen, welche die christliche Religion empfinden läßt. Bekennen Sie laut, daß sie in nichts der vernünftigen Verehrung sich auch nur annähert, die eine ehrbare Familie dem höchsten Wesen ohne Aberglauben darbringt. Lassen Sie die Klosterkerker, lassen Sie Ihre widersprechenden und un= nützen Glaubensgeheimnisse, die Gegenstände des allgemeinen Gelächters. Predigen Sie Gott und Moral, und ich bürge Ihnen dafür, es wird mehr Tugend und mehr Glück auf Erden sein.

Die Gräfin. Ich bin sehr dieser Meinung.

Freret. Auch ich, ohne allen Zweifel.

Der Abbé. Nun wohl, wenn ich Ihnen mein Ge= heimniß sagen soll, ich bin es auch. —

Hierauf kamen der Präsident de Maisons, der Abbé de St. Pierre, Herr du Fay, Herr du Marsay an, und der Herr Abbé de St. Pierre las, nach seiner Gewohnheit, seine Gedanken vom Morgen, über deren jeden sich ein gutes Buch schreiben ließe.

Abgerissene Gedanken des Abbé St. Pierre.

Der größte Theil der Fürsten, Minister und sonstigen Würdenträger hat nicht Zeit zum Lesen; sie verachten die Bücher und sind beherrscht durch ein dickes Buch, das das Grab des gesunden Menschenverstandes ist.

Hätten sie zu lesen verstanden, so hätten sie der Welt alle die Uebel erspart, welche Aberglauben und Unwissenheit verursacht haben. Hätte Ludwig XIV. zu lesen verstanden, hätte er das Edict von Nantes nicht widerrufen.

Die Päbste und ihre Diener sind so fest überzeugt gewesen, daß ihre Gewalt nur auf die Unwissenheit gegründet sei, daß sie jederzeit das Lesen des einzigen Buches verboten haben, das ihre Religion verkündigt. Sie haben gesagt: hier ist euer Gesetz, aber wir verbieten euch, es zu lesen; ihr sollt nur so viel davon wissen, als wir für gut finden, euch zu lehren. Diese ausschweifende Tyrannei ist unbegreiflich; dennoch ist sie vorhanden, und jede Bibel in einer Sprache, die man spricht, ist in Rom verboten; erlaubt ist sie nur in einer Sprache, die man nicht mehr spricht.

Alle päbstlichen Anmaßungen haben zum Vorwand ein elendes Wortspiel, einen gemeinen Doppelsinn, einen Witz, den man Gott in den Mund legt, und für den man einem Schüler die Ruthe geben würde: du bist Petrus, d. h. dein Name ist Fels, und auf diesen Felsen will ich meine Gemeinde bauen.

Wenn man zu lesen verstünde, würde man deutlich sehen, daß die Religion den Regierungen nur Uebles gethan hat; sie thut dessen noch jetzt viel in Frankreich, durch die Verfolgungen gegen die Protestanten, durch die Spaltungen

über eine gewisse Bulle, die verächtlicher ist als ein Gassen=
hauer vom Pont-neuf, durch den lächerlichen Cölibat der
Priester, durch den Müßiggang der Mönche, durch die schlechten
Verträge mit dem Bischof von Rom u. s. f.

·   Spanien und Portugal, noch viel verdummter als Frank=
reich, haben fast alle diese Uebel gleichfalls zu dulden, und
haben dazu noch die Inquisition, die, vorausgesetzt, daß es
eine Hölle gibt, das fluchwürdigste Erzeugniß der Hölle wäre.

In Deutschland ist der Zänkereien kein Ende zwischen
den drei im Westfälischen Frieden anerkannten Secten; die
Unterthanen der geistlichen Fürsten in Deutschland sind Thiere,
die kaum zu fressen haben.

In Italien hat diese Religion, die das römische Reich
zerstört hat, nichts übrig gelassen als Elend und Musik,
Castraten, Harlekins und Pfaffen. Man überhäuft mit
Schätzen eine kleine schwarze Statue, die Madonna von Lo=
retto genannt, und die Ländereien liegen unbebaut.

Die Theologie ist in der Religion das, was die Gifte
unter den Nahrungsmitteln sind.

Habet Tempel, wo Gott angebetet, seine Wohlthaten be=
sungen, seine Gerechtigkeit verkündigt, die Tugend empfohlen
wird: alles Uebrige ist nur Parteigeist, Sectirerei, Betrug,
Hochmuth, Habsucht, und muß auf immer verbannt werden.

Nichts ist dem gemeinen Wesen nützlicher als ein Pfarrer,
der die Geburtsregister führt, die Armenunterstützung leitet,
die Kranken tröstet, die Todten bestattet, den Frieden in die
Familien bringt, und nur Sittenlehrer ist. Um im Stande
zu sein, Nutzen zu stiften, muß er über dem Bedürfniß stehen
und nicht in den Fall kommen, sein Amt dadurch zu entehren,
daß er gegen seinen Gutsherrn und seine Pfarrkinder spricht,

wie so manche Landpfarrer thun; sie müssen von der Provinz besoldet sein nach Maßgabe des Umfangs ihres Kirchspieles, und keine anderen Sorgen haben als ihre Pflichten zu erfüllen.

Nichts ist unnützer als ein Cardinal. Was ist eine fremde Würde, verliehen von einem fremden Priester? eine Würde ohne Verrichtungen, die fast immer 100,000 Thaler Einkommen abwirft, während ein Landpfarrer nichts hat, weder um die Armen zu unterstützen, noch um selbst zu bestehen.

Die beste Regierungsform ist ohne Widerspruch die, welche nur die nothwendige Anzahl von Priestern zuläßt; denn das Ueberflüssige ist nur eine gefährliche Last. Die beste Regierungs= form ist die, wo die Priester verheirathet sind; denn sie sind um so bessere Bürger, sie geben dem Staate Kinder und ziehen sie anständig auf; es ist die, wo die Priester nicht wagen, etwas Anderes als Moral zu predigen; denn wenn sie Con= trovers predigen, so heißt das die Aufruhrglocke läuten.

Die anständigen Leute lesen die Geschichte der Religions= kriege mit Schauder; sie lachen über die theologischen Streitig= keiten wie über das italienische Possenspiel. Darum lasset uns eine Religion haben, die weder schaudern noch lachen macht.

Hat es ehrliche Theologen gegeben? Ja, wie es Leute gegeben hat, die sich selbst für Hexenmeister hielten.

Herr Deslandes, Mitglied der Akademie der Wissenschaften, der uns so eben eine Geschichte der Philosophie gegeben hat, sagt Bd. 3, S. 299: „Die theologische Facultät scheint mir das verächtlichste Corps im Königreich zu sein." Sie würde eins der achtungswerthesten werden, wenn sie sich darauf be= schränkte, Gott und Moral zu lehren. Das wäre das einzige Mittel, ihre verbrecherischen Entscheidungen gegen Heinrich III. und den großen Heinrich IV. zu sühnen.

25*

Die Wunder, welche Lumpe in der Vorſtadt St. Medard verrichten, können weit gehen, wenn der Herr Cardinal Fleury nicht Ordnung ſchafft. Er muß zum Frieden ermahnen und die Wunder ſtreng verbieten.

Die monſtröſe Bulle Unigenitus kann noch das Königreich in Verwirrung bringen. Jede Bulle iſt ein Attentat auf die Würde der Krone und auf die Freiheit der Nation.

Der Pöbel hat den Aberglauben geſchaffen; die anſtän= digen Leute zerſtören ihn.

Man ſucht die Geſetze und die Künſte zu verbeſſern; kann man die Religion vergeſſen?

Wer ſoll anfangen ſie zu reinigen? Es ſind die Menſchen, welche denken; die andern werden folgen.

Iſt es nicht eine Schande, daß die Fanatiker Eifer haben, und daß die Weiſen keinen haben? Man muß klug ſein, aber nicht furchtſam.

Zweite Beilage.

Der Pfarrer Meslier und sein Testament.[1]

Jean Meslier war, der wahrscheinlichsten Annahme zufolge, im Jahre 1664 in dem Dorfe Mazerny in der Champagne als der Sohn eines Webers geboren. Ein Pfarrer
der Nachbarschaft nahm sich der Unterweisung des begabten
Knaben an und gab wohl auch den Eltern den Gedanken
an die Hand, ihn dem geistlichen Stande zu widmen; wogegen der Sohn keine Einwendung machte. So wurde er
zur Vorbereitung in das Seminar zu Chalons an der Marne
gebracht, wo er neben seinem eigentlichen Fache der Carte-
sianischen Philosophie ein eindringendes Studium widmete.
Im Jahre 1692 wurde er Pfarrer in Etrépigny, im jetzigen
Departement der Ardennen, wo er nach langjähriger Wirksamkeit vermuthlich um 1729 gestorben ist. Während seines
geistlichen Wirkens zeichnete er sich nur durch Strenge und Ein-
gezogenheit des Wandels auf der einen, durch Uneigennützig-
keit und Wohlthätigkeit auf der andern Seite aus. Neben

---

1) S. oben, S. 225.

dem Umgang mit ein paar benachbarten Collegen lebte er am
liebsten in seiner kleinen Bibliothek, deren Hauptstücke etliche
Kirchenväter, ein Moreri, Montaigne's Versuche, der Telemach
nebst einer Abhandlung über das Dasein Gottes von Fenelon
und die Schrift über die Erforschung der Wahrheit von Mallebranche ausmachten. Wäre nicht ein Zerwürfniß mit dem
Edelmann des Ortes gewesen, man würde von dem Pfarrer
von Etrépigny bei seinen Lebzeiten kaum gesprochen haben.
Aber der Herr von Clairy hatte etliche seiner Bauern mißhandelt, und so ließ am nächsten Sonntage der Pfarrer, in
dem ein zartes Rechtsgefühl lebte, den ungnädigen Herrn
aus dem Kirchengebete weg. Der Eyle klagte bei'm Erzbischof von Reims, und auf dessen Zurechtweisung betete nun
das nächstemal der Pfarrer recht angelegentlich für den Edelmann, nämlich daß Gott ihn bekehren und nicht mehr in die
Sünde fallen lassen möge, die Armen zu mißhandeln und die
Waisen zu berauben. Der Streit mit dem Gutsherrn einerseits, mit dem Erzbischof andererseits scheint sich in die Länge
gezogen und dem Pfarrer das Leben verbittert zu haben. In
der Gegend ging noch späterhin die Sage, der Junker habe
in seinem an die Kirche stoßenden Garten die Hörner blasen
lassen, wenn der Pfarrer darin functionirte; der Erzbischof
habe ihn in Disciplin nehmen wollen, und im Verdruß darüber habe er sich ausgehungert.

Wie dem sei — denn sicher ist es keineswegs — eine
Handschrift, die der Pfarrer zurückließ, zeigte seine innerste
Ueberzeugung in so schroffem Gegensatze mit seiner Stellung
nicht nur, sondern mit dem ganzen Zustande der Welt um
ihn her, daß dagegen jene äußeren Anstöße als unerheblich
verschwinden. In drei Exemplaren, wovon er eines noch selbst

auf der Gerichtskanzlei von St. Menehould deponirt hatte, jedes auf 366 Blättern von seiner eigenen Hand höchst zierlich geschrieben, hinterließ er unter dem Titel: „Mein Testament" ein Werk, worin er seinen Pfarrkindern, denen er lebens= länglich den christkatholischen Glauben und Gehorsam gegen ihre Obrigkeit gepredigt hatte, seine wahren und eigentlichen Ueberzeugungen eröffnete. „Ich habe", war auf dem Um= schlage des für seine Gemeinde bestimmten Exemplares zu lesen, „ich habe gesehen und erkannt die Irrthümer, die Miß= bräuche, die Eitelkeiten, Thorheiten und Schlechtigkeiten der Menschen; ich habe sie gehaßt und verwünscht; ich habe nicht gewagt, es zu sagen bei meinem Leben, aber ich will es we= nigstens im Tode und nach meinem Tode sagen, und darum setze ich die gegenwärtige Denkschrift auf, damit sie zum Zeug= niß der Wahrheit dienen könne für alle, die sie sehen und für gut finden, sie zu lesen."

Schon diese Worte weisen darauf hin, daß wir es hier nicht blos mit einem Proteste gegen Irrthümer in der Reli= gion, sondern auch gegen Mißstände im Leben und Zusam= menleben der Menschen zu thun haben: das Testament des Pfarrers Meslier ist nicht blos eine philosophisch=theologische, sondern ebensosehr eine politische Absageschrift. Dadurch unter= scheidet es sich wesentlich von einem deutschen Schriftstücke, woran es doch unvermeidlich erinnert: der bekannten Schutz= schrift für die vernünftigen Verehrer Gottes von Hermann Samuel Reimarus. Beidemale ein Verstorbener, der über einen Gegensatz, der ihn im Leben um so schwerer drückte, je fester er ihn in sich verschließen mußte, nun nach seinem Tode den Mund eröffnet. Aber den einen drückte nur der religiöse, den andern auch der politisch=sociale Zustand der

Menschheit um ihn her, und, wie wir bald weiter sehen wer=
den, während der eine der offenbarungsgläubigen Theologie
gegenüber sich auf eine doch immer noch gottgläubige Philo=
sophie stützte, ging der andere mit seinem philosophischen Den=
ken bis zum Atheismus fort. Das Gebiet mithin, worauf
sich der Zweifel bewegt, ist bei Meslier ein viel weiteres als
bei Reimarus: die Ausführungen gegen die Wahrheit des
Christenthums und der Bibel, denen das ganze Werk des
letzteren gewidmet ist, bilden bei dem ersteren nur einen Theil.
Innerhalb dieses Theiles ist der Deutsche dem Franzosen,
der Protestant dem Katholiken, der grundgelehrte, philosophisch
geschulte Professor dem grübelnden Pfarrer entschieden über=
legen. Auch dieser weiß mancherlei, aber er weiß es meistens
nur aus zweiter Hand. Daß er die Bibel, das Alte Testa=
ment insbesondere, in der Grundsprache gelesen, erhellt nir=
gends. Für historische Notizen dient ihm besonders das Werk
des belesenen Montaigne als Fundgrube. Als Logiker ist er
nicht stark; seine Eintheilungen und Untereintheilungen sind so
ineinander geschachtelt und laufen in einer Weise durcheinander,
daß es unmöglich ist, den Faden im Gedächtniß festzuhalten.
Seine Darstellung ist in hohem Grade schwerfällig, voll Weit=
schweifigkeit und Wiederholung; wenn er einen Schluß macht,
bekommt man in der Regel denselben Satz dreimal zu lesen.
In dieser Hinsicht bildet seine Schrift geradezu ein Gegen=
stück zu der geordneten, scharfen, ebenso durchsichtigen wie über=
sichtlichen Darstellung von Reimarus. Aber wenn er auch
als Gelehrter, als Logiker und Stylist noch so weit unter
diesem steht: als Denker steht er ihm keineswegs nach. Er
steht in der Cartesischen Schule selbständiger da als Rei=
marus in der Leibniz=Wolfischen; man kann sogar sagen: er

ist der tiefere, wenigstens der kühnere Denker; aber er bezahlt
diesen Vorzug durch den Mangel an Klarheit und Besonnen=
heit, die hinwiederum Reimarus vor ihm voraus hat. An
mehr als einer Stelle bringt er weiter vor, wo Reimarus
stehen bleibt; aber er macht sich auch nichts daraus, wenn
ihm das Licht ausgeht, zu tappen, und spricht uns, bei aller
Strenge und Unerbittlichkeit seiner Kritik, doch schließlich als
Schwärmer an, der uns, wenn wir nach deutschen Geistes=
verwandten suchen, eher an einen Dippel und Edelmann als
an Reimarus erinnert.

Der Protest und Angriff Mesliers, sagten wir, gilt
nicht blos, wie der von Reimarus, der christlichen Religion,
nicht blos der Kirche, sondern auch dem Staate. Wir können
jetzt hinzusetzen: er gilt in erster Linie dem Staate, und der
Religion und Kirche erst in zweiter. Oder richtiger vielleicht
umgekehrt: das letzte Ziel seiner Angriffe, über die Kirche
hinüber, ist der Staat, wie er damals war. „Eine Reli=
gion,“ sagt Meslier, „welche Mißbräuche duldet, ja billigt,
die der natürlichen Gerechtigkeit zuwiderlaufen, dem guten Re=
giment und der gemeinen Wohlfahrt Eintrag thun, eine Reli=
gion, welche die Thrannei der Könige und Fürsten gut heißt,
die den Völkern ihr drückendes Joch auflegen, eine solche Re=
ligion kann nicht die wahre sein.“ Wer witzig sein wollte
könnte sagen, um den Königen ihren Anspruch auf den Titel:
von Gottes Gnaden, abzuthun, habe Meslier kein gründlicheres
Mittel gefunden, als zu leugnen, daß es überhaupt einen Gott
gebe. Wer ihm den Mißbrauch dieses Titels recht fühlbar
und verhaßt gemacht hatte, war aber kein anderer als der
große französische Ludwig, nach ihm nur groß im Rauben und
Blutvergießen, in Verletzung der beschworenen Eide wie der

ehelichen Treue. Es ist merkwürdig, wie entgegengesetzt dieser Monarch und seine Regierung auf Meslier und auf Voltaire gewirkt hat. Ist dieser ganz beherrscht von dem Zauber einer so glänzenden Erscheinung, so ist der andere im tiefsten Innern empört über alle die Gräuel, wodurch dieser täuschende Glanz ermöglicht wurde. Meslier sieht überall die Kehrseite des Prachtgemäldes, das Voltaire von dem Zeitalter Ludwigs XIV. entwirft. Der Grund ist, daß er es von einem andern Standorte aus sah, und freilich wohl auch mit einem andern Herzen empfand. Voltaire vom Standpunkte der höheren Gesellschaftsklassen, der Schriftsteller und Dichter insbesondere, die sein Musterkönig begünstigt hatte. Meslier von dem des niederen Volkes, des Bauernstandes vornehmlich, unter dem er lebte, und den er durch die Last dieser prunkenden Regierung in den Staub getreten, zu einem bejammernswerthen Dasein herabgedrückt sah. Die allgewaltig gewordene Monarchie hatte für sich wohl den Widerstand des Adels und der Geistlichkeit gebrochen, ohne jedoch die Schwere, womit beide Stände jetzt neben dem Königthum auf dem Volke lasteten, zu erleichtern. „Ihr wundert euch, ihr armen Leute," ruft Meslier, „daß ihr so viel Leid und Ungemach im Leben habt? Es kommt daher, daß ihr allein des Tages Last und Hitze traget, wie jene Arbeiter im Evangelium, daß ihr mit der ganzen Bürde des Staates beladen seid. Auf euch drücken ja nicht blos eure Könige und Fürsten, die eure Tyrannen sind, sondern außerdem noch der ganze Adel, die ganze Clerisei, die ganze Möncherei, sammt allen Rechtsverdrehern, allen Blutsaugern von der Finanz- und Steuerpacht, und allem müßigen und unnützen Volke, das es auf Erden gibt. Denn einzig von den Früchten eurer sauren Arbeit leben alle diese Menschen mit ihrer ganzen Dienerschaft; ihr allein schaffet ihnen, was sie zu ihrem Unterhalte nicht nur, sondern auch zu ihren Lust= barkeiten bedürfen oder wünschen mögen." Man glaubt eine Stimme aus der Zeit vor dem Bauernkriege zu vernehmen, es ist aber vielmehr, wie in mancher Beziehung Meßlier über= haupt, ein entfernterer Vorbote der französischen Revolution, wenn man bei unserem Pfarrer die furchtbare Stelle liest: „Man redet euch, meine werthen Freunde, vom Teufel vor, man jagt euch vor dem bloßen Namen eines Teufels Schrecken ein, indem man euch glauben macht, die Teufel seien nicht nur die größten Feinde eures Glückes, sondern auch das Häß= lichste und Abscheulichste, was man sich denken könne. Aber die Maler irren sich, wenn sie in ihren Bildern die Teufel uns wie gräuliche und entsetzliche Ungeheuer vormalen; sie täuschen sich und täuschen euch, so gut wie eure Prediger, wenn die einen in ihren Bildern, die andern in ihren Pre= digten euch die Teufel so häßlich, so garstig, so mißgestaltet vorstellen. Sie sollten sie euch vielmehr vorstellen wie alle die schönen Herren von Adel und wie alle die schönen Frauen und Fräulein, die ihr so wohl gekleidet, so wohl frisirt und gepudert, so bisamduftend und so strahlend von Gold, Silber und Edelsteinen sehet. Die Teufel, die eure Pfarrer und eure Maler euch unter so häßlichen und unerfreulichen Gestalten vorstellen, sind nur eingebildete Teufel, die nur Kindern und Unwissenden Furcht einjagen und denen, die sie fürchten, nur eingebildete Uebel verursachen können. Jene anderen Teufel und Teufelinnen dagegen, die Herren und Damen, von denen ich rede, die sind nicht eingebildet, sie sind sichtbar und wirk= lich vorhanden, wie die Uebel, die sie den armen Völkern zu= fügen, nur gar zu wirklich und fühlbar sind."

In diesem Zustande der damaligen Gesellschaft fand Mes=
lier eine frevelhafte Verkehrung der richtigen Verhältnisse.
„Alle Menschen sind von Natur gleich," sagt er, „sie haben
alle ein Recht, zu leben und auf der Erde zu wandeln, ihrer
natürlichen Freiheit zu genießen und an den Gütern der Erde
Theil zu haben, indem sie mittelst fleißiger Arbeit sich die für
das Leben nöthigen und nützlichen Dinge verschaffen. Doch
da sie in Gesellschaft leben, und eine Gesellschaft nicht dauern
kann ohne eine gewisse Abhängigkeit und Unterordnung, so ist
es schlechterdings nothwendig, daß eine solche unter den Men=
schen besteht. Aber diese Unterordnung soll gerecht und im
richtigen Verhältniß sein, d. h. sie darf nicht die einen zu weit
erheben und die andern zu weit hinabdrücken, nicht allen Ge=
nuß und alle Güter auf die eine, alle Mühe und alles Elend
auf die andere Seite häufen." Darauf, sollte man denken,
müßte auch die Religion hinwirken, mit der ihr eigenen Milde
und Billigkeit müßte sie die Härte und Ungerechtigkeit eines
tyrannischen Regiments verdammen. Wie man freilich auch
auf der andern Seite erwarten sollte, daß eine weise Politik
den Blendwerken und Mißbräuchen einer falschen Religion
Einhalt thun würde. So sollte es wohl sein, aber es ist
nicht so. Beide verstehen sich und arbeiten einander in die
Hände, wie zwei einverstandene Beutelschneider. Die Priester
empfehlen den Gehorsam gegen die Obrigkeit und die Fürsten,
die sie als von Gott eingesetzt vorstellen; und die Fürsten hin=
wiederum halten die Würde der Priester aufrecht und lassen
ihnen reiche Einkünfte zufließen. So sind beide Uebel mit=
einander zu bekämpfen; da jedoch die Kirche und Religion es
ist, welche vorzugsweise die Seelen der Menge in Banden hält
und die Völker zum Widerstande gegen ihre tyrannischen Re=

gierungen unlustig macht, so unternimmt es Meslier, zuerst
die Religion in ihrer Grundlosigkeit darzustellen. Was ihm
hiefür die Augen geöffnet hat, ist einerseits die skeptisch=welt=
liche Denkart, die er aus seinem Lieblingsbuche, den Essais
von Montaigne, eingesogen, andererseits der Geist des Zweifels
und des scharfen begriffsmäßigen Denkens, den er in der
Schule des Cartesius sich angeeignet hatte.

Bei der Prüfung der Religion geht auch Meslier, wie
sich dieß auf dem Standpunkte des beginnenden Zweifels von
selbst ergibt, von der Thatsache der Vielheit der Religionen
auf der Erde aus. Davon will jede die wahre und von
göttlicher Einsetzung sein; aber alle zusammen können nicht
wahr und göttlich sein, weil sie sich vielfach widersprechen, ja
sich gegenseitig verwerfen und verdammen. Höchstens eine
könnte es also sein; vielmehr aber ist es keine, die christkatho=
lische so wenig als irgend eine andere. Alle Religionen sind
Menschenwerk, und da sie sich doch alle für göttlich ausgeben,
so beruhen sie folglich alle auf Betrug, ursprünglich von
schlauen Politikern ausgesonnen, dann von Schwindlern und
falschen Propheten weitergebildet, von unwissenden Völkern
angenommen und von den Großen und Mächtigen der Erde
als Kappzaum für die Menge sanctionirt. Hätte ein unend=
lich mächtiger, unendlich weiser und gütiger Gott für gut ge=
funden, eine Religion zu offenbaren, so würde er vermöge
seiner Weisheit und Güte sie mit ganz unverkennbaren Zei=
chen ihrer Göttlichkeit versehen, den Menschen jedes Irregehen
in dieser Hinsicht unmöglich gemacht haben; denn wozu hätte
er sonst die ganze Veranstaltung getroffen? Solche Kenn=
zeichen aber trägt keine einzige der bestehenden Religionen;
wie könnte man sonst bis auf diesen Tag um die wahre

streiten? Folglich ist auch keine derselben eine göttliche Offen=
barung. Es ist aber auch keine von ihnen wahr. Denn
alle, wie viel ihrer sind, machen zu ihrer Grundlage den
Glauben, d. h. ein Fürwahrhalten auf Versicherung, ohne
Beweis, indem das Forschen nach Gründen sogar, als crimen
laesae majestatis, verpönt wird. Ein solcher Glaube aber,
weit entfernt ein Princip der Wahrheit zu sein, ist vielmehr
nur ein Princip von Irrthum, Täuschung und Wahn auf der
einen Seite, von Spaltungen und Streitigkeiten auf der an=
dern. Nebenher oder nachträglich zwar werden von allen
Religionen, insbesondere von der christlichen, auch Beweis=
gründe für ihre Wahrheit geltend gemacht — wer kennt nicht
die angeblichen Beweise, die man aus den Wundern, den
Weissagungen, der Vortrefflichkeit der Lehre, dem Eifer und
der Standhaftigkeit ihrer ersten Bekenner und Märtyrer her=
zunehmen pflegt? Aber keinen von diesen Beweisen findet
Meslier stichhaltig, auf Seiten der christlichen so wenig wie
einer andern Religion.

Indem die als Beweise für das Christenthum ange=
sehenen Wunder und Weissagungen in den heiligen Schriften
der Juden und Christen verzeichnet liegen, und diese Schriften
selbst für göttlich eingegeben gelten, so ist zunächst eine Prü=
fung dieser Schriften erforderlich. Da erweisen sich denn
nach Meslier alle, die Bücher des Neuen Testaments nicht
weniger als die des Alten, so beschaffen, daß jeder Gedanke
an eine göttliche Eingebung wegfallen muß, und selbst als
menschliche Bücher betrachtet ihr Werth nicht hoch angeschlagen
werden kann. Dem Inhalte nach voll von Fabeln, Irr=
thümern und Widersprüchen, sind sie auch der Form nach
äußerst mangelhaft. Das Alte Testament fängt mit den

Märchen vom Paradiese und der redenden Schlange an,
bringt dann einen Haufen gottesdienstlicher Gesetze, so aber=
gläubischer Art als bei irgend einem götzendienerischen Volke;
dann wenig erbauliche Königsgeschichten; hierauf die Propheten,
die als ebensoviele Schwärmer und Phantasten erscheinen.
Dazu brauchte es keine göttliche Eingebung, und selbst mit
nur weniger menschlicher Bildung der Verfasser hätten diese
Bücher viel besser ausfallen müssen. Was das Neue Testa=
ment betrifft, so hat Meslier ein scharfes Auge, insbesondere
die Abweichungen und Widersprüche der verschiedenen Evan=
gelien zu bemerken, und fast alle die Punkte, die bis auf die
neueste Zeit die Zankäpfel zwischen Kritikern und Apologeten
ausmachen, sind von ihm schon blosgelegt und in's Licht ge=
setzt worden. Im Uebrigen wirft er den Evangelien Plump=
heit und Niedrigkeit des Stils, Mangel an Ordnung und
Folge in der Erzählung vor; von den übrigen neutestament=
lichen Schriftstellern ist ihm wie unserem Reimarus besonders
der Apostel Paulus als verwirrter Kopf zuwider. Im
Ganzen und Einzelnen kann nach ihm die Bibel, sowohl
Neuen wie Alten Testamentes, mit so manchen Profanschrift=
stellern, einem Xenophon und Plato, Cicero und Virgil, an
Werth und Gehalt keine Vergleichung aushalten; die Fabeln
Aesops, sagt Meslier einmal, sind ungleich sinn= und lehr=
reicher als alle jene niedrigen und plumpen Gleichnißreden in
den sogenannten Evangelien.

Die Wunder nun und die ganze mit.Wundern und
Weissagungen durchzogene Geschichte, die in diesen Büchern
niedergelegt ist, kann schon um dieser Beschaffenheit der
Quellen willen wenig Glaubwürdigkeit ansprechen. Wer
weiß, von wem und wann alle diese Schriften geschrieben

sind? Was man dagegen gewiß weiß, weil der Augenschein
der Schriften es gibt, ist, daß sie von unwissenden, ungebil=
deten Menschen geschrieben sind, die selbst in der größten
Zeitnähe die Fähigkeit nicht gehabt haben würden, was sie
hörten und sogar was sie sahen gehörig zu prüfen. Dann
aber sind diese angeblichen Wunder so wenig als die vorgeb=
lichen Offenbarungen Gottes würdig, die Weissagungen aber
nicht in Erfüllung gegangen, wenn man nicht zu einer soge=
nannten geistlichen Auslegung seine Zuflucht nimmt, deren
Gewaltsamkeit aber eben bezeugt, wie schlimm es in der
Wirklichkeit mit der ganzen Sache steht. Die Wunder des
Alten Testaments z. B. würden sämmtlich eine parteiische
Beschränkung der göttlichen Fürsorge auf ein kleines höchst
unwürdiges Volk beweisen; während bei denen des Neuen
nicht zu begreifen wäre, wie Gott sich damit begnügt haben
sollte, einige leibliche Krankheiten zu heilen, indeß er die tiefen
moralischen Schäden ungeheilt ließ, woran die Menschheit
krankt, und deren Wegräumung doch, nach der Versicherung
des Neuen Testaments selbst, der Zweck der Sendung Jesu
in die Welt gewesen sein soll.

Die christliche Lehre von der Gottheit dieses Jesus stellt
Meslier in die Reihe der zahlreichen Vergötterungen, die wir
in der Geschichte der alten Welt finden. Das Vorgeben
göttlicher Offenbarungen war zwar nach ihm von jeher nur
ein politisches Blendwerk, wie wenn Numa von Unterredungen
mit der Nymphe Egeria, Moses von solchen mit dem Gott
im brennenden Busche sprach; doch hatten diese Alten, urtheilt
er, darin wenigstens noch einen Rest von Scham, daß sie
nicht, wie etliche Spätere, sich selbst für Götter ausgaben.
Uebrigens steckten solche, nach Meslier's Vorstellung, auch hier

schon dahinter. Der angebliche Gott, der mit Adam sprach, im Garten lustwandelte u. s. s., war doch, wie eben hieraus erhellt, nur ein Mensch, und Adam ein Tölpel, den jener hinter's Licht führte. Und daß es ebenso mit dem Gott des Moses stand, verräth sich durch dessen Weigerung, sich dem Moses von vorne zu zeigen, natürlich weil er dabei Gefahr lief, von diesem als ein ihm vielleicht wohlbekannter Mensch erkannt zu werden. Wenn nicht — setzt unser naturwüchsiger Kritiker als Aeußerstes kühner Vermuthung hinzu — die Worte des angeblichen Gottes nur Worte des Moses selbst sind, denen er dadurch mehr Gewicht ertheilen wollte, daß er sie einem Gott in den Mund legte. Ein kindlicher Stand= punkt der historischen Kritik, über den aber auch unser Rei= marus nur um Weniges hinaus ist. „Die Alten hatten die Gewohnheit", sagt Meslier, „Kaiser und große Männer unter die Götter zu versetzen. Der Stolz der Großen, die Schmei= chelei der einen und die Unwissenheit der andern haben diesen Gebrauch hervorgerufen und in Schwang gebracht." In der= selben Art aber erklärte er sich auch schon die Entstehung der ältesten Göttervorstellungen. Auch Saturn, Jupiter, Juno u. s. s. waren nach ihm nichts anderes als „vornehme Männer und Frauen, Prinzen und Prinzessinnen, oder andere Personen von Ansehen, die entweder sich selbst, oder denen Andere aus Unwissenheit, Gefälligkeit und Schmeichelei den Namen von Göttern oder Göttinnen beilegten."

Zum Theil indeß, urtheilt Meslier, waren dieß doch wenigstens bedeutende und verdienstvolle Menschen; wer aber war denn nun derjenige, fragt er, den die Christen zum Gotte gemacht haben? Sehen wir uns nach der Meinung Anderer von ihm um, so finden wir, daß seine Zeit= und Volksge=

noffen ihn nicht nur allgemein für einen bloßen Menschen,
sondern auch für einen Schwärmer und Narren gehalten
haben.   Sehen wir auf seine Reden, so treten uns die toll=
sten Einbildungen entgegen, die er von sich selbst hatte: daß
er das Reich Davids herstellen, daß er mit den Wolken des
Himmels wiederkommen werde, ja daß er der Sohn des all=
mächtigen Gottes sei.   Das geht über den Don Quixote und
beweist deutlich, daß sein Kopf nicht in Ordnung war.   So
sind auch seine Handlungen, sein Herumziehen, um die An=
kunft eines Himmelreichs zu verkündigen, seine Visionen, vom
Teufel auf einen Berg und auf die Tempelzinne geführt zu
sein, sein Gebahren bei seinem angeblichen Wunderthun, ganz
in der Art eines Schwärmers, der, wie man aus der Ver=
treibung der Verkäufer aus dem Tempel ersieht, auch vor
einer Gewaltthat nicht zurückscheute.   Aus allem diesem er=
hellt — ich setze die französischen Worte her —, qu'il
n'était qu'un homme du néant, un homme vil et
méprisable, sans esprit, sans talens, sans science, et
enfin qu'il n'était qu'un fol, qu'un insensé, qu'un misé-
rable fanatique et un malheureux pendard.   So war
auch das Christenthum von Anfang nichts Anderes als eine
Schwärmerei, die Christen „eine Secte von elenden und ver=
ächtlichen Menschen, die ein Geschäft daraus machten, blind=
lings den falschen Einbildungen eines elenden und verächt=
lichen Schwärmers zu folgen, der aus dem elendesten und
verächtlichsten aller Völker hervorgegangen war." Das ist
denn freilich so leidenschaftlich und ungerecht, daß, wie wir
gesehen haben, selbst Voltaire sich veranlaßt fand, die Per=
sönlichkeit Jesu dagegen in Schutz zu nehmen, und es erklärt
sich nur aus dem lange verhaltenen Grimm eines Mannes,

der diesen Jesus so viele Jahre am Altar als Gott hatte
verehren müssen, den er doch nur für einen Menschen hielt.

Auch sonst ist übrigens hier der Punkt, wo Voltaire
von Meslier Abschied nimmt, und wo auch Reimarus, wenn
er ihn gekannt hätte, Abschied von ihm genommen haben
würde. Diese beiden legten alle die Herrlichkeit, die sie dem
Gottmenschen und dem Wundergotte der Offenbarung abnehmen zu müssen glaubten, dem Gotte der Vernunft und
Natur zu Füßen; der eine mit mehr, der andere mit weniger
Ernst und Zuversicht, doch auch Voltaire mit all der Ueberzeugung, deren seine skeptische Natur fähig war. Bei Meslier
ist das anders: er setzt das Werk der Zerstörung, das er an
dem christlichen Gott und Gottmenschen vollzogen, an dem
Gottesbegriff der Philosophen fort und findet sich nicht eher
am Ziel, als bis er jede mögliche Vorstellung eines Gottes
als Wahn und Blendwerk erwiesen zu haben glaubt. Unsere
Gottesverehrer wissen sich etwas damit, daß sie die vielen
Götter des Heidenthums in ihrer Nichtigkeit erkannt und sich
auf einen einzigen Gott zurückgezogen haben. Allein damit
haben sie nur die Widersprüche, die in jenen Göttervorstellungen lagen, recht nahe zusammengezogen. „Weder die
Chimära der Alten", sagt Meslier, „noch die Sphinx, noch
Typhon, noch alle Fictionen der Poeten und Romanschreiber
haben etwas, das auch nur annäherungsweise den Ungereimtheiten gliche, die in dem Gottesbegriff unserer neuen Gottesverehrer enthalten sind." Zu diesen Widersprüchen rechnet
er nicht blos den zwischen der Einheit und der Dreiheit in
der christlichen Trinitätslehre, sondern auch den blos theisti-
schen Gottesbegriff findet er aus solchen ganz zusammengesetzt. Ein Wesen, das, ohne selbst räumlich zu sein, den

ganzen Raum erfüllen, ohne Bewegung in sich die Welt be=
wegen, ohne Veränderung lebendig und thätig sein soll, erscheint
ihm rein undenkbar; unsere Gottesverehrer, meint er, operiren
mit lauter Worten, mit denen sie selbst keine Vorstellung
verknüpfen.

Doch sie machen sich ja anheischig, mehr als einen Be=
weis zu führen, daß es ein solches Wesen gebe, geben müsse.
Wir erinnern uns, wie fest und zuversichtlich auch Voltaire
vor allen auf das physicotheologische Argument für das Da=
sein Gottes baute. Meslier unterwirft dasselbe einer ein=
schneidenden Kritik. Den Vorgriff, die Natur geradezu für
Kunst zu erklären, hätte er seinem Epitomator am wenigsten
so hingehen lassen. Die Werke der Kunst, führt er aus,
entstehen aus Stoffen, die von selbst keine Bewegung haben,
für sich selbst also kein regelmäßiges Werk bilden könnten;
die Werke der Natur dagegen aus Stoffen, die sich selbst ge=
stalten mittelst einer Bewegung, die ihnen eigen und natürlich
ist. Man wendet ein, eben diese Bewegung liege nicht in
der Natur selbst, sie müsse ihr von außen durch ein schöpfe=
risches Wesen mitgetheilt sein. Allein was gewinnt man
denn durch die Voraussetzung eines solchen Wesens? Ich sehe
die Natur und sehe gewisse Bewegungen und Gestaltungen in
ihr, die mich in Verwunderung setzen; werden mir denn diese
begreiflicher, wenn ich ein unbekanntes Wesen erdichte, das ihr
diese Bewegungen mitgetheilt haben soll? Gewiß ist es viel
einfacher, einem erfahrungsmäßig vorhandenen Wesen — der
Natur oder der Materie — gewisse innerhalb ihrer bemerk=
bare Eigenschaften als die ihrigen beizulegen, als für diese
Eigenschaften ein Wesen, das in keiner Erfahrung vorkommt,
vorauszusetzen. Dabei kommt Alles darauf an, ob man

berechtigt ist, die Bewegung als ein wesentliches Attribut der
Materie zu betrachten. Hier läßt sich nun Meslier durch
die irrige Vorstellung, daß es auch unbewegte Körper gebe,
in die spitzfindige Unterscheidung hineindrängen, die Bewegung
gehöre zwar nicht zum Wesen der Materie, aber sie sei eine
Eigenschaft ihrer Natur; wir wissen nicht, was das Princip
der Bewegung sei, sondern nur, daß es sich nicht widerspreche,
dieselbe aus der Materie selbst abzuleiten. Es fehlt hier dem
wackeren Pfarrer insbesondere die Kenntniß des damals in
Frankreich noch wenig bekannten Newton'schen Gravitations=
princips; er steckt noch in den Wirbeln seines Cartesius und
gibt von diesem Standpunkte höchst wunderliche Vorstellungen
über die ursprüngliche Bewegung der Körperwelt zum Besten.

Um so stärker ist er aber in der Gegenprobe. Käme
die Bewegung der Materie von außen, so könnte sie ihr nur
von einem immateriellen Wesen kommen; denn wenn von
einem materiellen, so käme sie ja aus ihr selbst. Ein imma=
terielles Wesen aber kann ein materielles nicht bewegen, da
es ja selbst keine Bewegung hat; denn Bewegung setzt Räum=
lichkeit, Leiblichkeit, der Stoß Festigkeit, Undurchbringlichkeit
voraus, was ausschließlich Eigenschaften der Materie sind.
Auch mittelst des Schöpfungsbegriffes führt Meslier einen
nicht minder treffenden Gegenbeweis. Wäre irgend etwas ge=
schaffen, so müßten vor Allem Zeit, Raum und Materie ge=
schaffen sein. Allein die Zeit kann nicht geschaffen sein; denn,
wäre sie es, so müßte das Wesen, das sie schuf, vor ihr ge=
wesen sein; dieses Vorher wäre aber bereits sie selbst. Eben=
sowenig der Raum; denn ehe er war, wo hätte da das
schöpferische Wesen sein sollen, und wie hätte es ohne Bewe=
gung, mithin ohne Raum, schaffen sollen? In Betreff der

Materie fällt der Beweis, daß sie nicht geschaffen sein kann,
mit dem obigen, daß ihr die Bewegung nicht von außen kom=
men kann, zusammen. Einen weiteren Gegenbeweis gegen
das physicotheologische Argument führt Meslier von Seiten
der Theodicee. Alle Vollkommenheiten der Welt, urtheilt er,
zeugen nicht so stark für das Dasein eines vollkommenen
Schöpfers, als das geringste Uebel in der Welt gegen einen
solchen zeuge. „Ich bewundere", sagt er, „die Werke der
Natur, ihre Ordnung und Schönheit, so sehr wie die Gottes=
verehrer; aber ich bewundere sie als Werke der Natur; als
Werke eines Gottes könnte ich sie nicht bewundern." Als
solche nämlich müßten sie vollkommen und mangellos sein,
und das sind sie nicht. Daß für die Welt, so wie sie jetzt
eingerichtet ist, das Uebel eine Nothwendigkeit sei, begreift Mes=
lier wohl; das immer neue Entstehen, worauf sie berechnet
ist, setzt ein beständiges Vergehen, das Vergehen Auflösbarkeit
der Körper, die bei den empfindenden nothwendig Schmerz
mit sich bringt, voraus; Menschen und Thiere würden sich
unter einander ersticken, wenn sie nicht vorzögen, einander
aufzufressen. Aber eine solche Welt, mit diesem Gemische
von Gut und Uebel, hätte ein vollkommenes Wesen (hier spricht
Meslier fast wie Arthur Schopenhauer) nicht schaffen mögen:
ihr Dasein beweist sein Nichtdasein. In Bezug auf das mo=
ralische Uebel bestreitet Meslier namentlich die Vorstellung
einer göttlichen Zulassung; er leugnet, daß eine solche auf
ein allmächtiges Wesen Anwendung finde, und weist nicht ohne
Scharfsinn nach, wie das größere Gute, das mittelst der Zu=
lassung des Uebels angeblich erreicht werden solle, in Wirk=
lichkeit nirgends zu finden sei.

Der eigentliche Schulbeweis der Cartesianer für das Da=

sein Gottes war bekanntlich der sogenannte ontologische. Aber
auch ihm versagt Meslier seinen Respekt. Wenn dieser Be=
weis aus der Idee Gottes auf seine Existenz schließt, so hält
er demselben das zwar Platte, doch zunächst Unwiderlegliche
entgegen, daß aus der Vorstellung, die wir uns von einer
Sache machen, keineswegs folge, daß die Sache so sei, wie
wir sie uns vorstellen. Soll es aber bestimmter die klare
und deutliche Vorstellung sein, soll Alles wahr sein, was wir
uns klar und deutlich vorstellen, so behauptet ja Meslier, wie
wir bereits wissen, daß die Vorstellung eines Gottes vielmehr
das Gegentheil einer klaren und deutlichen sei. Oder soll die
in uns liegende Gottesidee das Dasein Gottes in der Art be=
weisen, daß sie uns nur durch Gott selbst mitgetheilt sein
könne, so weist Meslier im Gegentheil nach, daß die Idee
des Unendlichen uns ebenso natürlich sei wie die des Endlichen,
daß sie uns mithin durchaus nicht von einem unendlichen
Wesen gegeben sein müsse. In dem ontologischen Argumente
steckt ihm zufolge eine Verwechslung. Das nicht nichtseiend
zu Denkende ist nicht ein allervollkommenstes Wesen, sondern
das Wesen oder Sein überhaupt (l'être en général et in-
fini, nicht l'être infiniment parfait). Das allgemeine Sein
oder Wesen aber ist nur die Materie. In dieser Fassung
fällt das ontologische Argument mit dem richtig verstandenen
kosmologischen zusammen. Allerdings muß, da etwas ist, etwas
von Ewigkeit her gewesen sein; aber dieses Etwas ist eben
das materielle Sein, das wir vor uns sehen, nicht ein im=
materielles, das wir uns blos einbilden. Das ewige Wesen
muß ein solches sein, aus dem alle Dinge sind, das in allen
ist, und in das alle zurückkehren: ein solches aber ist nur das
materielle Sein. Aus dieser Materie entstehen vermöge ihrer

natürlichen Bewegung durch verschiedene Combination und Mo=
dification ihrer Theile alle die verschiedenen Naturwesen bis
zum Thier und Menschen hinauf, ohne daß dazu ein außer=
halb stehender Schöpfer nöthig wäre, oder auch nur etwas
helfen könnte. Indem Meslier das allgemeine Sein das Fun=
dament und Princip aller Dinge, und diese, mit Ausschluß
jedes Gedankens an eine Schöpfung, nur verschiedene Modi=
ficationen des Seins nennt, nähert er sich Spinoza und seiner
Substanz; nur daß er nicht wie dieser das Denken der Aus=
dehnung als das andere Attribut der Substanz ebenbürtig
gegenüberstellt, sondern dasselbe vielmehr nur als einen modus
der Ausdehnung, oder vielmehr des Ausgedehnten, der Ma=
terie, betrachtet.

Während in dem ersteren Punkte, der Beseitigung des
göttlichen Werkmeisters, Meslier mit dem Standpunkte Vol=
taire's und des Theismus überhaupt sich geradezu in Oppo=
sition befindet, liegt in dem anderen, der Betrachtung des Den=
kens als einer Modification der Materie, schon wieder eine
Annäherung. Aber statt daß Voltaire sich hier mit der schlechten
Auskunft behilft, das Denken als eine der Materie durch die
Allmacht willkürlich übertragene Function zu betrachten, sucht
Meslier die Beweise für die Immaterialität des Den=
kens und der Seele zu entkräften. Die Gedanken,
die Empfindungen, sagen die Cartesianer, haben keine
Ausdehnung, keine Gestalt, lassen sich weder spalten noch
schneiden, also seien sie nichts Materielles. Aber ein Ton,
erwidert Meslier, ein Duft, sind gleichfalls weder rund noch
viereckig; Gesundheit und Krankheit, Schönheit und Häßlichkeit
lassen sich auch nicht mit der Elle messen, und sind doch ma=
teriell. Es kann etwas eine Modification der Materie sein,

ohne darum sämmtliche Eigenschaften der Materie zu haben.
Und wenn man Denken und Empfinden nicht als Functionen
der Materie, sofern sie einen menschlichen Körper bildet, fassen
will, und darum als Träger dieser Thätigkeiten eine imma=
terielle Seele voraussetzt, ist es denn im mindesten leichter, die
Gemeinschaft dieser Seele mit dem materiellen Körper zu er=
klären? Wenn der Körper nicht empfinden kann, wie soll er
denn der Seele die Sinnesempfindungen zuführen? und wenn
die Seele ein immaterielles einfaches Wesen ist, wie soll sie
der Lust und des Schmerzes fähig sein?

Faßt man das Denken und Empfinden als Function
einer immateriellen Seele, und schreibt eine solche den Thieren
nicht zu, so ist es nur folgerichtig, wie in der Cartesischen
Schule geschah, den Thieren die Empfindung abzusprechen, sie
als bloße Maschinen zu betrachten. Gegen eine solche Ansicht
empörte sich in Meslier nicht allein der gesunde Menschen=
verstand, sondern auch das menschliche Gefühl. Er nennt diese
Lehre eine abscheuliche, weil sie darauf hinwirke, in den ohne=
hin harten Herzen der Menschen jedes Mitgefühl für diese
armen Wesen zu ersticken, die doch als unsere treuen Lebens=
und Arbeitgenossen eine freundliche Behandlung verdienen.
„Wenn es ein Tribunal gäbe," sagt er, „um diesen armen
Thieren Recht zu schaffen, so würde ich vor demselben eine so
verderbliche und ruchlose Lehre denunciren, durch welche sie so
schwer beeinträchtigt werden, und ich würde so lange auf deren
Verdammung dringen, bis sie ganz aus dem Geist und Glau=
ben der Menschen verbannt, und die Cartesianer, die sie auf=
recht halten, zur öffentlichen Abbitte verurtheilt wären." Die=
ses Mitleid mit der Thierwelt war so tiefe Gefühlssache bei
Meslier, daß, ob er gleich, wie wir gesehen haben, die Noth=

wendigkeit der Tödtung von Thieren wohl begriff, es ihm doch
bei der Fleischnahrung nicht recht geheuer ist. Er sagt nicht,
daß er sich ihrer enthalte, aber er gesteht, daß es ihm jedes=
mal Schmerz verursache, einem Huhn oder einer Taube den
Hals abschneiden, oder ein Schwein schlachten zu lassen, und
daß er vor jedem Schlachthause Abscheu empfinde. Wäre ich
zum Aberglauben geneigt, sagt er, so würde ich mich sicherlich
zu der Religion der Nichtfleischesser geschlagen haben.

Aus der Immaterialität und Einfachheit der menschlichen
Seele erschloß man in der Cartesischen Schule ihre Unsterb=
lichkeit. Der Gedanke und das Denkende haben keine Aus=
dehnung; was keine Ausdehnung hat, das hat keine Theile,
die sich von einander trennen könnten; was keine solchen
Theile hat, kann sich nicht auflösen, nicht vergehen. Allein
wie wollen denn, fragt Meslier, die Cartesianer die Einfach=
heit und Immaterialität der Seele behaupten, da sie doch zu=
geben, daß sie der Veränderung, ja daß sie der Krankheit
unterworfen ist? Was sich verändert, muß auch Theile haben;
wenn die Seele, wie die Erfahrung lehrt, mit dem Leibe er=
starkt und wieder schwächer wird, so kann sie keine von ihm
getrennte Substanz sein, als welche sie vielmehr von ihm un=
abhängig sein müßte. Meslier seinerseits betrachtet die Seele
als das Feinste und Beweglichste, was von Materie in uns
ist, im Unterschiede von der gröberen Materie, die unsere
Glieder und die sichtbaren Theile unseres Körpers bildet. Die
Empfindungen und Gedanken sind freilich keine bestimmten
meßbaren Gestaltungen, sondern nur innerliche Bewegungen
und Modificationen der Materie, woraus der lebendige Körper
besteht. Das Leben der Menschen wie der Thiere ist nur
eine Art von beständiger Fermentation ihres Wesens, d. h.

der Materie, woraus sie zusammengesetzt sind, und die Empfindungen und Gedanken sind nur besondere und vorüber=
gehende Modificationen dieser beständigen Modification oder
Fermentation, die ihr Leben ausmacht.　Im Tode hört diese
.Fermentation auf, und das, was wir Seele nennen, erlischt,
wie die Flamme einer Kerze, die keine Nahrung mehr hat.

Mit dem Leben nach dem Tode fällt aber auch die jen=
seitige Vergeltung dahin; es bleiben, wie Meslier sich aus=
drückt, tausend und aber tausend Rechtschaffene unbelohnt, und
ebensoviele Lasterhafte unbestraft; woraus abermals folgt, daß
es einen Gott, der ja als der allervollkommenste auch der all=
gerechte sein müßte, nicht geben kann.　Statt daß nun aber
unser Philosoph von diesem Wegfall einer äußeren Vergel=
tung Anlaß nähme, in sich zu gehen und seine Ansichten von
Glück und Unglück, von Leben und Bestimmung des Menschen
zu vertiefen, sehen wir ihn einen ganz andern Weg einschlagen.
Wenn es mit einem künftigen Leben nichts ist, so ist aller=
dings das Erste, sich nicht länger von den Geistlichen zum
Besten halten zu lassen, „die", ruft Meslier seinen Beicht=
kindern zu, „unter dem Vorwand, euch zum Himmel zu füh=
ren und euch da eine ewige Glückseligkeit zu verschaffen, euch
hindern, in Ruhe euer wirkliches Glück auf der Erde zu ge=
nießen; die unter dem Vorwand, in einer anderen Welt euch
vor den eingebildeten Strafen einer Hölle zu bewahren, die
es nicht gibt, euch in diesem Leben, dem einzigen, das ihr an=
zusprechen habt, die wirklichen Qualen der Hölle erdulden
lassen."　Doch mit diesem blos passiven Widerstande, den
Geistlichen mit ihren Märchen kein Ohr mehr zu leihen, ist
es nicht gethan.　Es gilt, das Joch abzuwerfen, das, mit dem
Beistande der Geistlichkeit, die Tyrannen, Fürsten und Adel,

dem Volk aufgelegt haben. Alle Völker sollten zusammen=
stehen, alle Streitigkeiten, die sie sonst unter einander haben
mögen, vergessen, um sich zu diesem vor allem nothwendigen
Werke die Hände zu reichen. Unser Pfarrer in den Ardennen
möchte seine Stimme erschallen lassen von einer Grenze des
Königreichs zur andern, ja von einem Ende der Welt zum
andern, um alle Menschen aus dem Schlaf ihres Wahnes
zu wecken und zum Brechen ihrer schmachvollen Ketten auf=
zurufen. Er möchte ein Hercules sein, um alle die Ungeheuer
zu erschlagen, die die Völker so grausam unterdrücken.

Und hier bereitet uns der Mann, den es erbarmte, ein
Huhn schlachten zu lassen, eine eigene Ueberraschung. „Ein
Alter hat gesagt," schreibt er, „nichts sei seltener, als einen
bejahrten Tyrannen zu sehen; und der Grund davon war,
daß die Menschen noch nicht die Schwäche und Feigheit hatten,
die Tyrannen lange leben und regieren zu lassen. Sie hatten
den Verstand und Muth, sich ihrer zu entledigen, sobald sie
ihre Gewalt mißbrauchten; aber heutzutage ist es gar nichts
Seltenes mehr, Tyrannen lange leben und herrschen zu sehen"
(wie Ludwig XIV., meint er). Wir trauen unseren Augen
kaum, wenn wir in dem Testamente des freundlichen Pfarrers
die Auslassung finden: „Wo sind jene edeln Tyrannenmörder
der Vorzeit? wo sind die Brutus und Cassius, wo die wackern
Mörder eines Caligula und so mancher anderen? Und wo
sind andererseits die Trajane und Antonine, diese guten Für=
sten und würdigen Kaiser? Man sieht keine ihresgleichen mehr;
aber in Ermangelung ihrer, wo sind die Jacques Clement
und Ravaillac unseres Frankreich? warum leben sie nicht
mehr, diese edeln Mörder der Tyrannen, warum leben sie
nicht mehr in unseren Tagen, um zu erschlagen oder zu er=

dolchen alle diese fluchwürdigen Ungeheuer und Feinde des menschlichen Geschlechts, und dadurch die Völker von ihrer Zwingherrschaft zu befreien?" Also wirklich — denn mit den alten, einem Brutus und Cassius, den hergebrachten Rede-figuren, hat es nicht so viel auf sich — aber wirklich, ein Ravaillac gepriesen, ein Jacques Clement zurückgewünscht? Das Recht des Thrannenmordes ist eine so ausgemachte Sache für Meslier, daß er es dem Konstanzer Concil verargt, den-selben (übrigens nur sehr bedingterweise) untersagt zu haben, und daraus sogar einen Vorwurf gegen das Christenthum ableitet. Ja, einem berüchtigten Spruche, dessen Ursprung man sonst wohl in der Schreckenszeit der französischen Revolution zu suchen pflegt, begegnen wir schon bei dem Pfarrer von Etrépigny. Der Mann sei kein Dummkopf gewesen, meint er, der gesagt habe, er wünschte alle Großen und Edeln der Erde an den Därmen der Priester aufgehenkt zu sehen. — Nun denke man an Voltaire, der sich so unzählige Male darauf berufen hatte, daß bei den Königsmorden der letzten Jahrhunderte niemals die Philosophie oder die Aufklärung, sondern immer nur der religiöse Fanatismus betheiligt gewesen! Und hier empfahl nun ein Philosoph, und ein ihm übrigens so nahestehender, den Thrannenmord. Der Philosoph war freilich zugleich ein Schwärmer, und seine Anrufung eines Ravaillac gehörte augen-scheinlich der letzteren, nicht der ersteren Seite in ihm an; doch wer unterschied so genau, und welche der Philosophie und der Philosophenpartei nachtheiligen Folgerungen ließen sich dar-aus ziehen! Also diese Brandfackel ja nicht auf den Leuchter, sondern husch damit unter den Scheffel, wie mit dem Atheis-mus auch!

Hätte man sich nun so der geistlichen und weltlichen

Tyrannen entledigt, welch ein Regiment gedenkt unser mild=
herziger Königsmörder an die Stelle zu setzen? Daß, um
die gesellschaftliche Ordnung zu erhalten, eine Unterordnung,
eine Abhängigkeit unerläßlich ist, erkennt er an. Aber die
Ordner und Leiter der Gesellschaft sollen keine übermüthigen
Adeligen, keine gewaltthätigen Fürsten oder von ihnen bestellte
Schergen, sondern immer nur die Weisesten und Würdigsten,
die Alten und Erfahrenen sein. Und daß diese der Gesell=
schaft nur im Sinne des gemeinen Besten vorstehen wür=
den, dafür wäre schon dadurch gesorgt, daß es einen Privat=
vortheil gar nicht geben würde. Unser staatsumwälzender
Pfarrer ist nämlich Communist. Er bezeichnet es als einen
Mißbrauch, der leider freilich allgemein sei, „daß die Menschen
die Güter und Reichthümer der Erde zum Privateigenthum
gemacht haben, statt daß sie dieselben alle gleichmäßig in Ge=
meinschaft besitzen und so auch genießen sollten." Er meint,
alle Bewohner einer Stadt, eines Dorfes oder eines Kirch=
spiels sollten zusammen nur Eine Familie ausmachen, sich alle
untereinander wie Brüder und Schwestern, Eltern und Kinder
betrachten, und demgemäß gemeinschaftlich von derselben Nah=
rung, mit der gleichen Kleidung und Wohnung, aber auch in
gemeinsamer, nach Talent und Geschick, Jahreszeit und Bedürf=
niß vertheilter Arbeit leben. Die benachbarten Ortschaften
und Gemeinschaften würden Vereinbarungen schließen, worin sie
sich zu gutem Vernehmen und zum gegenseitigen Beistande
verbindlich machten. So würde nicht nur die Ungleichheit in
der Austheilung der Güter und alle die verwerflichen Mittel
beseitigt, wodurch jeder so viel nur immer möglich von diesen
Gütern an sich zu reißen sucht; sondern es wäre auch allem
Unfrieden, allem Streit, Haß, Aufruhr und Krieg ein Ende

gemacht, meint der Verfasser des Testaments: während wir
anderen im Gegentheil der Meinung sind, damit wäre der
Krieg aller gegen alle von Neuem eröffnet, um am Ende zu
einer vielleicht noch weniger befriedigenden Gütertheilung zu
führen, als die jetzige ist. Auch dieß Ideen, die bei Vol=
taire unmöglich — eher bei einem Rousseau — Anklang
finden konnten.

Wie es bei solcher allgemeinen Brüderlichkeit und Schwester=
lichkeit mit der Ehe werden sollte, ist eine naheliegende Frage.
Daß der erfahrene Geistliche auch die katholische Unauflöslich=
keit der Ehe für einen der abzustellenden Mißbräuche erklärt,
ist an sich noch keine Schwärmerei. „Wenn die Menschen",
sagt er, „insbesondere unsere Christusverehrer, nicht so, wie sie
thun, die Ehen unter sich unauflöslich machten; wenn sie im
Gegentheil stets in gleicher Weise Männern und Weibern
die Freiheit ließen, sich je nach ihrer Neigung ohne Unter=
schied miteinander zu verbinden, und ebenso die Freiheit, sich
wieder von einander zu trennen, wenn sie bei einander sich
nicht wohlbefänden, oder wenn ihre Neigung sie antriebe eine
andere Verbindung zu suchen: so würde man gewiß nicht so
viele üble Ehen und so viel häusliche Zwietracht unter ihnen
sehen, als jetzt der Fall ist." Das wäre denn freilich eine
sehr weitherzige Ehegesetzgebung; und die Kinder? muß man
schließlich noch fragen. Auch für die, meint unser Platoniker,
wäre so besser gesorgt; während jetzt viele derselben theils
unter der Uneinigkeit, theils unter der Armuth und Unwissen=
heit ihrer Eltern schwer zu leiden haben, würden sie dann
alle gleich gut erzogen, genährt und versorgt, weil es
in Gemeinschaft von den gemeinschaftlichen Gütern ge=
schehen würde.

In diese Idylle läuft, nach der Tragödie des Thrannen=
mordes, die Weltansicht unseres Pfarrers aus, dessen ganze
Denk= und Gemüthsart jetzt ausgebreitet vor uns liegt, und
dem wir, bei allem Anstoß, den einige, allem Lächeln, das
andere seiner Sätze bei uns erregen, im Ganzen doch unsere
Achtung und Zuneigung nicht versagen können. Er sieht die
ganze Welt um sich her von Pfaffen getäuscht, von Thrannen
zu Boden getreten; alle Religionen sind ihm vom Hause aus
Betrug, alle Staaten auf Raub und Unrecht gegründet; im
Himmel hat er keinen Gott, der über dieser Verwirrung
wacht, nach dem Tode kein anderes Leben, das die Wider=
sprüche des jetzigen ausgleichen wird. Aus einem so heil=
und trostlosen Zustande ist nur durch einen fürchterlichen
Durchbruch herauszukommen, und auf dem gereinigten Boden
gilt es dann, ein anderes Gebäude auf ganz neuen Grund=
lagen aufzuführen. Die Gebrechlichkeit des erträumten neuen
Zustandes entzieht sich natürlich der Wahrnehmung dessen, der
ihn träumt; wie die Entsetzlichkeit des Ueberganges der nicht
in Anschlag bringt, der für das schließliche Ergebniß schwärmt.
Es war etwas nicht richtig in der geistigen Anlage und
Ausrüstung unseres ländlichen Philosophen. Zum Theil war
es die Schuld seiner Zeit: ihre Zustände waren zu hart für
sein weiches Herz: während die Wissenschaften, die socialen
wie die philosophischen und die Naturwissenschaften, noch in
den rohesten Anfängen begriffen, seinem Denken zu wenig
Hülfe boten. So blieben seine Gedanken zu grob, seine
Empfindungen zu zart; beide gingen nicht in einander ein,
die Gedanken wurden von den Empfindungen nicht beseelt,
diese von jenen nicht geordnet. Das Ideal fällt ihm nur in
die Zukunft, ist ihm nur ein Project, das gewaltsamer Her=

beiführung bedarf, statt seine Ansicht von der Gegenwart als idealer Hauch und organische Triebkraft zu durchdringen.

Um schließlich von dem Schicksale seines hinterlassenen Werkes noch etwas zu sagen, so ging es nach seinem Tode geraume Zeit in Abschriften um, die, wie Voltaire berichtet, in Paris als verbotene Waare theuer bezahlt wurden. Aus einer solchen Abschrift, die ihm ohne Zweifel durch Thieriot zugekommen war, machte Voltaire den Auszug, den er 1762 unter dem Titel: Sentimens du curé Meslier, drucken ließ und unentgeltlich verbreitete. Da er aber hier nur die anti=christliche Seite der Schrift an's Licht gezogen, die andere in absichtlichem Dunkel gelassen hatte, so gab zehn Jahre später der Baron Holbach, der Verfasser des Système de la nature, unter dem Titel: Bon sens du curé Meslier, einen neuen Auszug aus seinem Werke heraus, worin nun auch die atheistisch=materialistische Seite seiner Denkart zu ihrem Rechte kam. Nachdem im Jahre des Ausbruchs der französischen Revolution noch ein sogenannter Katechismus des Pfarrers Meslier erschienen war, stellte endlich in der Schreckenszeit, im November 1793, der närrische Anacharsis Clootz im Con=vent den Antrag, Meslier als dem ersten Priester, der den Muth und die Ehrlichkeit gehabt, die religiösen Irrthümer abzuschwören, ein Denkmal zu errichten; ein Antrag, der, an das Comité des öffentlichen Unterrichts verwiesen, ohne Folge blieb. Der Convent hatte damals vollauf zu thun, die Lehren des Testaments vom Tyrannenmord in Praxis zu setzen; während andererseits kaum ein halbes Jahr darauf Robespierre das Dasein des höchsten Wesens decretiren ließ. Wie schon unter dem alten Regime um 1775, so wurden auch unter der Restauration, und selbst noch unter der Juliregierung, in

Frankreich die Auszüge aus Jean Mesliers Testamente ver=
schiedentlich zur Vernichtung verurtheilt; bis endlich 1864 ein
Liebhaber in Holland durch einen vollständigen Abdruck des
Werkes sich den Dank aller Geschichtsfreunde verdiente.
(Le testament de Jean Meslier, curé d'Etrépigny et de
But en Champagne etc. Ouvrage inédit, précédé d'une
préface, d'une étude biographique etc. par Rudolf Charles.
Amsterdam à la librairie étrangère. 1864. III Tom.)

Dritte Beilage.

Voltaire und Marie Corneille,

oder

Der Patriarch von Ferney als Pflegevater und Eheſtifter.[1)]

Briefauszüge.

---

1. Einladung und Erwartung.

1760. 1. November, ſchreibt Voltaire aus Délices an ſeinen Freund, den Grafen Argental in Paris:

Voudriez-vous avoir la charité, de vous informer, s'il est vrai, qu'il y ait une Mlle Corneille, petite-fille du grand Corneille, âgée de 16 ans; elle est, dit-on, depuis quelques mois à l'abbaye de St.-Antoine. Cette abbaye est assez riche pour entretenir noblement la nièce de Chimène et d'Emilie; cependant on dit qu'elle est comme Lindane, qu'elle manque de tout, et qu'elle n'en dit mot. Comment pourriez-vous faire pour avoir des informations de ce fait, qui doit intéresser tous les imitateurs de son grand-père, bons ou mauvais?

7. November aus Ferney an Hrn. Le Brun, der ihn in einer Ode im Namen des verſtorbenen großen Corneille aufgefordert hatte, ſich der Enkelin anzunehmen:

[1)] S. oben, S. 285.

. . . Il faut me borner à vous dire en prose, combien
j'aime votre ode et votre proposition. Il convient assez, qu'un
vieux soldat du grand Corneille tâche d'être utile à la petite-
fille de son général. Quand on bâtit des châteaux et des
églises, et qu'on a des parens pauvres à soutenir, il ne reste
guère de quoi faire ce qu'on voudrait pour une personne qui
ne doit être secourue que par les grands du royaume. Je
suis vieux, j'ai une nièce, qui aime tous les beaux arts et
qui réussit dans quelques-uns; si la personne, dont vous me
parlez, et que vous connaissez sans doute, voulait accepter
auprès de ma nièce l'éducation la plus honnête, elle en aurait
soin comme de sa fille; je chercherais à lui servir de père;
le sien n'aurait absolument rien à dépenser pour elle; on lui
payerait son voyage jusqu'à Lyon; elle serait adressée à Lyon
à M. Tronchin (Banquier) qui lui fournirait une voiture
jusqu'à mon château, ou bien une femme irait la prendre
dans mon équipage. Si cela convient, je suis à ses ordres,
et j'espère avoir à vous remercier jusqu'au dernier jour de
ma vie de m'avoir procuré l'honneur de faire ce que devait
faire M. de Fontenelle (der vor Kurzem 100jährig verstorbene
Schriftsteller, der ein Verwandter der Corneille's war). Une
partie de l'éducation de cette demoiselle serait, de nous voir
jouer quelquefois les pièces de son grand-père, et nous lui
ferions broder les sujets de Cinna et du Cid.

22. Nov. aus Délices an denselben.

Sur la dernière lettre que vous me faites l'honneur de
m'écrire, sur le nom de Corneille, sur le mérite de la personne qui descend de ce grand homme, et sur la lettre que
j'ai reçue d'elle, je me détermine avec la plus grande satis-

faction à faire pour elle ce que je pourrai. . . M. Laleu, notaire très-connu à Paris . . vous remboursera sur le champ et à l'inspection de cette lettre ce que vous aurez déboursé pour le voyage de Mlle Corneille. Elle n'a aucun préparatif à faire; on lui fournira en arrivant le linge et les habits convenables. . .

26. November an die Gräfin Argental:

. . Je suis bien fâché, que cette demoiselle ne descende pas en droite ligne du père de Cinna; mais son nom suffit, et la chose paraît décente.

Schon am 19. hatte er an Thieriot geschrieben: On me mande, que la Corneille en question descend de Thomas, et non de Pierre (auch das war nicht richtig); en ce cas elle aurait moins de droits aux empressemens du public.

29. Nov. an Graf Argental:

J'apprends que les dévotes sont fâchées de voir une Corneille aller dans la terre de réprobation, et qu'elles veulent me l'enlever. A la bonne heure; elles lui feront, sans doute, un sort plus brillant, un établissement plus solide dans ce monde-ci et dans l'autre; mais je n'aurai en rien à me reprocher . .

8. Dec. an Thieriot:

Quand Mlle Rodogune viendra, elle sera bien reçue.

2. Ankunft und Angewöhnung.

22. Dec. aus Ferney an die Marquise Du Deffand:

. . . Pour moi, qui touche à ce bel âge de la maturité (70), je me trouve très-bien, d'avoir à gouverner les

17 ans de Mlle Corneille. Elle est gaie, vive et douce, l'esprit tout naturel: c'est ce qui fait apparemment, que Fontenelle l'a si mal traitée. Je lui apprends l'orthographe, mais je n'en ferai point une savante; je veux, qu'elle apprenne à vivre dans le monde, et à y être heureuse.

Denselben Tag an Graf Argental:

Nous sommes très-contens de Mlle Rodogune; nous la trouvons naturelle, gaie et vraie. Son nez ressemble à celui de Mad. de Ruffec; elle en a le minois de doguin, de plus beaux yeux, une plus belle peau, une grande bouche assez appétissante, avec deux rangs de perles. Si quelqu'un a le plaisir d'approcher ses dents de celles-là, je souhaite, que ce soit plutôt un catholique qu'un huguenot; mais ce ne sera par moi, sur ma parole . . J'ai soixante et sept ans . .

28. Dec. an Argental:

. . . Mlle Chimène prend la plume; voyons comment elle s'en tirera. „M. de Voltaire appelle M. et Mad. d'Ar-„gental ses anges. Je me suis apperçue, qu'ils étaient aussi „les miens; qu'ils me permettent, de leur présenter ma „tendre reconnaissance.   Corneille.“

Eh bien, il me semble, que Chimène commence à écrire un peu moins en diagonale.

31. Dec. an denselben:

La petite Corneille contribue beaucoup à la douceur de notre vie: elle plaît à tout le monde; elle se forme, non pas d'un jour à l'autre, mais d'un moment à l'autre . .

1761. 14. Jan. an die Gräfin Argental:

. . Mais pourquoi M. d'Argental n'écrit-il pas? . . S'il n'est que paresseux, je suis consolé. Il a un charmant sécré-

taire. „Tenez, petite fille (die kleine Corneille ist gemeint),
voilà comme les dames écrivent à Paris. Voyez que cela est
droit; et ce style, qu'en dites-vous? quand écrirez-vous de
même, descendante de Corneille?" — Cela donne de l'ému-
lation; elle va vite m'écrire un petit billet dans sa chambre:
c'est, je vous assure, une plaisante éducation.

26. Jan. an den Grafen Argental:

J'ai de terribles affaires sur les bras . . . et ma be-
sogne la plus difficile est d'enseigner la grammaire à Mlle
Corneille, qui n'a aucune disposition pour cette sublime science.

6. März an Mad. Du Deffand:

Vous me demandez ce que c'est que Mlle Corneille: ce
n'est ni Pierre ni Thomas: elle joue encore avec sa poupée;
mais elle est très-heureusement née, douce et gaie, bonne,
vraie, reconnaissante, caressante sans dessein et par goût.
Elle aura du bon sens; mais pour le b o n t o n, comme
nous y avons renoncé, elle le prendra où elle pourra.

10. April an Duclos, Secretär der franz. Akademie:

Vous me faites grand plaisir en m'apprenant, que l'académie va rendre à la France et à l'Europe le service de
publier un recueil de nos auteurs classiques, avec des notes,
qui fixeront la langue et le goût . . Il me semble, que Mlle
Corneille aurait droit de me bouder, si je ne retenais pas le
grand Corneille pour ma part. Je demande donc à l'académie la permission, de prendre cette tâche, en cas, que
personne ne s'en soit emparé.

1. Mai an denselben:

J'ose croire, que l'académie ne me désavouera pas, si
je propose de faire cette édition pour l'avantage du seul homme,

qui porte aujourd'hui le nom de Corneille et pour celui de sa fille. .. J'assure l'académie, que cette jeune personne, qui remplit tous les dévoirs de la religion et de la société, mérite tout l'intérêt que j'espère qu'on voudra bien prendre à elle. Mon idée est, que l'on ouvre une simple souscription, sans rien payer d'avance. Je ne doute pas, que les plus grands seigneurs du royaume, dont plusieurs sont nos confrères, ne s'empressent à souscrire pour quelques exemplaires. Je suis persuadé même, que toute la famille royale donnera l'exemple.

16. August an de Mairan:

Cette jeune personne a autant de naïveté, que Pierre Corneille avait de grandeur. On lui lisait Cinna ces jours passés; quand elle entendit ce vers:

Je vous aime, Emilie, et le ciel me foudroie etc.

fi donc, dit-elle, ne prononcez pas ces vilains mots-là. — C'est de votre oncle, lui répondit-on. — Tant pis, dit-elle; est-ce qu'on parle ainsi à sa maîtresse?

20. October an Argental:

Nous répétions Mérope, que nous avons jouée sur notre très-joli théâtre (in Ferney) et où Marie Corneille s'est attiré beaucoup d'applaudissemens dans le récit d'Isménie, que font à Paris de vilains hommes: elle était charmante.

20. Dec. an Cideville:

Enfin Mlle Corneille à lu le Cid; c'est déjà quelque chose. Vous savez que nous l'avons prise au berceau. Nous comptons qu'elle jouera ce printemps Chimène sur notre théâtre de Ferney; elle se tire déjà très-bien du comique .. Elle joue des endroits à faire mourir de rire; et, malgré cela, elle ne déparera pas le tragique. Sa voix est flexible, harmonieuse

et tendre: il est juste, qu'il y ait une actrice dans la maison
de Corneille.

1762. 8. März an Argental:

. . Laissez-moi reprendre mes esprits: je n'en peux plus;
je sors du bal, ma tête n'est point à moi. — Un bal, vieux
fou? un bal dans tes montagnes? et à qui l'as-tu donné? aux
blaireaux? — Non, s'il vous plaît; à très-bonne compagnie;
car voici le fait: nous jouâmes hier le Droit du seigneur (eine
neue Komödie von B., von der die Freunde nicht viel halten
wollten), et cela sur un théâtre qui est plus joli, plus brillant
que le vôtre, assurément. . . Oui, le Dr. d. s. a enchanté
trois cent personnes de tout état et de tout âge, seigneurs
et fermiers, dévotes et galantes. On y est venu de Lyon,
de Dijon, de Turin. Croiriez-vous, que Mlle Corneille a en-
levé tous les suffrages? Comme elle était naturelle, vive, gaie!
comme elle était maîtresse du théâtre, tapant du pied quand
on la soufflait mal à propos. Il y a un endroit où le public
l'a forcée de répéter. J'ai fait le bailli, et, ne vous déplaise,
à faire pouffer de rire. Mais que faire de 300 personnes
au milieu des neiges, à minuit, que le spectacle a fini? Il a
fallu leur donner à souper à toutes, ensuite il a fallu les
faire danser: c'était une fête assez bien troussée. Je ne
comptais que sur cinquante personnes — mais passons, c'est
trop me vanter.

3. Ein Freier.

Schon am 17. Dec. 1761 schrieb B. an Argental:
Mais que dirons nous de notre philosophe de 24 ans?
comment fera-t-il avec une personne, dont il faudra finir

l'éducation? comment s'accommodera-t-il d'être mari, précepteur et solitaire? On se charge quelquefois de fardeaux difficiles à porter; c'est son affaire: il aura Cornélie-chiffon quand il voudra.

Hierauf 14. Sept. 1762 an Argental und seine Frau:

Mes anges, il y a long-temps que j'ai envie de vous écrire sur le philosophe qui veut épouser. Voici l'état des choses. (Folgt eine Ausführung über seine — Voltaire's — Vermögensumstände, Bauten, Renten, die er seinen beiden Nichten ausgesetzt. Dann weiter:) J'en ai assuré 1500 livres ou environ à Mlle Corneille. . . Je ne sais pas encore ce qui reviendra à Mlle Corneille de l'édition de Pierre, mais je crois que cela lui formera un fonds d'environ 40,000 livres. Je lui donnerai une petite rente pour ma souscription. Il ne faut pas se flatter, que je puisse davantage. Ne comptons même l'édition de Corneille que pour 30,000 l., afin de ne pas porter nos espérances trop haut . . . Si le philosophe est vraiment philosophe, et veut demeurer avec nous jusqu'à ce que son père lui cède son château, il jouira d'une assez bonne maison; mais qu'il ne croye pas épouser une philosophe formée. Nous commençons à écrire un peu, nous lisons avec quelque peine, nous apprenons aisément des vers par coeur, et nous ne les récitons pas mal: la santé est très-faible, le caractère est doux, gai, caressant; le mot de bonne enfant semble avoir été fait pour elle. — J'ai rendu un compte fidelle du spirituel et du temporel, du physique et du moral; et je m'en tiens là en me remettant à la providence.

21. November an dieselben:

Le philosophe épouseur arrivera donc. Nous requinquerons Cornélie-chiffon, nous la parerons. Elle prétend, qu'elle pourra savoir un peu d'orthographe: c'est déjà quelque chose pour un philosophe. Enfin, nous ferons comme nous pourrons; ces aventures-là s'arrangent toujours d'elles-mêmes; il y a une providence pour les filles.

13. December an dieselben:

O mes anges! l'épouseur est arrivé: c'est un demi-philosophe. Il n'a rien pour le présent, mais il y a quelque apparence, qu'il aura Mlle Corneille, et que Mlle Corneille aura plus que je ne vous avais dit. La terre, qui doit revenir au philosophe est dans la Bresse, dans mon voisinage: tout quadre à merveille. Le père ne donnera probablement à son fils que son approbation et peu d'argent; on y suppléera comme on pourra. Il est assez plaisant, que je marie une nièce de Corneille; c'est une plaisanterie que j'aime beaucoup. Le demi-philosophe n'est point effarouché que la future ait fait peu de progrès dans la musique, dans la danse et autres beaux arts; il ne danse, ni ne chante, ni ne joue: il est pour la conversation et il veut penser. Je pense, qu'il conviendrait que le duc de Choiseul ne reformât pas la compagnie du futur; il ne faut pas donner ce dégoût à Cinna; ce serait un triste présent de nôces; il est bon d'ailleurs de conserver des officiers qui ne sont pas des petits-maîtres.

16. December an dieselben:

O mes anges! vous avez entrepris d'affubler Mlle Corneille au sacrement de mariage, seul sacrement que vous devez aimer. Mon demi-philosophe que vous m'avez dépêché n'est pas demi-pauvre, il l'est complettement. Son père n'est pas demi-dur, c'est une barre du fer. Il veut bien donner à son fils 1000 livres de pension; mais en récompense, il

demande que je fasse de très-grands avantages; de sorte que
je ne suis pas demi-embarassé. Je n'ai presque à donner à
Mlle Corneille que les 20,000 francs que j'ai prêtés à M. de
la Marche, qui devraient être hypothéqués sur sa terre de la
Marche, et sur lesquels M. de la Marche devrait s'être mis en
règle depuis un an, au lieu que je n'ai pas même de lui un
billet qui soit valable . . . Ces 20,000 francs donc, 1400
livres de rente déjà assurées, environ 40,000 livres de souscriptions, le marié et la mariée nourris, chauffés, désaltérés,
portés pendant notre vie, c'est-là une raison qui n'est pas
la raison sans dot; et si un père, qui ne donne rien à son
fils le philosophe, trouve que je ne donne pas assez, vous
sentez, mes anges, que ce père n'est pas un homme accom-
modant. Cependant il faut tâcher de faire réussir une affaire
que vous m'avez rendue chère en me la proposant. . . Je
crois notre futur très-propre aux importantes négociations que
nous avons avec la petitissime et très-pédantissime république
de Genève. Voici un temps favorable pour employer ailleurs
M. de Montpéroux, résident à Genève. Il y a bien des places,
dont M. le duc de Praslin dispose. Il me semble, que, si
vous vouliez placer à Genève notre futur, vous obtiendriez
aisément cette grâce de M. le duc de Praslin: rien ne serait
plus convenable pour les Genevois et pour moi . . . Mlle
Corneille vous devrait son établissement . . . M. de Vaugré-
nant (das wäre also le futur) vous devrait tout. . .

N. B. Mad. Denis et Mlle Corneille ne sont pas si contentes que moi du demi-philosophe; elles le trouvent sombre,
duriuscule, peu poli, peu complaisant, marchandant, et marchandant mal. Mais si la résidence Genevoise était attachée
à ce mariage, nos dames pourraient être plus contentes.

23. December an dieselben:

Je ne peux rien ajouter à tout ce que je vous ai dit sur le futur, si non que je suis content de lui de plus en plus. Les bons caractères sont, dit-on, comme les bons ouvrages; on est moins frappé d'abord, qu'on ne les goûte à la longue. Mais comme il n'a rien, et que de longtemps il n'aura rien, il est difficile de le marier sans la protection de M. le duc de Praslin . . . .

1763. 2. Jan. an die Gräfin Argental:

Le futur, comme j'ai déjà dit, n'a rien. Je me trompe: il a des dettes, et ces dettes étaient inévitables à l'armée. Je le crois honnête homme, j'espère qu'il se conduira très-bien. Mais, encore une fois, il n'a que des dettes, une compagnie qui probablement sera réformée, un père et une mère qui ont l'air de ne laisser de long-temps leur mort à pleurer à leur philosophe, qui se sont donné mutuellement leur bien par contrat de mariage, et qui ont une fille qu'ils aiment.

10. Jan. an Argental:

Si les mariages sont écrits dans le ciel, celui de M. de C***(?) et de notre marmotte a été rayé. Encore une fois, comment pouvions-nous ne pas croire, que vous vous intéressiez vivement à ce mariage? Le futur était venu avec une copie d'une de mes lettres. Il s'était annoncé de votre part; il se disait sûr du consentement de ses parens; il avait débuté par demander si la souscription du Corneille n'allait pas déjà à 40,000 livres; et la première confidence qu'il fit, était, que son dessein était de voyager en Italie avec cet argent. Il nous avoua, qu'il avait cru, que Mlle Corneille était élevée dans notre maison comme une personne qu'on a prise par charité. Il lui parla comme Arnolphe, à cela près qu'Arnolphe aimait, et que le futur n'aimait point. . . . Nous n'avons pas laissé d'avoir quelque peine à faire partir ce jeune homme, qui, sans avoir le moindre goût pour Mlle Corneille, voulait absolument rester chez nous, uniquement pour avoir un asile . . . En voilà beaucoup, mes anges, sur cette triste aventure: nous nous en sommes tirés très-honorablement, et la conduite de Mlle Corneille n'a donné aucune prise à la malignité des Génevois ni des Français qui sont à Genève.

4. Und bereits ein anderer Freier.

23. Jan. an Argental:

. . . Voici bien autre chose. Je marie Mlle Corneille, non pas à un demi-philosophe dégoûté du service, mal avec ses parens, avec lui-même, et chargé de dettes; mais à un jeune cornette de dragons, gentilhomme très-aimable, de moeurs charmantes, d'une très-jolie figure, amoureux, aimé, assez riche. Nous sommes d'accord, et en un moment, et sans discussion, comme on arrange une partie de souper. Je garderai chez moi futur et future; je serai patriarche, si vous nous approuvez. Mes bons anges, vous savez qu'il faut, je ne sais comment, le consentement des père et mère Corneille. Seriez-vous assez adorables pour les envoyer chercher et leur faire signer: Nous consentons au mariage de Marie avec N. Dupuits, cornette dans la colonelle générale — et tout est dit. Que dira M. le duc de Praslin de cette négociation si promptement entamée et conclue? . . Je pense, qu'il conviendrait, que sa Majesté permît, qu'on mît dans le contrat, qu'elle donne 8000 livres à Marie, en forme de dot et pour payement de ses souscriptions (auf 200 Ex. der Corneille'schen Werke). Je tournerais cette clause; elle me paraît agréable; cela fait un terrible effet en province: le nom du roi dans un contrat de mariage au Mont-Jura! figurez-vous! . . . La petite est charmée, et le dit tout naïvement: elle ne pouvait pas souffrir notre demi-philosophe. Au reste, vous sentez bien, que mariage arrêté n'est pas mariage fait, qu'il peut arriver des obstacles, comme mort subite ou autre accident; mais je crois l'affaire au rang des plus grandes probabilités équivalentes à certitude. Mes divins anges, mettez tout cela à l'ombre de vos ailes.

24. Jan. an Damilaville:

Nous marions Mlle Corneille à un gentilhomme du voisinage, officier des dragons . . . possédant dix mille livres de rente à peu-près, (en fonds de terre, an Cideville) à la porte de Ferney. Je les loge tous deux. Nous sommes tous heureux. Je finis en patriarche.

26. Jan. an Cideville:

. . Avouez, mon ancien ami, que la destinée de ce chiffon d'enfant est singulière. Je voudrais que le bon homme Pierre revînt au monde, pour être témoin de tout cela, et qu'il vît le bon homme Voltaire, menant à l'église la seule personne qui reste de son nom. Je commente l'oncle, je marie la nièce; ce mariage est venu tout à propos, pour me consoler de n'avoir plus à travailler sur des Cid, des Horaces, des Cinna, des Pompée, des Polyeucte. J'en suis à Pertharite, ne vous déplaise . . . Mlle Corneille, avec sa petite mine, a deux yeux noirs qui valent cent fois mieux que les douze dernières pièces de l'oncle. L'avez-vous vue? la connaissez-vous? c'est une enfant gaie, sensible, honnête, douce, le meilleur petit charactère du monde. Il est vrai qu'elle n'est pas encore parvenue à lire les pièces de son oncle; mais elle a déjà lu quelques romans. Et puis, vous savez, comment l'esprit vient aux filles.

Denfelben Tag an Argental:

Il est très-juste, de faire un petit présent au père et à la mère; mais, dès que ce père a un louis, il ne l'a plus; il jette l'argent, comme Pierre fesait, des vers, très à la hâte. Vous protégez cette famille; pourriez-vous charger quelqu'un de vos gens, de donner à Pierre le trotteur 25 louis à plusieurs fois, afin qu'il ne jetât pas tout en un jour.

5. Hochzeit und Eheftand.

29. Jan. an Argental:

Vraiment, mes anges, j'avais oublié de vous supplier d'empêcher François Corneille le père de venir à la noce. Si c'était l'oncle Pierre, ou même l'oncle Thomas, je les prierais en grande cérémonie; mais pour François, il n'y a pas moyen. Il est singulier, qu'un père soit un trouble-fête dans une noce; mais la chose est ainsi, comme vous savez. On prétend, que la première chose que fera le père, dès qu'il aura reçu quelque argent, ce sera de venir vîte à Ferney: Dieu nous en préserve! . . Sa personne, ses propos, son emploi (er war Poftausträger in Paris) ne réussiraient pas auprès de la famille dans laquelle entre Mlle Corneille; M. le duc de Villars et les autres Français qui seront de la cérémonie feraient quelques mauvaises plaisanteries. Si je ne consultais que moi, je n'aurais assurément aucune répugnance; mais tout le monde n'est pas aussi philosophe que votre serviteur; et, patriarcalement parlant, je serais fort aise de rendre le père et la mère témoins du bonheur de leur fille.

9. Febr. an die Gräfin Argental:

J'ai reçu aujourd'hui une lettre de Mad. de C. (der Mutter des erſten Freiers). Elle demande pardon pour son dur mari (der einen ganzen Monat lang vergeblich auf ſeine Einwilligung hatte warten laſſen); elle me conjure, de donner Mlle Corneille à son fils. Je lui réponds, que la chose est difficile, attendu que Mlle Corneille est fiancée à un autre (wozu noch kam, was er ſchon früher an Argental geſchrieben hatte, daß der junge C. n'était point aimé, et notre petit Dupuits l'est; il n'y a pas à répondre à cela).

14. Febr. an den Marquis de Chauvelin:

Je deviens à peu-près aveugle, Monsieur. Un petit garçon qui passe pour être plus aveugle que moi . . s'est un peu mêlé des affaires de Ferney. Ce fut hier que le mariage fut consommé; je comptais avoir l'honneur d'en écrire à votre Excellence . . Je goûte le seul bonheur convenable à mon âge, celui de voir des heureux. Il y a de la destinée dans tout ceci; et où n'y en a-t-il point? J'arrive au pied des Alpes, je m'y établis, Dieu m'envoie Mlle Corneille, je la marie à un gentilhomme, qui se trouve tout juste mon plus proche voisin, je me fais deux enfans que la nature ne m'avait point donnés; ma famille, loin d'en murmurer, en est charmée; tout cela tient un peu du roman.

5. März an Damilaville:

. . Mon frère Thieriot est prié de me dire, combien il y a encore de petits Corneilles dans le monde; il vient de m'en

arriver un qui est réellement arrière-petit-fils de Pierre . .
Il a été long-temps soldat et manoeuvre, il a une soeur
cuisinière en province, et il s'est imaginé que Mlle Corneille,
qui est chez moi, était cette soeur. . .

9. März an Argental:

Le pauvre diable arrive mourant de faim, et ressemblant
au Lazare ou à moi. Il entre dans la maison et demande
d'abord à boire et à manger . . Quand il est un peu refait,
il dit son nom et demande à embrasser sa cousine. Il montre
les papiers qu'il a en poche; ils sont en très-bonne forme.
Nous n'avons pas jugé à propos de le présenter à sa cousine
ni à son cousin M. Dupuits, et je crois, que nous nous en
déferons avec quelque argent comptant . . . On nous menace
d'une douzaine d'autres petits cornillons . . qui viendront
l'un après l'autre, demander la becquée. Mais Marie Corneille
est comme Marie soeur de Marthe, elle a pris la meilleure part.

11. März an denselben:

Je reviens toujours à la destinée. L'arrière-petit-fils de
Pierre Corneille demande l'aumône; Marie Corneille, qui est
à peine sa parente, a fait fortune sans le savoir. . . L'empereur
Iwan (von Rußland) est enfermé chez des moines (im nächsten
Jahr wurde er umgebracht), et la fille de cette princesse de
Zerbst, que vous avez vue à Paris (Katharina II.), gouverne
gaiement 2000 lieues de pays . . Ne voilà-t-il pas un monde
bien arrangé?

13. August an die Gräfin Argental:

. . . Mad. Denis et ma petite famille (die Dupuits) qui
rit et saute tout le jour, baisent humblement le bout de
vos ailes.

1764. 6. Juni an Argental:

Anges célestes, quoi, je ne vous ai pas mandé, que Cornélie-chiffon, que Chimène-marmotte nous avait donné une fille? Il faut donc qu'il y ait eu une lettre de perdue ...

29. November an den Marquis de Florian, der sich kürzlich mit der zweiten Nichte B.s, verwittweten de Fontaine, verheirathet hatte:

Vous serez très-bien reçu, vous et les vôtres, dans le petit château de Ferney ... Vous serez contens de M. Dupuits et de sa petite femme. Il a très-bien fait de l'épouser. S'il avait eu le malheur de n'être pas réformé (als Officier seinen Abschied zu erhalten), il était ruiné sans ressource; ses tuteurs avaient bouleversé toute sa petite fortune.

1765. 27. Nov. an Damilaville:

Notre enfant, Mad. Dupuits, vient d'accoucher, à 7 mois, d'un garçon, qui est mort au bout de deux heures. Il a été heureusement baptisé, c'est une grande consolation. Il est triste, que père Adam (Il me dit la messe et joue aux échecs, schreibt B. später — en vérité, les deux seules choses dont il se mêle) n'ait pas fait cette fonction salutaire, dont il se serait acquitté avec une extrême dignité.

29. Nov. an den Grafen Argental:

Comme mes anges daignent s'intéresser à la nièce de Corneille, il est juste que je leur dise, que notre enfant en a fait un autre, gros comme mon poing, que nous avons mis dans une boîte à tabac doublée de coton, et qui n'a pas vécu trois heures. L'enfant-mère se porte bien, et toute la famille est aux pieds et aux ailes de mes anges.

4. Dec. an den Marquis d'Argence de Dirac:

Notre petite Dupuits . . s'est avisée d'accoucher avant 7 mois d'un petit drôle, gros comme le pouce, qui a vécu environ deux heures. On était fort en peine, de savoir, s'il avait l'honneur de posséder une âme; père Adam, qui doit s'y connaître et qui ne s'y connaît guère, n'était pas là pour décider la question; une fille l'a baptisé à tout hasard, après quoi il est allé tout droit en paradis, où votre archevêque d'Auch prétend que je n'irai jamais.

1766. 22. Jan. an die Marquise de Florian, seine Nichte:

Le père Corneille est venu voir sa fille. Je ne crois pas, qu'à eux deux ils viennent à bout de faire une tragédie; mais le père est un bon homme et la fille une bonne enfant.

10. Febr. an Argental:

Nous avons toujours ici Pierre Corneille; mais il ne donnera point de tragédie cette année.

18. April an die Gräfin Argental:

Mad. Denis et moi nous vous remercions d'avoir lavé la tête à Pierre (dem alten Corneille, der aber eigentlich François hieß). M. Dupuits n'en sait encore rien, parcequ'il est en Franche-Comté; sa petite femme, qui en sait quelque chose, est à vos pieds; elle est très-avisée.

1768. 30. März an Mad. Du Deffand:

Mon âge de 74 ans et des maladies continuelles me condamnent au régime et à la retraite. Cette vie ne peut convenir à Mad. Denis, qui avait forcé la nature pour vivre avec moi à la campagne . . . Mad. Denis avait besoin de Paris; la petite Corneille en avait encore plus besoin; elle ne l'a vu que dans un temps où ni son âge ni sa situation ne lui permettaient de le connaître. J'ai fait un effort, pour me separer d'elles et pour leur procurer des plaisirs .... Herr Dupuits, den B. seinen gendre adoptif, oder fils adoptif nennt, war schon vorher nach Paris gegangen, um sich bei dem Herzog von Choiseul, dem damals noch ersten Minister, um Wiederanstellung in der Armee zu bewerben. Je souhaite à M. le duc de Choiseul — hatte B. am 23. Jan. 1768 an den Grafen Argental geschrieben — que tous les officiers, qu'il emploie, soient aussi sages et aussi attachés à leur devoir.

1770. 24. Febr. an die Herzogin v. Choiseul:

Je ne crois pas que ce soit en abuser (vos extrêmes bontés war vorangegangen) que de vous présenter les respects et la reconnaissance de mon gendre Dupuits, et d'oser même vous supplier de daigner le recommander en géneral à M. le duc. Mon gendre est votre ouvrage; c'est vous, Madame, qui l'avez placé. Il ne s'est pas assurément rendu indigne de votre protection. Il sert bien, il est actif, sage, intelligent, et de la meilleure volonté du monde.

1771. 9. Nov. an den Grafen Argental:

M. Dupuits, ci-devant employé dans l'état-major, va solliciter la faveur d'être replacé. Je ne crois pas qu'on puisse trouver un meilleur officier, plus instruit, plus attaché à ses devoirs et plus sage. Je m'applaudis tous les jours, de l'avoir marié avec notre Corneille; ils font tous deux un petit ménage charmant. . . . Mon gendre Dupuits a déjà 15 ans de service. Comme le temps va! . . Ce serait une grande consolation pour moi, de le voir bien établi avant que je finisse ma chétive carrière. Je vous prie donc, et

très-instamment, de le protéger tant que vous pourrez auprès
du ministre.

1772. 29. Sept. an la Harpe:

Mad. Denis est uniquement occupée de l'éducation de la
fille de M. Dupuits, qui a de singuliers talens. M. de Boufflers
ne dirait pas d'elle, qu'elle tient plus d'une corneille que du
grand Corneille.

1774. 9. Febr. an den Marquis de Florian:

Le déplacement de M. de Monteynard coupe la gorge
et la bourse à notre voisin Dupuits. Ce ministre l'avait employé deux années de suite sans le payer; il a fallu qu'il
empruntât pour servir, et le voilà ruiné.

12. August an Mad. Du Deffand:

Mad. Denis, qui montre la musique à l'arrière-petite-
nièce de Corneille, née chez nous, prétend, que le chevalier
Gluck module infiniment mieux que le chevalier Lulli etc.

Was die Herkunft der kleinen Corneille betrifft, so findet
sich in der Nouvelle biographie générale, tom. 46, p. 432,
not. 3, über Marie C., parente collatérale du grand C., die
Notiz: Elle descendait de Françoise C., cousine germaine de
Pierre C.. Son père, François C., qui vivait encore, avait été
successivement mouleur de bois, employé dans les hôpitaux, et
enfin facteur de la petite poste de Paris. Retiré à Evreux,
après l'adoption de sa fille, il y tomba de nouveau dans la
misère.

Inhalt.

Beilagen.